2021
中国价格统计年鉴
CHINA PRICE STATISTICAL YEARBOOK

国家统计局城市社会经济调查司 编
Compiled by
Department of Urban Society and Economic Statistics,
National Bureau of Statistics of China

中国统计出版社
China Statistics Press

图书在版编目（**CIP**）数据

中国价格统计年鉴 = CHINA PRICE STATISTICAL YEARBOOK. 2021 ：汉英对照 / 国家统计局城市社会经济调查司编. -- 北京 ：中国统计出版社，2021.8
ISBN 978-7-5037-9571-8

Ⅰ. ①中… Ⅱ. ①国… Ⅲ. ①物价管理－统计资料－中国－2021－年鉴－汉、英 Ⅳ. ① F726.7-66

中国版本图书馆 CIP 数据核字（2021）第 144315 号

中国价格统计年鉴—2021
China Price Statistical Yearbook 2021

作　　者 / 国家统计局城市社会经济调查司
责任编辑 / 许立舫
封面设计 / 李雪燕
出版发行 / 中国统计出版社有限公司
通信地址 / 北京市丰台区西三环南路甲 6 号　邮政编码 /100073
电　　话 / 邮购（010-63376909）　书店（010-68783171）
网　　址 / http://www.zgtjcbs.com
印　　刷 / 北京厚诚则铭印刷科技有限公司
经　　销 / 新华书店
开　　本 / 880×1230 毫米　1/16
字　　数 / 460 千字
印　　张 / 14.5
版　　别 / 2021 年 8 月第 1 版
版　　次 / 2021 年 8 月第 1 次印刷
定　　价 / 208.00 元　Price:208.00 yuan(RMB)

如有印装差错，由本社发行部调换。

《中国价格统计年鉴—2021》

编委会和编辑人员

2021 CHINA PRICE STATISTICAL YEARBOOK

Editorial Board And Staff

编者说明

一、《中国价格统计年鉴—2021》系统收录了2020年度各种价格统计调查资料，是一部反映中国价格变动情况的专业性综合年鉴。

二、本年鉴所列价格指数主要包括工业生产者出厂价格指数、工业生产者购进价格指数、居民消费价格指数、商品零售价格指数、农业生产资料价格指数、住宅销售价格指数等。反映了生产、流通、消费等环节的价格变动趋势和变动幅度。

三、2020年，国家统计局取消《固定资产投资价格统计报表制度》，不再编制相应价格指数。自2021年度起不再刊发固定资产投资价格指数。

四、本年鉴所列价格指数的编制工作由国家统计局城市社会经济调查司组织实施，国家统计局各级调查队及相关地方统计机构依据统一调查制度采集原始数据汇总上报。

五、本年鉴所涉及的全国性统计数据均未包括香港、澳门特别行政区和台湾省数据。

六、本年鉴所使用的度量单位均采用国际统一标准计量单位。

七、本年鉴中，“空格”表示无该项数据或数据不详；“#”号表示其中数。

PREFACE

I.2021 China Price Statistical Yearbook is a professional annual statistics publication, which covers very comprehensive data in 2020 of price indices.

II.Data on price indices in this book include mainly producer price indices for industrial products, purchasing price indices for industrial producers, consumer price indices, retail price indices, price indices for means of agricultural production, housing price index, showing the changing trends and the change rates in the prices of production, trade, consumption.

III.In 2020 the National Bureau of Statistics cancelled the "Price Index for Investment in Fixed Assets statistical reporting system"and no longer compile corresponding price index Since 2021 the price index for investment in fixed assets will no longer be published.

IV.Compilation of statistics on price indices is organized by the Department of Urban Social and Economic Survey, NBS. At levels of National Bureau of investigation team and relevant statistics in stitutions collect data in accordance with the scheme of price survey system, tabulate them and report them.

V.The national data in this yearbook do not include that of Hong Kong SAR (Special Administrative Region), Macao SAR and Taiwan province.

VI.The units of measurement used in this yearbook are in accordance with internationally standard measurement units.

VII.In this yearbook, "blank space" indicates that the data are unknown or are not available; "#" indicates a major breakdown of the total.

目　录

CONTENTS

1. 综　　合
Integration

2. 工业生产者价格指数
Producer Price Index

3. 流通消费价格指数
Consumer Price Index

4. 70 个大中城市商品住宅销售价格指数
70 Large and Medium-Sized Cities Commercial Housing Price Index

以 2015 年价格为 100（2015=100）

以上年同月价格为 100（Same Month of Preceding Year=100）

以上月价格为 100(Last Month=100)

附录
Appendix

综　　合
Integration

1

1-1-1　各种价格总指数(1951～2020年)
Price Indices (1951～2020)

(上年价格=100)　　(Preceding Year=100)

年　份 Year	居民消费价格指数 Consumer Price Index	城市居民消费价格指　数 Urban Areas	农村居民消费价格指　数 Rural Areas	商品零售价格指数 Retail Price Index	城市商品零售价格指　数 Urban Areas	农村商品零售价格指　数 Rural Areas	农业生产资料价格指　数 Price Index of Agricultural Production	工业生产者出厂价格指　数 Producer Price Index of Industrial Products	工业生产者购进价格指　数 Purchasing Price Index for Industrial Producer
1951		112.5		112.2					
1952		102.7		99.6					
1953		105.1		103.4					
1954		101.4		102.3					
1955		100.3		101.0					
1956		99.9		100.0					
1957		102.6		101.5					
1958		98.9		100.2					
1959		100.3		100.9					
1960		102.5		103.1					
1961		116.1		116.2					
1962		103.8		103.8					
1963		94.1		94.1					
1964		96.3		96.3					
1965		98.8		97.3					
1966		98.8		99.7					
1967		99.4		99.3					
1968		100.1		100.1					
1969		101.0		98.9					
1970		100.0		99.8					
1971		99.9		99.3					
1972		100.2		99.8					
1973		100.1		100.6					
1974		100.7		100.5					
1975		100.4		100.2					
1976		100.3		100.3					
1977		102.7		102.0					
1978		100.7		100.7	102.5	100.1	99.9		
1979		101.9		102.0	101.9	102.0	100.4		
1980		107.5		106.0	108.1	104.4	101.0		
1981		102.5		102.4	102.7	102.1	101.7		
1982		102.0		101.9	102.1	101.7	101.9		
1983		102.0		101.5	101.9	101.2	103.0		
1984		102.7		102.8	102.5	103.0	108.9		
1985	109.3	111.9	107.6	108.8	112.2	107.0	104.8	108.7	

1-1-1 续表 Continued

(上年价格=100) (Preceding Year=100)

年份 Year	居民消费价格指数 Consumer Price Index	城市居民消费价格指数 Urban Areas	农村居民消费价格指数 Rural Areas	商品零售价格指数 Retail Price Index	城市商品零售价格指数 Urban Areas	农村商品零售价格指数 Rural Areas	农业生产资料价格指数 Price Index of Agricultural Production	工业生产者出厂价格指数 Producer Price Index of Industrial Products	工业生产者购进价格指数 Purchasing Price Index for Industrial Producer
1986	106.5	107.0	106.1	106.0	107.0	105.0	101.1	103.8	109.5
1987	107.3	108.8	106.2	107.3	109.1	106.3	107.0	107.9	111.0
1988	118.8	120.7	117.5	118.5	121.3	117.1	116.2	115.0	120.2
1989	118.0	116.3	119.3	117.8	116.0	118.8	118.9	118.6	126.4
1990	103.1	101.3	104.5	102.1	100.2	103.2	105.5	104.1	105.6
1991	103.4	105.1	102.3	102.9	104.5	102.0	102.9	106.2	109.1
1992	106.4	108.6	104.7	105.4	107.7	103.9	103.7	106.8	111.0
1993	114.7	116.1	113.7	113.2	114.2	112.6	114.1	124.0	135.1
1994	124.1	125.0	123.4	121.7	120.9	122.9	121.6	119.5	118.2
1995	117.1	116.8	117.5	114.8	113.5	116.4	127.4	114.9	115.3
1996	108.3	108.8	107.9	106.1	105.8	106.4	108.4	102.9	103.9
1997	102.8	103.1	102.5	100.8	100.8	100.7	99.5	99.7	101.3
1998	99.2	99.4	99.0	97.4	97.4	97.6	94.5	95.9	95.8
1999	98.6	98.7	98.5	97.0	97.0	97.1	95.8	97.6	96.7
2000	100.4	100.8	99.9	98.5	98.5	98.5	99.1	102.8	105.1
2001	100.7	100.7	100.8	99.2	98.9	99.6	99.1	98.7	99.8
2002	99.2	99.0	99.6	98.7	98.5	99.1	100.5	97.8	97.7
2003	101.2	100.9	101.6	99.9	99.6	100.5	101.4	102.3	104.8
2004	103.9	103.3	104.8	102.8	102.1	104.2	110.6	106.1	111.4
2005	101.8	101.6	102.2	100.8	100.5	101.4	108.3	104.9	108.3
2006	101.5	101.5	101.5	101.0	100.9	101.4	101.5	103.0	106.0
2007	104.8	104.5	105.4	103.8	103.3	104.9	107.7	103.1	104.4
2008	105.9	105.6	106.5	105.9	105.5	106.7	120.3	106.9	110.5
2009	99.3	99.1	99.7	98.8	98.7	99.0	97.5	94.6	92.1
2010	103.3	103.2	103.6	103.1	102.8	103.6	102.9	105.5	109.6
2011	105.4	105.3	105.8	104.9	104.7	105.5	111.3	106.0	109.1
2012	102.6	102.7	102.5	102.0	101.9	102.2	105.6	98.3	98.2
2013	102.6	102.6	102.8	101.4	101.3	101.8	101.4	98.1	98.0
2014	102.0	102.1	101.8	101.0	101.0	101.0	99.1	98.1	97.8
2015	101.4	101.5	101.3	100.1	100.0	100.3	100.4	94.8	93.9
2016	102.0	102.1	101.9	100.7	100.7	100.9	100.1	98.6	98.0
2017	101.6	101.7	101.3	101.1	101.1	101.3	100.6	106.3	108.1
2018	102.1	102.1	102.1	101.9	101.9	102.1	103.1	103.5	104.1
2019	102.9	102.8	103.2	102.0	101.9	102.5	104.6	99.7	99.3
2020	102.5	102.3	103.0	101.4	101.3	102.1	106.1	98.2	97.7

注：①本表1985年前城市居民消费价格指数为职工生活费用价格总指数。
②从2011年起，原工业品出厂价格指数改称为工业生产者出厂价格指数，原材料、燃料、动力购进价格指数改称为工业生产者购进价格指数。

a. Urban areas consumer price indices remain with price indices of cost of living of workers and employees before 1985.

b.The original Ex-Factory price Indices of Industrial Products since 2011 Changed its name to the Indices of Industrial Producer,purchasing price Indices of Raw Material,Fuel and power changed its name to the Purchasing Price Indices of Industrial Producer.

1-2-1　各种价格定基指数(1978～2020年)
Fixed-base Price Indices (1978～2020)

年　份 Year	居民消费价格指数 Consumer Price Index (1978=100)	城市居民消费价格指数 Urban Areas (1978=100)	农村居民消费价格指数 Rural Areas (1985=100)	商品零售价格指数 Retail Price Index (1978=100)	农业生产资料价格指数 Price Index of Agricultural Production (1978=100)	工业生产者出厂价格指数 Producer Price Index of Industrial Products (1985=100)	工业生产者购进价格指数 Purchasing Price Index for Industrial Producers (1990=100)
1978	100.0	100.0		100.0	100.0		
1979	101.9	101.9		102.0	100.4		
1980	109.5	109.5		108.1	101.4		
1981	112.2	112.2		110.7	103.1		
1982	114.4	114.4		112.8	105.1		
1983	116.7	116.7		114.5	108.3		
1984	119.9	119.9		117.7	117.9		
1985	131.1	134.2	100.0	128.1	123.6	100.0	
1986	139.6	143.6	106.1	135.8	125.0	103.8	
1987	149.8	156.2	112.7	145.7	133.8	112.0	
1988	177.9	188.5	132.4	172.7	155.5	128.8	
1989	209.9	219.2	157.9	203.4	184.9	152.8	
1990	216.4	222.0	165.1	207.7	195.1	159.0	100.0
1991	223.8	233.3	168.9	213.7	200.8	168.9	109.1
1992	238.1	253.4	176.8	225.2	208.2	180.4	121.1
1993	273.1	294.2	201.0	254.9	237.6	223.7	163.6
1994	339.0	367.8	248.0	310.2	288.9	267.3	193.4
1995	396.9	429.6	291.4	356.1	368.1	307.1	222.9
1996	429.9	467.4	314.4	377.8	399.0	316.0	231.6
1997	441.9	481.9	322.3	380.8	397.0	315.0	234.6
1998	438.4	479.0	319.1	370.9	375.2	302.1	224.7
1999	432.2	472.8	314.3	359.8	359.4	294.8	217.3
2000	434.0	476.6	314.0	354.4	356.2	303.1	228.4
2001	437.0	479.9	316.5	351.6	353.0	299.2	227.9
2002	433.5	475.1	315.2	347.0	354.8	292.6	222.7
2003	438.7	479.4	320.2	346.7	359.8	299.3	233.4
2004	455.8	495.2	335.6	356.4	397.9	317.6	260.0
2005	464.0	503.1	343.0	359.3	430.9	333.2	281.6
2006	471.0	510.6	348.1	362.9	437.4	343.2	298.5
2007	493.6	533.6	366.9	376.7	471.1	353.8	311.6
2008	522.7	563.5	390.7	398.9	566.7	378.2	344.3
2009	519.0	558.4	389.5	394.1	552.5	357.8	317.2
2010	536.1	576.3	403.5	406.3	568.5	377.5	347.7
2011	565.0	606.8	426.9	426.2	632.7	400.2	379.3
2012	579.7	623.2	437.6	434.7	668.1	393.4	372.5
2013	594.8	639.4	449.9	440.8	677.5	385.9	365.1
2014	606.7	652.8	458.0	445.2	671.4	378.6	357.1
2015	615.2	662.6	464.0	445.6	674.1	358.9	335.3
2016	627.5	676.5	472.8	448.7	674.8	353.9	328.6
2017	637.5	688.0	478.9	453.6	678.8	376.2	355.2
2018	650.9	702.4	489.0	462.2	699.8	389.4	369.8
2019	669.8	722.1	504.6	471.4	732.0	388.2	367.2
2020	686.5	738.7	519.7	478.0	776.7	381.2	358.8

工业生产者价格指数
Producer Price Index

2

2-1-1 全国工业生产者出厂价格分类指数(1985～2020年)
Producer Price Indices for Industrial Products by Category (1985～2020)

(上年价格=100) (Preceding Year=100)

年 份 Year	总指数 General Index	一、生产资料 Means of Production	1.采 掘 Mining & Quarrying Industry	2.原材料 Raw Materials Industry	3.加工 Processing Industry
1985	108.7				
1986	103.8	104.8	100.6	107.5	103.6
1987	107.9	107.8	114.1	106.9	107.2
1988	115.0	113.7	109.3	113.5	114.7
1989	118.6	118.9	114.2	116.4	121.8
1990	104.1	104.4	107.9	105.9	102.5
1991	106.2	108.0	112.8	111.8	103.8
1992	106.8	109.3	112.6	110.2	107.4
1993	124.0	133.7	146.5	140.4	122.7
1994	119.5	116.7	133.1	117.9	111.1
1995	114.9	113.6	119.7	113.6	112.0
1996	102.9	103.5	108.9	101.7	104.1
1997	99.7	99.7	105.5	100.0	98.1
1998	95.9	95.4	98.4	93.4	96.8
1999	97.6	98.3	104.5	98.2	97.1
2000	102.8	105.1	124.9	108.4	98.6
2001	98.7	98.8	100.1	99.7	98.1
2002	97.8	97.7	101.9	98.0	96.9
2003	102.3	103.6	113.3	106.7	100.2
2004	106.1	107.8	118.8	110.2	104.8
2005	104.9	106.8	125.8	109.8	102.2
2006	103.0	103.9	114.1	106.6	101.1
2007	103.1	103.2	103.8	105.6	102.0
2008	106.9	107.7	123.2	108.9	105.2
2009	94.6	93.3	84.2	91.9	95.1
2010	105.5	106.6	122.2	110.1	103.1
2011	106.0	106.6	115.4	109.2	104.6
2012	98.3	97.5	97.6	98.0	97.3
2013	98.1	97.4	94.3	96.9	98.0
2014	98.1	97.5	93.5	97.0	98.2
2015	94.8	93.3	80.3	90.5	95.7
2016	98.6	98.2	95.4	96.7	99.0
2017	106.3	108.3	120.7	111.5	106.1
2018	103.5	104.6	108.8	106.3	103.5
2019	99.7	99.2	102.4	97.4	99.7
2020	98.2	97.3	94.8	94.4	98.7

2-1-1 续表 continued

(上年价格=100) (Preceding Year=100)

年 份 Year	二、生活资料 Consumer Goods	1.食 品 Food	2.衣 着 Clothing	3.一般日用品 Articles for Daily Use	4.耐用消费品 Durable Consumer Goods
1985					
1986	102.2	102.5	102.0	103.5	100.1
1987	108.1	109.3	107.9	111.9	100.5
1988	117.2	116.2	120.5	120.4	106.0
1989	118.2	114.1	121.4	121.5	131.8
1990	103.6	101.3	107.3	103.0	99.3
1991	103.2	103.6	105.4	103.3	96.5
1992	103.2	106.4	100.8	102.8	101.7
1993	109.6	113.9	106.2	108.9	108.8
1994	123.8	123.4	136.4	112.3	108.4
1995	116.9	123.2	115.6	115.1	105.2
1996	102.1	104.7	100.5	102.9	97.7
1997	99.6	100.8	101.1	98.3	94.9
1998	96.9	98.9	96.2	96.7	94.0
1999	96.4	97.4	96.1	96.0	95.6
2000	97.8	96.0	100.6	98.0	96.4
2001	98.5	100.5	99.0	98.3	95.3
2002	97.9	99.7	98.8	97.9	94.7
2003	98.9	100.9	99.8	99.5	95.6
2004	101.2	105.2	100.9	101.9	96.2
2005	99.8	100.9	100.8	101.9	96.8
2006	100.2	100.5	101.3	100.8	98.0
2007	102.8	107.0	101.2	101.5	99.0
2008	104.1	108.3	102.2	103.6	99.5
2009	98.8	98.6	100.1	99.2	97.7
2010	102.0	103.8	102.0	101.9	99.4
2011	104.2	107.4	104.2	104.0	99.4
2012	100.8	101.4	102.1	100.9	99.1
2013	100.2	100.7	101.2	99.8	99.1
2014	100.0	100.2	100.7	100.1	99.2
2015	99.7	100.0	100.7	99.3	99.2
2016	100.0	100.6	100.9	100.0	98.5
2017	100.7	100.6	101.2	101.3	99.9
2018	100.5	100.5	100.8	101.0	99.8
2019	100.9	102.7	101.1	100.4	98.8
2020	100.5	102.9	99.0	99.7	98.2

2-1-2 全国按行业分工业生产者出厂价格指数(2020年)
Producer Price Indices for Industrial Products by Sector(2020)

(上年价格=100) (Preceding Year=100)

行 业	Industry	2020
煤炭开采和洗选业	Mining and Washing of Coal	94.6
石油和天然气开采业	Extraction of Petroleum and Natural Gas	72.6
黑色金属矿采选业	Mining and Processing of Ferrous Metal Ores	107.0
有色金属矿采选业	Mining and Processing of Non-Ferrous Metal Ores	104.8
非金属矿采选业	Mining and Processing of Non-Metal Ores	101.5
开采专业及辅助性活动	Mining and Support Activities for Mining	99.1
其他采矿业	Mining of Other Ores	
农副食品加工业	Processing of Food from Agricultural Products	104.8
食品制造业	Manufacture of Foods	100.6
酒、饮料和精制茶制造业	Manufacture of Alcohol,Beverages and Refined Tea	100.7
烟草制品业	Manufacture of Tobacco	101.4
纺织业	Manufacture of Textile	95.3
纺织服装、服饰业	Manufacture of Textile,Wearing Apparel and Accessories	98.8
皮革、毛皮、羽毛及其制品和制鞋业	Manufacture of Leather,Fur,Feather and Related Products and Footware	99.3
木材加工和木、竹、藤、棕、草制品业	Processing of Timber,Manufacture of Wood,Bamboo,Rattan,Palm and Straw Products	99.3
家具制造业	Manufacture of Furniture	100.0
造纸和纸制品业	Manufacture of Paper and Paper Products	97.2
印刷和记录媒介复制业	Printing and Reproduction of Recording Media	98.7
文教、工美、体育和娱乐用品制造业	Manufacture of Articles for Culture,Education,Arts and Crafts,Sport and Entertainment Activities	103.3
石油、煤炭及其他燃料加工业	Processing of Petroleum,Coal and Other Fuel	85.7
化学原料和化学制品制造业	Manufacture of Raw Chemical Materials and Chemical Products	94.1
医药制造业	Manufacture of Medicines	100.6
化学纤维制造业	Manufacture of Chemical Fibres	86.5
橡胶和塑料制品业	Manufacture of Rubber and Plastics Products	98.1
非金属矿物制品业	Manufacture of Non-Metallic Mineral Products	98.4
黑色金属冶炼和压延加工业	Smelting and Pressing of Ferrous Metals	97.9
有色金属冶炼和压延加工业	Smelting and Pressing of Non-Ferrous Metals	100.8
金属制品业	Manufacture of Metal Products	99.9
通用设备制造业	Manufacture of General purpose Machinery	99.7
专用设备制造业	Manufacture of Special purpose Machinery	100.0
汽车制造业	Manufacture of Automobiles	99.6
铁路、船舶、航空航天和其他运输设备制造业	Manufacture of Railway,Ship,Aerospace and Other Transport Equipments	100.4
电气机械和器材制造业	Manufacture of Electrical Machinery and Apparatus	97.4
计算机、通信和其他电子设备制造业	Manufacture of Computers,Communication and Other Electronic Equipment	98.5
仪器仪表制造业	Manufacture of Measuring Instruments and Machinery	100.2
其他制造业	Other Manufacture	100.3
废弃资源综合利用业	Utilization of Waste Resources	100.2
金属制品、机械和设备修理业	Repair Service of Metal Products,Machinery and Equipment	103.6
电力、热力生产和供应业	Production and Supply of Electric Power and Heat Power	98.1
燃气生产和供应业	Production and Supply of Gas	95.7
水的生产和供应业	Production and Supply of Water	100.1

2-1-3 全国主要产品工业生产者出厂价格指数(1993～2020年)
Producer Price Indices for Main Industrial Products (1993～2020)

(上年价格=100) (Preceding Year=100)

年份 Year	原煤(无烟煤) Raw Coal	原油 Crude Oil	木材(锯材加工) Wood	水泥 通用硅酸盐水泥 Cement	钢材(普通大型钢材) Rolled Steel	生铁 Pig Iron	汽油 Gasoline	重油(燃料油) Heavy Oil
1993	136.8	184.9	136.9	151.3	252.2	210.3	165.4	157.2
1994	123.1	168.6	99.2	106.9	114.8	108.4	125.9	128.1
1995	113.7	129.9	106.6	100.2	83.9	93.6	113.1	112.8
1996	112.9	110.3	97.2	104.3	91.8	97.1	100.1	106.2
1997	108.6	104.9	99.2	94.4	95.2	96.3	104.8	112.3
1998	100.8	96.5	118.2	99.5	96.5	99.6	99.5	97.7
1999	91.3	120.3	98.5	99.2	94.2	93.3	103.0	108.9
2000	97.3	174.8	99.3	98.2	92.4	98.8	130.5	136.3
2001	102.7	89.9	99.3	99.8	97.4	99.5	89.6	92.9
2002	119.2	94.1	100.1	99.5	95.1	101.2	96.3	96.2
2003	103.9	119.8	101.0	100.1	113.0	122.9	117.1	120.7
2004	118.5	120.3	101.6	104.6	119.3	131.7	111.0	102.5
2005	129.9	131.1	104.5	99.9	101.5	103.7	121.2	120.0
2006	104.6	122.3	103.2	103.6	94.8	94.5	120.8	128.7
2007	103.6	101.9	105.2	102.7	106.2	112.9	101.4	99.6
2008	128.6	122.6	111.5	110.4	124.1	131.4	118.8	113.6
2009	102.4	65.1	101.7	98.7	80.0	79.4	102.6	87.7
2010	110.6	138.7	104.0	102.4	107.4	111.9	112.4	124.7
2011	113.7	129.3	104.2	112.7	111.6	112.8	116.4	114.0
2012	97.4	99.2	103.4	92.2	87.1	90.9	103.6	101.5
2013	89.7	94.6	101.6	95.3	93.2	93.1	97.6	96.8
2014	88.6	95.3	100.6	99.7	91.0	92.5	97.4	93.2
2015	83.4	56.4	99.9	88.4	78.7	83.3	80.0	78.3
2016	94.3	82.9	99.5	98.2	111.9	99.0	94.0	88.7
2017	126.2	132.8	99.7	120.8	133.0	131.9	111.8	114.7
2018	108.1	127.0	100.1	120.5	110.0	110.6	115.6	116.3
2019	98.8	95.8	99.5	104.1	97.4	102.7	94.2	101.8
2020	90.6	69.1	98.8	96.0	95.7	100.5	84.5	86.4

2-1-4 各地区工业生产者出厂价格总指数(1987～2020年)
Producer Price Indices for Industrial Products by Region (1987～2020)

(上年价格=100) (Preceding Year=100)

地 区	Region	1987	1988	1989	1990	1991	1992	1993	1994	1995	1996	1997	1998	1999	2000	2001	2002
全 国	**National**	**107.9**	**115.0**	**118.6**	**104.1**	**106.2**	**106.8**	**124.0**	**119.5**	**114.9**	**102.9**	**99.7**	**95.9**	**97.6**	**102.8**	**98.7**	**97.8**
北 京	Beijing				107.9	105.8	107.8	128.3	111.8	116.7	103.2	100.6	95.1	97.8	102.5	99.4	96.6
天 津	Tianjin						105.2	126.3	120.4	110.2	102.8	98.3	94.7	96.4	102.8	95.9	95.9
河 北	Hebei						108.6	129.1	119.1	111.4	101.1	98.8	94.4	95.9	105.3	99.9	99.4
山 西	Shanxi				106.4	106.8	114.2	132.5	120.1	113.5	106.4	102.2	97.5	95.3	100.9	100.3	103.6
内蒙古	Inner Mongolia	107.9	110.7	121.5	105.2	108.7	109.8	133.2	112.1	109.1	101.7	101.5	98.0	100.4	102.8	100.1	99.3
辽 宁	Liaoning		122.4	121.2	103.8	119.2	111.8	138.4	119.9	109.9	102.1	100.1	95.8	102.0	108.8	98.6	97.8
吉 林	Jilin		112.9	121.5	104.5	106.4	111.4	127.9	115.7	115.0	103.8	101.4	96.9	100.1	105.1	100.3	98.6
黑龙江	Heilongjiang						111.6	141.3	127.7	116.0	104.6	102.3	97.7	107.4	122.9	95.9	97.8
上 海	Shanghai						111.4	128.1	118.1	111.5	98.6	98.9	93.9	97.6	102.5	96.7	96.4
江 苏	Jiangsu					103.2	103.6	118.5	121.4	114.1	100.7	97.9	94.5	96.1	101.1	99.1	97.6
浙 江	Zhejiang				100.4	101.8	104.8	117.3	117.5	112.3	99.5	99.2	96.0	96.8	101.1	98.3	96.9
安 徽	Anhui						108.7	125.3	120.9	117.1	101.6	99.4	96.4	92.9	98.9	98.6	99.8
福 建	Fujian						102.7	117.1	116.9	115.7	101.8	100.3	95.7	96.6	100.5	98.1	97.2
江 西	Jiangxi							115.3	124.7	114.8	104.1	101.7	98.4	96.1	101.0	98.1	98.5
山 东	Shandong			123.8	104.7	103.0	109.5	123.0	124.2	117.0	104.2	101.1	96.0	97.2	105.9	99.1	98.8
河 南	Henan			119.7	105.5	104.3	106.2	118.1	124.1	115.0	104.1	100.6	95.3	95.4	104.0	100.5	98.6
湖 北	Hubei			116.7	109.0	108.1	111.0	126.3	126.2	113.1	102.7	98.6	96.2	97.8	101.7	99.0	98.2
湖 南	Hunan			118.1	100.6	104.7	111.1	128.9	117.6	121.4	105.7	99.2	95.9	98.5	102.9	99.8	99.2
广 东	Guangdong							124.1	126.0	112.3	101.8	100.1	94.8	97.7	103.4	98.5	96.5
广 西	Guangxi	106.4			101.5	103.3	112.5	121.1	118.8	117.2	102.6	97.7	95.4	95.6	105.5	106.3	95.6
海 南	Hainan																98.7
重 庆	Chongqing				103.4	105.1	117.2	118.4	113.4	112.4	104.1	98.0	94.6	97.7	98.6	98.1	97.6
四 川	Sichuan			117.9	103.5	105.9	106.1	127.4	114.7	112.2	102.2	101.2	97.3	97.0	98.1	100.4	97.7
贵 州	Guizhou						101.6	118.1	113.3	113.1	104.9	101.2	98.2	99.7	100.4	102.2	98.9
云 南	Yunnan					106.3	105.3	125.0	116.7	110.2	101.4	100.7	97.2	98.2	101.2	99.9	98.2
西 藏	Tibet																
陕 西	Shaanxi						107.9	119.8	119.9	112.6	104.2	103.7	96.6	97.9	101.5	100.4	100.7
甘 肃	Gansu			122.0	110.7	104.2	112.1	125.3	121.2	114.9	104.4	104.9	95.2	98.1	107.2	98.5	97.9
青 海	Qinghai			112.7	109.5	108.7	102.6	124.4	124.9	114.6	106.7	104.3	100.7	102.8	108.1	93.7	97.6
宁 夏	Ningxia											100.3	97.7	98.4	103.6	100.3	99.7
新 疆	Xinjiang						107.5	126.2	118.4	117.2	104.9	104.9	95.8	100.2	129.4	96.3	97.3

2-1-4 续表 Continued

(上年价格=100) (Preceding Year=100)

地 区 Region	2003	2004	2005	2006	2007	2008	2009	2010	2011	2012	2013	2014	2015	2016	2017	2018	2019	2020
全 国 National	**102.3**	**106.1**	**104.9**	**103.0**	**103**	**106.9**	**94.6**	**105.5**	**106.0**	**98.3**	**98.1**	**98.1**	**94.8**	**98.6**	**106.3**	**103.5**	**99.7**	**98.2**
北 京 Beijing	101.5	103.0	101.3	99.1	99.7	103.3	94.4	102.2	102.3	98.4	97.4	99.1	96.9	98.1	100.7	100.0	99.6	99.1
天 津 Tianjin	102.5	104.1	100.1	100.6	101.5	104.1	92.5	105.1	103.8	97.0	97.0	96.3	90.3	97.9	108.4	105.4	99.3	97.1
河 北 Hebei	107.1	111.6	104.4	100.8	106.9	116.7	89.1	109.0	107.7	94.7	96.6	95.2	89.1	99.9	115.0	106.2	100.2	98.5
山 西 Shanxi	112.2	116.1	110.2	101.0	107.4	122.4	92.0	109.5	107.5	94.5	90.7	91.4	87.7	96.8	119.4	106.7	99.7	96.7
内蒙古 Inner Mongolia	103.2	105.1	105.1	103.0	105.7	112.5	96.2	106.7	107.8	100.2	97.0	97.3	94.0	98.9	110.6	103.2	102.1	99.7
辽 宁 Liaoning	103.6	107.1	105.1	104.1	104.4	110.9	94.0	107.4	106.5	99.9	99.0	98.2	93.9	98.8	108.1	104.8	99.5	97.0
吉 林 Jilin	102.5	105.0	104.3	101.7	102.7	104.9	96.1	105.2	105.4	99.1	98.7	99.1	95.3	98.4	103.1	102.8	98.9	98.6
黑龙江 Heilongjiang	111.9	113.1	116.7	109.9	105.3	114.0	87.4	115.0	112.0	100.0	98.0	97.1	86.0	95.1	109.3	109.0	98.2	93.4
上 海 Shanghai	101.4	103.6	101.7	100.6	101.2	102.2	93.8	102.3	102.9	98.4	98.2	98.9	96.1	98.8	103.5	101.7	98.8	98.3
江 苏 Jiangsu	102.3	106.5	102.6	101.5	102.6	104.6	95.2	107.3	106.2	97.1	98.0	98.3	95.3	98.1	104.8	102.8	98.9	97.8
浙 江 Zhejiang	100.6	105.0	102.3	103.8	102.4	104.3	94.9	106.2	105.0	97.3	98.2	98.8	96.4	98.3	104.8	103.4	98.9	96.9
安 徽 Anhui	103.5	108.2	103.3	103.1	103.6	108.4	92.8	109.0	108.3	98.3	98.2	97.4	93.9	98.5	108.0	103.0	100.3	99.1
福 建 Fujian	100.7	102.6	100.2	99.2	100.8	102.7	95.5	103.2	103.9	98.7	98.4	98.6	97.0	99.1	104.1	102.8	100.6	98.4
江 西 Jiangxi	104.0	109.7	108.8	109.7	106.2	106.4	93.0	115.3	111.3	96.5	98.5	97.8	93.7	98.6	107.9	104.2	98.9	98.3
山 东 Shandong	103.5	106.4	103.7	102.3	103.3	108.6	94.1	107.2	106.0	98.4	98.4	98.4	95.2	98.5	105.5	103.7	99.7	98.1
河 南 Henan	105.0	110.2	106.1	104.3	105.2	112.1	94.9	107.8	107.2	99.4	98.5	98.1	95.4	99.0	106.8	103.6	100.2	99.2
湖 北 Hubei	103.5	105.7	104.5	102.9	103.9	106.1	95.6	104.9	106.6	100.3	99.2	98.4	96.7	99.0	105.6	104.2	100.2	99.1
湖 南 Hunan	102.6	108.0	106.0	104.3	106.1	109.3	94.3	106.9	108.5	99.1	98.5	98.4	96.3	98.9	105.8	103.2	99.6	99.0
广 东 Guangdong	99.3	101.7	101.5	101.4	101.3	103.1	95.8	103.2	103.7	99.5	98.8	98.9	96.8	99.4	103.3	101.8	100.2	99.0
广 西 Guangxi	102.8	109.7	104.9	109.6	104.5	109.0	93.5	112.0	108.5	97.8	98.2	98.4	97.0	99.1	107.6	103.2	99.3	99.4
海 南 Hainan	99.5	100.0	99.5	100.8	102.7	104.5	90.6	107.7	108.8	100.8	99.5	97.6	89.8	96.0	108.8	108.2	97.4	93.8
重 庆 Chongqing	100.6	103.3	103.0	102.2	103.5	105.8	95.5	103.1	103.8	99.9	98.0	98.3	97.2	98.6	104.1	102.1	99.8	99.1
四 川 Sichuan	100.5	105.4	104.0	101.9	103.9	109.3	96.5	105.0	107.3	98.6	98.7	98.7	96.4	98.9	106.5	103.6	100.4	98.8
贵 州 Guizhou	103.4	108.0	107.2	104.3	105.0	112.4	95.1	104.7	105.4	101.0	97.4	98.3	96.1	97.9	107.2	101.8	99.8	98.3
云 南 Yunnan	101.4	108.8	104.5	104.6	105.7	105.8	91.5	108.8	104.7	97.9	97.5	97.8	94.9	97.6	105.2	102.4	100.0	98.6
西 藏 Tibet				106.0	101.1	105.6	98.2	105.8	104.3	99.7	99.8	99.0	93.2	102.9	110.0	100.1	98.9	99.4
陕 西 Shaanxi	105.7	107.3	110.4	109.6	102.9	108.4	96.1	108.7	107.2	100.7	97.3	97.1	90.8	97.6	110.8	105.4	100.8	95.1
甘 肃 Gansu	110.0	114.3	109.6	109.8	105.5	104.9	91.0	115.0	111.0	96.8	96.9	96.7	87.0	94.9	114.5	109.5	98.3	93.9
青 海 Qinghai	105.5	111.2	110.2	109.5	104.2	107.6	91.3	109.3	107.4	96.9	97.0	96.1	93.1	98.5	116.7	104.8	98.5	96.6
宁 夏 Ningxia	103.9	110.0	106.2	106.2	103.7	112.9	93.9	109.1	109.5	97.4	96.0	96.3	93.7	99.1	112.1	107.3	99.4	96.9
新 疆 Xinjiang	115.1	116.4	116.6	114.4	106.3	116.4	85.5	125.3	114.8	96.9	96.5	96.2	82.4	94.5	113.7	111.2	98.5	91.6

2-1-5 各地区工业生产者出厂价格分类指数(2020年)
Producer Price Indices for Industrial Products by Region (2020)

(上年价格=100) (Preceding Year=100)

地区 Region	总指数 General Index	轻工业 Light Industry	1.以农产品为原料 Processing of Agricultural Products	2.以非农产品为原料 Processing of Nonagricultural Products	重工业 Heavy Industry	1.采掘 Mining & Quarrying Industry	2.原料 Raw Materials Industry	3.加工 Processing Industry
全国 National	**98.2**	**99.5**	**100.5**	**97.7**	**97.6**	**94.8**	**94.9**	**99.0**
北京 Beijing	99.1	103.8	104.7	102.6	98.5	101.3	97.2	98.8
天津 Tianjin	97.1	102.5	104.5	99.4	95.7	81.6	92.4	99.1
河北 Hebei	98.5	100.4	100.1	101.6	98.0	102.2	95.5	98.9
山西 Shanxi	96.7	101.4	102.1	97.7	96.4	95.9	95.9	97.7
内蒙古 Inner Mongolia	99.7	101.8	102.2	95.4	99.1	103.2	98.1	96.5
辽宁 Liaoning	97.0	101.1	101.2	100.5	96.1	96.0	90.3	98.4
吉林 Jilin	98.6	101.0	101.3	99.0	97.9	84.2	96.2	100.0
黑龙江 Heilongjiang	93.4	102.2	102.6	99.2	89.4	75.1	90.8	99.6
上海 Shanghai	98.3	101.4	101.6	101.2	97.5	83.7	90.4	99.1
江苏 Jiangsu	97.8	97.1	99.0	94.8	98.0	100.5	94.9	98.9
浙江 Zhejiang	96.9	96.6	98.0	94.6	97.2	104.6	93.0	98.9
安徽 Anhui	99.1	99.9	101.5	97.6	98.8	99.6	97.0	99.3
福建 Fujian	98.4	99.2	99.7	97.9	97.8	99.0	94.3	99.1
江西 Jiangxi	98.3	97.7	99.2	94.9	98.6	103.0	97.8	98.6
山东 Shandong	98.1	99.4	99.5	99.0	97.6	92.9	94.4	99.5
河南 Henan	99.2	101.3	102.4	97.5	98.2	98.8	98.3	98.1
湖北 Hubei	99.1	101.0	101.3	99.8	98.1	101.3	95.3	98.7
湖南 Hunan	99.0	101.1	101.4	100.0	98.2	97.1	95.8	99.2
广东 Guangdong	99.0	99.7	100.3	99.3	98.6	92.9	94.5	99.9
广西 Guangxi	99.4	102.6	103.2	99.8	98.3	100.2	95.7	99.4
海南 Hainan	93.8	100.9	101.2	99.2	91.9	93.0	88.7	98.7
重庆 Chongqing	99.1	100.4	101.3	99.8	98.7	98.2	96.8	99.1
四川 Sichuan	98.8	100.4	101.7	96.4	98.0	101.8	95.2	98.5
贵州 Guizhou	98.3	101.4	102.2	96.4	97.4	98.2	98.1	96.6
云南 Yunnan	98.6	101.1	101.5	96.1	97.6	102.8	97.1	97.2
西藏 Tibet	99.4	100.0	99.7	102.0	99.2	99.8	100.6	98.2
陕西 Shaanxi	95.1	101.3	102.0	98.2	93.9	86.1	92.6	99.2
甘肃 Gansu	93.9	101.4	101.5	98.4	93.0	83.8	91.3	98.8
青海 Qinghai	96.6	102.0	102.2	101.2	95.9	88.5	96.0	98.2
宁夏 Ningxia	96.9	100.5	100.3	102.9	96.2	97.3	95.7	97.1
新疆 Xinjiang	91.6	100.4	101.8	93.0	90.2	78.0	92.3	98.8

2-1-5 续表 Continued

(上年价格=100) (Preceding Year=100)

地 区	Region	生产资料 Means of Production	1.采掘 Mining & Quarrying Industry	2.原料 Raw Materials Industry	3.加工 Processing Industry	生活资料 Consumer Goods	1.食品 Food	2.衣着 Clothing	3.一般日用品 Articles for Daily Use	4.耐用消费品 Durable Consumer Goods
全 国	**National**	**97.3**	**94.8**	**94.4**	**98.7**	**100.5**	**102.9**	**99.0**	**99.7**	**98.2**
北 京	Beijing	98.9	101.3	97.2	99.7	99.5	104.3	99.8	103.2	97.2
天 津	Tianjin	95.8	81.6	92.2	99.4	100.9	105.9	100.2	98.7	96.9
河 北	Hebei	97.9	102.2	95.5	98.7	101.5	102.7	99.2	101.7	100.3
山 西	Shanxi	96.3	95.9	95.8	97.5	101.4	101.9	101.4	103.4	99.7
内蒙古	Inner Mongolia	99.0	103.2	97.8	96.7	102.4	102.3	101.6	105.9	91.9
辽 宁	Liaoning	96.1	96.0	90.0	98.5	100.9	101.1	100.1	99.9	101.1
吉 林	Jilin	96.9	84.2	95.9	99.6	101.0	101.1	100.6	102.3	100.7
黑龙江	Heilongjiang	89.8	75.1	90.7	99.9	102.1	102.5	101.3	100.2	100.4
上 海	Shanghai	98.1	83.7	89.7	100.3	98.9	102.7	99.1	103.9	94.3
江 苏	Jiangsu	97.3	100.5	94.1	98.2	99.6	103.2	98.6	97.7	99.4
浙 江	Zhejiang	96.2	104.6	91.2	98.1	98.9	101.2	97.8	98.8	99.2
安 徽	Anhui	98.6	99.6	97.0	98.9	100.5	103.4	99.9	99.6	97.4
福 建	Fujian	97.1	99.0	93.2	98.5	100.8	101.7	100.6	101.0	97.8
江 西	Jiangxi	98.1	103.0	97.4	98.1	99.0	104.5	94.5	95.7	99.5
山 东	Shandong	97.1	92.9	94.1	98.6	101.5	103.3	99.0	100.0	99.2
河 南	Henan	98.4	98.8	98.0	98.5	101.2	105.8	99.3	97.9	93.4
湖 北	Hubei	98.1	101.3	95.1	98.6	101.2	102.2	100.7	100.2	99.1
湖 南	Hunan	98.3	97.1	95.1	99.3	101.4	102.1	100.4	101.1	99.3
广 东	Guangdong	98.6	92.9	94.2	99.9	99.7	102.7	99.0	100.8	98.4
广 西	Guangxi	98.2	100.2	95.8	99.1	103.2	104.8	100.2	101.8	100.4
海 南	Hainan	91.8	93.0	88.7	98.8	102.1	105.2		98.0	100.3
重 庆	Chongqing	98.9	98.2	96.6	99.3	99.6	102.7	99.0	98.6	98.6
四 川	Sichuan	97.9	101.8	94.6	98.4	101.1	102.9	98.4	99.0	96.7
贵 州	Guizhou	97.4	98.2	98.0	96.4	101.1	101.8	99.8	100.6	92.1
云 南	Yunnan	97.5	102.8	97.0	97.1	101.3	101.5	100.4	98.8	100.8
西 藏	Tibet	98.8	99.8	100.6	97.2	100.5	100.4	100.0	103.7	100.7
陕 西	Shaanxi	93.6	86.1	92.3	98.8	102.1	102.9	100.8	100.4	100.5
甘 肃	Gansu	93.0	83.8	91.3	98.6	101.7	101.8	100.7	98.1	104.2
青 海	Qinghai	95.9	88.5	96.0	98.1	101.9	102.5	99.4	101.7	99.7
宁 夏	Ningxia	96.4	97.3	95.4	98.2	100.4	100.3	99.7	101.4	98.4
新 疆	Xinjiang	90.5	78.0	92.2	98.7	102.7	104.1	100.1	95.2	100.7

2-1-6 各地区按部门分工业生产者出厂价格指数（2020年）
Producer Price Indices for Industrial Products by Branch and Region (2020)

(上年价格=100) (Preceding Year=100)

地 区	Region	1.冶金工业 Metallurgical Industry	2.电力工业 Power Industry	3.煤炭及炼焦工业 Coal and Coking Industry	4.石油工业 Petroleum Industry	5.化学工业 Chemical Industry	6.机械工业 Machinery Industry	7.建筑材料工业 Building Materials Industry	8.森林工业 Forest Industry
全 国	**National**	**99.9**	**97.8**	**94.5**	**83.2**	**95.8**	**99.1**	**99.1**	**99.6**
北 京	Beijing	102.8	97.9	99.8	96.2	99.5	98.5	99.9	100.6
天 津	Tianjin	98.7	97.9	100.1	77.6	94.6	99.1	99.0	101.6
河 北	Hebei	99.8	99.3	93.4	82.9	96.4	99.6	99.2	100.1
山 西	Shanxi	98.6	100.0	93.6	93.0	96.9	98.7	100.2	96.3
内蒙古	Inner Mongolia	98.1	99.3	104.8	86.0	96.6	99.1	98.5	98.8
辽 宁	Liaoning	99.4	94.9	97.6	83.4	95.0	99.6	93.3	96.1
吉 林	Jilin	101.5	99.7	101.5	73.9	98.5	100.4	97.4	100.3
黑龙江	Heilongjiang	100.8	100.5	97.2	75.2	96.2	100.6	99.3	98.6
上 海	Shanghai	100.2	93.9	92.2	83.0	96.7	98.8	101.6	96.4
江 苏	Jiangsu	98.5	95.6	84.3	85.4	94.7	98.7	102.0	99.7
浙 江	Zhejiang	100.2	95.6		85.6	91.8	98.3	101.9	99.9
安 徽	Anhui	99.5	99.7	94.0	89.8	97.6	99.0	100.0	100.7
福 建	Fujian	99.2	99.6	95.5	83.3	94.6	98.5	101.2	99.7
江 西	Jiangxi	100.5	99.1	99.0	84.8	94.1	97.9	98.6	99.4
山 东	Shandong	102.3	98.9	88.5	83.9	96.2	99.8	98.5	100.6
河 南	Henan	102.2	100.1	90.3	83.8	97.0	98.2	99.1	100.2
湖 北	Hubei	101.6	98.9	88.5	81.4	95.4	99.0	99.7	98.9
湖 南	Hunan	98.8	97.3	91.9	85.2	96.6	99.3	101.0	99.8
广 东	Guangdong	100.2	97.5		83.8	98.1	99.4	100.1	99.9
广 西	Guangxi	97.2	97.5	94.4	91.4	98.5	100.3	100.9	98.1
海 南	Hainan	101.0	99.4		88.4	85.2	99.2	99.2	97.5
重 庆	Chongqing	99.3	99.6	93.8	97.9	96.4	99.3	98.9	99.9
四 川	Sichuan	99.6	96.3	96.0	90.7	97.5	98.6	97.5	99.2
贵 州	Guizhou	96.3	100.0	95.2	99.4	96.8	99.0	93.4	101.0
云 南	Yunnan	101.0	95.2	95.3	81.5	98.2	100.3	94.6	97.9
西 藏	Tibet	99.9	100.6			102.1	100.0	96.4	100.0
陕 西	Shaanxi	98.8	96.0	91.2	80.2	99.0	100.3	95.6	106.1
甘 肃	Gansu	98.8	96.5	99.2	76.8	99.6	96.5	99.4	100.1
青 海	Qinghai	98.5	96.4	98.4	83.0	93.2	98.9	107.2	
宁 夏	Ningxia	97.2	100.4	95.4	82.7	97.8	99.9	102.1	99.0
新 疆	Xinjiang	100.9	95.4	96.4	78.6	93.3	102.6	97.6	97.1

2-1-6 续表 Continued

(上年价格=100) (Preceding Year=100)

地区	Region	9.食品工业 Food Industry	10.纺织工业 Textile Industry	11.缝纫工业 Tailoring Industry	12.皮革工业 Leather Industry	13.造纸工业 Paper Industry	14.文教艺术用品工业 Cultural, Educational & Handicrafts Articles	15.其他工业 Other Industry
全　国	**National**	**103.2**	**95.1**	**98.7**	**99.5**	**97.3**	**99.7**	**100.1**
北　京	Beijing	106.3	99.2	99.9	98.6	97.9	99.1	109.0
天　津	Tianjin	106.4	100.8	100.3	101.3	93.7	102.5	98.8
河　北	Hebei	103.1	95.2	99.8	99.5	97.1	99.4	97.9
山　西	Shanxi	102.8	94.2	101.4	100.6	96.1	99.8	93.8
内蒙古	Inner Mongolia	102.7	93.2	101.7	100.7	98.5	105.2	93.1
辽　宁	Liaoning	101.7	97.2	100.5	97.5	99.0	98.5	102.2
吉　林	Jilin	101.5	96.6	100.5	101.3	98.8	99.7	93.5
黑龙江	Heilongjiang	102.9	97.0	102.1	100.3	98.2	99.9	101.1
上　海	Shanghai	103.0	97.7	100.9	95.7	99.3	101.0	113.0
江　苏	Jiangsu	103.6	94.9	98.3	100.6	98.4	100.0	97.6
浙　江	Zhejiang	102.0	96.2	97.3	99.2	99.1	99.2	99.5
安　徽	Anhui	103.8	95.8	100.4	99.6	96.2	99.7	96.9
福　建	Fujian	101.7	93.4	101.2	99.9	98.6	98.6	102.7
江　西	Jiangxi	104.4	94.9	92.4	101.0	96.3	99.7	95.8
山　东	Shandong	103.9	92.5	99.2	98.4	95.4	99.0	100.9
河　南	Henan	105.9	94.3	99.4	99.4	96.5	93.7	93.0
湖　北	Hubei	102.2	99.2	99.8	107.5	97.4	101.5	105.4
湖　南	Hunan	102.2	99.7	100.4	100.0	99.4	101.8	102.5
广　东	Guangdong	102.9	99.1	98.9	99.2	96.5	101.0	104.4
广　西	Guangxi	105.0	90.8	99.9	100.5	96.3	103.0	99.8
海　南	Hainan	105.1	96.5			93.2	100.7	101.5
重　庆	Chongqing	103.2	97.2	98.4	98.9	97.8	99.1	102.8
四　川	Sichuan	102.8	98.0	97.9	99.9	97.6	100.1	98.1
贵　州	Guizhou	102.4	97.9	99.6	100.0	98.6	97.0	102.0
云　南	Yunnan	101.7	98.1	100.4		94.8	94.2	100.2
西　藏	Tibet	100.1	89.5	100.0	100.0	99.5	105.0	101.1
陕　西	Shaanxi	103.3	90.3	100.7	100.0	100.7	97.0	101.8
甘　肃	Gansu	102.0	91.4	100.8	97.0	98.8	101.1	91.0
青　海	Qinghai	103.0	103.1	99.4		99.5	99.9	99.7
宁　夏	Ningxia	100.5	101.0	97.7	100.2	94.6	100.5	93.3
新　疆	Xinjiang	104.8	91.9	100.1	100.0	98.7	101.0	95.0

2−1−7 各地区按行业分工业生产者出厂价格指数（2020年）
Producer Price Indices for Industrial Products by Sector and Region (2020)

（上年价格=100） (Preceding Year=100)

地 区	Region	1.煤炭开采和洗选业 Mining and Washing of Coal	2.石油和天然气开采业 Extraction of Petroleum and Natural Gas	3.黑色金属矿采选业 Mining and Processing of Ferrous Metal Ores	4.有色金属矿采选业 Mining and Processing of Non-Ferrous Metal Ores	5.非金属矿采选业 Mining and Processing of Non-Metal Ores
全 国	**National**	**94.6**	**72.6**	**107.0**	**104.8**	**101.5**
北 京	Beijing	99.8		110.5		88.0
天 津	Tianjin	100.0	66.9	104.9		98.6
河 北	Hebei	90.9	68.1	109.0	96.0	98.6
山 西	Shanxi	93.0	92.9	109.7	137.0	100.9
内蒙古	Inner Mongolia	105.3	78.1	104.6	95.9	99.8
辽 宁	Liaoning	98.3	68.0	103.5	86.7	96.7
吉 林	Jilin	101.6	67.6	105.5	109.2	100.5
黑龙江	Heilongjiang	97.5	68.8	107.4	96.8	98.7
上 海	Shanghai		83.7			
江 苏	Jiangsu	82.1	68.0	104.8	99.7	108.1
浙 江	Zhejiang			127.3	87.5	104.8
安 徽	Anhui	94.0		107.5	104.1	99.7
福 建	Fujian	95.4		104.4	93.7	99.0
江 西	Jiangxi	101.2		108.1	100.8	101.3
山 东	Shandong	89.0	67.4	110.3	114.4	97.7
河 南	Henan	87.9	74.9	103.1	110.3	108.5
湖 北	Hubei	88.5	69.7	109.2	108.1	101.0
湖 南	Hunan	90.8		97.2	99.0	105.7
广 东	Guangdong		82.6	115.9	106.3	102.5
广 西	Guangxi	94.4	70.8	101.9	99.4	103.9
海 南	Hainan		69.0	101.1	96.1	130.7
重 庆	Chongqing	94.0	104.8	91.6	99.3	101.1
四 川	Sichuan	95.9	100.7	108.1	100.4	103.8
贵 州	Guizhou	95.9		87.2	96.2	94.9
云 南	Yunnan	96.6		112.2	99.6	100.4
西 藏	Tibet			90.7	100.5	79.0
陕 西	Shaanxi	91.4	76.6	107.3	101.0	91.9
甘 肃	Gansu	99.1	68.2	98.5	100.3	89.9
青 海	Qinghai	99.8	80.4	104.0	96.3	101.6
宁 夏	Ningxia	96.1		104.3		99.4
新 疆	Xinjiang	99.6	67.2	99.8	102.6	91.6

2-1-7 续表 1 Continued 1

(上年价格=100) (Preceding Year=100)

地 区 Region	6.开采专业及辅助性活动 Mining and Support Activities for Mining	7.其他采矿业 Mining of Other Ores	8.农副食品加工业 Processing of Food from Agricultural Products	9.食品制造业 Manufacture of Foods	10.酒、饮料和精制茶制造业 Manufacture of Alcohol,Beverages and Refined Tea	11.烟草制品业 Manufacture of Tobacco
全 国 National	**99.1**		**104.8**	**100.6**	**100.7**	**101.4**
北 京 Beijing	100.6		110.2	100.1	106.2	106.4
天 津 Tianjin	104.7		112.3	103.3	100.6	102.7
河 北 Hebei			104.3	100.3	101.3	100.1
山 西 Shanxi			104.0	102.7	100.8	100.3
内蒙古 Inner Mongolia			106.5	98.6	100.7	101.0
辽 宁 Liaoning	97.5		101.6	102.5	102.1	100.7
吉 林 Jilin			102.0	99.4	101.2	100.4
黑龙江 Heilongjiang	100.0		103.5	100.4	102.8	108.1
上 海 Shanghai			106.3	100.7	99.9	103.3
江 苏 Jiangsu			105.2	100.1	101.0	100.6
浙 江 Zhejiang			105.7	99.9	96.7	100.7
安 徽 Anhui			105.7	101.0	99.0	103.7
福 建 Fujian			102.1	101.2	101.4	100.6
江 西 Jiangxi			106.5	101.0	98.6	100.9
山 东 Shandong	90.9		104.8	98.8	100.6	100.6
河 南 Henan			109.1	102.4	97.6	100.7
湖 北 Hubei			102.9	102.2	100.5	101.2
湖 南 Hunan			104.1	99.9	99.4	100.0
广 东 Guangdong			104.7	99.9	102.4	103.1
广 西 Guangxi			106.6	98.9	102.4	100.7
海 南 Hainan			107.5	101.4	102.8	100.6
重 庆 Chongqing			105.1	102.1	99.1	100.6
四 川 Sichuan			104.3	102.2	101.6	100.6
贵 州 Guizhou			106.5	101.8	102.1	100.7
云 南 Yunnan			105.2	101.6	100.1	100.7
西 藏 Tibet			101.2	114.7	96.4	
陕 西 Shaanxi	106.3		106.7	98.9	99.7	103.6
甘 肃 Gansu			103.2	103.0	99.8	100.9
青 海 Qinghai			106.1	101.4	99.5	
宁 夏 Ningxia			101.7	100.1	99.0	101.5
新 疆 Xinjiang	100.5		107.9	97.2	102.3	100.0

2-1-7 续表 2 Continued 2

(上年价格=100) (Preceding Year=100)

地 区 Region	12.纺织业 Manufacture of Textile	13.纺织服装、服饰业 Manufacture of Textile, Wearing Apparel and Accessories	14.皮革、毛皮、羽毛及其制品和制鞋业 Manufacture of Leather, Fur,Feather and Related Products and Footware	15.木材加工及木、竹、藤、棕、草制品业 Processing of Timber, Manufacture of Wood, Bamboo,Rattan,Palm and Straw Products	16.家具制造业 Manufacture of Furniture
全 国 National	**95.3**	**98.8**	**99.3**	**99.3**	**100.0**
北 京 Beijing	99.2	99.9	98.6	101.0	100.8
天 津 Tianjin	100.8	100.0	102.1	99.3	101.3
河 北 Hebei	95.3	99.9	99.4	100.4	100.6
山 西 Shanxi	94.2	101.5	100.6	99.1	90.3
内蒙古 Inner Mongolia	98.5	99.0	100.7	98.6	100.0
辽 宁 Liaoning	97.6	100.6	98.1	93.8	101.2
吉 林 Jilin	96.6	100.5	100.1	100.2	100.5
黑龙江 Heilongjiang	97.0	102.1	101.0	98.4	100.2
上 海 Shanghai	97.8	100.6	96.9	94.9	99.3
江 苏 Jiangsu	95.2	98.0	99.8	99.5	100.9
浙 江 Zhejiang	95.8	99.1	98.3	99.1	100.0
安 徽 Anhui	96.0	99.7	97.4	100.9	100.0
福 建 Fujian	94.4	101.6	100.0	99.4	100.3
江 西 Jiangxi	94.9	92.1	97.4	98.7	100.5
山 东 Shandong	92.7	98.8	99.6	100.2	101.4
河 南 Henan	94.2	100.5	98.9	100.1	100.7
湖 北 Hubei	99.2	99.9	104.4	98.6	99.4
湖 南 Hunan	99.4	101.1	100.1	99.7	99.7
广 东 Guangdong	99.2	98.8	99.3	99.4	98.7
广 西 Guangxi	90.8	99.9	100.0	98.1	98.9
海 南 Hainan	96.5			97.1	99.8
重 庆 Chongqing	97.2	98.0	99.7	101.2	97.6
四 川 Sichuan	98.0	97.9	99.7	98.3	100.1
贵 州 Guizhou	97.9	99.6	100.0	100.9	103.2
云 南 Yunnan	98.1	100.4		97.9	104.8
西 藏 Tibet	89.5	100.0	100.0	100.0	100.7
陕 西 Shaanxi	90.3	100.7	101.1	107.9	100.6
甘 肃 Gansu	91.4	100.8	97.0	100.0	100.2
青 海 Qinghai	103.1	99.4	96.7		
宁 夏 Ningxia	101.0	97.7	100.2	102.6	97.5
新 疆 Xinjiang	91.9	100.1	100.0	95.4	103.0

2-1-7 续表 3 Continued 3

(上年价格=100) (Preceding Year=100)

地区	Region	17.造纸及纸制品业 Manufacture of Paper and Paper Products	18.印刷业和记录媒介的复制 Printing, Reproduction of Recording Media	19.文教、工美、体育和娱乐用品制造业 Manufacture of Articles for Culture,Education, Arts and Crafts,Sport and Entertainment Activities	20.石油、煤炭及其他燃料加工业 Processing of Petroleum,Coal and Other Fuel	21.化学原料及化学制品制造业 Manufacture of Raw Chemical Materials and Chemical Products
全国	**National**	**97.2**	**98.7**	**103.3**	**85.7**	**94.1**
北京	Beijing	97.9	99.3	120.5	92.6	96.5
天津	Tianjin	93.7	105.8	100.2	86.3	91.2
河北	Hebei	97.1	99.7	99.5	90.2	91.2
山西	Shanxi	96.1	99.3	100.9	96.1	94.8
内蒙古	Inner Mongolia	98.5	105.2		88.6	93.5
辽宁	Liaoning	99.0	99.4	109.9	84.1	92.1
吉林	Jilin	98.8	98.6	100.6	88.5	95.0
黑龙江	Heilongjiang	98.2	100.7	101.4	82.0	92.7
上海	Shanghai	99.3	100.8	116.8	80.8	94.8
江苏	Jiangsu	97.3	98.9	100.0	84.4	94.7
浙江	Zhejiang	99.1	97.9	102.0	84.4	89.7
安徽	Anhui	96.2	100.1	100.5	88.6	95.9
福建	Fujian	98.6	98.0	103.3	81.4	92.2
江西	Jiangxi	96.3	98.8	98.7	87.7	90.4
山东	Shandong	95.4	96.8	103.5	85.8	94.2
河南	Henan	96.5	92.1	99.6	91.1	94.5
湖北	Hubei	97.4	102.0	115.4	80.6	94.2
湖南	Hunan	99.4	102.2	100.3	85.4	95.3
广东	Guangdong	96.5	99.8	104.9	82.2	97.1
广西	Guangxi	96.3	101.5	104.4	91.7	96.3
海南	Hainan	93.2	99.5	110.5	88.9	77.2
重庆	Chongqing	97.8	99.1	106.2	94.6	94.3
四川	Sichuan	97.6	100.0	100.2	87.8	95.5
贵州	Guizhou	98.6	98.8	97.3	92.3	95.4
云南	Yunnan	94.8	94.2	100.0	85.7	97.4
西藏	Tibet	99.5	105.0	102.7		110.3
陕西	Shaanxi	100.7	96.9	111.1	85.1	98.3
甘肃	Gansu	98.8	101.1	91.2	79.5	100.0
青海	Qinghai	99.5	99.9	105.2	91.4	91.4
宁夏	Ningxia	94.6	100.5		85.0	96.3
新疆	Xinjiang	98.7	101.0	99.6	84.7	93.5

2-1-7 续表 4 Continued 4

(上年价格=100) (Preceding Year=100)

地 区	Region	22.医药制造业 Manufacture of Medicines	23.化学纤维制造业 Manufacture of Chemical Fibers	24.橡胶和塑料制品业 Manufacture of Rubber and Plastics Products	25.非金属矿物制品业 Manufacture of Non-metallic Mineral Products
全 国	**National**	**100.6**	**86.5**	**98.1**	**98.4**
北 京	Beijing	100.5	102.9	99.3	99.9
天 津	Tianjin	98.4	100.5	98.7	98.7
河 北	Hebei	99.7	90.9	104.7	98.8
山 西	Shanxi	103.1		101.2	98.4
内蒙古	Inner Mongolia	107.0		94.7	97.3
辽 宁	Liaoning	98.4	89.0	97.4	93.3
吉 林	Jilin	101.8	98.2	98.8	96.3
黑龙江	Heilongjiang	98.8	80.2	98.5	99.6
上 海	Shanghai	102.4	83.3	97.1	101.6
江 苏	Jiangsu	98.3	86.6	97.2	100.5
浙 江	Zhejiang	99.5	85.3	96.8	101.3
安 徽	Anhui	101.8	90.0	98.5	99.6
福 建	Fujian	101.9	86.3	98.4	101.3
江 西	Jiangxi	100.5	83.4	96.5	98.5
山 东	Shandong	101.0	89.6	99.2	98.1
河 南	Henan	102.6	92.5	97.2	96.7
湖 北	Hubei	97.9	87.6	97.0	99.4
湖 南	Hunan	101.6	84.0	96.0	100.5
广 东	Guangdong	101.4	89.4	98.1	99.9
广 西	Guangxi	101.3		99.0	100.5
海 南	Hainan	98.9		99.8	98.8
重 庆	Chongqing	100.5	99.0	96.1	99.1
四 川	Sichuan	102.9	83.8	97.2	96.2
贵 州	Guizhou	99.7		97.3	94.1
云 南	Yunnan	100.3	100.7	99.0	94.7
西 藏	Tibet	101.6			96.4
陕 西	Shaanxi	101.4	100.3	97.9	95.9
甘 肃	Gansu	101.6		94.4	98.5
青 海	Qinghai	101.0		95.0	104.6
宁 夏	Ningxia	104.2		99.3	99.2
新 疆	Xinjiang	98.7	87.7	95.8	96.9

2-1-7 续表 5 Continued 5

(上年价格=100) (Preceding Year=100)

地区	Region	26.黑色金属冶炼及压延加工业 Smelting and Pressing of Ferrous Metals	27.有色金属冶炼及压延加工业 Smelting and Pressing of Non-Ferrous Metals	28.金属制品业 Manufacture of Metal Products	29.通用设备制造业 Manufacture of General Purpose Machinery	30.专用设备制造业 Manufacture of Special Purpose Machinery
全国	**National**	**97.9**	**100.8**	**99.9**	**99.7**	**100.0**
北京	Beijing	101.1	99.7	100.7	100.0	100.3
天津	Tianjin	98.6	101.8	96.4	102.6	99.0
河北	Hebei	98.4	100.2	99.8	99.3	99.2
山西	Shanxi	97.0	96.5	102.0	99.2	100.3
内蒙古	Inner Mongolia	95.4	99.5	100.0	97.3	99.8
辽宁	Liaoning	99.0	99.0	100.1	98.7	99.1
吉林	Jilin	99.8	96.9	100.3	100.2	100.7
黑龙江	Heilongjiang	98.1	106.1	101.4	99.2	103.0
上海	Shanghai	100.5	100.6	99.5	99.8	100.7
江苏	Jiangsu	98.3	98.9	98.7	100.1	100.7
浙江	Zhejiang	98.6	102.7	99.2	98.9	98.8
安徽	Anhui	97.5	99.7	100.1	99.3	101.4
福建	Fujian	96.7	102.4	99.8	99.3	100.1
江西	Jiangxi	97.7	101.0	99.5	98.8	100.5
山东	Shandong	98.8	103.2	101.0	99.4	99.3
河南	Henan	97.2	102.3	100.9	100.9	101.5
湖北	Hubei	100.1	101.3	100.8	99.8	98.4
湖南	Hunan	96.0	99.4	100.9	99.7	98.5
广东	Guangdong	98.3	101.2	100.1	101.2	100.3
广西	Guangxi	95.9	96.1	100.7	100.3	100.6
海南	Hainan		125.7	99.6	89.7	116.0
重庆	Chongqing	97.9	100.4	100.7	100.3	98.8
四川	Sichuan	96.1	101.5	100.4	99.4	100.2
贵州	Guizhou	91.3	102.4	98.8	101.8	100.8
云南	Yunnan	97.6	102.1	101.0	101.5	101.1
西藏	Tibet			100.0		
陕西	Shaanxi	99.3	97.2	100.3	100.6	101.1
甘肃	Gansu	98.2	99.8	91.3	99.9	98.0
青海	Qinghai	96.9	98.9	100.6	99.9	98.9
宁夏	Ningxia	93.7	99.2	98.3	99.8	99.3
新疆	Xinjiang	100.7	101.6	97.6	99.3	103.6

2-1-7 续表 6 Continued 6

(上年价格=100) (Preceding Year=100)

地 区 Region	31.汽车制造业 Manufacture of Automobiles	32.铁路、船舶、航空航天和其他运输设备制造业 Manufacture of Railway, Ship,Aerospace and Other Transport Equipments	33.电气机械及器材制造业 Manufacture of Electrical Machinery and Apparatus	34.计算机、通信和其他电子设备制造业 Manufacture of Computers Communication and Other Electronic Equipment	35.仪器仪表制造业 Manufacture of Measuring Instruments and Machinery
全 国 National	**99.6**	**100.4**	**97.4**	**98.5**	**100.2**
北 京 Beijing	100.0	100.0	100.5	95.4	100.0
天 津 Tianjin	95.0	100.5	97.5	101.2	101.0
河 北 Hebei	99.6	99.4	100.4	98.2	99.8
山 西 Shanxi	98.6	100.1	102.7	96.1	100.5
内蒙古 Inner Mongolia	101.3	99.5	99.6	86.9	
辽 宁 Liaoning	100.3	99.4	100.0	100.6	98.4
吉 林 Jilin	100.5	100.8	99.2	98.4	100.5
黑龙江 Heilongjiang	99.9	99.8	100.8	100.6	101.7
上 海 Shanghai	94.7	107.2	97.7	101.3	100.6
江 苏 Jiangsu	101.2	100.3	94.5	98.4	100.7
浙 江 Zhejiang	99.1	99.6	97.6	96.4	99.2
安 徽 Anhui	99.3	100.7	98.4	96.9	98.4
福 建 Fujian	100.3	100.0	99.0	96.3	100.8
江 西 Jiangxi	99.5	108.0	94.6	99.6	100.2
山 东 Shandong	99.9	99.5	99.7	99.5	101.8
河 南 Henan	98.4	101.1	97.2	91.0	99.7
湖 北 Hubei	99.5	98.6	98.1	97.3	98.8
湖 南 Hunan	98.9	99.4	101.0	98.6	101.3
广 东 Guangdong	101.4	100.3	97.7	99.6	98.0
广 西 Guangxi	100.1	100.0	99.2	101.7	100.3
海 南 Hainan	100.3	99.6	97.0	96.1	
重 庆 Chongqing	99.3	100.8	97.6	98.7	100.9
四 川 Sichuan	98.8	99.1	97.8	97.0	99.7
贵 州 Guizhou	100.6	99.7	95.6	97.5	101.0
云 南 Yunnan	100.2	101.0	99.9	96.6	95.7
西 藏 Tibet					
陕 西 Shaanxi	100.0	102.7	97.8	101.2	100.0
甘 肃 Gansu	101.5	100.2	94.5	94.3	103.8
青 海 Qinghai		108.2	97.4	100.0	100.1
宁 夏 Ningxia			99.8		102.6
新 疆 Xinjiang	100.1		102.9	88.4	100.0

2-1-7 续表 7 Continued 7

(上年价格=100) (Preceding Year=100)

地 区	Region	36.其他制造业 Other Manufacture	37.废弃资源综合利用业 Utilization of Waste Resources	38.金属制品、机械和设备修理业 Repair Service of Metal Products, Machinery and Equipment	39.电力、热力的生产和供应业 Production and Supply of Electric Power and Heat Power	40.燃气生产和供应业 Production and Supply of Gas	41.水的生产和供应业 Production and Supply of Water
全 国	**National**	**100.3**	**100.2**	**103.6**	**98.1**	**95.7**	**100.1**
北 京	Beijing	100.0	102.5	100.0	97.9	103.6	100.2
天 津	Tianjin	95.1	96.6	107.4	97.9	97.7	100.0
河 北	Hebei	102.2	94.2	106.6	99.3	97.1	101.6
山 西	Shanxi	100.9		97.5	100.0	95.2	99.6
内蒙古	Inner Mongolia			100.0	99.3	95.9	100.4
辽 宁	Liaoning	99.9	102.8	106.0	94.9	95.6	99.9
吉 林	Jilin	100.0	101.4	100.0	99.8	94.9	101.2
黑龙江	Heilongjiang	100.0	103.9	99.5	100.5	100.9	100.3
上 海	Shanghai	94.8	100.8	104.0	94.2	98.1	101.3
江 苏	Jiangsu	100.7	106.6	100.2	98.3	95.7	99.6
浙 江	Zhejiang	99.5	101.6	104.1	95.5	91.2	95.5
安 徽	Anhui	97.3	97.2		99.7	96.9	100.3
福 建	Fujian	101.6	104.6	102.0	99.6	95.9	100.0
江 西	Jiangxi	98.6	98.9	100.0	99.0	95.9	100.0
山 东	Shandong	98.3	104.0	100.7	99.2	96.4	100.1
河 南	Henan	98.8		100.0	100.1	98.2	103.1
湖 北	Hubei		102.0		99.5	95.9	99.8
湖 南	Hunan	107.7	94.2		97.3	99.0	100.5
广 东	Guangdong	98.8	98.9	120.3	97.6	93.7	100.0
广 西	Guangxi	97.7	103.0		97.5	94.6	98.5
海 南	Hainan				99.5	95.7	99.6
重 庆	Chongqing	101.3	97.6	99.9	99.6	95.6	98.9
四 川	Sichuan	104.0	98.2	94.3	96.8	95.4	102.2
贵 州	Guizhou	100.3	101.0	100.0	100.0	94.5	100.6
云 南	Yunnan	101.8			95.2	100.1	101.4
西 藏	Tibet				100.6		100.0
陕 西	Shaanxi	101.4	98.6	99.2	96.3	87.9	100.0
甘 肃	Gansu		99.4	100.0	96.5	98.4	103.2
青 海	Qinghai				96.4	97.1	99.9
宁 夏	Ningxia				100.4	83.4	100.0
新 疆	Xinjiang		100.0	93.2	95.4	94.9	104.5

2-1-8 各地区按行业中类分工业生产者出厂价格指数(2020年)
Producer Price Indices for Industrial Products in the Category by Region(2020)

(上年价格＝100) (Preceding Year=100)

地 区 Region	烟煤和无烟煤开采洗选 Mining and Cleaning of Bituminous and Anthracite	褐煤开采洗选 Mining and Cleaning of Lignite	其他煤炭采选 Mining other Coal	石油开采 Extraction of Crude Petroleum	天然气开采 Extraction of Natural Gas	铁矿采选 Mining of Iron Ores	锰矿、铬矿采选 Mining of Manganesian and Chromic Ores	其他黑色金属矿采选 Mining of Other Ferrous Metal Ores
全 国 National	**93.3**	**112.6**	**100.1**	**68.7**	**99.9**	**107.4**	**95.4**	
北 京 Beijing	99.8					110.5		
天 津 Tianjin		100.0		65.2	98.9	104.9		
河 北 Hebei	90.9			68.1		109.0		
山 西 Shanxi	93.0				92.9	110.0	87.9	
内蒙古 Inner Mongolia	99.9	116.4		57.0	100.0	104.6	100.0	
辽 宁 Liaoning	98.3			68.0		103.7	100.0	
吉 林 Jilin	100.1	107.0		66.4	100.1	105.5		
黑龙江 Heilongjiang	97.4	104.0		68.0	100.7	107.4		
上 海 Shanghai				66.9	100.3			
江 苏 Jiangsu	82.1			68.0		104.8		
浙 江 Zhejiang						127.3		
安 徽 Anhui	94.0					107.5		
福 建 Fujian	95.4					105.3	90.2	
江 西 Jiangxi	101.2					108.5	100.3	
山 东 Shandong	88.4	102.3		67.3	110.8	110.3		
河 南 Henan	87.8		100.0	72.6	104.9	103.1		
湖 北 Hubei	88.5			69.7		109.2		
湖 南 Hunan	90.8					100.6	89.5	
广 东 Guangdong				71.3	97.9	115.9		
广 西 Guangxi	94.0	94.5		70.8		103.5	100.3	
海 南 Hainan				64.5	95.6	101.1		
重 庆 Chongqing	94.0				104.8	100.0	86.8	
四 川 Sichuan	95.9				100.7	108.1		
贵 州 Guizhou	95.9		100.7			100.0	84.8	
云 南 Yunnan	96.4	98.7				112.4	101.3	
西 藏 Tibet						95.3	89.5	
陕 西 Shaanxi	91.4			73.6	100.4	107.5	97.5	
甘 肃 Gansu	99.1			68.2		98.8	87.3	
青 海 Qinghai	99.8			64.9	100.0	104.0		
宁 夏 Ningxia	96.1					106.5	96.3	
新 疆 Xinjiang	99.6	91.0		65.4	104.4	99.7	102.2	

2-1-8 续表 1 Continued 1

(上年价格＝100) (Preceding Year=100)

地 区	Region	常用有色金属矿采选 Mining of Common Non-Ferrous Metal Ores	贵金属矿采选 Mining of Precious Metal Ores	稀有稀土金属矿采选 Rare Metal Ores and Rare-Earth Metal Ores	土砂石开采 Mining of Stone, Sand and Clay	化学矿开采 Mining of Chemical Ores	采盐 Extraction of Salt	石棉及其他非金属矿采选 Mining of Asbestos and Other Non-Metal Ores
全 国	**National**	**96.7**	**115.7**	**92.5**	**103.7**	**97.5**	**92.8**	**97.7**
北 京	Beijing				88.0			
天 津	Tianjin				100.0		98.5	
河 北	Hebei	89.5	108.9	88.5	100.6	98.2	84.0	91.9
山 西	Shanxi	129.1	139.2		100.9			
内蒙古	Inner Mongolia	93.2	118.0	84.6	98.7		100.1	105.6
辽 宁	Liaoning	80.1	118.6	92.0	100.2	93.8	98.5	88.9
吉 林	Jilin	98.3	122.2	84.3	100.2			101.1
黑龙江	Heilongjiang	101.7	100.0	91.3	102.0			96.8
上 海	Shanghai							
江 苏	Jiangsu	99.7			111.8	108.2	99.0	
浙 江	Zhejiang	87.5			104.8			
安 徽	Anhui	103.2	111.1		100.2	93.2	97.5	97.1
福 建	Fujian	93.3	119.1	88.1	98.4	104.3	102.1	100.0
江 西	Jiangxi	100.7	121.1	97.8	102.6		89.6	98.9
山 东	Shandong		114.4		102.0		84.5	
河 南	Henan	104.7	115.6	86.1	110.8	104.1	82.4	100.5
湖 北	Hubei	102.0	123.6		104.5	96.4	94.7	99.9
湖 南	Hunan	94.4	119.9	97.8	107.2	107.6	88.8	100.7
广 东	Guangdong	86.4	123.4	97.4	103.1	85.6	100.5	
广 西	Guangxi	99.0	119.8		104.2	104.4		102.6
海 南	Hainan	107.8		93.8	138.4		98.9	
重 庆	Chongqing	99.3			101.4	100.0		97.9
四 川	Sichuan	100.6	123.5	90.9	105.3	97.6	100.2	
贵 州	Guizhou	95.7	100.0	83.8	99.0	93.9		
云 南	Yunnan	96.5	114.5	95.5	96.7	100.5	100.8	
西 藏	Tibet	100.4	123.9	100.1		79.0		
陕 西	Shaanxi	94.2	114.3	100.0	93.4	91.6	97.9	87.3
甘 肃	Gansu	95.6	121.7	95.0	89.9	100.2		
青 海	Qinghai	96.2	125.2		100.2		103.7	102.2
宁 夏	Ningxia				99.4			
新 疆	Xinjiang	99.9	129.2	70.5	88.1		97.5	87.8

2-1-8 续表 2 Continued 2

(上年价格＝100) (Preceding Year=100)

地 区	Region	煤炭开采和洗选辅助活动 Support Activities for Coal Mining and Cleaning	石油和天然气开采辅助活动 Support Activities for Petroleum and Natural Gas Extraction	其他开采辅助活动 Support Activities for Other Mining and Quarrying	谷物磨制 Milling of Grains	饲料加工 Processing of Animal Feeds	植物油加工 Processing of Vegetable Oils	制糖业 Manufacture of Sugar
全 国	**National**		**99.1**		**100.7**	**103.7**	**107.8**	**107.7**
北 京	Beijing		100.6		96.4	102.7	103.5	
天 津	Tianjin		104.7		99.9	107.1	109.4	
河 北	Hebei				98.4	104.8	109.5	103.9
山 西	Shanxi				100.6	106.6	102.0	
内蒙古	Inner Mongolia				100.6	108.9	99.6	102.5
辽 宁	Liaoning		97.5		99.1	104.6	106.9	101.1
吉 林	Jilin				99.8	106.8	104.9	96.5
黑龙江	Heilongjiang		100.0		99.4	102.4	105.7	100.0
上 海	Shanghai				99.6	101.6	105.8	106.6
江 苏	Jiangsu				102.2	103.8	109.8	87.6
浙 江	Zhejiang				100.3	103.5	102.3	
安 徽	Anhui				103.6	104.9	108.6	
福 建	Fujian				100.6	101.8	106.6	100.7
江 西	Jiangxi				103.5	100.1	106.5	
山 东	Shandong		90.9		99.3	106.2	112.3	108.6
河 南	Henan				99.7	102.6	104.8	
湖 北	Hubei				100.9	102.1	107.3	
湖 南	Hunan				101.1	102.0	102.3	
广 东	Guangdong				99.8	102.6	107.1	102.9
广 西	Guangxi				101.8	103.7	107.4	109.4
海 南	Hainan				101.0	104.8		113.6
重 庆	Chongqing				106.1	103.5	104.4	99.6
四 川	Sichuan				101.8	104.3	106.3	105.5
贵 州	Guizhou				101.6	106.3	100.8	100.7
云 南	Yunnan				99.0	103.1	96.4	112.2
西 藏	Tibet				96.5	120.0	111.1	
陕 西	Shaanxi		106.3		99.6	102.6	106.2	
甘 肃	Gansu				103.4	103.4	101.2	100.7
青 海	Qinghai				99.7	104.0	100.2	
宁 夏	Ningxia				100.3	103.6	102.3	
新 疆	Xinjiang		100.5		102.3	109.6	108.6	100.5

2-1-8 续表 3 Continued 3

(上年价格＝100) (Preceding Year=100)

地 区	Region	屠宰及肉类加工 Slaughtering and Processing of Meat	水产品加工 Processing of Seafood	蔬菜、菌类、水果和坚果加工 Processing of Vegetables, Fungus,Fruits and Nuts	其他农副食品加工 Processing of Other Food From Agricultural Products	焙烤食品制造 Manufacture of Bakery Products	糖果、巧克力及蜜饯制造 Manufacture of Sugar Confectionery, Chocolates and Preserved Fruit in Sugar	方便食品制造 Manufacture of Instant Foods
全 国	**National**	**110.4**	**100.5**	**100.8**	**101.9**	**101.6**	**98.9**	**102.2**
北 京	Beijing	114.9		100.3	107.9	101.4	95.5	101.7
天 津	Tianjin	141.0	100.0	98.5	108.6	101.3	100.7	106.7
河 北	Hebei	103.8	98.2	106.1	101.9	102.7	98.8	101.9
山 西	Shanxi	104.0		100.5	103.3	105.5	105.2	100.1
内蒙古	Inner Mongolia	109.7		101.8	106.4	100.7		112.2
辽 宁	Liaoning	97.7	99.6	103.4	103.5	100.3	100.5	103.7
吉 林	Jilin	104.1	101.9	99.2	100.7	101.1		97.2
黑龙江	Heilongjiang	113.9		99.6	101.4	100.7	100.0	99.5
上 海	Shanghai	117.0		92.4	100.7	100.6	99.7	103.1
江 苏	Jiangsu	107.2	95.0	99.8	99.2	100.6	99.5	102.4
浙 江	Zhejiang	127.2	100.6	99.5	99.6	101.8	101.1	100.7
安 徽	Anhui	113.4	81.2	100.7	101.5	101.1	98.7	102.5
福 建	Fujian	106.6	101.0	98.5	101.1	101.9	101.1	105.8
江 西	Jiangxi	133.5	89.1	100.8	100.5	104.6	99.8	101.9
山 东	Shandong	105.0	102.9	100.8	103.1	101.2	99.1	100.7
河 南	Henan	122.5		99.6	104.1	102.2	90.9	105.0
湖 北	Hubei	111.2	94.9	98.5	99.4	101.0	100.3	100.3
湖 南	Hunan	118.9	102.0	101.3	100.0	101.0	100.0	101.6
广 东	Guangdong	120.4	99.5	101.0	100.8	100.8	99.5	102.3
广 西	Guangxi	116.2	98.2	99.6	103.6	99.0	94.0	94.1
海 南	Hainan	184.0	96.2	90.4	102.4	101.6	101.3	102.4
重 庆	Chongqing	107.6		104.9	100.1	106.2	100.2	99.7
四 川	Sichuan	105.7		101.5	100.1	100.0	103.7	98.7
贵 州	Guizhou	118.7		101.4	105.6	100.5	100.0	101.1
云 南	Yunnan	123.7	111.0	98.1	100.9	110.5	100.1	99.4
西 藏	Tibet	99.1			100.0	99.3		
陕 西	Shaanxi	118.9		112.6	102.4	99.9	99.8	98.7
甘 肃	Gansu	118.5		98.3	98.4	100.5	99.9	102.0
青 海	Qinghai	111.9	98.5	100.0	101.9	100.0		
宁 夏	Ningxia	105.9		97.1	102.4	100.0	98.9	102.3
新 疆	Xinjiang	136.3	104.1	99.9	100.9	106.3	100.0	92.8

2-1-8 续表 4 Continued 4

(上年价格＝100) (Preceding Year=100)

地 区	Region	乳制品制造 Manufacture of Dairy Products	罐头食品制造 Manufacture of Can Foods	调味品、发酵制品制造 Manufacture of Condiment and Yeast	其他食品制造 Manufacture of Other Foods	酒的制造 Manufacture of Alcoholic Beverages
全 国	**National**	**100.6**	**103.8**	**99.4**	**99.1**	**101.5**
北 京	Beijing	100.4		101.1	100.6	114.3
天 津	Tianjin	101.5	103.1	100.8	102.1	101.1
河 北	Hebei	101.7	95.8	98.0	97.4	100.2
山 西	Shanxi	102.9	102.6	100.6	100.7	102.8
内蒙古	Inner Mongolia	100.5		94.3	100.4	100.8
辽 宁	Liaoning	99.6	101.0	101.1	108.1	103.2
吉 林	Jilin	100.0	100.8	101.5	99.3	101.2
黑龙江	Heilongjiang	100.5	101.1	100.3	100.2	104.0
上 海	Shanghai	100.0	124.7	100.3	100.1	98.2
江 苏	Jiangsu	102.1	102.9	98.0	98.3	102.4
浙 江	Zhejiang	100.8	99.7		98.5	97.7
安 徽	Anhui	100.0	99.5	102.8	100.8	98.0
福 建	Fujian	101.4	99.5	100.6	98.7	100.7
江 西	Jiangxi	101.0	102.7	93.5	100.0	98.7
山 东	Shandong	100.3	107.6	97.9	95.9	102.6
河 南	Henan	100.1	101.8	101.8	102.4	98.1
湖 北	Hubei	100.6	109.9	104.8	99.5	101.1
湖 南	Hunan	100.5	99.1	97.5	99.8	100.6
广 东	Guangdong	99.2	105.4	100.3	98.0	102.6
广 西	Guangxi	103.4	103.6	101.3	98.0	104.9
海 南	Hainan	103.5		101.5	100.7	129.7
重 庆	Chongqing	97.9	108.4	100.5	104.1	96.4
四 川	Sichuan	101.6	117.0	101.0	98.0	102.5
贵 州	Guizhou	101.5	100.7	103.0	98.5	103.4
云 南	Yunnan	101.2	108.8	102.4	94.8	101.7
西 藏	Tibet	116.1			100.0	96.5
陕 西	Shaanxi	98.6	100.5	98.8	97.9	100.0
甘 肃	Gansu	106.2	99.7	101.9	105.1	100.9
青 海	Qinghai	102.2		99.4	98.3	98.2
宁 夏	Ningxia	102.5	109.6	91.8	102.6	99.4
新 疆	Xinjiang	102.7	99.2	99.6	91.6	103.5

2－1－8 续表 5 Continued 5

(上年价格＝100) (Preceding Year=100)

地 区	Region	饮料制造 Manufacture of Soft Drinks	精制茶加工 Manufacture of Refined Tea	烟叶复烤 Redrying of Tobacco	卷烟制造 Manufacture of Cigarettes	其他烟草制品制造 Manufacture of Other Tobacco Products	棉纺织及印染精加工 Spinning, Weaving, Dyeing and Finishing of Cotton Materials
全 国	**National**	**99.6**	**99.8**	**101.4**	**101.3**	**102.3**	**93.9**
北 京	Beijing	101.8			106.4		99.6
天 津	Tianjin	100.5			102.7		101.6
河 北	Hebei	102.6			100.1		93.9
山 西	Shanxi	97.4	99.4		100.3		93.3
内蒙古	Inner Mongolia	100.4			101.0		92.7
辽 宁	Liaoning	100.3		100.7	100.7		96.1
吉 林	Jilin	101.1		100.0	100.4	100.0	92.7
黑龙江	Heilongjiang	100.0	100.0		108.1		95.1
上 海	Shanghai	100.8	100.0		103.3		97.5
江 苏	Jiangsu	99.7	100.9		100.6		94.1
浙 江	Zhejiang	95.6	98.6		100.7		96.5
安 徽	Anhui	99.1	102.5	100.0	103.9	100.5	94.6
福 建	Fujian	100.9	101.8	100.0	100.7	100.0	92.8
江 西	Jiangxi	98.0	100.7		100.9		92.6
山 东	Shandong	95.6			100.6		91.6
河 南	Henan	96.9	97.9	99.8	100.8	95.1	93.7
湖 北	Hubei	99.9	99.4		100.7	107.9	95.2
湖 南	Hunan	99.5	98.3	100.0	100.0		95.7
广 东	Guangdong	102.0	118.5	100.0	103.2	100.1	98.6
广 西	Guangxi	100.5	100.2		100.7		94.3
海 南	Hainan	99.9	95.9		100.7	99.1	98.8
重 庆	Chongqing	101.2	103.0	100.0	100.7	99.5	97.5
四 川	Sichuan	99.9	97.1		100.6	102.6	95.4
贵 州	Guizhou	99.5	95.2		100.7		
云 南	Yunnan	99.4	99.1	101.7	100.7	98.4	100.7
西 藏	Tibet	95.3					
陕 西	Shaanxi	98.9	101.2		103.6		88.0
甘 肃	Gansu	98.1			100.9	113.9	90.0
青 海	Qinghai	100.6	100.0				
宁 夏	Ningxia	96.1	100.1	84.3	101.9		91.9
新 疆	Xinjiang	100.3			100.0		91.2

2-1-8 续表 6 Continued 6

(上年价格＝100) (Preceding Year=100)

地 区	Region	毛纺织及染整精加工 Spinning, Weaving, Dyeing and Finishing of Wool Materials	麻纺织及染整精加工 Spinning, Weaving, Dyeing and Finishing of Bast Fibres	丝绢纺织及印染精加工 Spinning, Weaving, Dyeing and Finishing of Silk	化纤织造及印染精加工 Weaving, Dyeing and Finishing of Chemical Fibres	针织或钩针编织物及其制品制造 Manufacture of Knitted and Crocheted Fabric Products	家用纺织制成品制造 Manufacture of Made-up Textile Articles for Household Use
全 国	**National**	**95.6**	**98.6**	**95.4**	**93.3**	**97.2**	**99.0**
北 京	Beijing	98.9					
天 津	Tianjin	100.5				101.1	93.1
河 北	Hebei	99.1			104.0	98.7	98.3
山 西	Shanxi	103.1				97.9	95.8
内蒙古	Inner Mongolia	93.2				102.2	
辽 宁	Liaoning	99.2	101.4	96.4	99.7	100.1	100.1
吉 林	Jilin	102.1	91.3		97.5		
黑龙江	Heilongjiang	100.0	96.8				104.3
上 海	Shanghai	100.0				99.0	99.8
江 苏	Jiangsu	93.0	97.5	88.9	94.7	100.0	100.5
浙 江	Zhejiang	95.3	90.2	95.1	91.2	94.4	98.1
安 徽	Anhui	99.0	91.4	95.8	91.9	100.7	98.8
福 建	Fujian	94.7			78.6	99.5	95.1
江 西	Jiangxi	98.2	111.5	95.4	99.0		102.9
山 东	Shandong	95.6		97.6		98.0	95.9
河 南	Henan	93.1	103.2	99.3	100.3	90.9	100.9
湖 北	Hubei		98.1				99.8
湖 南	Hunan		99.3			96.3	105.8
广 东	Guangdong	96.1		92.9	97.5	99.4	99.2
广 西	Guangxi		99.5	89.5			100.6
海 南	Hainan						82.4
重 庆	Chongqing	99.0	102.8	93.6		100.2	95.6
四 川	Sichuan	100.0	103.3	105.0	85.3		104.6
贵 州	Guizhou		97.9				
云 南	Yunnan			97.4			
西 藏	Tibet	89.5					
陕 西	Shaanxi	93.2		101.6			100.4
甘 肃	Gansu	97.6					
青 海	Qinghai	103.1					
宁 夏	Ningxia	101.8					
新 疆	Xinjiang	99.3	105.9				100.0

2−1−8 续表 7 Continued 7

(上年价格＝100) (Preceding Year=100)

地 区 Region	产业用纺织制成品制造 Manufacture of Made-up Textile Products for Non-Household Use	机织服装制造 Manufacture of Woven Textile Wearing Apparel	针织或钩针编织服装制造 Manufacture of Knitted and Crocheted Textile Wearing Apparel	服饰制造 Manufacture of Wearing Accessories and Ornamental Products	皮革鞣制加工 Tanning and Dressing of Leather Wearing Apparel	皮革制品制造 Manufacture of Leather Products	毛皮鞣制及制品加工 Dressing of Fur Skins and Processing of Fur Articles	羽毛(绒)加工及制品制造 Manufacture and Processing of Feather, Down and Related Products
全 国 National	**101.4**	**98.8**	**99.2**	**98.5**	**99.8**	**99.3**	**98.5**	**92.5**
北 京 Beijing	99.1	100.3	99.0			98.3	100.0	
天 津 Tianjin	100.6	100.4	95.0		104.1	100.0	97.8	117.9
河 北 Hebei	96.3	99.9	95.8	101.6	101.6	100.4	94.6	66.7
山 西 Shanxi		101.4	104.3		100.6			
内蒙古 Inner Mongolia		99.8	97.9	97.3		102.6	100.6	
辽 宁 Liaoning	96.6	100.6	100.4	99.2		97.3	100.0	99.7
吉 林 Jilin	99.8	100.5	98.4	100.3		101.3		97.7
黑龙江 Heilongjiang	100.0	102.3	100.3		100.5		99.8	125.2
上 海 Shanghai	94.9	99.8	102.5	100.2	100.0	95.1		109.7
江 苏 Jiangsu	98.6	98.2	97.2	96.6	95.8	103.8		95.1
浙 江 Zhejiang	97.5	98.8	99.5	100.8	97.2	100.5	95.3	90.1
安 徽 Anhui	99.3	99.5	98.5	106.3	97.9	96.5		94.7
福 建 Fujian	99.6	101.6	101.7	100.4	98.5	100.0		89.4
江 西 Jiangxi	109.5	89.7	96.8	98.6	98.1	99.6	100.9	64.5
山 东 Shandong	98.0	98.5	99.9	97.4	98.5	99.0		
河 南 Henan	93.6	100.2	100.7	105.9	100.6	96.1	98.3	95.3
湖 北 Hubei	115.8	100.0	99.1				111.2	
湖 南 Hunan	116.3	101.2	100.6		99.1	101.3		
广 东 Guangdong	105.5	98.9	99.2	92.9	104.5	98.9		93.8
广 西 Guangxi		99.4	105.4		101.3	101.1		97.1
海 南 Hainan								
重 庆 Chongqing	89.2	98.7	99.9	74.3		97.7		101.4
四 川 Sichuan	93.2	97.7	99.1	105.1	102.9	97.7		95.8
贵 州 Guizhou		99.6				100.0		
云 南 Yunnan		100.3	102.4					
西 藏 Tibet		100.0			100.0	100.0		
陕 西 Shaanxi		100.7						
甘 肃 Gansu	90.2	100.8		100.0	97.0			
青 海 Qinghai		100.9	97.8	100.0				96.7
宁 夏 Ningxia	100.0	97.7			100.6		100.2	
新 疆 Xinjiang		100.1	100.0		100.0			

2-1-8 续表 8 Continued 8

(上年价格=100) (Preceding Year=100)

地 区	Region	制鞋业 Manufacture of Footware	木材加工 Processing of Wood	人造板制造 Manufacture of Wood-Based Panels	木制品制造 Manufacture of Wood Products	竹、藤、棕、草制品制造 Manufacture of Bamboo, Vine, Palm,and Straw Products	木质家具制造 Manufacture of Wooden Furniture	竹、藤家具制造 Manufacture of Bamboo and Vine Furniture
全 国	**National**	**100.1**	**99.1**	**99.6**	**98.1**	**100.4**	**100.5**	**100.7**
北 京	Beijing			102.1	100.2		100.5	
天 津	Tianjin	101.5	101.3	98.4	99.4		102.1	
河 北	Hebei	100.1	91.6	100.8	99.0		99.6	
山 西	Shanxi			99.1			89.7	
内蒙古	Inner Mongolia	99.5	88.5	100.1	100.0	143.2	100.0	
辽 宁	Liaoning	100.1	99.7	98.9	88.4	101.9	101.1	
吉 林	Jilin		101.7	99.2	100.1		100.7	
黑龙江	Heilongjiang		99.0	100.0	97.6		100.2	
上 海	Shanghai	97.9		101.1	93.4		97.9	
江 苏	Jiangsu	101.4	98.2	99.6	99.6	98.9	102.2	103.0
浙 江	Zhejiang	99.3	100.1	99.3	98.7	99.8	101.3	100.9
安 徽	Anhui	103.2	100.9	101.0	101.1	99.7	99.9	98.3
福 建	Fujian	100.2	101.0	99.8	99.7	97.0	100.8	101.5
江 西	Jiangxi	102.5	97.5	98.9	97.4	99.3	101.0	
山 东	Shandong	100.8		100.7	98.5	98.0	101.6	
河 南	Henan	100.3	101.0	99.8	101.1	100.0	100.2	
湖 北	Hubei	99.6	101.7	98.1	97.8		100.0	
湖 南	Hunan	100.1	100.2	99.7	103.0	98.0	100.0	
广 东	Guangdong	99.1		99.0	99.4	101.2	100.1	101.6
广 西	Guangxi	99.2	96.2	96.3	104.8	106.0	98.5	
海 南	Hainan		94.3	99.7	100.6	100.7	99.8	
重 庆	Chongqing	99.7	101.2	101.3	101.3	99.3	98.1	
四 川	Sichuan	99.0	98.0	98.3	99.2	95.4	99.9	100.0
贵 州	Guizhou	100.0	101.9	100.1	99.5	100.1	101.8	
云 南	Yunnan		97.6	97.4	102.4			
西 藏	Tibet	100.0	100.0				100.7	
陕 西	Shaanxi	101.1		108.8	101.0		100.5	
甘 肃	Gansu	97.4			100.0		100.2	
青 海	Qinghai							
宁 夏	Ningxia				102.6		97.5	
新 疆	Xinjiang		94.4	95.4			103.9	

2-1-8 续表 9 Continued 9

(上年价格＝100) (Preceding Year=100)

地 区	Region	金属家具制造 Manufacture of Metal Furniture	塑料家具制造 Manufacture of Plastic Furniture	其他家具制造 Manufacture of Other Furniture	纸浆制造 Manufacture of Paper Pulp	造纸 Manufacture of Paper	纸制品制造 Manufacture of Paper Products
全 国	**National**	**99.5**	**102.0**	**98.0**	**89.1**	**96.3**	**98.5**
北 京	Beijing	100.7		103.6		100.4	97.7
天 津	Tianjin	100.3		99.4		92.4	96.1
河 北	Hebei	101.6		102.3		95.2	99.0
山 西	Shanxi	101.5				93.9	97.5
内蒙古	Inner Mongolia					88.3	99.9
辽 宁	Liaoning	100.9		102.3	81.3	101.1	98.6
吉 林	Jilin	99.6		99.4		98.9	98.8
黑龙江	Heilongjiang	99.2		102.7		98.6	97.2
上 海	Shanghai	98.6		104.9		99.7	99.2
江 苏	Jiangsu	99.4		98.6		96.6	99.5
浙 江	Zhejiang	100.2	98.3	97.9		99.6	98.2
安 徽	Anhui	101.2		100.5		96.2	96.2
福 建	Fujian	98.1		106.0		97.4	99.2
江 西	Jiangxi	94.1		100.3		94.1	99.2
山 东	Shandong			99.7	88.4	94.8	97.1
河 南	Henan	101.2		100.8	96.6	94.4	101.0
湖 北	Hubei			98.5		95.0	99.7
湖 南	Hunan			98.0		100.0	98.2
广 东	Guangdong	98.1	104.9	94.0		95.7	97.2
广 西	Guangxi			100.9	80.8	95.8	98.9
海 南	Hainan				89.9	96.5	89.0
重 庆	Chongqing	95.8		100.9		97.5	98.3
四 川	Sichuan	103.0		99.7	90.7	96.1	99.0
贵 州	Guizhou			104.8	88.0	105.4	97.7
云 南	Yunnan			104.8	95.7	92.7	95.5
西 藏	Tibet						99.5
陕 西	Shaanxi			100.9		100.4	100.8
甘 肃	Gansu					96.4	99.8
青 海	Qinghai						99.5
宁 夏	Ningxia					94.6	95.3
新 疆	Xinjiang	101.2				97.1	99.5

2-1-8 续表 10 Continued 10

(上年价格＝100) (Preceding Year=100)

地 区	Region	印刷 Printing	装订及印刷相关服务 Binding of Printed Sheets and Other Service Activities Related to Printing	记录媒介的复制 Reproduction of Recorded Media	文教办公用品制造 Manufacture of Study, Education and Office Goods	乐器制造 Manufacture of Musical Instrument	工艺美术及礼仪用品制造 Manufacture of Arts,Crafts and Etiquette products	体育用品制造 Manufacture of Sports Goods
全 国	**National**	**98.7**	**99.6**	**98.8**	**99.4**	**100.6**	**104.9**	**100.8**
北 京	Beijing	99.3	99.3			100.9	121.5	
天 津	Tianjin	105.8	102.0		94.0	100.6	99.9	102.1
河 北	Hebei	99.5	119.3			100.8	100.0	94.9
山 西	Shanxi	99.3					100.2	101.2
内蒙古	Inner Mongolia	105.2						
辽 宁	Liaoning	99.3		104.7	99.3	98.7	112.5	94.7
吉 林	Jilin	98.6			103.6	100.0	97.1	
黑龙江	Heilongjiang	100.7			98.6	111.6	104.2	
上 海	Shanghai	101.0		97.7	100.7	100.6	123.0	101.7
江 苏	Jiangsu	98.9	100.1	98.5	99.7	94.9	99.2	100.8
浙 江	Zhejiang	97.8	101.1		99.2	102.4	104.1	102.8
安 徽	Anhui	100.1	98.1		97.1		101.9	97.0
福 建	Fujian	98.0			99.1	97.2	104.1	100.1
江 西	Jiangxi	98.8			100.4	102.7	97.2	104.9
山 东	Shandong	96.6	104.3		99.0	106.5	104.1	102.1
河 南	Henan	92.1			105.1	95.4	99.7	
湖 北	Hubei	102.0					120.7	
湖 南	Hunan	102.2	97.6	100.1	100.0		99.4	101.2
广 东	Guangdong	99.8	98.7	98.8	99.0	98.5	107.5	99.2
广 西	Guangxi	101.5	100.8		100.7		102.9	
海 南	Hainan	99.5			104.8		113.5	
重 庆	Chongqing	99.1					106.6	
四 川	Sichuan	100.5	93.8		99.1	100.7	100.0	
贵 州	Guizhou	98.8			84.9		100.0	
云 南	Yunnan	94.2	95.4				100.0	
西 藏	Tibet	105.0					102.7	
陕 西	Shaanxi	97.0	93.7		100.7		111.8	
甘 肃	Gansu	101.1	99.3				91.1	99.4
青 海	Qinghai	99.9					105.2	
宁 夏	Ningxia	100.5						
新 疆	Xinjiang	101.1	100.0				99.6	

2–1–8 续表 11 Continued 11

(上年价格＝100) (Preceding Year=100)

地 区	Region	玩具制造 Manufacture of Toys	游艺器材及娱乐用品 Manufacture of Funfair Equipment and Recreational Goods	精炼石油产品制造 Manufacture of Refined Petroleum Products	煤炭加工 Processing of Coal	核燃料加工 Processing of Nuclear Fuel	生物质燃料加工 Processing of Biofuel	基础化学原料制造 Manufacture of Basic Chemicals	肥料制造 Manufacture of Fertilizers
全 国	**National**	**100.5**	**100.4**	**84.0**	**94.3**		**91.5**	**91.5**	**95.4**
北 京	Beijing			91.6	103.6			98.6	100.1
天 津	Tianjin			84.8	100.2			81.9	101.8
河 北	Hebei	99.6	99.4	85.2	97.4			88.8	94.3
山 西	Shanxi			89.2	96.4			92.1	94.2
内蒙古	Inner Mongolia			80.9	96.1			93.6	94.2
辽 宁	Liaoning		98.9	83.9	93.5		80.3	91.8	94.3
吉 林	Jilin			87.0	97.6		100.0	90.9	99.7
黑龙江	Heilongjiang			80.5	96.6			90.2	96.7
上 海	Shanghai	102.8	100.0	80.0	97.6			92.3	
江 苏	Jiangsu	100.9	104.5	83.7	89.5			93.0	97.0
浙 江	Zhejiang	100.0	98.8	84.1	91.2			87.0	92.2
安 徽	Anhui	101.1	100.1	87.8	95.0			93.2	96.0
福 建	Fujian	101.1	98.5	80.5	95.8			88.3	96.5
江 西	Jiangxi	96.0	99.9	82.4	96.5			89.1	94.3
山 东	Shandong	101.7		85.7	87.0			90.0	95.8
河 南	Henan	97.9	97.8	82.2	96.9			94.6	95.0
湖 北	Hubei	98.0		80.1	95.9			92.0	93.5
湖 南	Hunan	101.1		82.7	99.7			85.6	102.8
广 东	Guangdong	100.4	99.7	81.6	93.7			96.4	98.0
广 西	Guangxi	111.8		91.7	94.6			91.4	98.7
海 南	Hainan			88.9	95.7			78.1	93.4
重 庆	Chongqing	99.4		96.0	92.6			90.8	95.3
四 川	Sichuan	99.4	100.0	84.5	95.7			92.2	95.9
贵 州	Guizhou			101.5	88.1		119.0	93.9	95.6
云 南	Yunnan			81.3	92.3			103.5	93.4
西 藏	Tibet								
陕 西	Shaanxi		100.0	83.3	90.0			94.8	97.9
甘 肃	Gansu			79.0	99.8			95.3	97.7
青 海	Qinghai			88.8	95.8			82.5	92.0
宁 夏	Ningxia			82.6	91.6			97.4	94.3
新 疆	Xinjiang			84.2	90.4		86.3	89.1	95.8

2-1-8 续表 12 Continued 12

(上年价格＝100) (Preceding Year=100)

地 区	Region	农药制造 Manufacture of Pesticides	涂料、油墨、颜料及类似产品 Manufacture of Paints, Ink, Pigments and Similar Products	合成材料制造 Manufacture of Synthetic Materials	专用化学产品制造 Manufacture of Specific Purpose Chemical Products	炸药、火工及焰火产品制造 Manufacture of Explosives, Pyrotechnics and Fireworks	日用化学产品制造 Manufacture of Daily Chemical Products	化学药品原料药制造 Manufacture of Chemical Pharmaceutical Ingredient
全 国	**National**	**94.5**	**97.8**	**90.6**	**96.3**	**99.2**	**99.0**	**102.1**
北 京	Beijing		100.2	89.1	98.3		100.8	101.1
天 津	Tianjin	83.0	102.2	95.5	92.4		95.5	93.0
河 北	Hebei	93.5	95.4	91.0	91.1	97.2	99.5	100.7
山 西	Shanxi	95.9	93.3	99.3	96.6	99.1	110.9	104.4
内蒙古	Inner Mongolia	95.1	88.3	95.2	90.8	97.8	107.0	122.7
辽 宁	Liaoning	97.2	100.4	84.3	93.6	100.8	101.0	103.9
吉 林	Jilin	99.6	98.9	96.6	98.5	100.2	99.9	104.4
黑龙江	Heilongjiang	100.4	99.4	91.3	95.1	97.7	100.7	103.4
上 海	Shanghai	100.7	100.6	90.7	91.2		102.0	105.3
江 苏	Jiangsu	92.6	99.5	89.4	99.7	95.4	100.2	99.0
浙 江	Zhejiang	97.5	90.0	86.1	92.7		100.2	99.0
安 徽	Anhui	93.2	96.8	94.9	95.5	98.8	102.2	99.9
福 建	Fujian	100.3	100.5	82.7	99.9	101.9	100.8	101.0
江 西	Jiangxi	97.8	96.3	92.4	86.1	100.1	91.9	102.4
山 东	Shandong	91.1	97.2	93.2	96.3	97.0	101.1	101.6
河 南	Henan	99.9	98.5	87.0	93.8	103.6	97.4	107.3
湖 北	Hubei	91.1	97.0	94.9	99.0	99.5	93.3	99.2
湖 南	Hunan	102.0	100.0	92.7	95.3	98.0	100.5	102.6
广 东	Guangdong	98.4	98.7	92.3	99.7	98.8	98.3	107.5
广 西	Guangxi	95.4	97.1	93.7	97.1	99.7	100.6	102.3
海 南	Hainan	101.7	100.0	67.5	98.9	100.9	108.5	100.5
重 庆	Chongqing	99.4	96.5	90.5	97.3	99.4	92.2	99.7
四 川	Sichuan	102.2	99.2	95.0	94.6	99.9	98.7	99.8
贵 州	Guizhou	100.0	96.1	94.8	93.5	100.3	102.6	100.0
云 南	Yunnan	106.1	100.3	102.3	107.0	100.0	85.9	98.5
西 藏	Tibet					115.0	105.0	
陕 西	Shaanxi	94.8	99.0	97.5	102.4	101.6	103.0	103.0
甘 肃	Gansu		98.0	95.5	102.3	116.6		100.0
青 海	Qinghai			98.1	98.3	100.1		97.9
宁 夏	Ningxia	95.7	115.3	95.5	90.7	92.9	100.0	105.4
新 疆	Xinjiang		100.6	92.8	97.8	101.2	101.6	100.1

2−1−8 续表 13 Continued 13

(上年价格＝100) (Preceding Year=100)

地 区	Region	化学药品制剂制造 Manufacture of Chemical Compound Preparation	中药饮片加工 Processing of Chinese Traditional Herbal Pieces	中成药生产 Manufacture of Finished Traditional Chinese Herbal Medicine	兽用药品制造 Manufacture of Veterinary Medicine	生物药品制品制造 Manufacture of Biopharmaceuticals	卫生材料及医药用品制造 Manufacture of Hygienic Material and Pharmaceutical Substances
全 国	**National**	**99.7**	**100.6**	**101.0**	**101.3**	**101.0**	**98.3**
北 京	Beijing	101.3	100.1	99.9	103.5	99.5	100.4
天 津	Tianjin	100.8	100.2	101.1		91.5	
河 北	Hebei	97.6	102.7	100.0	99.8	101.1	
山 西	Shanxi	103.4	101.5	101.5	111.7	100.5	100.3
内蒙古	Inner Mongolia	99.2	100.3	104.5	97.8	101.3	
辽 宁	Liaoning	93.5	99.9	102.6	100.0	101.2	95.0
吉 林	Jilin	106.9	98.9	101.9	101.2	93.8	103.1
黑龙江	Heilongjiang	99.6	100.6	97.3	101.3	100.0	100.0
上 海	Shanghai	102.7	100.4	100.4	106.8	100.4	100.4
江 苏	Jiangsu	97.0	100.8	101.1	100.0	101.5	95.3
浙 江	Zhejiang	100.1	101.8	94.7	106.7	101.0	104.0
安 徽	Anhui	104.6	95.0	102.9	96.6	108.0	101.1
福 建	Fujian	100.6	99.3	104.7	101.4	103.0	100.5
江 西	Jiangxi	100.8	97.6	100.4	99.4	100.6	100.4
山 东	Shandong	100.8		101.1	99.9	99.9	102.1
河 南	Henan	99.7	98.3	102.2	104.2	100.5	100.0
湖 北	Hubei	100.0		101.3	97.5	103.4	82.4
湖 南	Hunan	98.7	102.7	100.3	102.6	102.6	98.6
广 东	Guangdong	101.3	103.5	102.7	107.2	98.2	86.3
广 西	Guangxi	101.8	97.6	102.0	97.4	100.8	100.3
海 南	Hainan	97.6		109.9			100.0
重 庆	Chongqing	98.4	100.0	101.8	101.2	100.5	101.2
四 川	Sichuan	99.6	105.0	101.6	101.5	113.7	95.3
贵 州	Guizhou	100.2	101.7	99.6		100.0	100.5
云 南	Yunnan	105.8	103.5	98.4	108.2	99.7	
西 藏	Tibet	101.3	100.0	101.7			
陕 西	Shaanxi	102.9	100.4	100.3	98.9	100.4	100.2
甘 肃	Gansu	100.1	105.4	99.5		99.7	
青 海	Qinghai	95.1	99.3	101.4	100.0		100.0
宁 夏	Ningxia	101.5	98.3	99.9			
新 疆	Xinjiang	98.9	106.5	100.6	85.0	95.8	83.7

2-1-8 续表 14 Continued 14

(上年价格＝100) (Preceding Year=100)

地 区	Region	药用辅料及包装材料 Pharmaceutical Excipient and Packaging Material	纤维素纤维原料及纤维制品 Manufacture of Fiber Materials and Fiber Cellulose	合成纤维制造 Manufacture of Synthetic Fibre	生物基材料制造 Manufacture of Biobased Material	橡胶制品业 Manufacture of Rubber Products	塑料制品业 Manufacture of Plastics Products	水泥、石灰和石膏制造 Manufacture of Cement, Lime and Gypsum
全 国	**National**	**98.3**	**89.5**	**85.8**	**89.5**	**98.9**	**97.7**	**96.0**
北 京	Beijing	100.4		102.9		100.3	99.0	91.5
天 津	Tianjin			100.5		97.7	99.1	97.2
河 北	Hebei		90.2	91.3	90.2	102.3	106.2	98.4
山 西	Shanxi	100.3				103.8	98.2	98.0
内蒙古	Inner Mongolia					100.0	94.2	98.7
辽 宁	Liaoning	95.0	89.0	89.0	89.0	96.7	97.7	95.2
吉 林	Jilin	103.1	95.4	98.7	95.5	111.8	97.3	93.3
黑龙江	Heilongjiang	100.0		80.2		88.1	99.5	95.2
上 海	Shanghai	100.4	100.0	82.2	100.0	99.9	96.2	102.1
江 苏	Jiangsu	95.3	90.3	85.4	90.3	97.9	96.8	96.3
浙 江	Zhejiang	104.0		85.3		96.2	97.0	101.7
安 徽	Anhui	101.1	89.5	90.3	89.5	101.3	97.6	96.5
福 建	Fujian	100.5	77.6	86.5	77.6	97.0	98.7	102.4
江 西	Jiangxi	100.4	79.5	94.7	79.5	96.5	96.5	97.8
山 东	Shandong	102.1	90.1	89.1	90.1	99.6	98.4	94.4
河 南	Henan	100.0	95.5	82.4	95.5	98.1	96.6	89.7
湖 北	Hubei	82.4	90.3	85.1	90.3	96.3	97.2	95.7
湖 南	Hunan	98.6	99.9	80.7	99.9	97.4	95.8	98.6
广 东	Guangdong	86.3	100.7	87.6	100.7	98.1	98.1	104.7
广 西	Guangxi	100.3				103.9	98.2	99.6
海 南	Hainan	100.0				101.1	98.4	98.5
重 庆	Chongqing	101.2		99.0		95.3	96.7	93.6
四 川	Sichuan	95.3	83.9	83.7	83.9	97.0	97.2	89.8
贵 州	Guizhou	100.5				97.5	97.3	86.1
云 南	Yunnan		100.7		100.7	106.2	91.3	90.1
西 藏	Tibet							96.4
陕 西	Shaanxi	100.2	100.3		100.3	98.1	97.8	92.7
甘 肃	Gansu					100.0	94.3	100.2
青 海	Qinghai	100.0				100.4	93.8	109.6
宁 夏	Ningxia					100.5	97.0	101.5
新 疆	Xinjiang	83.7	87.7		87.7	102.1	94.7	96.0

2－1－8 续表 15 Continued 15

(上年价格＝100) (Preceding Year=100)

地 区	Region	石膏、水泥制品及类似制品制造 Manufacture of Gypsum, Cement and Similar Products	砖瓦、石材及其他建筑材料制造 Manufacture of Bricks, Stone and Other Construction Materials	玻璃制造 Manufacture of Glass	玻璃制品制造 Manufacture of Glass Products	玻璃纤维和玻璃纤维增强塑料制品制造 Manufacture of Glass Fibres and Glass Fibre Reinforced Plastics Products	陶瓷制品制造 Manufacture of Ceramic Products	耐火材料制品制造 Manufacture of Refractory Materials
全 国	**National**	**101.3**	**99.1**	**105.8**	**99.9**	**98.3**	**99.0**	**96.4**
北 京	Beijing	101.1	99.7		100.3	100.0	89.1	100.7
天 津	Tianjin	101.7	95.1	104.9	94.8	98.7	100.0	100.2
河 北	Hebei	101.0	99.4	100.3	98.5	98.6	95.8	101.8
山 西	Shanxi	102.2	97.7	113.5	92.9	90.8	102.5	102.3
内蒙古	Inner Mongolia	95.4	98.8	100.8	101.5	98.8		97.2
辽 宁	Liaoning	98.4	99.3	99.7	109.0	94.0	93.9	87.9
吉 林	Jilin	98.4	100.3		98.2		99.8	100.0
黑龙江	Heilongjiang	99.2	100.5	113.3	104.7	100.0	100.0	95.8
上 海	Shanghai	106.0	95.5		99.2	100.9	97.2	98.1
江 苏	Jiangsu	105.6	95.2	110.0	100.7	99.0	101.2	99.8
浙 江	Zhejiang	102.9	94.8	111.0	101.4	96.4	102.5	96.1
安 徽	Anhui	102.2	99.9	104.9	98.4	92.5	100.1	103.3
福 建	Fujian	103.7	100.8	101.8	99.3	90.9	101.3	84.7
江 西	Jiangxi	101.0	102.8	100.7	105.3	96.9	97.3	97.6
山 东	Shandong	97.2	101.8	103.1	98.1	98.8	96.8	97.4
河 南	Henan	103.1	96.4	103.4	100.1	99.7	102.0	99.0
湖 北	Hubei	101.2	99.9	106.5	97.6		96.8	98.4
湖 南	Hunan	99.9	100.6	101.3	100.1	99.6	100.3	103.0
广 东	Guangdong	101.6	88.6	111.8	97.6	99.3	99.7	103.8
广 西	Guangxi	103.1	99.4	107.8	100.1		100.8	82.2
海 南	Hainan	99.7	93.8	100.0	100.1			
重 庆	Chongqing	99.2	101.8	109.2	105.8	94.1	101.3	100.9
四 川	Sichuan	100.0	99.3	107.4	100.9	95.5	95.7	98.6
贵 州	Guizhou	97.4	99.2		104.1	97.2	102.6	93.3
云 南	Yunnan	103.5	100.4	103.1	100.5	94.5	100.4	112.6
西 藏	Tibet	91.8	101.2					
陕 西	Shaanxi	93.7	100.5	101.9	98.0	96.9	100.0	102.4
甘 肃	Gansu	102.7	93.3	114.5	99.4		104.6	
青 海	Qinghai	101.1	104.5	100.0				
宁 夏	Ningxia	103.4	100.9	109.3	103.7		97.4	106.0
新 疆	Xinjiang	98.6	101.7	104.0	103.3	102.3	100.7	98.0

2-1-8 续表 16 Continued 16

(上年价格＝100) (Preceding Year=100)

地 区	Region	石墨及其他非金属矿物制品制造 Manufacture of Graphite and OtherNon-Metallic Mineral Products	炼铁 Iron Metallurgy	炼钢 Steel Metallurgy	钢压延加工 Smelting and Rolling Processing of Iron	铁合金冶炼 Production of Ferroalloy	常用有色金属冶炼 Production of Common Non-Ferrous Metals
全 国	**National**	**92.8**	**100.6**	**97.8**	**98.2**	**92.8**	**98.3**
北 京	Beijing	98.2			101.1	96.8	
天 津	Tianjin	94.3	105.4	97.9	98.7		99.1
河 北	Hebei	95.1	99.8	98.3	98.3	92.7	103.1
山 西	Shanxi	91.4	103.2	97.0	96.2	94.9	95.5
内蒙古	Inner Mongolia	87.5	99.6		95.1	95.1	100.5
辽 宁	Liaoning	92.7	97.0	97.3	99.7	93.8	98.1
吉 林	Jilin	82.7	98.9		99.9	99.5	93.3
黑龙江	Heilongjiang	100.3	109.2		97.5		
上 海	Shanghai	98.7	101.8		100.5		100.0
江 苏	Jiangsu	91.1	97.5	97.6	98.5	96.8	98.8
浙 江	Zhejiang	95.2		99.7	98.5	89.5	103.2
安 徽	Anhui	95.4	100.5	96.6	97.5	95.8	100.0
福 建	Fujian	100.7	102.7	94.4	97.0	95.4	102.7
江 西	Jiangxi	101.0		98.2	97.7	98.4	101.3
山 东	Shandong	95.7	100.7	98.8	98.5	99.6	102.4
河 南	Henan	88.9	100.6	94.7	98.4	85.6	96.7
湖 北	Hubei	103.2	105.4	97.7	101.0	89.6	96.7
湖 南	Hunan	102.8	104.5	102.0	96.6	94.1	91.1
广 东	Guangdong	99.6		102.6	98.1		97.0
广 西	Guangxi	97.3			96.9	90.5	94.7
海 南	Hainan						
重 庆	Chongqing	96.1		98.6	98.5	89.3	100.5
四 川	Sichuan	86.9	98.4	96.3	97.8	85.7	97.8
贵 州	Guizhou	97.9	99.2		93.1	89.1	97.7
云 南	Yunnan	95.1	109.3	96.4	98.6	93.0	99.3
西 藏	Tibet						
陕 西	Shaanxi	94.6		103.5	99.5	91.7	91.2
甘 肃	Gansu	89.3	104.9		98.7	92.4	98.4
青 海	Qinghai	93.1			98.4	96.1	97.5
宁 夏	Ningxia	91.7	103.7	97.0	97.6	92.2	100.3
新 疆	Xinjiang	92.2	103.9		98.9	91.4	101.7

2-1-8 续表 17 Continued 17

(上年价格=100) (Preceding Year=100)

地 区	Region	贵金属冶炼 Production of Precious Metals	稀有稀土金属冶炼 Production of Rare Metal and Rare Earth Metals	有色金属合金制造 Manufacture of Non-Ferrous Metal Alloy	有色金属压延加工 Smelting and Rolling Processing of Non-Ferrous Metals	结构性金属制品制造 Manufacture of Structural Metal Products	金属工具制造 Manufacture of Metal Tools
全 国	**National**	**121.6**	**94.0**	**100.0**	**100.0**	**100.3**	**100.6**
北 京	Beijing			101.1	99.0	100.0	
天 津	Tianjin			94.7	103.5	98.3	99.8
河 北	Hebei	126.8		93.4	99.9	99.0	100.9
山 西	Shanxi	122.6		96.5	102.8	105.4	100.3
内蒙古	Inner Mongolia	118.4	97.2	104.1	94.0	100.7	
辽 宁	Liaoning	110.1	101.0	99.9	98.3	100.7	102.6
吉 林	Jilin	127.8	91.1	100.0	100.6	100.5	100.1
黑龙江	Heilongjiang	111.2		98.7	107.8	100.4	100.6
上 海	Shanghai	105.5		103.5	99.7	98.1	101.8
江 苏	Jiangsu	120.5	94.7	98.8	98.8	98.1	100.7
浙 江	Zhejiang	124.9		104.1	101.1	100.2	100.5
安 徽	Anhui	124.3		99.7	99.3	99.7	102.7
福 建	Fujian	118.6	96.6	100.0	98.2	101.1	97.6
江 西	Jiangxi	123.9	97.1	96.0	101.2	100.3	99.3
山 东	Shandong	123.5		108.3	99.5	100.6	98.2
河 南	Henan	121.9	86.0	101.5	101.1	101.4	100.9
湖 北	Hubei	123.5		91.2	101.1	101.6	100.0
湖 南	Hunan	120.9	93.0	96.7	98.8	100.8	101.0
广 东	Guangdong	118.6	99.6	99.5	100.8	102.4	101.3
广 西	Guangxi	109.6	80.3	98.8	100.8	102.2	101.6
海 南	Hainan	125.7				98.4	
重 庆	Chongqing			99.0	100.5	100.3	102.3
四 川	Sichuan	111.3	94.5	96.9	106.3	102.3	100.3
贵 州	Guizhou	121.5	85.0		101.3	98.8	106.2
云 南	Yunnan	123.9	94.8	99.9	100.6	100.9	
西 藏	Tibet						
陕 西	Shaanxi	119.0	88.7	91.2	99.5	99.5	99.9
甘 肃	Gansu	120.5	94.9	99.4	100.4	103.0	
青 海	Qinghai	118.9		100.0	100.0	100.9	
宁 夏	Ningxia		84.8		99.4	99.4	
新 疆	Xinjiang	122.7		92.2	101.3	97.6	101.0

2−1−8 续表 18 Continued 18

(上年价格＝100) (Preceding Year=100)

地 区	Region	集装箱及金属包装容器制造 Manufacture of Metal Container and Metal Packing Vessels	金属丝绳及其制品制造 Manufacture of Wire, Cable and Products of the Alike	建筑、安全用金属制品制造 Manufacture of Metal Products for Construction and Safety	金属表面处理及热处理加工 Treatment on Surface of Metal and Heat Treatment of Metals	搪瓷制品制造 Manufacture of Porcelain Enameling Metal Products	金属制日用品制造 Manufacture of Metal Products for Domestic Use
全 国	**National**	**100.8**	**98.1**	**99.6**	**100.2**	**100.7**	**99.6**
北 京	Beijing	100.0	105.4	99.0	100.0		
天 津	Tianjin	94.5	94.9	100.0	95.5	100.0	97.5
河 北	Hebei	100.4	98.8	100.8	98.7	106.3	98.9
山 西	Shanxi	99.6	99.2	104.5	103.3		
内蒙古	Inner Mongolia	100.0	100.3	100.0			
辽 宁	Liaoning	99.1	97.3	99.2	102.1	100.3	99.6
吉 林	Jilin	97.3	98.8	100.0			
黑龙江	Heilongjiang	100.1	98.9	105.4	100.5	100.0	100.0
上 海	Shanghai	106.5		95.7	98.8		97.0
江 苏	Jiangsu	104.1	96.4	98.1	98.0		97.7
浙 江	Zhejiang	99.2	99.3	99.1	97.9	94.9	96.6
安 徽	Anhui	98.6	96.4	100.0	102.4		98.7
福 建	Fujian	98.4	94.9	99.4	101.8	96.0	100.2
江 西	Jiangxi	103.2	98.0	96.4	96.7	98.7	100.9
山 东	Shandong	98.9	97.9	101.5	97.1		115.2
河 南	Henan	100.2	107.5	96.9		100.0	101.5
湖 北	Hubei	98.3	98.4		98.8		108.1
湖 南	Hunan	97.9	100.1	103.5	100.0	100.4	101.5
广 东	Guangdong	101.3	101.5	99.0	106.7	100.2	96.1
广 西	Guangxi			100.0	100.8		101.9
海 南	Hainan	99.8					
重 庆	Chongqing	94.9	96.2	103.3	99.1		106.5
四 川	Sichuan	101.6	95.2	99.2	92.5		100.6
贵 州	Guizhou		94.7				100.5
云 南	Yunnan		100.2		100.3		
西 藏	Tibet						
陕 西	Shaanxi	99.8	97.4	97.8	101.8	104.2	100.8
甘 肃	Gansu	102.9	101.3				
青 海	Qinghai		100.2	100.0			
宁 夏	Ningxia		99.2	97.8	100.7		
新 疆	Xinjiang	99.4	94.6	99.9	100.0		

2−1−8 续表 19 Continued 19

(上年价格＝100) (Preceding Year=100)

地 区	Region	锻造及其他金属制品制造 Forging and Manufacture of Other Metal	锅炉及原动设备制造 Manufacture of Boilers and Other Original Motive Power Machinery	金属加工机械制造 Manufacture of Machinery for Metal Processing	物料搬运设备制造 Manufacture of Lifting and Handling Equipment	泵、阀门、压缩机及类似机械制造 Manufacture of Pumps, Valves, Compressor and Similar Machinery	轴承、齿轮、传动部件制造 Manufacture of Bearings, Gears, and Transmission Parts
全 国	**National**	**99.9**	**99.6**	**99.3**	**100.5**	**99.2**	**99.4**
北 京	Beijing	102.6	107.5	100.1	100.0	99.5	99.9
天 津	Tianjin	95.9	99.6	93.7	110.5	98.3	100.3
河 北	Hebei	99.8	97.8	100.1	100.1	98.4	101.6
山 西	Shanxi	101.4	100.1	95.3	99.3	100.4	97.5
内蒙古	Inner Mongolia	99.6	100.0	100.0	79.3	94.6	96.4
辽 宁	Liaoning	99.6	101.7	94.5	99.9	98.8	100.0
吉 林	Jilin	100.2	100.2	100.0	99.8	99.0	100.8
黑龙江	Heilongjiang	100.9	97.7	100.6	98.6	99.7	103.9
上 海	Shanghai	98.0	92.5	101.6	100.7	101.4	99.7
江 苏	Jiangsu	99.2	100.9	98.3	101.3	99.9	100.0
浙 江	Zhejiang	99.1	99.9	97.5	99.5	98.8	98.3
安 徽	Anhui	100.7	100.6	102.1	101.8	94.7	99.7
福 建	Fujian	99.8	100.2	96.1	98.5	100.2	99.7
江 西	Jiangxi	102.2	96.8	100.7	99.9	98.9	100.3
山 东	Shandong	101.2	99.4	100.8	100.2	97.0	98.9
河 南	Henan	99.6	100.0	101.4	99.1	106.5	100.5
湖 北	Hubei	100.3	100.2	98.8	101.6	99.5	96.8
湖 南	Hunan	100.8	101.3	102.7	99.6	100.0	99.9
广 东	Guangdong	98.2	99.0	99.8	101.4	99.0	100.7
广 西	Guangxi	99.7	101.1	94.7	97.1	100.9	100.4
海 南	Hainan						89.7
重 庆	Chongqing	101.8	100.5	99.7	98.4	100.9	98.1
四 川	Sichuan	99.8	99.9	102.6	99.6	97.7	96.7
贵 州	Guizhou	99.5	100.9	103.6	102.8	100.0	103.5
云 南	Yunnan	101.2		101.7	100.0	101.5	
西 藏	Tibet	100.0					
陕 西	Shaanxi	102.1	100.1	100.3	98.9	99.5	99.5
甘 肃	Gansu	80.3	100.7	101.5	99.5	98.4	96.0
青 海	Qinghai	99.5		99.9			
宁 夏	Ningxia	97.2	100.0	99.3	100.0	100.4	99.8
新 疆	Xinjiang	99.9	100.0	100.0	99.8		

2−1−8 续表 20 Continued 20

(上年价格＝100) (Preceding Year=100)

地 区 Region	烘炉、风机、包装等设备制造 Manufacture of Ovens, Draught Fans, Packing Machinery and Others	文化、办公用机械制造 Manufacture of Machinery for Culture and Office Use	通用零部件制造 Manufacture of General-Purpose Parts	其他通用设备制造 Manufacture of Other General Purpose Machinery	采矿、冶金、建筑专用设备制造 Manufacture of Specialized Facilities for Mining, Metallurgy, and Construction	化工、木材、非金属加工专用设备制造 Manufacture of Specialized Equipment for Chemical, Timber, and Non-Metal Processing
全 国 National	**99.9**	**101.6**	**99.4**	**100.4**	**99.6**	**99.6**
北 京 Beijing	99.7	98.3	100.0	98.8	99.7	99.2
天 津 Tianjin	102.1	100.0	101.5	100.0	98.9	100.1
河 北 Hebei	99.6		99.0	99.0	99.0	99.1
山 西 Shanxi	99.4		97.6	94.9	99.7	101.6
内蒙古 Inner Mongolia			100.0	100.0	100.3	100.0
辽 宁 Liaoning	100.0	97.5	100.9	99.6	97.4	101.2
吉 林 Jilin	99.6	101.1	99.6	102.8	100.5	100.8
黑龙江 Heilongjiang	100.7	99.5	99.7		105.3	99.8
上 海 Shanghai	101.0	99.9	99.5	101.0	100.9	97.5
江 苏 Jiangsu	100.6	100.0	98.6	98.9	101.1	100.2
浙 江 Zhejiang	99.8	99.2	98.2	98.8	99.3	98.1
安 徽 Anhui	96.1		102.6	101.5	99.5	100.4
福 建 Fujian	101.7	96.2	101.0	99.8	100.2	97.2
江 西 Jiangxi	101.4		95.6	100.0	99.8	96.1
山 东 Shandong	99.7		100.2	99.2	99.6	101.2
河 南 Henan	99.6	100.0	97.2	106.1	100.6	99.1
湖 北 Hubei	100.2		100.3	100.4	98.4	96.1
湖 南 Hunan	96.2	99.9	98.0	100.8	97.8	95.4
广 东 Guangdong	100.5	103.9	98.6	99.9	100.9	101.4
广 西 Guangxi	108.9		100.1		98.8	100.0
海 南 Hainan						
重 庆 Chongqing	102.2		100.0	104.9	97.8	99.8
四 川 Sichuan	101.0		100.4	91.0	101.3	99.5
贵 州 Guizhou	99.9	104.0	98.1		101.0	
云 南 Yunnan			100.0		100.6	
西 藏 Tibet						
陕 西 Shaanxi	100.0		103.5	104.0	101.1	101.9
甘 肃 Gansu	100.9		100.0		96.4	102.5
青 海 Qinghai						
宁 夏 Ningxia	100.1		101.4		99.3	100.0
新 疆 Xinjiang	100.5		97.0		98.4	100.0

2-1-8 续表 21 Continued 21

(上年价格=100) (Preceding Year=100)

地 区 Region	食品、饮料、烟草及饲料生产专用设备制造 Manufacture of Specialized Equipment for Production of Food, Beverage, Tobacco and Feedstuff	印刷、制药、日化及日用品生产专用设备制造 Manufacture of Special Purpose Equipment for Printing, Pharmacy, and Domestic, Daily Used Chemical Product Processing	纺织、服装、皮革加工专用设备制造 Manufacture of Specialized Machinery for Textile, Clothings and Leather Processing	电子和电工机械专用设备制造 Manufacture of Specialized Machinery for Electronic Machinery and Electrical Machines	农、林、牧、渔专用机械制造 Manufacture of Specialized Machinery for Agriculture, Forestry, Animal Production, Fishing and Aquaculture	医疗仪器设备及器械制造 Manufacture of Medical Instruments and Appliances
全 国 National	**100.0**	**101.1**	**100.0**	**98.3**	**99.3**	**101.9**
北 京 Beijing		99.1	96.7	99.3	99.7	101.3
天 津 Tianjin	97.8	103.3	100.2		101.5	101.2
河 北 Hebei	100.7	93.3	94.9	100.4	100.7	99.8
山 西 Shanxi			103.5	99.6	101.3	
内蒙古 Inner Mongolia					99.0	
辽 宁 Liaoning	99.7	101.3	102.0	101.6	99.9	99.6
吉 林 Jilin	102.7	100.0		97.9	100.7	102.5
黑龙江 Heilongjiang	100.2	98.2		100.0	100.2	100.7
上 海 Shanghai	100.0	101.4	99.3	99.5		107.1
江 苏 Jiangsu	101.5	101.8	99.4	98.9	98.7	102.6
浙 江 Zhejiang	99.5	99.7	99.3		101.7	100.0
安 徽 Anhui	99.9	102.7	99.2	97.4	100.2	95.7
福 建 Fujian	98.5	100.8	99.0	102.0	104.6	100.6
江 西 Jiangxi	100.3	100.0	98.1		102.3	102.9
山 东 Shandong	98.4	98.6	101.6	98.3	98.1	98.2
河 南 Henan	100.3	99.8	99.7	98.2	98.2	105.7
湖 北 Hubei	101.3				99.3	
湖 南 Hunan	101.1	105.4	100.5		102.6	106.5
广 东 Guangdong	96.0	99.7	101.2	95.9	100.3	102.0
广 西 Guangxi	101.5				102.9	106.2
海 南 Hainan	100.0				115.8	
重 庆 Chongqing		99.6	101.0	99.9	99.1	99.4
四 川 Sichuan	100.1	104.9		100.0	91.5	104.1
贵 州 Guizhou				100.0	100.0	100.3
云 南 Yunnan	101.3					
西 藏 Tibet						
陕 西 Shaanxi	100.5	95.9	101.7	100.2	106.7	99.1
甘 肃 Gansu		100.5	97.8	100.0	100.7	116.8
青 海 Qinghai				93.4	100.4	
宁 夏 Ningxia					100.0	
新 疆 Xinjiang					108.2	

2-1-8 续表 22 Continued 22

(上年价格＝100) (Preceding Year=100)

地 区	Region	环保、邮政、社会公共服务及其他专用设备制造 Manufacture of Special Purpose Machinery for Environment, Protection and Social Public Services	汽车整车制造 Manufacture of Finished Automobiles	汽车用发动机制造 Manufacture of Automotive Engine	改装汽车制造 Manufacture of Refitted Automobiles	低速汽车制造 Manufacture of Low-Speed Vehicles	电车制造 Manufacture of Electric Vehicles	汽车车身、挂车制造 Manufacture of Bodies and Trailers of Automobiles
全 国	**National**	**101.2**	**99.6**	**99.6**	**100.0**	**101.4**	**100.9**	**98.2**
北 京	Beijing	99.8	100.0	100.0	100.4			
天 津	Tianjin	95.3	93.0	93.0	99.8			
河 北	Hebei	100.6	99.8	99.8	101.0			101.5
山 西	Shanxi	100.3	99.8	99.8	101.6			95.8
内蒙古	Inner Mongolia		100.7	100.7				
辽 宁	Liaoning	100.9	100.8	100.8	99.8			103.1
吉 林	Jilin	99.8	100.6	100.6	99.4			
黑龙江	Heilongjiang	98.1	100.0	100.0	100.0			
上 海	Shanghai	99.6	92.0	92.0	106.5			
江 苏	Jiangsu	100.7	102.9	102.9	101.3			95.8
浙 江	Zhejiang	98.0	100.3	100.3	99.1			
安 徽	Anhui	103.5	99.9	99.9	97.6		97.0	98.1
福 建	Fujian	100.4	99.6	99.6	107.7			100.3
江 西	Jiangxi	99.9	98.9	98.9	100.9			102.1
山 东	Shandong	98.2	100.4	100.4	100.0	101.9	102.8	100.2
河 南	Henan	117.8	98.4	98.4	91.3	100.0		100.6
湖 北	Hubei	100.1	99.5	99.5	102.2			101.1
湖 南	Hunan	100.1	99.4	99.4	100.5			83.2
广 东	Guangdong	100.3	101.3	101.3	96.9			99.9
广 西	Guangxi	113.2	100.3	100.3	102.4	98.3		
海 南	Hainan	126.7	100.3	100.3				
重 庆	Chongqing	101.3	99.2	99.2	101.9			100.9
四 川	Sichuan	100.0	99.1	99.1	100.2			99.7
贵 州	Guizhou	100.0	100.1	100.1	97.9	100.0		
云 南	Yunnan	100.1	100.1	100.1				
西 藏	Tibet							
陕 西	Shaanxi	100.3	100.4	100.4	98.6		100.1	
甘 肃	Gansu	100.0	110.7	110.7				101.8
青 海	Qinghai							
宁 夏	Ningxia	101.4						
新 疆	Xinjiang	105.5	99.9	99.9	102.4			99.9

2−1−8 续表 23 Continued 23

(上年价格＝100) (Preceding Year=100)

地 区	Region	汽车零部件及配件制造 Manufacture of Parts and Fittings for Automobiles	铁路运输设备制造 Manufacture of Railway Transport Equipment	城市轨道交通设备制造 Manufacture of Urban Rail Transit Equipment	船舶及相关装置制造 Manufacture of Vessels and Similar Equipment	航空、航天器及设备制造 Manufacture of Aircrafts and Spacecrafts	摩托车制造 Manufacture of Motorcycles
全 国	**National**	**99.5**	**99.7**	**99.9**	**100.7**	**103.3**	**100.8**
北 京	Beijing	99.8	100.0			100.0	
天 津	Tianjin	97.4	99.1	100.0	99.4	98.5	98.7
河 北	Hebei	99.3	98.7				99.6
山 西	Shanxi	95.3	100.1				
内蒙古	Inner Mongolia	103.5	99.4				
辽 宁	Liaoning	99.2	99.5	99.9	99.2	99.5	
吉 林	Jilin	100.2	100.8	100.1			
黑龙江	Heilongjiang	99.7	99.7		100.0	100.0	
上 海	Shanghai	97.9	101.0	101.2	109.0	100.7	103.8
江 苏	Jiangsu	100.2	100.8	99.1	100.0	104.8	100.7
浙 江	Zhejiang	98.9	105.0		99.9		100.8
安 徽	Anhui	99.1	96.7		101.8		94.4
福 建	Fujian	100.0			100.2		99.1
江 西	Jiangxi	99.9	100.4		110.8		100.0
山 东	Shandong	99.1	99.4		99.9		99.8
河 南	Henan	98.8	101.8		100.0		101.6
湖 北	Hubei	99.3	99.9		97.6		
湖 南	Hunan	100.2	99.0	100.0	100.1	100.6	101.5
广 东	Guangdong	101.8	100.6	100.0	100.4		100.1
广 西	Guangxi	99.8	100.0				
海 南	Hainan	100.1			100.0		97.6
重 庆	Chongqing	99.3	99.3	95.0	99.8	100.7	101.0
四 川	Sichuan	98.3	98.0	100.4	100.0		100.2
贵 州	Guizhou	101.2	99.7				
云 南	Yunnan	101.7	101.0				
西 藏	Tibet						
陕 西	Shaanxi	99.5	101.5			104.7	100.1
甘 肃	Gansu	94.3	100.3				98.5
青 海	Qinghai		108.2				
宁 夏	Ningxia						
新 疆	Xinjiang	100.0					

2-1-8 续表 24 Continued 24

(上年价格＝100) (Preceding Year=100)

地 区 Region	自行车和残疾人座车制造 Manufacture of Bicycles and Cars for Disabled	助动车制造 Manufacture of Booster Bike	非公路休闲车及零配件制造 Manufacture of Off-Road Recreational Vehicle and Parts	潜水救捞及其他未列明运输设备 Manufacture of Equipment for Diving, Underwater Salvage and Other Transport Equipment	电机制造 Manufacture of Electric Machinery	输配电及控制设备制造 Manufacture of Electricity Power Transmission, Distribution Control Equipment	电线、电缆、光缆及电工器材制造 Manufacture of Electrical Wires, Cables, Optical Fiber Cables and Electrical Materials	电池制造 Manufacture of Battery
全 国 National	**101.8**	**96.4**	**99.1**	**103.8**	**98.8**	**96.8**	**98.2**	**95.3**
北 京 Beijing					102.0	100.0	99.1	100.0
天 津 Tianjin	101.7	106.1			99.6	100.3	97.5	93.5
河 北 Hebei	101.3	100.6	100.0	103.7	99.5	101.8	100.5	95.3
山 西 Shanxi					108.9	99.1	99.8	95.5
内蒙古 Inner Mongolia					99.4	100.0	99.9	100.0
辽 宁 Liaoning					98.3	99.5	101.0	100.1
吉 林 Jilin					100.0	100.4	98.4	81.4
黑龙江 Heilongjiang					104.5	96.9	99.4	99.1
上 海 Shanghai	112.9	86.7		106.3	101.1	95.5	99.1	94.9
江 苏 Jiangsu	100.7	92.5	98.8	111.4	97.9	93.9	92.8	92.9
浙 江 Zhejiang	99.9	94.0	99.5		98.6	97.1	99.0	91.5
安 徽 Anhui		97.8			99.4	97.4	102.9	96.5
福 建 Fujian	107.6				97.5	101.5	99.3	97.0
江 西 Jiangxi		100.0	98.1		100.5	86.9	100.3	97.5
山 东 Shandong		95.6		103.0	98.1	100.7	100.5	98.8
河 南 Henan		99.6			95.1	99.7	100.3	93.4
湖 北 Hubei					101.0	97.4	97.6	95.4
湖 南 Hunan				105.4	105.4	100.9	101.3	93.3
广 东 Guangdong	100.5	102.8			98.5	98.8	100.8	97.1
广 西 Guangxi					98.2	99.7	100.6	90.7
海 南 Hainan						97.4	93.2	
重 庆 Chongqing			100.0		99.4	102.5	97.9	96.5
四 川 Sichuan					98.2	98.9	96.7	99.1
贵 州 Guizhou					103.1	99.8	101.9	88.7
云 南 Yunnan					99.6	100.1	99.8	98.2
西 藏 Tibet								
陕 西 Shaanxi		100.0			99.6	97.3	99.0	
甘 肃 Gansu					91.0	99.0	102.9	
青 海 Qinghai							105.4	92.7
宁 夏 Ningxia					100.4	98.4	100.4	101.4
新 疆 Xinjiang					104.0	100.9	98.0	

2－1－8　续表 25　Continued 25

(上年价格＝100)　　(Preceding Year=100)

地　区　Region	家用电力器具制造 Manufacture of Domestic Electrical Appliances	非电力家用器具制造 Manufacture of Domestic Non-Electrical Appliances	照明器具制造 Manufacture of Illuminating Appliances	其他电气机械及器材制造 Manufacture of Other Electrical Machinery and Equipments	计算机制造 Manufacture of Computers	通信设备制造 Manufacture of Communi-cation Equipment	广播电视设备制造 Manufacture of Broadcasting and Television Equipment	雷达及配套设备制造 Manufacture of Radar and Corollary Equipment
全　国　National	**96.5**	**99.7**	**98.1**	**99.6**	**99.4**	**97.0**	**99.1**	**99.4**
北　京　Beijing		100.3		100.3	99.7	94.1	98.7	
天　津　Tianjin	94.6	102.2	99.2		100.4	101.0		
河　北　Hebei	99.7	104.0	98.1	100.0	93.3	101.4	97.6	
山　西　Shanxi					99.3	96.0		
内蒙古　Inner Mongolia			100.0					
辽　宁　Liaoning	100.6	100.0	101.0	103.9	99.8	100.0	95.7	93.9
吉　林　Jilin	100.0		102.6	98.8				
黑龙江　Heilongjiang			101.0	100.9	100.0			
上　海　Shanghai	97.5	100.0	98.5	93.1	103.2	95.6	102.6	100.0
江　苏　Jiangsu	95.7	97.7	95.9		97.6	98.4	98.4	92.3
浙　江　Zhejiang	97.6	97.7	99.6	100.8	100.9	93.1	98.4	
安　徽　Anhui	96.0	99.4	98.8	98.5	90.8	97.7		103.9
福　建　Fujian	100.3	102.6	99.1		96.7	96.4	100.4	
江　西　Jiangxi	96.7	101.4	100.3	96.1	103.3	99.4	100.2	
山　东　Shandong	97.1	101.5	106.6	100.0	99.0	102.1	103.9	
河　南　Henan	94.2	96.3	91.9	103.2	98.6	88.8	81.7	
湖　北　Hubei	99.9	98.7	97.9		98.2	96.9	98.5	
湖　南　Hunan	99.6	102.4	101.7		98.8	97.9	101.5	98.2
广　东　Guangdong	96.3	99.7	98.5	100.1	101.1	99.0	96.9	100.8
广　西　Guangxi	100.9		101.8		99.9	100.4	100.0	
海　南　Hainan						95.7		
重　庆　Chongqing	94.9	102.8	97.2	100.3	99.1	97.5		
四　川　Sichuan	91.4	98.9	98.8		98.1	100.2	105.2	
贵　州　Guizhou	77.8		100.7					
云　南　Yunnan		100.7				100.2		
西　藏　Tibet								
陕　西　Shaanxi		100.0	95.7	98.6	100.6	100.4	99.6	100.1
甘　肃　Gansu			99.7	102.1				
青　海　Qinghai	99.8							
宁　夏　Ningxia		100.6						
新　疆　Xinjiang								

2-1-8 续表 26 Continued 26

(上年价格＝100) (Preceding Year=100)

地 区	Region	视听设备制造 Manufacture of Audio and Video Equipment	智能消费设备制造 Manufacture of Intelligent Consumption Equipment	电子器件制造 Manufacture of Electronic Appliances	电子元件及电子专用材料制造 Manufacture of Electronic Components	其他电子设备制造 Manufacture of Other Electronic Equipment	通用仪器仪表制造 Manufacture of General Purpose Measuring Instruments and Meters	专用仪器仪表制造 Manufacture of Special Purpose Measuring Instruments and Meters	钟表与计时仪器制造 Manufacture of Watches and Clocks and Other Timer
全 国	**National**	**97.0**	**99.2**	**99.2**	**99.1**	**98.7**	**100.8**	**99.3**	**100.7**
北 京	Beijing	87.9	97.0	96.4	99.8	94.6	100.3	98.7	
天 津	Tianjin	98.8	98.9	96.0	107.0		100.2	106.4	101.5
河 北	Hebei		101.2	92.9	96.1	100.0	99.1	99.1	101.1
山 西	Shanxi		101.1	99.5	94.7	100.0		100.0	
内蒙古	Inner Mongolia	87.5	61.5			61.5			
辽 宁	Liaoning	99.4	101.8	102.4	102.7	103.6	97.8	99.8	101.4
吉 林	Jilin		100.1	98.1	97.1		100.6		
黑龙江	Heilongjiang		100.0	101.0			101.7	100.1	
上 海	Shanghai	102.7	100.3	103.5	100.2	101.1	101.9	97.0	
江 苏	Jiangsu	101.1	96.6	100.4	97.5	96.6	101.4	98.8	
浙 江	Zhejiang	98.7	100.1	96.4	96.6	101.6	99.8	98.9	100.7
安 徽	Anhui	99.6	99.6	99.0	97.1	97.9	101.4	94.9	
福 建	Fujian	92.2	99.5	96.0	98.1	99.1	100.7		101.0
江 西	Jiangxi	100.7	99.2	98.9	98.7	99.2	100.8	98.4	100.0
山 东	Shandong	93.0	99.8	103.2	100.5		100.8	104.3	101.7
河 南	Henan		98.3	84.9	103.7	98.3	102.1	100.9	
湖 北	Hubei		101.4	95.4	100.5		98.8		
湖 南	Hunan	87.9	99.4	103.1	98.2		102.0	99.7	
广 东	Guangdong	98.0	100.5	99.4	99.6	100.7	96.9	97.5	100.8
广 西	Guangxi	100.3	91.3	98.8	111.2	91.3	99.4		109.5
海 南	Hainan			100.0					
重 庆	Chongqing	98.8	99.4	96.4	97.9	99.6	101.3	99.3	81.0
四 川	Sichuan	89.5	102.0	99.6	98.6	93.9	100.2	94.9	
贵 州	Guizhou	96.5	97.9	96.3	100.0		100.0	101.6	
云 南	Yunnan			86.7			100.3		
西 藏	Tibet								
陕 西	Shaanxi	91.8	107.9	100.7	97.1	104.5	99.6	100.1	
甘 肃	Gansu			94.3			103.2		
青 海	Qinghai			100.0	98.2		100.1		
宁 夏	Ningxia						102.6		
新 疆	Xinjiang				88.4		100.0		

2−1−8 续表 27 Continued 27

(上年价格＝100) (Preceding Year=100)

地 区 Region	光学仪器制造 Manufacture of Optical Instruments	衡器制造 Manufacture of Weighing Apparatus	其他仪器仪表制造业 Manufacture of Other Measuring Instruments and Meters	日用杂品制造 Manufacture of Daily Groceries	核辐射加工 Radiation Processing
全 国 National	**97.4**	**98.7**	**98.8**	**100.6**	
北 京 Beijing		98.4	100.5		
天 津 Tianjin				95.1	
河 北 Hebei		101.7	100.0	103.6	
山 西 Shanxi	104.2	100.0	99.5		
内蒙古 Inner Mongolia					
辽 宁 Liaoning		100.2	98.8	100.0	
吉 林 Jilin	100.0				
黑龙江 Heilongjiang	100.9	100.0	100.0	100.0	
上 海 Shanghai	104.1	98.9	94.3	91.7	
江 苏 Jiangsu	99.2	99.9	99.3	100.9	
浙 江 Zhejiang	91.9			99.3	
安 徽 Anhui			102.1	99.8	
福 建 Fujian	100.8	100.6	95.0	101.0	
江 西 Jiangxi	90.6	101.7		99.1	
山 东 Shandong		101.7		99.8	
河 南 Henan	97.2	77.6	97.5	101.2	
湖 北 Hubei					
湖 南 Hunan	99.0			107.7	
广 东 Guangdong	96.1	97.4	96.4	97.8	
广 西 Guangxi	101.0			96.8	
海 南 Hainan					
重 庆 Chongqing	101.0		101.6	99.9	
四 川 Sichuan	99.2		99.9	106.5	
贵 州 Guizhou	101.1				
云 南 Yunnan	95.1				
西 藏 Tibet					
陕 西 Shaanxi	100.7				
甘 肃 Gansu		106.3			
青 海 Qinghai					
宁 夏 Ningxia					
新 疆 Xinjiang					

2-1-8 续表 28 Continued 28

(上年价格=100) (Preceding Year=100)

地 区 Region	其他未列明制造业 Other Manufacturing n.e.c.	金属废料和碎屑加工处理 Recycling and Disposal of Metal Waste and Scrap	非金属废料和碎屑加工处理 Recycling and Disposal of Non-Metal Waste and Scrap	金属制品修理 Repair of Fabricated Metal Products	通用设备修理 Repair of General Purpose Machinery
全 国 National	**99.3**	**99.9**	**102.2**	**99.9**	**100.4**
北 京 Beijing	100.0	102.5			
天 津 Tianjin		96.6			
河 北 Hebei	99.1	94.7	91.0		
山 西 Shanxi	100.9				
内蒙古 Inner Mongolia					
辽 宁 Liaoning	99.8	101.3	104.5		100.4
吉 林 Jilin	100.0	109.0	84.1		
黑龙江 Heilongjiang	100.0	114.3	83.7		
上 海 Shanghai	99.5	100.0	104.5		
江 苏 Jiangsu	98.2	101.6	130.9		
浙 江 Zhejiang	100.2	102.3	96.1		
安 徽 Anhui	94.4	97.2	97.1		
福 建 Fujian	106.7	105.6	103.5		
江 西 Jiangxi	96.3	98.6	101.0		
山 东 Shandong	96.7	104.0			
河 南 Henan	95.8				
湖 北 Hubei		102.0			
湖 南 Hunan		94.2			
广 东 Guangdong	100.8	98.1	104.6		
广 西 Guangxi		103.0			
海 南 Hainan					
重 庆 Chongqing	102.1	96.8	98.4	99.9	
四 川 Sichuan	100.1	100.1	95.0		
贵 州 Guizhou	100.3	101.0			
云 南 Yunnan	101.8				
西 藏 Tibet					
陕 西 Shaanxi	101.4	99.9	96.0		
甘 肃 Gansu			99.4		
青 海 Qinghai					
宁 夏 Ningxia					
新 疆 Xinjiang		100.0			

2－1－8 续表 29 Continued 29

(上年价格＝100) (Preceding Year=100)

地 区 Region	专用设备修理 Repair of Special Purpose Machinery	铁路、船舶、航空航天等运输设备修理 Repair of Railway Transports, Ships and Boats, Air and Spacecrafts and Other Transportation Equipments	电气设备修理 Repair of Electrical Machinery	仪器仪表修理 Repair of Measuring Instrument and Meters	其他机械和设备修理业 Repair of Other Machinery and Equipments
全 国 National	**100.0**	**104.0**	**105.4**		**100.0**
北 京 Beijing	100.0				
天 津 Tianjin		107.4			
河 北 Hebei		106.6			
山 西 Shanxi		97.5			
内蒙古 Inner Mongolia			100.0		
辽 宁 Liaoning	101.0	109.1			100.0
吉 林 Jilin					100.0
黑龙江 Heilongjiang		98.7	109.9		
上 海 Shanghai		104.0			
江 苏 Jiangsu		100.2			
浙 江 Zhejiang		104.1			
安 徽 Anhui					
福 建 Fujian		102.0			
江 西 Jiangxi					100.0
山 东 Shandong	99.9	100.9			
河 南 Henan		100.0			
湖 北 Hubei					
湖 南 Hunan					
广 东 Guangdong		120.3			
广 西 Guangxi					
海 南 Hainan					
重 庆 Chongqing					
四 川 Sichuan		94.3			
贵 州 Guizhou		100.0			
云 南 Yunnan					
西 藏 Tibet					
陕 西 Shaanxi		99.2			
甘 肃 Gansu		100.0			
青 海 Qinghai					
宁 夏 Ningxia					
新 疆 Xinjiang	93.2				

2−1−8 续表 30 Continued 30

(上年价格＝100) (Preceding Year=100)

地 区 Region	电力生产 Products of Power Supply	电力供应 Supply of Electricity	热力生产和供应 Production and Supply of Heating Power	燃气生产和供应业 Production and Supply of Gas	生物质燃气生产和供应业 Production and Supply of Biomass Gas
全 国 National	**99.3**	**97.4**	**100.5**	**95.7**	**95.7**
北 京 Beijing	101.0	97.7	99.2	103.6	103.6
天 津 Tianjin	98.4	97.6	98.5	97.7	97.7
河 北 Hebei	101.0	98.6	100.2	97.1	97.1
山 西 Shanxi	99.6	100.2	101.8	95.2	95.2
内蒙古 Inner Mongolia	99.8	98.4	100.3	95.9	95.9
辽 宁 Liaoning	97.2	91.5	103.2	95.6	95.6
吉 林 Jilin	100.4	98.6	102.0	94.9	94.9
黑龙江 Heilongjiang	100.4	99.6	101.1	100.9	100.9
上 海 Shanghai	100.6	91.5	97.5	98.1	98.1
江 苏 Jiangsu	99.3	97.8	98.1	95.7	95.7
浙 江 Zhejiang	96.7	95.3	98.5	91.2	91.2
安 徽 Anhui	100.0	99.5	100.6	96.9	96.9
福 建 Fujian	100.1	99.4	98.5	95.9	95.9
江 西 Jiangxi	100.1	98.6	101.9	95.9	95.9
山 东 Shandong	100.1	98.7	100.2	96.4	96.4
河 南 Henan	101.5	99.2	99.3	98.2	98.2
湖 北 Hubei	99.8	99.2	99.8	95.9	95.9
湖 南 Hunan	99.3	96.1	98.6	99.0	99.0
广 东 Guangdong	98.7	97.2	98.0	93.7	93.7
广 西 Guangxi	99.3	96.4	97.8	94.6	94.6
海 南 Hainan	101.7	97.5		95.7	95.7
重 庆 Chongqing	100.2	99.4	99.2	95.6	95.6
四 川 Sichuan	95.6	98.2		95.4	95.4
贵 州 Guizhou	100.8	99.3		94.5	94.5
云 南 Yunnan	98.6	92.6		100.1	100.1
西 藏 Tibet	104.6	93.6			
陕 西 Shaanxi	94.0	98.2	99.6	87.9	87.9
甘 肃 Gansu	98.2	94.9	101.6	98.4	98.4
青 海 Qinghai	98.4	94.7	106.3	97.1	97.1
宁 夏 Ningxia	100.5	100.1	104.3	83.4	83.4
新 疆 Xinjiang	100.7	92.0	100.1	94.9	94.9

2－1－8 续表 31 Continued 31

(上年价格＝100) (Preceding Year=100)

地 区 Region	自来水生产和供应 Production and Supply of Tap Water	污水处理及其再生利用 Recycling and Treatment of Waste Water	海水淡化处理 Disposal of Sea Water Desalination	其他水的处理、利用与分配 Disposal,Utilization and Distribution of Other Water
全 国 National	**99.7**	**101.4**	**100.0**	**100.0**
北 京 Beijing	100.0	100.4		
天 津 Tianjin	100.0			
河 北 Hebei	102.9	92.6		
山 西 Shanxi	99.6			
内蒙古 Inner Mongolia	100.0	102.1		
辽 宁 Liaoning	99.9	100.0		
吉 林 Jilin	101.2			
黑龙江 Heilongjiang	100.3	100.6		
上 海 Shanghai	100.6	112.5		
江 苏 Jiangsu	100.3	96.9		
浙 江 Zhejiang	95.0	97.1		
安 徽 Anhui	99.6	101.8		
福 建 Fujian	100.8	96.0		
江 西 Jiangxi	99.9	101.1		
山 东 Shandong	99.8	100.6		
河 南 Henan	101.5	109.2		
湖 北 Hubei	99.8			
湖 南 Hunan	100.7	100.0		
广 东 Guangdong	99.5	101.6		
广 西 Guangxi	97.7	103.6		
海 南 Hainan	99.6		100.0	100.0
重 庆 Chongqing	98.9			
四 川 Sichuan	100.2	107.1		
贵 州 Guizhou	100.0	103.4		
云 南 Yunnan	101.4			
西 藏 Tibet	100.0			
陕 西 Shaanxi	100.0	100.0		
甘 肃 Gansu	103.2			
青 海 Qinghai	99.9			
宁 夏 Ningxia	100.0	100.0		
新 疆 Xinjiang	105.3	100.1		

2-2-1 全国工业生产者购进价格分类指数(1986～2020年)
Purchasing Price Indices for Industrial Producers (1986～2020)

(上年价格=100) (Preceding Year=100)

年 份 Year	总指数 General Index	燃料、动力类 Fuel and Power	黑色金属材料类 Ferrous Metals	有色金属材料类 Nonferrous Metals	化工原料类 Raw Chemical Materials	木材及纸浆类 Timber and Paper Pulp	建材类 Building Materials	其他工业原料类 Other Materials	农副产品类 Agricultural Products	纺织原料类 Textile Materials
1986	109.5	109.1	110.6	107.6	105.1	110.9	126.7		107.5	
1987	111.0	109.2	110.4	108.4	115.7	138.2	111.6		107.3	107.8
1988	120.2	112.9	118.3	130.7	133.4	143.1	114.2		122.6	115.7
1989	126.4	124.7	130.3	127.6	124.4	111.4	122.7		128.9	128.5
1990	105.6	110.7	103.9	97.2	95.6	99.4	115.2		107.8	107.4
1991	109.1	112.9	112.5	101.2	99.8	105.6	101.2		106.8	108.9
1992	111.0	116.4	114.5	112.4	102.6	102.0	118.8		103.4	100.5
1993	135.1	136.7	174.1	115.8	114.3	128.6	140.9		112.2	107.1
1994	118.2	118.0	103.8	110.7	111.7	115.1	114.3		148.3	139.6
1995	115.3	108.7	98.2	128.3	127.2	115.8	102.6		143.1	123.6
1996	103.9	110.2	99.3	92.4	98.0	101.9	102.5		114.7	94.5
1997	101.3	109.3	97.4	96.2	97.1	100.9	99.7		102.0	94.7
1998	95.8	99.1	95.1	88.3	93.6	96.7	98.6	93.5	94.5	94.3
1999	96.7	100.9	94.7	98.9	97.6	100.4	98.8	97.5	89.8	96.8
2000	105.1	115.4	100.9	110.3	105.6	99.8	101.5	103.9	99.9	102.4
2001	99.8	100.2	100.5	95.6	98.4	100.4	98.6	98.8	101.2	99.7
2002	97.7	100.1	98.2	96.5	97.5	98.7	98.2	97.5	95.7	97.1
2003	104.8	107.4	107.9	105.3	102.9	100.3	99.7	100.2	106.7	101.4
2004	111.4	109.7	120.4	120.1	108.9	102.8	105.1	105.6	114.2	104.7
2005	108.3	115.0	107.5	114.0	108.3	103.5	103.1	102.5	101.7	102.4
2006	106.0	111.9	98.3	130.8	102.1	102.6	101.9	102.1	104.3	102.9
2007	104.4	104.3	105.4	111.6	103.6	102.7	103.0	102.7	106.1	101.4
2008	110.5	120.6	118.4	98.6	105.2	105.2	109.5	103.4	107.5	103.1
2009	92.1	89.2	86.3	81.1	91.3	95.8	101.1	98.0	97.0	98.8
2010	109.6	116.3	106.6	122.2	107.0	103.0	103.8	102.3	110.4	106.7
2011	109.1	110.8	109.4	112.1	110.4	104.6	108.4	104.4	115.6	112.7
2012	98.2	100.9	92.9	94.5	96.1	100.1	99.7	99.0	100.2	99.1
2013	98.0	96.6	95.7	95.4	97.3	99.6	98.7	99.1	101.6	99.9
2014	97.8	97.1	94.6	96.1	98.3	99.4	99.8	98.8	99.4	98.9
2015	93.9	88.7	88.4	92.7	93.7	99.3	95.9	97.6	97.7	97.8
2016	98.0	95.6	97.7	97.9	97.6	99.7	97.6	99.1	100.1	99.7
2017	108.1	113.0	115.9	115.3	108.4	106.2	108.6	102.6	101.5	104.0
2018	104.1	107.1	106.1	103.9	104.6	105.4	110.5	101.3	99.6	102.2
2019	99.3	98.2	102.3	97.6	94.8	97.5	104.2	99.7	102.8	99.3
2020	97.7	91.6	100.5	99.8	92.7	98.1	100.5	99.9	105.4	96.8

2-2-2 各地区工业生产者购进价格总指数(1986～2020年)
Purchasing Price Indices for Industrial Producers by Region (1986～2020)

(上年价格=100) (Preceding Year=100)

地 区 Region	1986	1987	1988	1989	1990	1991	1992	1993	1994	1995	1996	1997	1998	1999	2000	2001	2002
全 国 National	**109.5**	**111.0**	**120.2**	**126.4**	**105.6**	**109.1**	**111.0**	**135.1**	**118.2**	**115.3**	**103.9**	**101.3**	**95.8**	**96.7**	**105.1**	**99.8**	**97.7**
北 京 Beijing					114.8	111.7	114.2	142.7	123.8	119.8	104.2	103.4	98.1	95.8	100.0	100.5	97.1
天 津 Tianjin							108.4	139.1	121.7	112.8	101.9	99.0	95.9	96.3	104.5	98.8	95.9
河 北 Hebei							111.4	134.9	119.9	110.9	106.3	102.0	96.2	95.4	103.3	101.0	97.3
山 西 Shanxi					107.4	108.0	111.9	135.9	115.1	113.1	104.8	102.0	97.3	97.0	102.0	101.8	102.6
内蒙古 Inner Mongolia		114.9	118.2	124.4	108.3	111.2	112.1	132.6	116.8	112.8	100.8	100.9	98.1	96.8	106.5	101.3	99.9
辽 宁 Liaoning			133.9	133.3	117.6	108.1	121.2	149.9	118.2	114.2	104.8	103.1	99.3	99.1	103.9	99.9	98.3
吉 林 Jilin			115.7	131.5	102.8	114.1	127.1	173.9	113.9	113.8	102.4	103.9	96.6	100.5	106.8	101.8	97.8
黑龙江 Heilongjiang							112.9	139.6	117.6	112.7	104.2	104.4	98.6	98.2	108.6	99.5	99.3
上 海 Shanghai							113.1	129.2	121.4	114.8	101.6	97.8	94.1	97.1	107.1	98.7	97.7
江 苏 Jiangsu						107.0	110.3	125.8	120.1	117.6	104.3	98.0	91.5	94.4	107.1	99.5	98.6
浙 江 Zhejiang					104.7	102.7	106.3	126.4	124.8	119.2	101.5	96.5	92.6	96.2	107.2	99.6	97.5
安 徽 Anhui							113.9	128.8	122.3	117.9	109.9	101.7	96.0	94.5	102.6	101.2	98.2
福 建 Fujian							109.3	129.6	115.2	119.6	104.3	98.6	92.5	97.9	112.4	96.7	97.6
江 西 Jiangxi								129.4	123.4	114.7	105.8	100.4	95.4	96.9	101.2	99.3	98.6
山 东 Shandong				136.7	105.4	107.0	111.0	134.7	120.1	113.2	105.7	100.6	93.4	93.4	104.7	100.0	98.7
河 南 Henan				130.0	105.5	104.4	110.0	133.0	122.0	114.1	105.3	100.7	94.8	94.3	105.1	101.9	97.6
湖 北 Hubei				126.1	108.4	113.1	110.2	135.5	116.6	118.2	108.4	101.5	95.2	95.6	105.6	100.2	97.7
湖 南 Hunan				122.5	103.3	110.4	116.2	139.7	119.6	117.6	105.9	100.1	94.8	96.2	106.7	101.1	99.3
广 东 Guangdong								134.3	121.1	118.7	104.6	97.3	91.4	97.8	110.9	99.1	96.3
广 西 Guangxi	121.0	112.0			102.2	107.8	105.2	141.7	117.8	112.9	103.4	99.3	95.3	93.6	100.9	103.7	95.6
海 南 Hainan																	101.5
重 庆 Chongqing					103.7	109.2	123.8	124.5	124.6	111.6	106.3	100.1	95.1	96.9	105.6	99.5	99.2
四 川 Sichuan				129.4	106.4	108.6	112.5	137.2	119.1	113.5	106.1	101.6	95.3	96.8	101.7	98.5	97.6
贵 州 Guizhou							113.5	144.6	115.0	114.9	108.1	101.9	95.7	97.0	102.9	100.2	97.6
云 南 Yunnan						108.2	115.2	138.1	110.3	113.2	110.3	102.9	100.7	98.8	101.5	99.4	99.1
西 藏 Tibet																	
陕 西 Shaanxi							111.5	138.4	115.6	114.3	109.1	106.8	97.1	95.5	100.0	100.5	98.8
甘 肃 Gansu				129.8	114.1	112.4	122.2	139.4	118.3	113.7	107.4	102.2	96.4	98.3	111.8	101.4	98.4
青 海 Qinghai				123.8	113.9	112.8	105.3	138.9	112.3	110.2	108.3	110.7	101.3	99.1	98.9	99.1	102.8
宁 夏 Ningxia												103.5	101.1	97.0	105.8	102.5	97.8
新 疆 Xinjiang							121.1	136.4	110.9	116.8	107.0	104.5	95.6	98.2	115.2	98.9	94.9

2-2-2 续表 Continued

(上年价格=100) (Preceding Year=100)

地 区 Region	2003	2004	2005	2006	2007	2008	2009	2010	2011	2012	2013	2014	2015	2016	2017	2018	2019	2020
全 国 National	**104.8**	**111.4**	**108.3**	**106.0**	**104.4**	**110.5**	**92.1**	**109.6**	**109.1**	**98.2**	**98.0**	**97.8**	**93.9**	**98.0**	**108.1**	**104.1**	**99.3**	**97.7**
北 京 Beijing	104.7	114.2	111.4	105.5	105.0	115.8	88.6	110.5	108.4	98.7	97.8	98.8	93.7	98.5	104.4	100.8	99.6	99.5
天 津 Tianjin	108.7	115.4	104.9	104.7	105.7	112.9	90.2	110.0	109.7	97.1	97.4	97.1	92.4	98.3	111.1	106.2	98.8	96.9
河 北 Hebei	109.4	118.4	107.0	105.0	107.8	115.9	93.5	110.9	110.9	96.2	97.6	95.6	90.3	98.3	114.5	104.0	102.1	98.4
山 西 Shanxi	107.8	114.5	108.2	102.6	105.3	118.3	96.6	109.0	108.1	98.1	95.5	96.2	93.1	98.1	115.2	105.5	101.1	97.2
内蒙古 Inner Mongolia	102.9	109.2	109.9	105.9	104.8	111.7	99.1	105.0	106.1	102.0	99.3	98.4	95.9	97.4	106.3	102.4	101.1	99.5
辽 宁 Liaoning	105.1	112.1	108.1	104.2	104.8	111.5	93.3	108.6	108.3	99.0	98.5	98.0	93.5	97.9	108.0	104.5	100.8	98.2
吉 林 Jilin	104.8	110.5	107.0	103.8	105.2	111.3	95.3	108.6	106.1	99.3	99.4	99.2	96.6	97.8	103.4	103.5	99.2	98.7
黑龙江 Heilongjiang	107.6	115.2	111.8	105.6	105.0	114.1	93.4	114.5	111.1	98.8	98.7	97.6	88.2	96.0	110.2	109.0	100.3	95.1
上 海 Shanghai	106.4	116.4	106.8	104.8	104.1	110.3	89.8	111.2	107.5	94.7	96.5	95.9	90.6	97.7	108.9	105.2	98.7	96.9
江 苏 Jiangsu	106.5	116.3	107.6	106.4	105.0	115.0	91.9	112.8	108.9	95.8	97.1	97.0	92.1	98.0	109.7	104.6	97.2	96.5
浙 江 Zhejiang	105.8	113.4	105.4	105.6	105.3	110.6	92.6	112.0	108.3	96.7	97.7	98.2	94.5	97.8	109.6	105.1	97.1	95.9
安 徽 Anhui	106.7	115.0	107.1	103.9	105.1	112.4	95.3	111.8	110.8	98.2	96.9	97.2	93.5	98.4	109.2	105.3	99.9	98.5
福 建 Fujian	106.3	113.3	108.1	103.9	104.3	110.2	93.2	107.7	108.0	97.7	98.4	98.3	96.1	98.0	105.3	102.8	99.0	98.6
江 西 Jiangxi	106.5	114.5	110.0	108.6	107.9	114.2	90.7	111.8	112.4	98.3	98.4	98.4	93.6	97.7	107.2	103.2	98.2	97.0
山 东 Shandong	105.7	113.4	105.9	104.3	104.8	113.1	95.5	109.3	109.2	99.2	98.4	98.2	95.0	98.0	107.3	103.6	99.2	97.5
河 南 Henan	107.8	115.7	108.3	105.3	106.4	111.9	97.1	110.2	110.1	99.2	99.3	98.4	95.4	99.2	107.3	104.0	101.2	99.4
湖 北 Hubei	108.2	113.1	107.0	104.9	104.5	110.9	93.4	110.4	111.5	98.9	98.2	97.8	92.8	98.3	108.3	104.8	99.3	98.4
湖 南 Hunan	106.7	114.4	109.4	106.5	106.1	112.0	92.6	110.0	110.8	100.1	98.4	97.9	94.5	98.0	107.2	103.5	100.2	98.9
广 东 Guangdong	104.1	110.7	105.0	103.6	103.3	107.9	93.8	107.3	107.3	99.5	98.2	98.8	95.3	98.0	105.3	102.5	99.2	97.4
广 西 Guangxi	101.2	116.3	108.2	111.4	106.1	110.6	95.1	111.2	110.0	99.2	98.9	98.2	95.7	98.3	106.5	103.4	99.5	98.5
海 南 Hainan	102.2	105.9	104.2	101.5	105.0	111.6	85.3	110.3	115.3	99.6	97.0	99.0	88.5	94.8	112.4	110.8	103.1	92.0
重 庆 Chongqing	104.9	110.3	108.2	104.8	106.2	112.2	95.0	106.9	105.7	99.5	97.6	98.1	97.1	98.4	104.4	102.5	100.1	99.9
四 川 Sichuan	101.7	112.0	109.3	104.3	105.7	112.4	95.3	106.1	112.6	100.0	99.2	98.7	96.7	98.8	108.3	105.3	100.6	98.1
贵 州 Guizhou	106.0	109.6	107.4	107.3	107.5	112.5	93.5	109.8	115.0	102.3	96.4	98.6	97.5	98.5	109.7	103.4	99.4	98.6
云 南 Yunnan	102.7	113.0	106.5	107.6	108.2	111.6	95.0	109.0	108.0	99.3	98.8	99.0	96.9	95.9	106.2	104.4	99.0	97.3
西 藏 Tibet																		
陕 西 Shaanxi	104.8	110.4	107.5	106.7	106.3	111.2	98.4	109.7	109.6	100.0	99.3	98.5	95.2	95.9	106.4	104.2	100.3	97.6
甘 肃 Gansu	105.6	112.5	109.9	108.8	104.3	110.2	90.5	114.4	115.1	98.7	97.8	97.6	87.0	94.6	115.5	109.8	99.0	94.1
青 海 Qinghai	101.8	108.5	105.3	102.8	104.4	110.4	99.8	108.6	107.0	98.6	98.8	97.6	97.7	96.2	108.0	104.5	98.2	96.1
宁 夏 Ningxia	106.8	117.3	109.7	108.5	107.1	121.8	94.7	114.1	112.8	99.5	97.0	97.0	92.1	96.9	112.9	106.5	97.5	94.7
新 疆 Xinjiang	114.8	118.2	110.7	111.1	103.8	117.8	90.6	123.9	117.8	97.9	97.8	97.5	84.3	95.5	112.8	109.2	100.0	93.4

2－2－3 各地区工业生产者购进价格分类指数(2020年)
Purchasing Price Indices for Industrial Producer by Category and Region (2020)

(上年价格=100) (Preceding Year=100)

地区	Region	总指数 General Index	燃料、动力类 Fuel and Power	黑色金属材料类 Ferrous Metals	有色金属材料类 Nonferrous Metals	化工原料类 Raw Chemical Materials	木材及纸浆类 Timber and Paper Pulp	建材类 Building Materials	其他工业原料类 Other Materials	农副产品类 Agricultural Products	纺织原料类 Textile Materials
全国	**National**	**97.7**	**91.6**	**100.5**	**99.8**	**92.7**	**98.1**	**100.5**	**99.9**	**105.4**	**96.8**
北京	Beijing	99.5	98.5	101.4	100.0	96.4	99.3	99.0	99.3	119.7	100.2
天津	Tianjin	96.9	86.2	99.4	100.1	91.0	96.1	93.4	100.1	125.4	93.3
河北	Hebei	98.4	88.5	104.0	100.4	97.3	99.1	99.4	99.2	108.7	94.8
山西	Shanxi	97.2	93.5	103.1	99.7	92.6	97.1	90.8	100.2	101.8	98.7
内蒙古	Inner Mongolia	99.5	97.7	100.1	97.7	91.7	97.6	96.1	102.1	105.6	88.5
辽宁	Liaoning	98.2	91.5	100.0	102.6	95.1	98.2	99.0	99.9	104.6	98.9
吉林	Jilin	98.7	90.9	100.5	98.4	96.0	99.1	97.6	100.7	107.0	97.0
黑龙江	Heilongjiang	95.1	87.2	102.6	100.4	88.6	96.1	97.8	102.0	113.2	97.6
上海	Shanghai	96.9	83.4	101.9	110.8	92.8	98.1	98.7	99.5	103.9	97.9
江苏	Jiangsu	96.5	89.7	99.7	100.9	89.3	97.9	100.2	99.1	99.8	95.9
浙江	Zhejiang	95.9	89.8	98.6	101.6	88.6	97.7	98.6	98.7	102.5	96.4
安徽	Anhui	98.5	91.2	100.7	96.7	93.1	99.7	105.5	100.2	105.3	95.8
福建	Fujian	98.6	92.1	100.9	104.5	92.7	98.8	100.2	100.0	110.6	99.2
江西	Jiangxi	97.0	94.4	101.5	99.0	88.8	100.5	101.5	97.2	100.3	98.1
山东	Shandong	97.5	89.9	99.3	100.8	93.9	97.6	98.2	100.2	106.4	97.4
河南	Henan	99.4	93.0	100.7	97.6	93.3	97.6	104.7	101.8	104.4	97.4
湖北	Hubei	98.4	89.6	100.6	100.3	94.1	95.9	98.5	100.5	108.6	99.0
湖南	Hunan	98.9	95.0	100.5	97.4	94.7	98.8	104.7	101.2	102.0	99.9
广东	Guangdong	97.4	91.4	98.8	99.9	94.6	96.2	102.4	99.3	103.6	96.4
广西	Guangxi	98.5	95.0	97.3	100.0	95.5	97.1	102.1	100.6	102.5	95.7
海南	Hainan	92.0	78.2	122.9	100.4	89.3	98.2	103.5	100.5	107.8	99.7
重庆	Chongqing	99.9	97.0	100.3	101.1	95.8	99.0	100.2	100.4	109.5	98.3
四川	Sichuan	98.1	93.8	98.4	97.3	94.1	97.8	96.8	100.4	104.8	97.0
贵州	Guizhou	98.6	96.3	104.3	93.0	92.6	97.9	96.6	105.0	103.4	99.6
云南	Yunnan	97.3	95.1	98.9	98.2	88.1	97.9	98.8	100.4	107.5	99.4
西藏	Tibet										
陕西	Shaanxi	97.6	93.1	100.9	96.9	98.7	100.2	98.4	100.1	104.2	101.3
甘肃	Gansu	94.1	90.7	101.3	98.3	90.3	99.7	99.5	103.9	114.0	88.9
青海	Qinghai	96.1	93.3	97.9	97.7	100.5	98.4	97.7	103.3	99.3	97.9
宁夏	Ningxia	94.7	90.6	92.2	95.7	96.9	98.5	95.9	102.3	101.9	102.9
新疆	Xinjiang	93.4	88.8	97.9	100.3	93.7	101.5	98.5	101.5	100.7	94.0

2-3-1 2020年1月流通领域重要生产资料市场价格
January,2020 Circulation Field Important Production Materials Price

产品名称	Item	单位	Unit	上旬 Early January		中旬 Middle January		下旬 Late January	
				本期价格(元) Price (RMB)	比上旬涨跌幅(%) Change Rate	本期价格(元) Price (RMB)	比上旬涨跌幅(%) Change Rate	本期价格(元) Price (RMB)	比上旬涨跌幅(%) Change Rate
一、黑色金属	**Ferrous Metal**								
螺纹钢	Deformed Steel Bar	吨	ton	3776.7	-0.1	3770.1	-0.2	3770.9	0.0
线材	Wire	吨	ton	3871.6	0.0	3869.4	-0.1	3873.4	0.1
普通中板	Common Medium Plate	吨	ton	3828.0	0.0	3834.0	0.2	3835.2	0.0
热轧普通薄板	Hot Rolled Sheet	吨	ton	3934.0	-0.3	3914.4	-0.5	3912.2	-0.1
无缝钢管	Seamless Tube	吨	ton	4576.8	0.5	4588.7	0.3	4588.7	0.0
角钢	Angle Iron	吨	ton	3977.7	-0.2	3975.0	-0.1	3974.5	0.0
二、有色金属	**Non-ferrous Metals**								
电解铜	Electrolytic Copper	吨	ton	48813.4	-0.7	48930.3	0.2	48251.7	-1.4
铝锭	Aluminum Ingot	吨	ton	14530.1	-0.1	14350.3	-1.2	14134.3	-1.5
铅锭	Lead Ingot	吨	ton	14925.4	-1.4	15058.8	0.9	15090.8	0.2
锌锭	Zinc Ingot	吨	ton	18376.1	0.1	18362.3	-0.1	18320.7	-0.2
三、化工产品	**Chemicals**								
硫酸	Sulfuric Acid	吨	ton	144.3	-0.5	140.0	-3.0	140.0	0.0
烧碱(液碱)	Caustic Soda (liquid)	吨	ton	614.4	-0.6	612.5	-0.3	612.5	0.0
甲醇	Methanol	吨	ton	2083.5	4.8	2178.3	4.6	2160.4	-0.8
纯苯(石油苯)	Benzene (oil-based benzene)	吨	ton	5862.7	-0.4	5887.0	0.4	5851.0	-0.6
苯乙烯	Styrene	吨	ton	7342.3	-1.1	7397.9	0.8	7359.0	-0.5
聚乙烯(LLDPE)	Polyethylene (LLDPE)	吨	ton	7455.1	0.2	7451.8	0.0	7416.7	-0.5
聚丙烯	Polypropylene	吨	ton	8036.8	-2.4	7932.5	-1.3	7892.6	-0.5
聚氯乙烯	Polyvinyl Chloride	吨	ton	6846.0	-2.4	6730.6	-1.7	6706.7	-0.4
顺丁胶	Polybutadiene Rubber	吨	ton	10994.3	0.4	11153.3	1.4	11145.0	-0.1
涤纶长丝	Polyester Filament Yarn	吨	ton	7482.1	0.5	7500.0	0.2	7500.0	0.0
四、石油天然气	**Petroleum and Natural Gas**								
液化天然气	Liquefied Natural Gas	吨	ton	3885.5	-7.5	3676.4	-5.4	3574.2	-2.8
液化石油气	Liquefied Petroleum Gas	吨	ton	4819.7	4.2	4492.8	-6.8	4388.5	-2.3
汽油(95#国VI)	Gasoline(95 RON GB VI)	吨	ton	7149.3	-0.2	7115.8	-0.5	7158.6	0.6
汽油(92#国VI)	Gasoline(92 RON GB VI)	吨	ton	6844.4	-0.3	6804.9	-0.6	6845.4	0.6
柴油(0#国VI)	Diesel Oil(0# GB VI)	吨	ton	6653.9	-1.0	6550.3	-1.6	6529.6	-0.3
石蜡	Paraffin Wax	吨	ton	5839.2	-0.5	5830.0	-0.2	5830.0	0.0

2-3-1 续表 Continued

产品名称	Item	单位 Unit		上旬 Early January		中旬 Middle January		下旬 Late January	
				本期价格(元) Price (RMB)	比上旬涨跌幅(%) Change Rate	本期价格(元) Price (RMB)	比上旬涨跌幅(%) Change Rate	本期价格(元) Price (RMB)	比上旬涨跌幅(%) Change Rate
五、煤炭	**Coal**								
无烟煤	Anthracite	吨	ton	1050.0	0.0	1050.0	0.0	1050.0	0.0
普通混煤	Common Steam Coal	吨	ton	445.0	1.1	445.0	0.0	445.0	0.0
山西大混	Shanxi Dahun Steam Coal	吨	ton	495.0	1.0	495.0	0.0	498.3	0.7
山西优混	Shanxi Youhun Steam Coal	吨	ton	555.0	0.9	555.0	0.0	555.0	0.0
大同混煤	Datong Steam Coal	吨	ton	580.0	0.0	583.3	0.6	585.0	0.3
焦煤	Coking Coal	吨	ton	1420.0	0.4	1420.0	0.0	1420.0	0.0
焦炭	Coke	吨	ton	1789.0	1.5	1793.3	0.2	1793.3	0.0
六、非金属建材	**Nonmetallic Building Materials**								
普通硅酸盐水泥	Portland Cement	吨	ton	532.9	0.0	526.7	-1.2	525.7	-0.2
(P.O 42.5 袋装)	(P.O 42.5 in bags)								
普通硅酸盐水泥	Portland Cement	吨	ton	483.8	-0.5	475.7	-1.7	474.4	-0.3
(P.O 42.5 散装)	(P.O 42.5 in bulk)								
浮法平板玻璃	Float Glass	吨	ton	1770.3	-0.4	1751.2	-1.1	1750.1	-0.1
七、农产品	**Agricultural Product**								
(主要用于生产)	**(Mainly Used in Production)**								
稻米	Rice	吨	ton	3875.4	-0.1	3864.5	-0.3	3863.0	0.0
小麦	Wheat	吨	ton	2406.0	-0.1	2404.3	-0.1	2404.0	0.0
玉米	Corn	吨	ton	1812.3	0.1	1817.8	0.3	1818.0	0.0
棉花(皮棉)	Cotton (lint)	吨	ton	13776.2	3.7	13907.6	1.0	13701.0	-1.5
生猪	Live Pig	千克	kg	36.6	6.4	36.8	0.5	37.6	2.2
大豆	Soybean	吨	ton	3926.0	0.2	3943.9	0.5	3965.0	0.5
豆粕	Soya Bean Meal	吨	ton	2807.4	-1.0	2734.4	-2.6	2738.3	0.1
花生	Peanut	吨	ton	8810.7	-0.3	8808.3	0.0	8808.3	0.0
八、农资	**Agriculture Resources**								
尿素	Urea	吨	ton	1776.4	0.5	1780.3	0.2	1776.7	-0.2
复合肥	Compound Fertilizer	吨	ton	2405.0	0.0	2405.0	0.0	2405.0	0.0
农药(草甘膦)	Crop Protection Chemicals (glyphosate)	吨	ton	20457.1	-2.1	20300.0	-0.8	20300.0	0.0
九、林业	**Forestry**								
天然橡胶	Natural Rubber	吨	ton	12302.1	2.2	12378.5	0.6	11918.3	-3.7
纸浆	Paper Pulp	吨	ton	4024.3	0.7	4045.1	0.5	4045.5	0.0
瓦楞纸	Corrugated Paper	吨	ton	3547.3	0.0	3545.5	-0.1	3545.5	0.0

2−3−2　2020年2月流通领域重要生产资料市场价格
February,2020 Circulation Field Important Production Materials Price

产品名称	Item	单位	Unit	上旬 Early February		中旬 Middle February		下旬 Late February	
				本期价格(元) Price (RMB)	比上旬涨跌幅(%) Change Rate	本期价格(元) Price (RMB)	比上旬涨跌幅(%) Change Rate	本期价格(元) Price (RMB)	比上旬涨跌幅(%) Change Rate
一、黑色金属	**Ferrous Metal**								
螺纹钢	Deformed Steel Bar	吨	ton	3592.3	-4.7	3619.5	0.8	3577.8	-1.2
线材	Wire	吨	ton	3734.3	-3.6	3740.2	0.2	3698.2	-1.1
普通中板	Common Medium Plate	吨	ton	3718.9	-3.0	3708.0	-0.3	3698.1	-0.3
热轧普通薄板	Hot Rolled Sheet	吨	ton	3677.5	-6.0	3667.7	-0.3	3630.3	-1.0
无缝钢管	Seamless Tube	吨	ton	4568.7	-0.4	4588.7	0.4	4586.4	-0.1
角钢	Angle Iron	吨	ton	3899.5	-1.9	3906.8	0.2	3890.4	-0.4
二、有色金属	**Non-ferrous Metals**								
电解铜	Electrolytic Copper	吨	ton	45379.7	-6.0	45743.2	0.8	45388.8	-0.8
铝锭	Aluminum Ingot	吨	ton	13544.3	-4.2	13631.9	0.6	13389.7	-1.8
铅锭	Lead Ingot	吨	ton	14240.8	-5.6	14240.9	0.0	14454.6	1.5
锌锭	Zinc Ingot	吨	ton	17603.0	-3.9	17122.6	-2.7	16542.2	-3.4
三、化工产品	**Chemicals**								
硫酸	Sulfuric Acid	吨	ton	140.0	0.0	136.3	-2.6	130.0	-4.6
烧碱(液碱)	Caustic Soda (liquid)	吨	ton	612.5	0.0	621.0	1.4	623.8	0.5
甲醇	Methanol	吨	ton	2005.6	-7.2	1879.5	-6.3	1884.5	0.3
纯苯(石油苯)	Benzene (oil-based benzene)	吨	ton	5613.7	-4.1	5473.3	-2.5	5409.0	-1.2
苯乙烯	Styrene	吨	ton	6750.7	-8.3	6668.4	-1.2	6730.7	0.9
聚乙烯(LLDPE)	Polyethylene (LLDPE)	吨	ton	7087.1	-4.4	6858.7	-3.2	6954.1	1.4
聚丙烯	Polypropylene	吨	ton	7496.6	-5.0	7148.7	-4.6	7392.4	3.4
聚氯乙烯	Polyvinyl Chloride	吨	ton	6378.3	-4.9	6347.7	-0.5	6284.7	-1.0
顺丁胶	Polybutadiene Rubber	吨	ton	10667.5	-4.3	10086.3	-5.4	9897.5	-1.9
涤纶长丝	Polyester Filament Yarn	吨	ton	7500.0	0.0	7387.5	-1.5	7283.3	-1.4
四、石油天然气	**Petroleum and Natural Gas**								
液化天然气	Liquefied Natural Gas	吨	ton	3456.8	-3.3	3394.7	-1.8	3386.6	-0.2
液化石油气	Liquefied Petroleum Gas	吨	ton	3584.6	-18.3	3766.4	5.1	3942.4	4.7
汽油(95#国VI)	Gasoline(95 RON GB VI)	吨	ton	6851.1	-4.3	6598.0	-3.7	6500.2	-1.5
汽油(92#国VI)	Gasoline(92 RON GB VI)	吨	ton	6537.8	-4.5	6288.9	-3.8	6204.3	-1.3
柴油(0#国VI)	Diesel Oil(0# GB VI)	吨	ton	6292.8	-3.6	6142.2	-2.4	6084.2	-0.9
石蜡	Paraffin Wax	吨	ton	5830.0	0.0	5830.0	0.0	5844.3	0.2

2-3-2 续表 Continued

产品名称	Item	单位	Unit	上旬 Early February 本期价格(元) Price (RMB)	上旬 比上旬涨跌幅(%) Change Rate	中旬 Middle February 本期价格(元) Price (RMB)	中旬 比上旬涨跌幅(%) Change Rate	下旬 Late February 本期价格(元) Price (RMB)	下旬 比上旬涨跌幅(%) Change Rate
五、煤炭	**Coal**								
无烟煤	Anthracite	吨	ton	1050.0	0.0	1050.0	0.0	1050.0	0.0
普通混煤	Common Steam Coal	吨	ton	448.3	0.7	458.8	2.3	460.0	0.3
山西大混	Shanxi Dahun Steam Coal	吨	ton	500.0	0.3	505.6	1.1	507.5	0.4
山西优混	Shanxi Youhun Steam Coal	吨	ton	555.0	0.0	559.4	0.8	560.0	0.1
大同混煤	Datong Steam Coal	吨	ton	588.3	0.6	594.4	1.0	595.0	0.1
焦煤	Coking Coal	吨	ton	1420.0	0.0	1420.0	0.0	1446.7	1.9
焦炭	Coke	吨	ton	1797.8	0.3	1797.8	0.0	1779.9	-1.0
六、非金属建材	**Nonmetallic Building Materials**								
普通硅酸盐水泥 (P.O 42.5 袋装)	Portland Cement (P.O 42.5 in bags)	吨	ton	525.7	0.0	525.0	-0.1	517.7	-1.4
普通硅酸盐水泥 (P.O 42.5 散装)	Portland Cement (P.O 42.5 in bulk)	吨	ton	474.4	0.0	470.6	-0.8	462.8	-1.7
浮法平板玻璃	Float Glass	吨	ton	1750.1	0.0	1740.6	-0.5	1720.0	-1.2
七、农产品 （主要用于生产）	**Agricultural Product (Mainly Used in Production)**								
稻米	Rice	吨	ton	3864.2	0.0	3917.4	1.4	3931.3	0.4
小麦	Wheat	吨	ton	2404.0	0.0	2419.4	0.6	2427.7	0.3
玉米	Corn	吨	ton	1854.0	2.0	1864.4	0.6	1847.4	-0.9
棉花(皮棉)	Cotton (lint)	吨	ton	13505.7	-1.4	13473.8	-0.2	13329.9	-1.1
生猪	Live Pig	千克	kg	38.5	2.4	39.5	2.6	37.7	-4.6
大豆	Soybean	吨	ton	3965.0	0.0	3966.9	0.0	4102.8	3.4
豆粕	Soya Bean Meal	吨	ton	2847.5	4.0	2922.5	2.6	2865.0	-2.0
花生	Peanut	吨	ton	8808.3	0.0	8808.3	0.0	9100.0	3.3
八、农资	**Agriculture Resources**								
尿素	Urea	吨	ton	1765.0	-0.7	1767.9	0.2	1821.1	3.0
复合肥	Compound Fertilizer	吨	ton	2405.0	0.0	2405.0	0.0	2418.3	0.6
农药(草甘膦)	Crop Protection Chemicals (glyphosate)	吨	ton	20300.0	0.0	20900.0	3.0	21400.0	2.4
九、林业	**Forestry**								
天然橡胶	Natural Rubber	吨	ton	11096.9	-6.9	11328.0	2.1	11147.7	-1.6
纸浆	Paper Pulp	吨	ton	4027.7	-0.4	4011.6	-0.4	4035.4	0.6
瓦楞纸	Corrugated Paper	吨	ton	3545.5	0.0	3567.0	0.6	3886.2	8.9

2-3-3 2020年3月流通领域重要生产资料市场价格
March,2020 Circulation Field Important Production Materials Price

产品名称	Item	单位	Unit	上旬 Early March		中旬 Middle March		下旬 Late March	
				本期价格(元) Price (RMB)	比上旬涨跌幅(%) Change Rate	本期价格(元) Price (RMB)	比上旬涨跌幅(%) Change Rate	本期价格(元) Price (RMB)	比上旬涨跌幅(%) Change Rate
一、黑色金属	**Ferrous Metal**								
螺纹钢	Deformed Steel Bar	吨	ton	3522.4	-1.5	3584.7	1.8	3577.0	-0.2
线材	Wire	吨	ton	3650.4	-1.3	3701.9	1.4	3701.7	0.0
普通中板	Common Medium Plate	吨	ton	3678.4	-0.5	3690.6	0.3	3697.8	0.2
热轧普通薄板	Hot Rolled Sheet	吨	ton	3584.3	-1.3	3605.0	0.6	3557.5	-1.3
无缝钢管	Seamless Tube	吨	ton	4540.6	-1.0	4535.1	-0.1	4451.4	-1.8
角钢	Angle Iron	吨	ton	3849.4	-1.1	3865.6	0.4	3807.8	-1.5
二、有色金属	**Non-ferrous Metals**								
电解铜	Electrolytic Copper	吨	ton	44642.6	-1.6	41611.1	-6.8	38474.1	-7.5
铝锭	Aluminum Ingot	吨	ton	12993.9	-3.0	12441.8	-4.2	11398.1	-8.4
铅锭	Lead Ingot	吨	ton	14448.6	0.0	13968.8	-3.3	13768.2	-1.4
锌锭	Zinc Ingot	吨	ton	15898.1	-3.9	15472.0	-2.7	14979.0	-3.2
三、化工产品	**Chemicals**								
硫酸	Sulfuric Acid	吨	ton	121.4	-6.6	120.0	-1.2	120.0	0.0
烧碱(液碱)	Caustic Soda (liquid)	吨	ton	611.2	-2.0	579.4	-5.2	565.5	-2.4
甲醇	Methanol	吨	ton	1842.0	-2.3	1712.8	-7.0	1575.6	-8.0
纯苯(石油苯)	Benzene (oil-based benzene)	吨	ton	5026.1	-7.1	4242.8	-15.6	3062.0	-27.8
苯乙烯	Styrene	吨	ton	6416.1	-4.7	5652.6	-11.9	4577.3	-19.0
聚乙烯(LLDPE)	Polyethylene (LLDPE)	吨	ton	6985.4	0.5	6859.3	-1.8	6445.9	-6.0
聚丙烯	Polypropylene	吨	ton	7626.0	3.2	7693.2	0.9	7327.0	-4.8
聚氯乙烯	Polyvinyl Chloride	吨	ton	6197.1	-1.4	6095.2	-1.6	5525.5	-9.3
顺丁胶	Polybutadiene Rubber	吨	ton	9753.6	-1.5	9235.6	-5.3	8219.3	-11.0
涤纶长丝	Polyester Filament Yarn	吨	ton	7025.0	-3.5	6612.5	-5.9	5639.3	-14.7
四、石油天然气	**Petroleum and Natural Gas**								
液化天然气	Liquefied Natural Gas	吨	ton	3232.2	-4.6	3224.3	-0.2	3238.6	0.4
液化石油气	Liquefied Petroleum Gas	吨	ton	3788.3	-3.9	3250.9	-14.2	2855.6	-12.2
汽油(95#国VI)	Gasoline(95 RON GB VI)	吨	ton	6379.0	-1.9	5926.9	-7.1	5543.5	-6.5
汽油(92#国VI)	Gasoline(92 RON GB VI)	吨	ton	6081.9	-2.0	5632.8	-7.4	5258.0	-6.7
柴油(0#国VI)	Diesel Oil(0# GB VI)	吨	ton	5987.1	-1.6	5619.1	-6.1	5408.7	-3.7
石蜡	Paraffin Wax	吨	ton	5871.8	0.5	5880.0	0.1	5709.3	-2.9

2-3-3 续表 Continued

产品名称	Item	单位	Unit	上旬 Early March		中旬 Middle March		下旬 Late March	
				本期价格(元) Price (RMB)	比上旬涨跌幅(%) Change Rate	本期价格(元) Price (RMB)	比上旬涨跌幅(%) Change Rate	本期价格(元) Price (RMB)	比上旬涨跌幅(%) Change Rate
五、煤炭	**Coal**								
无烟煤	Anthracite	吨	ton	1027.1	-2.2	1010.0	-1.7	1010.0	0.0
普通混煤	Common Steam Coal	吨	ton	456.4	-0.8	448.1	-1.8	441.4	-1.5
山西大混	Shanxi Dahun Steam Coal	吨	ton	505.0	-0.5	498.1	-1.4	491.4	-1.3
山西优混	Shanxi Youhun Steam Coal	吨	ton	560.0	0.0	555.0	-0.9	551.4	-0.6
大同混煤	Datong Steam Coal	吨	ton	591.4	-0.6	588.1	-0.6	581.4	-1.1
焦煤	Coking Coal	吨	ton	1460.0	0.9	1445.0	-1.0	1408.6	-2.5
焦炭	Coke	吨	ton	1706.3	-4.1	1620.1	-5.1	1598.3	-1.3
六、非金属建材	**Nonmetallic Building Materials**								
普通硅酸盐水泥	Portland Cement	吨	ton	513.0	-0.9	502.9	-2.0	499.1	-0.8
(P.O 42.5 袋装)	(P.O 42.5 in bags)								
普通硅酸盐水泥	Portland Cement	吨	ton	457.9	-1.1	443.4	-3.2	432.7	-2.4
(P.O 42.5 散装)	(P.O 42.5 in bulk)								
浮法平板玻璃	Float Glass	吨	ton	1712.8	-0.4	1687.8	-1.5	1612.5	-4.5
七、农产品	**Agricultural Product**								
(主要用于生产)	**(Mainly Used in Production)**								
稻米	Rice	吨	ton	3931.9	0.0	3915.5	-0.4	3911.0	-0.1
小麦	Wheat	吨	ton	2425.7	-0.1	2421.5	-0.2	2416.0	-0.2
玉米	Corn	吨	ton	1856.9	0.5	1862.8	0.3	1877.1	0.8
棉花(皮棉)	Cotton (lint)	吨	ton	13000.3	-2.5	12387.0	-4.7	11294.5	-8.8
生猪	Live Pig	千克	kg	37.2	-1.3	36.7	-1.3	35.2	-4.1
大豆	Soybean	吨	ton	4185.5	2.0	4226.0	1.0	4377.4	3.6
豆粕	Soya Bean Meal	吨	ton	2886.4	0.7	2926.0	1.4	3210.7	9.7
花生	Peanut	吨	ton	9042.9	-0.6	9183.3	1.6	9269.0	0.9
八、农资	**Agriculture Resources**								
尿素	Urea	吨	ton	1885.1	3.5	1885.7	0.0	1820.0	-3.5
复合肥	Compound Fertilizer	吨	ton	2425.0	0.3	2425.0	0.0	2425.0	0.0
农药(草甘膦)	Crop Protection Chemicals (glyphosate)	吨	ton	22200.0	3.7	21825.0	-1.7	21507.1	-1.5
九、林业	**Forestry**								
天然橡胶	Natural Rubber	吨	ton	10652.7	-4.4	10115.2	-5.0	9480.8	-6.3
纸浆	Paper Pulp	吨	ton	4033.3	-0.1	4043.4	0.3	4060.8	0.4
瓦楞纸	Corrugated Paper	吨	ton	4111.1	5.8	3855.1	-6.2	3406.7	-11.6

2-3-4 2020年4月流通领域重要生产资料市场价格
April,2020 Circulation Field Important Production Materials Price

产品名称	Item	单位	Unit	上旬 Early April		中旬 Middle April		下旬 Late April	
				本期价格(元) Price (RMB)	比上旬涨跌幅(%) Change Rate	本期价格(元) Price (RMB)	比上旬涨跌幅(%) Change Rate	本期价格(元) Price (RMB)	比上旬涨跌幅(%) Change Rate
一、黑色金属	**Ferrous Metal**								
螺纹钢	Deformed Steel Bar	吨	ton	3531.2	-1.3	3572.8	1.2	3550.7	-0.6
线材	Wire	吨	ton	3657.6	-1.2	3686.4	0.8	3666.8	-0.5
普通中板	Common Medium Plate	吨	ton	3684.1	-0.4	3682.5	0.0	3676.5	-0.2
热轧普通薄板	Hot Rolled Sheet	吨	ton	3456.4	-2.8	3483.3	0.8	3482.2	0.0
无缝钢管	Seamless Tube	吨	ton	4383.1	-1.5	4367.5	-0.4	4350.1	-0.4
角钢	Angle Iron	吨	ton	3741.0	-1.8	3717.3	-0.6	3715.9	0.0
二、有色金属	**Non-ferrous Metals**								
电解铜	Electrolytic Copper	吨	ton	40312.1	4.8	42115.3	4.5	42335.0	0.5
铝锭	Aluminum Ingot	吨	ton	11570.9	1.5	12039.2	4.0	12563.1	4.4
铅锭	Lead Ingot	吨	ton	14018.2	1.8	14061.7	0.3	14063.8	0.0
锌锭	Zinc Ingot	吨	ton	15632.7	4.4	16052.7	2.7	16198.3	0.9
三、化工产品	**Chemicals**								
硫酸	Sulfuric Acid	吨	ton	120.0	0.0	111.7	-6.9	110.0	-1.5
烧碱(液碱)	Caustic Soda (liquid)	吨	ton	537.5	-5.0	522.8	-2.7	512.6	-2.0
甲醇	Methanol	吨	ton	1607.3	2.0	1665.2	3.6	1560.4	-6.3
纯苯(石油苯)	Benzene (oil-based benzene)	吨	ton	2903.4	-5.2	3548.7	22.2	3081.4	-13.2
苯乙烯	Styrene	吨	ton	4877.1	6.5	5268.7	8.0	5034.4	-4.4
聚乙烯(LLDPE)	Polyethylene (LLDPE)	吨	ton	6365.2	-1.3	6935.4	9.0	6425.0	-7.4
聚丙烯	Polypropylene	吨	ton	7545.4	3.0	8956.2	18.7	7897.8	-11.8
聚氯乙烯	Polyvinyl Chloride	吨	ton	5371.9	-2.8	5489.4	2.2	5394.2	-1.7
顺丁胶	Polybutadiene Rubber	吨	ton	7509.3	-8.6	7757.5	3.3	7763.1	0.1
涤纶长丝	Polyester Filament Yarn	吨	ton	5485.7	-2.7	5558.3	1.3	5387.5	-3.1
四、石油天然气	**Petroleum and Natural Gas**								
液化天然气	Liquefied Natural Gas	吨	ton	3198.6	-1.2	3160.4	-1.2	3057.7	-3.2
液化石油气	Liquefied Petroleum Gas	吨	ton	2824.7	-1.1	3235.6	14.5	2866.1	-11.4
汽油(95#国VI)	Gasoline(95 RON GB VI)	吨	ton	5446.6	-1.7	5500.3	1.0	5377.2	-2.2
汽油(92#国VI)	Gasoline(92 RON GB VI)	吨	ton	5158.5	-1.9	5214.5	1.1	5096.5	-2.3
柴油(0#国VI)	Diesel Oil(0# GB VI)	吨	ton	5328.3	-1.5	5428.7	1.9	5320.9	-2.0
石蜡	Paraffin Wax	吨	ton	5660.0	-0.9	5660.0	0.0	5297.5	-6.4

2-3-4 续表 Continued

产品名称	Item	单位	Unit	上旬 Early April 本期价格(元) Price (RMB)	上旬 Early April 比上旬涨跌幅(%) Change Rate	中旬 Middle April 本期价格(元) Price (RMB)	中旬 Middle April 比上旬涨跌幅(%) Change Rate	下旬 Late April 本期价格(元) Price (RMB)	下旬 Late April 比上旬涨跌幅(%) Change Rate
五、煤炭	**Coal**								
无烟煤	Anthracite	吨	ton	1000.0	-1.0	940.0	-6.0	940.0	0.0
普通混煤	Common Steam Coal	吨	ton	430.7	-2.4	421.7	-2.1	420.0	-0.4
山西大混	Shanxi Dahun Steam Coal	吨	ton	478.6	-2.6	466.7	-2.5	463.8	-0.6
山西优混	Shanxi Youhun Steam Coal	吨	ton	540.7	-1.9	531.7	-1.7	530.0	-0.3
大同混煤	Datong Steam Coal	吨	ton	570.7	-1.8	561.7	-1.6	560.0	-0.3
焦煤	Coking Coal	吨	ton	1388.6	-1.4	1360.0	-2.1	1350.0	-0.7
焦炭	Coke	吨	ton	1562.9	-2.2	1548.3	-0.9	1549.4	0.1
六、非金属建材	**Nonmetallic Building Materials**								
普通硅酸盐水泥	Portland Cement	吨	ton	494.7	-0.9	484.6	-2.0	482.1	-0.5
(P.O 42.5 袋装)	(P.O 42.5 in bags)								
普通硅酸盐水泥	Portland Cement	吨	ton	429.6	-0.7	424.6	-1.2	424.3	-0.1
(P.O 42.5 散装)	(P.O 42.5 in bulk)								
浮法平板玻璃	Float Glass	吨	ton	1532.5	-5.0	1419.9	-7.3	1340.0	-5.6
七、农产品	**Agricultural Product**								
(主要用于生产)	**(Mainly Used in Production)**								
稻米	Rice	吨	ton	3958.9	1.2	4035.3	1.9	4077.5	1.0
小麦	Wheat	吨	ton	2428.3	0.5	2461.3	1.4	2458.4	-0.1
玉米	Corn	吨	ton	1924.7	2.5	1949.1	1.3	2019.7	3.6
棉花(皮棉)	Cotton (lint)	吨	ton	11347.4	0.5	11569.9	2.0	11578.7	0.1
生猪	Live Pig	千克	kg	34.4	-2.3	34.1	-0.9	32.9	-3.5
大豆	Soybean	吨	ton	4748.3	8.5	4821.7	1.5	4850.8	0.6
豆粕	Soya Bean Meal	吨	ton	3201.2	-0.3	3123.6	-2.4	3012.5	-3.6
花生	Peanut	吨	ton	9573.8	3.3	9716.7	1.5	9630.2	-0.9
八、农资	**Agriculture Resources**								
尿素	Urea	吨	ton	1786.4	-1.8	1802.4	0.9	1770.6	-1.8
复合肥	Compound Fertilizer	吨	ton	2425.0	0.0	2425.0	0.0	2422.5	-0.1
农药(草甘膦)	Crop Protection Chemicals (glyphosate)	吨	ton	21128.6	-1.8	20625.0	-2.4	20762.5	0.7
九、林业	**Forestry**								
天然橡胶	Natural Rubber	吨	ton	9597.9	1.2	9818.2	2.3	9689.7	-1.3
纸浆	Paper Pulp	吨	ton	4106.6	1.1	4120.3	0.3	4104.8	-0.4
瓦楞纸	Corrugated Paper	吨	ton	3265.6	-4.1	3281.8	0.5	3217.1	-2.0

2-3-5　2020年5月流通领域重要生产资料市场价格
May,2020 Circulation Field Important Production Materials Price

产品名称	Item	单位	Unit	上旬 Early May		中旬 Middle May		下旬 Late May	
				本期价格(元) Price (RMB)	比上旬涨跌幅(%) Change Rate	本期价格(元) Price (RMB)	比上旬涨跌幅(%) Change Rate	本期价格(元) Price (RMB)	比上旬涨跌幅(%) Change Rate
一、黑色金属	**Ferrous Metal**								
螺纹钢	Deformed Steel Bar	吨	ton	3587.5	1.0	3648.7	1.7	3699.6	1.4
线材	Wire	吨	ton	3699.3	0.9	3753.1	1.5	3799.0	1.2
普通中板	Common Medium Plate	吨	ton	3698.1	0.6	3753.1	1.5	3800.4	1.3
热轧普通薄板	Hot Rolled Sheet	吨	ton	3550.8	2.0	3655.0	2.9	3746.1	2.5
无缝钢管	Seamless Tube	吨	ton	4295.8	-1.2	4272.7	-0.5	4264.8	-0.2
角钢	Angle Iron	吨	ton	3732.5	0.4	3778.0	1.2	3819.9	1.1
二、有色金属	**Non-ferrous Metals**								
电解铜	Electrolytic Copper	吨	ton	43191.7	2.0	43613.4	1.0	44097.2	1.1
铝锭	Aluminum Ingot	吨	ton	12970.7	3.2	13101.8	1.0	13400.0	2.3
铅锭	Lead Ingot	吨	ton	14127.5	0.5	14045.3	-0.6	14301.8	1.8
锌锭	Zinc Ingot	吨	ton	16881.3	4.2	16865.6	-0.1	16608.0	-1.5
三、化工产品	**Chemicals**								
硫酸	Sulfuric Acid	吨	ton	116.7	6.1	123.1	5.5	125.0	1.5
烧碱(液碱)	Caustic Soda (liquid)	吨	ton	508.9	-0.7	514.8	1.2	516.8	0.4
甲醇	Methanol	吨	ton	1623.5	4.0	1577.7	-2.8	1512.9	-4.1
纯苯(石油苯)	Benzene (oil-based benzene)	吨	ton	3420.3	11.0	3439.3	0.6	3492.9	1.6
苯乙烯	Styrene	吨	ton	5410.4	7.5	5384.5	-0.5	5495.9	2.1
聚乙烯(LLDPE)	Polyethylene (LLDPE)	吨	ton	6698.6	4.3	6599.1	-1.5	6751.6	2.3
聚丙烯	Polypropylene	吨	ton	8159.8	3.3	7999.2	-2.0	8091.9	1.2
聚氯乙烯	Polyvinyl Chloride	吨	ton	5674.4	5.2	5792.5	2.1	6077.6	4.9
顺丁胶	Polybutadiene Rubber	吨	ton	7665.0	-1.3	7764.4	1.3	7635.0	-1.7
涤纶长丝	Polyester Filament Yarn	吨	ton	5950.0	10.4	5918.8	-0.5	6225.0	5.2
四、石油天然气	**Petroleum and Natural Gas**								
液化天然气	Liquefied Natural Gas	吨	ton	2993.1	-2.1	2813.8	-6.0	2621.5	-6.8
液化石油气	Liquefied Petroleum Gas	吨	ton	3041.7	6.1	2784.8	-8.4	2634.3	-5.4
汽油(95#国VI)	Gasoline(95 RON GB VI)	吨	ton	5282.3	-1.8	5268.6	-0.3	5385.9	2.2
汽油(92#国VI)	Gasoline(92 RON GB VI)	吨	ton	5025.1	-1.4	5011.8	-0.3	5127.6	2.3
柴油(0#国VI)	Diesel Oil(0# GB VI)	吨	ton	5297.7	-0.4	5276.5	-0.4	5269.8	-0.1
石蜡	Paraffin Wax	吨	ton	4906.7	-7.4	4906.7	0.0	4791.4	-2.3

2−3−5 续表 Continued

产品名称	Item	单位	Unit	上旬 Early May		中旬 Middle May		下旬 Late May	
				本期价格(元) Price (RMB)	比上旬涨跌幅(%) Change Rate	本期价格(元) Price (RMB)	比上旬涨跌幅(%) Change Rate	本期价格(元) Price (RMB)	比上旬涨跌幅(%) Change Rate
五、煤炭	**Coal**								
无烟煤	Anthracite	吨	ton	940.0	0.0	940.0	0.0	940.0	0.0
普通混煤	Common Steam Coal	吨	ton	416.7	-0.8	415.6	-0.3	424.3	2.1
山西大混	Shanxi Dahun Steam Coal	吨	ton	456.7	-1.5	460.0	0.7	472.1	2.6
山西优混	Shanxi Youhun Steam Coal	吨	ton	526.7	-0.6	525.6	-0.2	530.0	0.8
大同混煤	Datong Steam Coal	吨	ton	553.3	-1.2	550.0	-0.6	552.1	0.4
焦煤	Coking Coal	吨	ton	1350.0	0.0	1308.8	-3.1	1270.0	-3.0
焦炭	Coke	吨	ton	1585.7	2.3	1612.7	1.7	1668.0	3.4
六、非金属建材	**Nonmetallic Building Materials**								
普通硅酸盐水泥	Portland Cement	吨	ton	478.5	-0.7	482.5	0.8	481.4	-0.2
(P.O 42.5 袋装)	(P.O 42.5 in bags)								
普通硅酸盐水泥	Portland Cement	吨	ton	428.1	0.9	432.6	1.1	434.3	0.4
(P.O 42.5 散装)	(P.O 42.5 in bulk)								
浮法平板玻璃	Float Glass	吨	ton	1338.9	-0.1	1384.9	3.4	1456.5	5.2
七、农产品	**Agricultural Product**								
(主要用于生产)	**(Mainly Used in Production)**								
稻米	Rice	吨	ton	4114.3	0.9	4144.5	0.7	4128.0	-0.4
小麦	Wheat	吨	ton	2453.0	-0.2	2452.0	0.0	2430.4	-0.9
玉米	Corn	吨	ton	2073.5	2.7	2067.0	-0.3	2047.1	-1.0
棉花(皮棉)	Cotton (lint)	吨	ton	11592.7	0.1	11763.4	1.5	11843.0	0.7
生猪	Live Pig	千克	kg	31.2	-5.2	28.1	-9.9	29.4	4.6
大豆	Soybean	吨	ton	4828.3	-0.5	4812.1	-0.3	4781.2	-0.6
豆粕	Soya Bean Meal	吨	ton	2862.2	-5.0	2746.2	-4.1	2743.8	-0.1
花生	Peanut	吨	ton	9550.0	-0.8	9376.0	-1.8	9214.3	-1.7
八、农资	**Agriculture Resources**								
尿素	Urea	吨	ton	1731.9	-2.2	1700.9	-1.8	1716.0	0.9
复合肥	Compound Fertilizer	吨	ton	2420.0	-0.1	2420.0	0.0	2420.0	0.0
农药(草甘膦)	Crop Protection Chemicals (glyphosate)	吨	ton	20900.0	0.7	21050.0	0.7	21042.9	0.0
九、林业	**Forestry**								
天然橡胶	Natural Rubber	吨	ton	10011.3	3.3	10067.1	0.6	10051.6	-0.2
纸浆	Paper Pulp	吨	ton	4087.3	-0.4	4029.8	-1.4	3969.5	-1.5
瓦楞纸	Corrugated Paper	吨	ton	3195.4	-0.7	3206.8	0.4	3227.9	0.7

2-3-6 2020年6月流通领域重要生产资料市场价格
June,2020 Circulation Field Important Production Materials Price

产品名称	Item	单位	Unit	上旬 Early June		中旬 Middle June		下旬 Late June	
				本期价格(元) Price (RMB)	比上旬涨跌幅(%) Change Rate	本期价格(元) Price (RMB)	比上旬涨跌幅(%) Change Rate	本期价格(元) Price (RMB)	比上旬涨跌幅(%) Change Rate
一、黑色金属	**Ferrous Metal**								
螺纹钢	Deformed Steel Bar	吨	ton	3763.3	1.7	3728.4	-0.9	3701.6	-0.7
线材	Wire	吨	ton	3845.5	1.2	3820.0	-0.7	3799.2	-0.5
普通中板	Common Medium Plate	吨	ton	3856.5	1.5	3870.6	0.4	3881.0	0.3
热轧普通薄板	Hot Rolled Sheet	吨	ton	3832.6	2.3	3856.1	0.6	3878.0	0.6
无缝钢管	Seamless Tube	吨	ton	4270.5	0.1	4285.3	0.3	4319.5	0.8
角钢	Angle Iron	吨	ton	3821.1	0.0	3818.5	-0.1	3816.5	-0.1
二、有色金属	**Non-ferrous Metals**								
电解铜	Electrolytic Copper	吨	ton	45464.3	3.1	47111.4	3.6	48373.5	2.7
铝锭	Aluminum Ingot	吨	ton	13578.3	1.3	13930.4	2.6	14075.8	1.0
铅锭	Lead Ingot	吨	ton	14372.5	0.5	14203.2	-1.2	14537.5	2.4
锌锭	Zinc Ingot	吨	ton	16774.0	1.0	16745.9	-0.2	16988.0	1.4
三、化工产品	**Chemicals**								
硫酸	Sulfuric Acid	吨	ton	125.0	0.0	125.0	0.0	125.0	0.0
烧碱(液碱)	Caustic Soda (liquid)	吨	ton	514.9	-0.4	505.3	-1.9	488.7	-3.3
甲醇	Methanol	吨	ton	1487.0	-1.7	1483.4	-0.2	1530.9	3.2
纯苯(石油苯)	Benzene (oil-based benzene)	吨	ton	3597.4	3.0	3539.0	-1.6	3264.2	-7.8
苯乙烯	Styrene	吨	ton	5638.4	2.6	5529.2	-1.9	5527.9	0.0
聚乙烯(LLDPE)	Polyethylene (LLDPE)	吨	ton	6943.1	2.8	6946.5	0.0	7037.8	1.3
聚丙烯	Polypropylene	吨	ton	8219.5	1.6	8237.8	0.2	8334.0	1.2
聚氯乙烯	Polyvinyl Chloride	吨	ton	6310.6	3.8	6337.6	0.4	6229.3	-1.7
顺丁胶	Polybutadiene Rubber	吨	ton	7527.5	-1.4	7810.0	3.8	8176.0	4.7
涤纶长丝	Polyester Filament Yarn	吨	ton	6271.9	0.8	6353.6	1.3	6010.0	-5.4
四、石油天然气	**Petroleum and Natural Gas**								
液化天然气	Liquefied Natural Gas	吨	ton	2530.1	-3.5	2493.2	-1.5	2557.7	2.6
液化石油气	Liquefied Petroleum Gas	吨	ton	2707.0	2.8	2627.2	-2.9	2562.5	-2.5
汽油(95#国VI)	Gasoline(95 RON GB VI)	吨	ton	5569.9	3.4	5629.6	1.1	5647.6	0.3
汽油(92#国VI)	Gasoline(92 RON GB VI)	吨	ton	5322.0	3.8	5381.9	1.1	5396.0	0.3
柴油(0#国VI)	Diesel Oil(0# GB VI)	吨	ton	5275.0	0.1	5218.7	-1.1	5166.8	-1.0
石蜡	Paraffin Wax	吨	ton	4785.8	-0.1	4854.0	1.4	4913.3	1.2

2-3-6 续表 Continued

产品名称	Item	单位	Unit	上旬 Early June		中旬 Middle June		下旬 Late June	
				本期价格(元) Price (RMB)	比上旬涨跌幅(%) Change Rate	本期价格(元) Price (RMB)	比上旬涨跌幅(%) Change Rate	本期价格(元) Price (RMB)	比上旬涨跌幅(%) Change Rate
五、煤炭	**Coal**								
无烟煤	Anthracite	吨	ton	940.0	0.0	900.0	-4.3	900.0	0.0
普通混煤	Common Steam Coal	吨	ton	433.8	2.2	435.0	0.3	435.0	0.0
山西大混	Shanxi Dahun Steam Coal	吨	ton	482.5	2.2	485.0	0.5	485.0	0.0
山西优混	Shanxi Youhun Steam Coal	吨	ton	530.6	0.1	535.0	0.8	535.0	0.0
大同混煤	Datong Steam Coal	吨	ton	559.4	1.3	565.0	1.0	565.0	0.0
焦煤	Coking Coal	吨	ton	1270.0	0.0	1270.0	0.0	1270.0	0.0
焦炭	Coke	吨	ton	1719.6	3.1	1788.9	4.0	1828.5	2.2
六、非金属建材	**Nonmetallic Building Materials**								
普通硅酸盐水泥 (P.O 42.5 袋装)	Portland Cement (P.O 42.5 in bags)	吨	ton	480.4	-0.2	473.3	-1.5	460.9	-2.6
普通硅酸盐水泥 (P.O 42.5 散装)	Portland Cement (P.O 42.5 in bulk)	吨	ton	431.6	-0.6	426.7	-1.1	417.2	-2.2
浮法平板玻璃	Float Glass	吨	ton	1505.5	3.4	1549.4	2.9	1568.7	1.2
七、农产品 (主要用于生产)	**Agricultural Product (Mainly Used in Production)**								
稻米	Rice	吨	ton	4087.0	-1.0	4073.1	-0.3	4056.2	-0.4
小麦	Wheat	吨	ton	2329.5	-4.2	2296.7	-1.4	2324.0	1.2
玉米	Corn	吨	ton	2058.9	0.6	2090.5	1.5	2149.1	2.8
棉花(皮棉)	Cotton (lint)	吨	ton	11954.1	0.9	12023.7	0.6	11974.4	-0.4
生猪	Live Pig	千克	kg	31.9	8.5	33.8	6.0	35.6	5.3
大豆	Soybean	吨	ton	4752.9	-0.6	4762.1	0.2	4823.0	1.3
豆粕	Soya Bean Meal	吨	ton	2747.9	0.1	2720.0	-1.0	2725.3	0.2
花生	Peanut	吨	ton	9133.3	-0.9	9033.3	-1.1	8893.3	-1.5
八、农资	**Agriculture Resources**								
尿素	Urea	吨	ton	1730.3	0.8	1720.2	-0.6	1694.8	-1.5
复合肥	Compound Fertilizer	吨	ton	2390.0	-1.2	2380.0	-0.4	2380.0	0.0
农药(草甘膦)	Crop Protection Chemicals (glyphosate)	吨	ton	21000.0	-0.2	20957.1	-0.2	20900.0	-0.3
九、林业	**Forestry**								
天然橡胶	Natural Rubber	吨	ton	10265.9	2.1	10150.7	-1.1	10113.3	-0.4
纸浆	Paper Pulp	吨	ton	3930.2	-1.0	3881.4	-1.2	3862.7	-0.5
瓦楞纸	Corrugated Paper	吨	ton	3283.8	1.7	3370.8	2.6	3398.4	0.8

2-3-7 2020年7月流通领域重要生产资料市场价格
July,2020 Circulation Field Important Production Materials Price

产品名称	Item	单位	Unit	上旬 Early July 本期价格(元) Price (RMB)	上旬 Early July 比上旬涨跌幅(%) Change Rate	中旬 Middle July 本期价格(元) Price (RMB)	中旬 Middle July 比上旬涨跌幅(%) Change Rate	下旬 Late July 本期价格(元) Price (RMB)	下旬 Late July 比上旬涨跌幅(%) Change Rate
一、黑色金属	**Ferrous Metal**								
螺纹钢	Deformed Steel Bar	吨	ton	3687.2	-0.4	3725.6	1.0	3720.0	-0.2
线材	Wire	吨	ton	3790.4	-0.2	3821.4	0.8	3830.8	0.2
普通中板	Common Medium Plate	吨	ton	3889.3	0.2	3936.2	1.2	3955.0	0.5
热轧普通薄板	Hot Rolled Sheet	吨	ton	3891.2	0.3	3970.0	2.0	3984.3	0.4
无缝钢管	Seamless Tube	吨	ton	4321.7	0.1	4340.8	0.4	4356.1	0.4
角钢	Angle Iron	吨	ton	3836.8	0.5	3877.6	1.1	3893.7	0.4
二、有色金属	**Non-ferrous Metals**								
电解铜	Electrolytic Copper	吨	ton	49778.9	2.9	52023.8	4.5	51959.9	-0.1
铝锭	Aluminum Ingot	吨	ton	14446.1	2.6	14707.8	1.8	14651.4	-0.4
铅锭	Lead Ingot	吨	ton	14895.0	2.5	15237.5	2.3	15237.2	0.0
锌锭	Zinc Ingot	吨	ton	17076.0	0.5	17939.5	5.1	18362.6	2.4
三、化工产品	**Chemicals**								
硫酸	Sulfuric Acid	吨	ton	105.0	-16.0	105.0	0.0	105.0	0.0
烧碱(液碱)	Caustic Soda (liquid)	吨	ton	487.8	-0.2	486.6	-0.2	487.5	0.2
甲醇	Methanol	吨	ton	1542.8	0.8	1574.8	2.1	1530.5	-2.8
纯苯(石油苯)	Benzene (oil-based benzene)	吨	ton	3170.4	-2.9	3207.8	1.2	3363.3	4.8
苯乙烯	Styrene	吨	ton	5498.2	-0.5	5415.6	-1.5	5412.4	-0.1
聚乙烯(LLDPE)	Polyethylene (LLDPE)	吨	ton	7400.9	5.2	7463.5	0.8	7282.9	-2.4
聚丙烯	Polypropylene	吨	ton	8463.8	1.6	8363.9	-1.2	8208.6	-1.9
聚氯乙烯	Polyvinyl Chloride	吨	ton	6412.5	2.9	6613.6	3.1	6534.3	-1.2
顺丁胶	Polybutadiene Rubber	吨	ton	8314.4	1.7	7949.2	-4.4	7820.6	-1.6
涤纶长丝	Polyester Filament Yarn	吨	ton	5465.6	-9.1	5379.2	-1.6	5466.7	1.6
四、石油天然气	**Petroleum and Natural Gas**								
液化天然气	Liquefied Natural Gas	吨	ton	2543.7	-0.5	2548.5	0.2	2554.8	0.2
液化石油气	Liquefied Petroleum Gas	吨	ton	2646.2	3.3	2848.0	7.6	3110.0	9.2
汽油(95#国VI)	Gasoline(95 RON GB VI)	吨	ton	5702.1	1.0	5791.8	1.6	5881.9	1.6
汽油(92#国VI)	Gasoline(92 RON GB VI)	吨	ton	5452.0	1.0	5544.5	1.7	5638.3	1.7
柴油(0#国VI)	Diesel Oil(0# GB VI)	吨	ton	5153.4	-0.3	5161.1	0.1	5170.4	0.2
石蜡	Paraffin Wax	吨	ton	5037.7	2.5	5103.3	1.3	5183.0	1.6

2-3-7 续表 Continued

产品名称	Item	单位	Unit	上旬 Early July 本期价格(元) Price (RMB)	上旬 Early July 比上旬涨跌幅(%) Change Rate	中旬 Middle July 本期价格(元) Price (RMB)	中旬 Middle July 比上旬涨跌幅(%) Change Rate	下旬 Late July 本期价格(元) Price (RMB)	下旬 Late July 比上旬涨跌幅(%) Change Rate
五、煤炭	**Coal**								
无烟煤	Anthracite	吨	ton	877.5	-2.5	840.0	-4.3	840.0	0.0
普通混煤	Common Steam Coal	吨	ton	438.8	0.9	445.0	1.4	440.6	-1.0
山西大混	Shanxi Dahun Steam Coal	吨	ton	488.8	0.8	495.0	1.3	495.0	0.0
山西优混	Shanxi Youhun Steam Coal	吨	ton	538.8	0.7	545.0	1.2	543.3	-0.3
大同混煤	Datong Steam Coal	吨	ton	568.8	0.7	575.0	1.1	573.3	-0.3
焦煤	Coking Coal	吨	ton	1270.0	0.0	1270.0	0.0	1270.0	0.0
焦炭	Coke	吨	ton	1833.3	0.3	1764.7	-3.7	1707.1	-3.3
六、非金属建材	**Nonmetallic Building Materials**								
普通硅酸盐水泥 (P.O 42.5 袋装)	Portland Cement (P.O 42.5 in bags)	吨	ton	440.5	-4.4	436.3	-1.0	428.8	-1.7
普通硅酸盐水泥 (P.O 42.5 散装)	Portland Cement (P.O 42.5 in bulk)	吨	ton	407.3	-2.4	403.6	-0.9	400.8	-0.7
浮法平板玻璃	Float Glass	吨	ton	1579.9	0.7	1603.7	1.5	1635.4	2.0
七、农产品 (主要用于生产)	**Agricultural Product (Mainly Used in Production)**								
稻米	Rice	吨	ton	4041.0	-0.4	4032.0	-0.2	4032.0	0.0
小麦	Wheat	吨	ton	2348.6	1.1	2344.8	-0.2	2350.8	0.3
玉米	Corn	吨	ton	2169.4	0.9	2192.9	1.1	2278.6	3.9
棉花(皮棉)	Cotton (lint)	吨	ton	12056.9	0.7	12152.1	0.8	12217.7	0.5
生猪	Live Pig	千克	kg	37.8	6.2	38.2	1.1	37.7	-1.3
大豆	Soybean	吨	ton	4865.0	0.9	4872.8	0.2	4890.4	0.4
豆粕	Soya Bean Meal	吨	ton	2878.1	5.6	2900.3	0.8	3017.6	4.0
花生	Peanut	吨	ton	8766.7	-1.4	8750.0	-0.2	8750.0	0.0
八、农资	**Agriculture Resources**								
尿素	Urea	吨	ton	1683.7	-0.7	1676.3	-0.4	1670.3	-0.4
复合肥	Compound Fertilizer	吨	ton	2380.0	0.0	2380.0	0.0	2380.0	0.0
农药(草甘膦)	Crop Protection Chemicals (glyphosate)	吨	ton	21025.0	0.6	21533.3	2.4	21600.0	0.3
九、林业	**Forestry**								
天然橡胶	Natural Rubber	吨	ton	10357.9	2.4	10473.1	1.1	10668.9	1.9
纸浆	Paper Pulp	吨	ton	3854.6	-0.2	3858.4	0.1	3882.7	0.6
瓦楞纸	Corrugated Paper	吨	ton	3571.1	5.1	3863.0	8.2	3710.7	-3.9

2-3-8 2020年8月流通领域重要生产资料市场价格
August,2020 Circulation Field Important Production Materials Price

产品名称	Item	单位	Unit	上旬 Early August		中旬 Middle August		下旬 Late August	
				本期价格(元) Price (RMB)	比上旬涨跌幅(%) Change Rate	本期价格(元) Price (RMB)	比上旬涨跌幅(%) Change Rate	本期价格(元) Price (RMB)	比上旬涨跌幅(%) Change Rate
一、黑色金属	**Ferrous Metal**								
螺纹钢	Deformed Steel Bar	吨	ton	3768.1	1.3	3759.7	-0.2	3759.0	0.0
线材	Wire	吨	ton	3875.8	1.2	3878.3	0.1	3886.1	0.2
普通中板	Common Medium Plate	吨	ton	3996.4	1.0	4007.9	0.3	4014.2	0.2
热轧普通薄板	Hot Rolled Sheet	吨	ton	4049.8	1.6	4065.9	0.4	4066.7	0.0
无缝钢管	Seamless Tube	吨	ton	4370.5	0.3	4386.4	0.4	4391.0	0.1
角钢	Angle Iron	吨	ton	3911.5	0.5	3906.9	-0.1	3897.2	-0.2
二、有色金属	**Non-ferrous Metals**								
电解铜	Electrolytic Copper	吨	ton	51184.1	-1.5	50941.8	-0.5	51631.1	1.4
铝锭	Aluminum Ingot	吨	ton	14772.3	0.8	14540.8	-1.6	14755.7	1.5
铅锭	Lead Ingot	吨	ton	15977.9	4.9	16067.2	0.6	15874.6	-1.2
锌锭	Zinc Ingot	吨	ton	19194.7	4.5	19736.1	2.8	20095.1	1.8
三、化工产品	**Chemicals**								
硫酸	Sulfuric Acid	吨	ton	105.0	0.0	105.0	0.0	105.0	0.0
烧碱(液碱)	Caustic Soda (liquid)	吨	ton	481.8	-1.2	469.4	-2.6	466.7	-0.6
甲醇	Methanol	吨	ton	1522.4	-0.5	1542.0	1.3	1559.3	1.1
纯苯(石油苯)	Benzene (oil-based benzene)	吨	ton	3473.7	3.3	3412.8	-1.8	3368.9	-1.3
苯乙烯	Styrene	吨	ton	5381.6	-0.6	5267.4	-2.1	5315.6	0.9
聚乙烯(LLDPE)	Polyethylene (LLDPE)	吨	ton	7350.2	0.9	7304.9	-0.6	7472.5	2.3
聚丙烯	Polypropylene	吨	ton	8241.1	0.4	8151.4	-1.1	8193.8	0.5
聚氯乙烯	Polyvinyl Chloride	吨	ton	6585.8	0.8	6541.3	-0.7	6621.7	1.2
顺丁胶	Polybutadiene Rubber	吨	ton	8065.0	3.1	8040.0	-0.3	8156.4	1.4
涤纶长丝	Polyester Filament Yarn	吨	ton	5687.5	4.0	5856.3	3.0	5650.0	-3.5
四、石油天然气	**Petroleum and Natural Gas**								
液化天然气	Liquefied Natural Gas	吨	ton	2553.0	-0.1	2561.8	0.3	2594.5	1.3
液化石油气	Liquefied Petroleum Gas	吨	ton	3143.9	1.1	3197.5	1.7	3123.1	-2.3
汽油(95#国VI)	Gasoline(95 RON GB VI)	吨	ton	5933.6	0.9	5957.4	0.4	5958.7	0.0
汽油(92#国VI)	Gasoline(92 RON GB VI)	吨	ton	5687.9	0.9	5706.9	0.3	5703.5	-0.1
柴油(0#国VI)	Diesel Oil(0# GB VI)	吨	ton	5182.9	0.2	5177.6	-0.1	5160.3	-0.3
石蜡	Paraffin Wax	吨	ton	5251.7	1.3	5314.2	1.2	5368.3	1.0

2–3–8 续表 Continued

产品名称	Item	单位	Unit	上旬 Early August 本期价格(元) Price (RMB)	上旬 Early August 比上旬涨跌幅(%) Change Rate	中旬 Middle August 本期价格(元) Price (RMB)	中旬 Middle August 比上旬涨跌幅(%) Change Rate	下旬 Late August 本期价格(元) Price (RMB)	下旬 Late August 比上旬涨跌幅(%) Change Rate
五、煤炭	**Coal**								
无烟煤	Anthracite	吨	ton	835.0	-0.6	840.0	0.6	840.0	0.0
普通混煤	Common Steam Coal	吨	ton	443.3	0.6	445.0	0.4	442.1	-0.7
山西大混	Shanxi Dahun Steam Coal	吨	ton	495.0	0.0	495.0	0.0	493.6	-0.3
山西优混	Shanxi Youhun Steam Coal	吨	ton	543.3	0.0	545.0	0.3	547.9	0.5
大同混煤	Datong Steam Coal	吨	ton	573.3	0.0	571.9	-0.2	575.0	0.5
焦煤	Coking Coal	吨	ton	1270.0	0.0	1270.0	0.0	1270.0	0.0
焦炭	Coke	吨	ton	1705.8	-0.1	1722.6	1.0	1755.8	1.9
六、非金属建材	**Nonmetallic Building Materials**								
普通硅酸盐水泥 (P.O 42.5 袋装)	Portland Cement (P.O 42.5 in bags)	吨	ton	430.1	0.3	430.7	0.1	433.4	0.6
普通硅酸盐水泥 (P.O 42.5 散装)	Portland Cement (P.O 42.5 in bulk)	吨	ton	405.2	1.1	404.3	-0.2	406.9	0.6
浮法平板玻璃	Float Glass	吨	ton	1725.7	5.5	1886.1	9.3	1974.2	4.7
七、农产品 (主要用于生产)	**Agricultural Product (Mainly Used in Production)**								
稻米	Rice	吨	ton	4025.0	-0.2	4024.8	0.0	4023.5	0.0
小麦	Wheat	吨	ton	2417.2	2.8	2423.2	0.2	2421.3	-0.1
玉米	Corn	吨	ton	2355.0	3.4	2301.0	-2.3	2273.6	-1.2
棉花(皮棉)	Cotton (lint)	吨	ton	12351.3	1.1	12414.4	0.5	12495.8	0.7
生猪	Live Pig	千克	kg	38.1	1.1	37.4	-1.8	37.5	0.3
大豆	Soybean	吨	ton	4903.3	0.3	4911.7	0.2	4926.7	0.3
豆粕	Soya Bean Meal	吨	ton	2959.2	-1.9	2912.1	-1.6	2921.4	0.3
花生	Peanut	吨	ton	8750.0	0.0	8758.3	0.1	8781.0	0.3
八、农资	**Agriculture Resources**								
尿素	Urea	吨	ton	1745.8	4.5	1763.4	1.0	1728.6	-2.0
复合肥	Compound Fertilizer	吨	ton	2370.0	-0.4	2326.9	-1.8	2235.0	-3.9
农药(草甘膦)	Crop Protection Chemicals (glyphosate)	吨	ton	21600.0	0.0	21662.5	0.3	21800.0	0.6
九、林业	**Forestry**								
天然橡胶	Natural Rubber	吨	ton	10935.6	2.5	11105.4	1.6	11483.6	3.4
纸浆	Paper Pulp	吨	ton	3881.3	0.0	3906.4	0.6	3971.4	1.7
瓦楞纸	Corrugated Paper	吨	ton	3703.5	-0.2	3677.4	-0.7	3679.1	0.0

2-3-9 2020年9月流通领域重要生产资料市场价格
September,2020 Circulation Field Important Production Materials Price

产品名称	Item	单位	Unit	上旬 Early September		中旬 Middle September		下旬 Late September	
				本期价格(元) Price (RMB)	比上旬涨跌幅(%) Change Rate	本期价格(元) Price (RMB)	比上旬涨跌幅(%) Change Rate	本期价格(元) Price (RMB)	比上旬涨跌幅(%) Change Rate
一、黑色金属	**Ferrous Metal**								
螺纹钢	Deformed Steel Bar	吨	ton	3787.7	0.8	3749.7	-1.0	3699.7	-1.3
线材	Wire	吨	ton	3925.9	1.0	3906.4	-0.5	3876.8	-0.8
普通中板	Common Medium Plate	吨	ton	4031.2	0.4	4017.0	-0.4	3987.4	-0.7
热轧普通薄板	Hot Rolled Sheet	吨	ton	4096.2	0.7	4041.2	-1.3	3980.9	-1.5
无缝钢管	Seamless Tube	吨	ton	4392.9	0.0	4396.2	0.1	4383.3	-0.3
角钢	Angle Iron	吨	ton	3929.6	0.8	3916.7	-0.3	3863.3	-1.4
二、有色金属	**Non-ferrous Metals**								
电解铜	Electrolytic Copper	吨	ton	52161.9	1.0	51952.5	-0.4	51435.9	-1.0
铝锭	Aluminum Ingot	吨	ton	14628.8	-0.9	14682.3	0.4	14569.2	-0.8
铅锭	Lead Ingot	吨	ton	15592.8	-1.8	15053.3	-3.5	15260.8	1.4
锌锭	Zinc Ingot	吨	ton	20048.6	-0.2	20038.8	0.0	19742.0	-1.5
三、化工产品	**Chemicals**								
硫酸	Sulfuric Acid	吨	ton	114.4	9.0	144.2	26.0	155.8	8.0
烧碱(液碱)	Caustic Soda (liquid)	吨	ton	463.1	-0.8	457.0	-1.3	457.0	0.0
甲醇	Methanol	吨	ton	1687.6	8.2	1767.0	4.7	1725.7	-2.3
纯苯(石油苯)	Benzene (oil-based benzene)	吨	ton	3453.6	2.5	3387.0	-1.9	3337.8	-1.5
苯乙烯	Styrene	吨	ton	5370.1	1.0	5459.9	1.7	5443.2	-0.3
聚乙烯(LLDPE)	Polyethylene (LLDPE)	吨	ton	7818.7	4.6	7668.5	-1.9	7647.5	-0.3
聚丙烯	Polypropylene	吨	ton	8388.7	2.4	8217.6	-2.0	8253.1	0.4
聚氯乙烯	Polyvinyl Chloride	吨	ton	6612.5	-0.1	6625.0	0.2	6677.2	0.8
顺丁胶	Polybutadiene Rubber	吨	ton	8581.3	5.2	8622.5	0.5	8747.5	1.4
涤纶长丝	Polyester Filament Yarn	吨	ton	5540.6	-1.9	5408.3	-2.4	5429.2	0.4
四、石油天然气	**Petroleum and Natural Gas**								
液化天然气	Liquefied Natural Gas	吨	ton	2585.6	-0.3	2600.5	0.6	2652.4	2.0
液化石油气	Liquefied Petroleum Gas	吨	ton	3049.0	-2.4	2966.3	-2.7	2935.3	-1.0
汽油(95#国VI)	Gasoline(95 RON GB VI)	吨	ton	5948.6	-0.2	5897.7	-0.9	5799.5	-1.7
汽油(92#国VI)	Gasoline(92 RON GB VI)	吨	ton	5691.4	-0.2	5639.0	-0.9	5542.6	-1.7
柴油(0#国VI)	Diesel Oil(0# GB VI)	吨	ton	5134.0	-0.5	5074.6	-1.2	4975.2	-2.0
石蜡	Paraffin Wax	吨	ton	5368.3	0.0	5368.3	0.0	5368.3	0.0

2-3-9 续表 Continued

产品名称	Item	单位	Unit	上旬 Early September 本期价格(元) Price (RMB)	比上旬涨跌幅(%) Change Rate	中旬 Middle September 本期价格(元) Price (RMB)	比上旬涨跌幅(%) Change Rate	下旬 Late September 本期价格(元) Price (RMB)	比上旬涨跌幅(%) Change Rate
五、煤炭	**Coal**								
无烟煤	Anthracite	吨	ton	840.0	0.0	866.7	3.2	900.0	3.8
普通混煤	Common Steam Coal	吨	ton	443.1	0.2	462.9	4.5	472.9	2.2
山西大混	Shanxi Dahun Steam Coal	吨	ton	499.6	1.2	526.0	5.3	537.5	2.2
山西优混	Shanxi Youhun Steam Coal	吨	ton	558.3	1.9	587.8	5.3	599.2	1.9
大同混煤	Datong Steam Coal	吨	ton	583.1	1.4	618.3	6.0	628.6	1.7
焦煤	Coking Coal	吨	ton	1270.0	0.0	1270.0	0.0	1270.0	0.0
焦炭	Coke	吨	ton	1780.8	1.4	1805.8	1.4	1834.3	1.6
六、非金属建材	**Nonmetallic Building Materials**								
普通硅酸盐水泥	Portland Cement	吨	ton	438.4	1.2	447.5	2.1	457.9	2.3
(P.O 42.5 袋装)	(P.O 42.5 in bags)								
普通硅酸盐水泥	Portland Cement	吨	ton	410.5	0.9	414.9	1.1	419.4	1.1
(P.O 42.5 散装)	(P.O 42.5 in bulk)								
浮法平板玻璃	Float Glass	吨	ton	1986.5	0.6	1985.7	0.0	1983.8	-0.1
七、农产品	**Agricultural Product**								
（主要用于生产）	**(Mainly Used in Production)**								
稻米	Rice	吨	ton	4023.5	0.0	4028.2	0.1	4027.5	0.0
小麦	Wheat	吨	ton	2422.5	0.0	2424.5	0.1	2423.0	-0.1
玉米	Corn	吨	ton	2235.3	-1.7	2254.9	0.9	2274.9	0.9
棉花(皮棉)	Cotton (lint)	吨	ton	12624.9	1.0	12643.9	0.2	12805.5	1.3
生猪	Live Pig	千克	kg	37.0	-1.3	35.5	-4.1	33.7	-5.1
大豆	Soybean	吨	ton	4940.0	0.3	4940.0	0.0	4901.1	-0.8
豆粕	Soya Bean Meal	吨	ton	2980.6	2.0	3096.7	3.9	3103.9	0.2
花生	Peanut	吨	ton	8775.0	-0.1	8888.9	1.3	8906.9	0.2
八、农资	**Agriculture Resources**								
尿素	Urea	吨	ton	1728.1	0.0	1722.4	-0.3	1731.3	0.5
复合肥	Compound Fertilizer	吨	ton	2235.0	0.0	2235.0	0.0	2235.0	0.0
农药(草甘膦)	Crop Protection Chemicals (glyphosate)	吨	ton	24156.3	10.8	24708.3	2.3	24750.0	0.2
九、林业	**Forestry**								
天然橡胶	Natural Rubber	吨	ton	11643.4	1.4	11638.3	0.0	11823.1	1.6
纸浆	Paper Pulp	吨	ton	4105.2	3.4	4062.3	-1.0	4033.3	-0.7
瓦楞纸	Corrugated Paper	吨	ton	3693.9	0.4	3706.2	0.3	3701.4	-0.1

2—3—10 2020年10月流通领域重要生产资料市场价格
October,2020 Circulation Field Important Production Materials Price

产品名称	Item	单位	Unit	上旬 Early October		中旬 Middle October		下旬 Late October	
				本期价格(元) Price (RMB)	比上旬涨跌幅(%) Change Rate	本期价格(元) Price (RMB)	比上旬涨跌幅(%) Change Rate	本期价格(元) Price (RMB)	比上旬涨跌幅(%) Change Rate
一、黑色金属	**Ferrous Metal**								
螺纹钢	Deformed Steel Bar	吨	ton	3733.0	0.9	3751.8	0.5	3758.3	0.2
线材	Wire	吨	ton	3922.4	1.2	3947.9	0.7	3958.3	0.3
普通中板	Common Medium Plate	吨	ton	3991.3	0.1	3985.7	-0.1	3971.3	-0.4
热轧普通薄板	Hot Rolled Sheet	吨	ton	3993.5	0.3	4000.8	0.2	4001.5	0.0
无缝钢管	Seamless Tube	吨	ton	4366.5	-0.4	4364.6	0.0	4361.7	-0.1
角钢	Angle Iron	吨	ton	3895.0	0.8	3906.3	0.3	3906.9	0.0
二、有色金属	**Non-ferrous Metals**								
电解铜	Electrolytic Copper	吨	ton	51539.5	0.2	51535.2	0.0	51858.6	0.6
铝锭	Aluminum Ingot	吨	ton	14832.0	1.8	14936.3	0.7	14855.3	-0.5
铅锭	Lead Ingot	吨	ton	14870.0	-2.6	14564.3	-2.1	14418.4	-1.0
锌锭	Zinc Ingot	吨	ton	19579.0	-0.8	19503.1	-0.4	19937.3	2.2
三、化工产品	**Chemicals**								
硫酸	Sulfuric Acid	吨	ton	185.0	18.7	186.4	0.8	190.0	1.9
烧碱(液碱)	Caustic Soda (liquid)	吨	ton	470.0	2.8	473.3	0.7	480.3	1.5
甲醇	Methanol	吨	ton	1720.8	-0.3	1790.0	4.0	1802.1	0.7
纯苯(石油苯)	Benzene (oil-based benzene)	吨	ton	3277.0	-1.8	3432.9	4.8	3579.4	4.3
苯乙烯	Styrene	吨	ton	5547.3	1.9	6167.0	11.2	6814.8	10.5
聚乙烯(LLDPE)	Polyethylene (LLDPE)	吨	ton	7614.1	-0.4	7737.0	1.6	7700.1	-0.5
聚丙烯	Polypropylene	吨	ton	8263.8	0.1	8399.1	1.6	8369.8	-0.3
聚氯乙烯	Polyvinyl Chloride	吨	ton	6803.3	1.9	7027.9	3.3	7072.1	0.6
顺丁胶	Polybutadiene Rubber	吨	ton	8895.0	1.7	9513.6	7.0	10864.4	14.2
涤纶长丝	Polyester Filament Yarn	吨	ton	5625.0	3.6	5703.6	1.4	5668.8	-0.6
四、石油天然气	**Petroleum and Natural Gas**								
液化天然气	Liquefied Natural Gas	吨	ton	2746.4	3.5	2988.8	8.8	3573.0	19.5
液化石油气	Liquefied Petroleum Gas	吨	ton	3022.3	3.0	3240.9	7.2	3272.4	1.0
汽油(95#国VI)	Gasoline(95 RON GB VI)	吨	ton	5762.5	-0.6	5736.5	-0.5	5683.3	-0.9
汽油(92#国VI)	Gasoline(92 RON GB VI)	吨	ton	5508.9	-0.6	5481.7	-0.5	5432.2	-0.9
柴油(0#国VI)	Diesel Oil(0# GB VI)	吨	ton	4927.8	-1.0	4902.2	-0.5	4878.1	-0.5
石蜡	Paraffin Wax	吨	ton	5368.3	0.0	5368.3	0.0	5399.6	0.6

2-3-10 续表 Continued

产品名称	Item	单位	Unit	上旬 Early October		中旬 Middle October		下旬 Late October	
				本期价格(元) Price (RMB)	比上旬涨跌幅(%) Change Rate	本期价格(元) Price (RMB)	比上旬涨跌幅(%) Change Rate	本期价格(元) Price (RMB)	比上旬涨跌幅(%) Change Rate
五、煤炭	**Coal**								
无烟煤	Anthracite	吨	ton	900.0	0.0	900.0	0.0	900.0	0.0
普通混煤	Common Steam Coal	吨	ton	487.5	3.1	489.6	0.4	477.8	-2.4
山西大混	Shanxi Dahun Steam Coal	吨	ton	547.5	1.9	553.8	1.2	547.1	-1.2
山西优混	Shanxi Youhun Steam Coal	吨	ton	605.5	1.1	608.6	0.5	602.1	-1.1
大同混煤	Datong Steam Coal	吨	ton	634.5	0.9	639.1	0.7	633.3	-0.9
焦煤	Coking Coal	吨	ton	1270.0	0.0	1270.0	0.0	1270.0	0.0
焦炭	Coke	吨	ton	1853.3	1.0	1910.6	3.1	1957.3	2.4
六、非金属建材	**Nonmetallic Building Materials**								
普通硅酸盐水泥	Portland Cement	吨	ton	463.6	1.2	471.3	1.7	474.9	0.8
(P.O 42.5 袋装)	(P.O 42.5 in bags)								
普通硅酸盐水泥	Portland Cement	吨	ton	420.3	0.2	421.7	0.3	423.8	0.5
(P.O 42.5 散装)	(P.O 42.5 in bulk)								
浮法平板玻璃	Float Glass	吨	ton	1983.6	0.0	1982.4	-0.1	1986.7	0.2
七、农产品	**Agricultural Product**								
(主要用于生产)	**(Mainly Used in Production)**								
稻米	Rice	吨	ton	4025.5	0.0	4027.3	0.0	4016.9	-0.3
小麦	Wheat	吨	ton	2436.8	0.6	2464.3	1.1	2486.2	0.9
玉米	Corn	吨	ton	2302.0	1.2	2374.0	3.1	2430.0	2.4
棉花(皮棉)	Cotton (lint)	吨	ton	13002.1	1.5	14461.3	11.2	15238.5	5.4
生猪	Live Pig	千克	kg	31.7	-5.9	30.1	-5.0	29.2	-3.0
大豆	Soybean	吨	ton	4386.7	-10.5	4579.0	4.4	4770.0	4.2
豆粕	Soya Bean Meal	吨	ton	3271.7	5.4	3280.2	0.3	3304.4	0.7
花生	Peanut	吨	ton	9083.3	2.0	9222.6	1.5	9399.0	1.9
八、农资	**Agriculture Resources**								
尿素	Urea	吨	ton	1730.0	-0.1	1743.3	0.8	1798.4	3.2
复合肥	Compound Fertilizer	吨	ton	2235.0	0.0	2235.0	0.0	2235.0	0.0
农药(草甘膦)	Crop Protection Chemicals (glyphosate)	吨	ton	24750.0	0.0	24678.6	-0.3	24400.0	-1.1
九、林业	**Forestry**								
天然橡胶	Natural Rubber	吨	ton	12191.3	3.1	12966.3	6.4	14646.4	13.0
纸浆	Paper Pulp	吨	ton	3997.0	-0.9	4012.9	0.4	3981.3	-0.8
瓦楞纸	Corrugated Paper	吨	ton	3666.7	-0.9	3708.5	1.1	3725.7	0.5

2-3-11　2020年11月流通领域重要生产资料市场价格
November,2020 Circulation Field Important Production Materials Price

产品名称	Item	单位	Unit	上旬 Early November		中旬 Middle November		下旬 Late November	
				本期价格(元) Price (RMB)	比上旬涨跌幅(%) Change Rate	本期价格(元) Price (RMB)	比上旬涨跌幅(%) Change Rate	本期价格(元) Price (RMB)	比上旬涨跌幅(%) Change Rate
一、黑色金属	**Ferrous Metal**								
螺纹钢	Deformed Steel Bar	吨	ton	3897.5	3.7	4064.2	4.3	4058.8	-0.1
线材	Wire	吨	ton	4098.7	3.5	4299.8	4.9	4288.9	-0.3
普通中板	Common Medium Plate	吨	ton	3985.7	0.4	4019.5	0.8	4049.0	0.7
热轧普通薄板	Hot Rolled Sheet	吨	ton	4071.4	1.7	4154.1	2.0	4207.9	1.3
无缝钢管	Seamless Tube	吨	ton	4369.6	0.2	4393.3	0.5	4435.6	1.0
角钢	Angle Iron	吨	ton	3959.5	1.3	4020.8	1.5	4034.0	0.3
二、有色金属	**Non-ferrous Metals**								
电解铜	Electrolytic Copper	吨	ton	51747.7	-0.2	52667.3	1.8	55252.9	4.9
铝锭	Aluminum Ingot	吨	ton	15083.4	1.5	15666.6	3.9	16243.7	3.7
铅锭	Lead Ingot	吨	ton	14360.4	-0.4	14658.8	2.1	15233.8	3.9
锌锭	Zinc Ingot	吨	ton	20149.3	1.1	20579.8	2.1	21243.8	3.2
三、化工产品	**Chemicals**								
硫酸	Sulfuric Acid	吨	ton	205.0	7.9	235.6	14.9	291.7	23.8
烧碱(液碱)	Caustic Soda (liquid)	吨	ton	484.9	1.0	480.9	-0.8	478.3	-0.5
甲醇	Methanol	吨	ton	1876.0	4.1	2055.3	9.6	2063.8	0.4
纯苯(石油苯)	Benzene (oil-based benzene)	吨	ton	3735.7	4.4	4171.3	11.7	4106.5	-1.6
苯乙烯	Styrene	吨	ton	7797.4	14.4	9115.0	16.9	8413.5	-7.7
聚乙烯(LLDPE)	Polyethylene (LLDPE)	吨	ton	7843.2	1.9	8059.1	2.8	8471.6	5.1
聚丙烯	Polypropylene	吨	ton	8533.1	2.0	8752.8	2.6	9255.0	5.7
聚氯乙烯	Polyvinyl Chloride	吨	ton	7474.0	5.7	7880.4	5.4	8216.7	4.3
顺丁胶	Polybutadiene Rubber	吨	ton	10660.0	-1.9	11010.0	3.3	11204.2	1.8
涤纶长丝	Polyester Filament Yarn	吨	ton	5392.9	-4.9	5350.0	-0.8	5262.5	-1.6
四、石油天然气	**Petroleum and Natural Gas**								
液化天然气	Liquefied Natural Gas	吨	ton	3844.0	7.6	3766.6	-2.0	3748.3	-0.5
液化石油气	Liquefied Petroleum Gas	吨	ton	3255.7	-0.5	3228.5	-0.8	3230.6	0.1
汽油(95#国VI)	Gasoline(95 RON GB VI)	吨	ton	5601.3	-1.4	5628.8	0.5	5739.3	2.0
汽油(92#国VI)	Gasoline(92 RON GB VI)	吨	ton	5349.9	-1.5	5379.5	0.6	5491.5	2.1
柴油(0#国VI)	Diesel Oil(0# GB VI)	吨	ton	4837.5	-0.8	4897.0	1.2	5020.9	2.5
石蜡	Paraffin Wax	吨	ton	5430.2	0.6	5468.1	0.7	5575.0	2.0

2-3-11 续表 Continued

产品名称	Item	单位	Unit	上旬 Early November 本期价格(元) Price (RMB)	比上旬涨跌幅(%) Change Rate	中旬 Middle November 本期价格(元) Price (RMB)	比上旬涨跌幅(%) Change Rate	下旬 Late November 本期价格(元) Price (RMB)	比上旬涨跌幅(%) Change Rate
五、煤炭	**Coal**								
无烟煤	Anthracite	吨	ton	900.0	0.0	900.0	0.0	900.0	0.0
普通混煤	Common Steam Coal	吨	ton	492.5	3.1	493.8	0.3	497.1	0.7
山西大混	Shanxi Dahun Steam Coal	吨	ton	560.1	2.4	562.4	0.4	566.7	0.8
山西优混	Shanxi Youhun Steam Coal	吨	ton	612.1	1.7	613.5	0.2	621.2	1.3
大同混煤	Datong Steam Coal	吨	ton	645.1	1.9	646.0	0.1	651.3	0.8
焦煤	Coking Coal	吨	ton	1270.0	0.0	1270.0	0.0	1360.0	7.1
焦炭	Coke	吨	ton	1994.9	1.9	2032.6	1.9	2064.8	1.6
六、非金属建材	**Nonmetallic Building Materials**								
普通硅酸盐水泥	Portland Cement	吨	ton	473.0	-0.4	485.5	2.6	485.0	-0.1
(P.O 42.5 袋装)	(P.O 42.5 in bags)								
普通硅酸盐水泥	Portland Cement	吨	ton	431.5	1.8	438.3	1.6	443.8	1.3
(P.O 42.5 散装)	(P.O 42.5 in bulk)								
浮法平板玻璃	Float Glass	吨	ton	1988.4	0.1	2024.1	1.8	2051.6	1.4
七、农产品	**Agricultural Product**								
(主要用于生产)	**(Mainly Used in Production)**								
稻米	Rice	吨	ton	4033.1	0.4	4030.8	-0.1	4022.7	-0.2
小麦	Wheat	吨	ton	2485.9	0.0	2476.3	-0.4	2475.3	0.0
玉米	Corn	吨	ton	2430.7	0.0	2425.8	-0.2	2464.1	1.6
棉花(皮棉)	Cotton (lint)	吨	ton	15055.5	-1.2	14954.6	-0.7	14992.7	0.3
生猪	Live Pig	千克	kg	29.9	2.4	29.6	-1.0	30.7	3.7
大豆	Soybean	吨	ton	4903.3	2.8	4956.2	1.1	5002.8	0.9
豆粕	Soya Bean Meal	吨	ton	3274.2	-0.9	3231.6	-1.3	3217.5	-0.4
花生	Peanut	吨	ton	9487.6	0.9	9475.8	-0.1	9446.7	-0.3
八、农资	**Agriculture Resources**								
尿素	Urea	吨	ton	1870.1	4.0	1884.7	0.8	1877.2	-0.4
复合肥	Compound Fertilizer	吨	ton	2235.0	0.0	2251.3	0.7	2290.0	1.7
农药(草甘膦)	Crop Protection Chemicals (glyphosate)	吨	ton	24350.0	-0.2	24731.3	1.6	25358.3	2.5
九、林业	**Forestry**								
天然橡胶	Natural Rubber	吨	ton	13731.4	-6.2	13552.3	-1.3	14034.8	3.6
纸浆	Paper Pulp	吨	ton	3941.5	-1.0	3991.8	1.3	4019.9	0.7
瓦楞纸	Corrugated Paper	吨	ton	3739.8	0.4	3747.6	0.2	3732.2	-0.4

2-3-12 2020年12月流通领域重要生产资料市场价格
December,2020 Circulation Field Important Production Materials Price

产品名称	Item	单位	Unit	上旬 Early December		中旬 Middle December		下旬 Late December	
				本期价格(元) Price (RMB)	比上旬涨跌幅(%) Change Rate	本期价格(元) Price (RMB)	比上旬涨跌幅(%) Change Rate	本期价格(元) Price (RMB)	比上旬涨跌幅(%) Change Rate
一、黑色金属	**Ferrous Metal**								
螺纹钢	Deformed Steel Bar	吨	ton	3998.0	-1.5	4092.2	2.4	4358.4	6.5
线材	Wire	吨	ton	4214.1	-1.7	4293.5	1.9	4524.4	5.4
普通中板	Common Medium Plate	吨	ton	4135.0	2.1	4335.6	4.9	4688.7	8.1
热轧普通薄板	Hot Rolled Sheet	吨	ton	4359.0	3.6	4597.9	5.5	4871.7	6.0
无缝钢管	Seamless Tube	吨	ton	4504.3	1.5	4730.7	5.0	5129.6	8.4
角钢	Angle Iron	吨	ton	4050.6	0.4	4152.8	2.5	4460.6	7.4
二、有色金属	**Non-ferrous Metals**								
电解铜	Electrolytic Copper	吨	ton	57256.1	3.6	58123.8	1.5	58290.0	0.3
铝锭	Aluminum Ingot	吨	ton	16703.4	2.8	16735.4	0.2	16222.3	-3.1
铅锭	Lead Ingot	吨	ton	14910.0	-2.1	14728.3	-1.2	14535.8	-1.3
锌锭	Zinc Ingot	吨	ton	21333.1	0.4	21783.0	2.1	21632.5	-0.7
三、化工产品	**Chemicals**								
硫酸	Sulfuric Acid	吨	ton	364.4	24.9	374.2	2.7	378.8	1.2
烧碱(液碱)	Caustic Soda (liquid)	吨	ton	476.3	-0.4	469.3	-1.5	463.4	-1.3
甲醇	Methanol	吨	ton	2070.9	0.3	2236.8	8.0	2348.2	5.0
纯苯(石油苯)	Benzene (oil-based benzene)	吨	ton	4449.3	8.3	4416.8	-0.7	4224.6	-4.4
苯乙烯	Styrene	吨	ton	8146.9	-3.2	7377.8	-9.4	6603.1	-10.5
聚乙烯(LLDPE)	Polyethylene (LLDPE)	吨	ton	8278.5	-2.3	8282.4	0.0	8035.1	-3.0
聚丙烯	Polypropylene	吨	ton	8976.1	-3.0	8863.2	-1.3	8595.9	-3.0
聚氯乙烯	Polyvinyl Chloride	吨	ton	8693.5	5.8	8713.1	0.2	7853.3	-9.9
顺丁胶	Polybutadiene Rubber	吨	ton	11573.1	3.3	11021.7	-4.8	10447.8	-5.2
涤纶长丝	Polyester Filament Yarn	吨	ton	5437.5	3.3	5775.0	6.2	5868.8	1.6
四、石油天然气	**Petroleum and Natural Gas**								
液化天然气	Liquefied Natural Gas	吨	ton	4714.2	25.8	5954.9	26.3	6477.2	8.8
液化石油气	Liquefied Petroleum Gas	吨	ton	3407.3	5.5	3590.4	5.4	3834.7	6.8
汽油(95#国VI)	Gasoline(95 RON GB VI)	吨	ton	5981.2	4.2	6170.2	3.2	6221.3	0.8
汽油(92#国VI)	Gasoline(92 RON GB VI)	吨	ton	5732.5	4.4	5921.0	3.3	5973.7	0.9
柴油(0#国VI)	Diesel Oil(0# GB VI)	吨	ton	5226.5	4.1	5356.3	2.5	5349.6	-0.1
石蜡	Paraffin Wax	吨	ton	5665.0	1.6	5741.7	1.4	5775.0	0.6

2-3-12 续表 Continued

产品名称	Item	单位	Unit	上旬 Early December 本期价格(元) Price (RMB)	比上旬涨跌幅(%) Change rate	中旬 Middle December 本期价格(元) Price (RMB)	比上旬涨跌幅(%) Change rate	下旬 Late December 本期价格(元) Price (RMB)	比上旬涨跌幅(%) Change rate
五、煤炭	**Coal**								
无烟煤	Anthracite	吨	ton	900.0	0.0	900.0	0.0	900.0	0.0
普通混煤	Common Steam Coal	吨	ton	512.9	3.2	539.5	5.2	579.3	7.4
山西大混	Shanxi Dahun Steam Coal	吨	ton	585.8	3.4	612.0	4.5	655.5	7.1
山西优混	Shanxi Youhun Steam Coal	吨	ton	641.8	3.3	659.8	2.8	699.1	6.0
大同混煤	Datong Steam Coal	吨	ton	665.8	2.2	681.8	2.4	723.5	6.1
焦煤	Coking Coal	吨	ton	1377.5	1.3	1380.0	0.2	1380.0	0.0
焦炭	Coke	吨	ton	2095.7	1.5	2148.5	2.5	2244.9	4.5
六、非金属建材	**Nonmetallic Building Materials**								
普通硅酸盐水泥 (P.O 42.5 袋装)	Portland Cement (P.O 42.5 in bags)	吨	ton	484.3	-0.1	479.3	-1.0	478.0	-0.3
普通硅酸盐水泥 (P.O 42.5 散装)	Portland Cement (P.O 42.5 in bulk)	吨	ton	444.6	0.2	442.3	-0.5	440.9	-0.3
浮法平板玻璃	Float Glass	吨	ton	2079.6	1.4	2175.2	4.6	2327.3	7.0
七、农产品 (主要用于生产)	**Agricultural Product (Mainly Used in Production)**								
稻米	Rice	吨	ton	4021.3	0.0	4019.0	-0.1	4035.5	0.4
小麦	Wheat	吨	ton	2474.5	0.0	2465.8	-0.4	2461.4	-0.2
玉米	Corn	吨	ton	2534.8	2.9	2534.4	0.0	2547.8	0.5
棉花(皮棉)	Cotton (lint)	吨	ton	14962.4	-0.2	15075.4	0.8	15203.4	0.8
生猪	Live Pig	千克	kg	33.3	8.5	33.9	1.8	34.9	2.9
大豆	Soybean	吨	ton	5047.5	0.9	5023.3	-0.5	5056.7	0.7
豆粕	Soya Bean Meal	吨	ton	3111.0	-3.3	3117.5	0.2	3291.8	5.6
花生	Peanut	吨	ton	9406.7	-0.4	9371.4	-0.4	9375.0	0.0
八、农资	**Agriculture Resources**								
尿素	Urea	吨	ton	1889.4	0.6	1913.7	1.3	1923.0	0.5
复合肥	Compound Fertilizer	吨	ton	2290.0	0.0	2290.0	0.0	2290.0	0.0
农药(草甘膦)	Crop Protection Chemicals (glyphosate)	吨	ton	26031.3	2.7	27358.3	5.1	28425.0	3.9
九、林业	**Forestry**								
天然橡胶	Natural Rubber	吨	ton	14051.1	0.1	13737.7	-2.2	13439.9	-2.2
纸浆	Paper Pulp	吨	ton	4148.9	3.2	4371.5	5.4	4583.1	4.8
瓦楞纸	Corrugated Paper	吨	ton	3725.7	-0.2	3743.8	0.5	3756.2	0.3

流通消费价格指数
Consumer Price Index

3

3-1-1 居民消费和商品零售价格指数(2001～2020年)
Consumer Price Indices and Retail Price Index(2001～2020)

(上年价格=100) (Preceding Year =100)

年份 Year	居民消费价格指数 Consumer Price Index	城市 Urban	农村 Rural	商品零售价格指数 Retail Price Index
2001	100.7	100.7	100.8	99.2
2002	99.2	99.0	99.6	98.7
2003	101.2	100.9	101.6	99.9
2004	103.9	103.3	104.8	102.8
2005	101.8	101.6	102.2	100.8
2006	101.5	101.5	101.5	101.0
2007	104.8	104.5	105.4	103.8
2008	105.9	105.6	106.5	105.9
2009	99.3	99.1	99.7	98.8
2010	103.3	103.2	103.6	103.1
2011	105.4	105.3	105.8	104.9
2012	102.6	102.7	102.5	102.0
2013	102.6	102.6	102.8	101.4
2014	102.0	102.1	101.8	101.0
2015	101.4	101.5	101.3	100.1
2016	102.0	102.1	101.9	100.7
2017	101.6	101.7	101.3	101.1
2018	102.1	102.1	102.1	101.9
2019	102.9	102.8	103.2	102.0
2020	102.5	102.3	103.0	101.4

3-1-2 居民消费价格月度指数(2020年)
Monthly Consumer Price Index(2020)

月 份	Month	环比 (上月价格=100) Month-to-month (Last Month=100)	同比 (上年同月价格=100) Year-over-year (Same Month of Preceding Year=100)	1—当月 (上年同期价格=100) 1-Current Month (Same Period of Preceding Year=100)
1月	January	101.4	105.4	105.4
2月	February	100.8	105.2	105.3
3月	March	98.8	104.3	104.9
4月	April	99.1	103.3	104.5
5月	May	99.2	102.4	104.1
6月	June	99.9	102.5	103.8
7月	July	100.6	102.7	103.7
8月	August	100.4	102.4	103.5
9月	September	100.2	101.7	103.3
10月	October	99.7	100.5	103.0
11月	November	99.4	99.5	102.7
12月	December	100.7	100.2	102.5

3－1－3　各地区居民消费价格月度环比指数(2020年)
Month-to-month Consumer Price Index by Region(2020)

(上月价格=100)　(Last Month=100)

地　区	Region	1月 January	2月 February	3月 March	4月 April	5月 May	6月 June
北　京	Beijing	101.5	100.1	99.3	99.3	99.5	99.9
天　津	Tianjin	101.3	100.5	99.3	99.4	99.3	99.9
河　北	Hebei	101.3	100.5	98.9	98.8	99.1	100.1
山　西	Shanxi	102.0	100.5	99.2	99.0	99.6	99.9
内蒙古	Inner Mongolia	101.2	100.4	99.2	99.0	99.2	99.8
辽　宁	Liaoning	101.8	100.5	98.9	98.7	99.4	99.9
吉　林	Jilin	101.8	100.3	99.0	99.1	99.1	99.7
黑龙江	Heilongjiang	101.6	100.8	99.1	98.8	98.7	99.7
上　海	Shanghai	101.1	100.3	99.2	99.9	99.5	99.7
江　苏	Jiangsu	101.2	100.7	98.9	99.4	99.5	99.8
浙　江	Zhejiang	101.4	101.0	98.7	99.2	99.3	100.1
安　徽	Anhui	101.7	100.8	98.5	99.0	99.5	100.2
福　建	Fujian	101.1	100.7	98.9	99.4	99.2	100.3
江　西	Jiangxi	101.2	101.1	98.5	99.4	99.5	100.2
山　东	Shandong	101.3	100.4	99.0	98.8	99.1	100.1
河　南	Henan	101.6	100.9	98.9	98.9	98.7	99.9
湖　北	Hubei	101.5	102.3	99.2	98.2	98.3	99.7
湖　南	Hunan	100.8	100.9	98.8	99.4	99.2	100.1
广　东	Guangdong	102.2	100.7	98.2	99.3	99.1	99.9
广　西	Guangxi	100.9	101.0	98.6	99.7	99.2	99.8
海　南	Hainan	100.7	100.7	98.1	99.3	99.2	99.8
重　庆	Chongqing	101.1	101.6	97.8	98.8	99.5	99.9
四　川	Sichuan	101.1	101.3	98.2	98.9	99.3	100.1
贵　州	Guizhou	101.5	101.0	98.6	99.3	99.1	99.4
云　南	Yunnan	101.0	100.7	98.8	99.4	99.3	99.5
西　藏	Tibet	100.5	100.5	99.5	99.6	99.7	100.1
陕　西	Shaanxi	101.4	101.2	98.5	99.0	99.4	100.2
甘　肃	Gansu	100.8	100.7	99.3	99.4	99.5	99.9
青　海	Qinghai	101.0	100.7	99.1	99.5	99.6	100.1
宁　夏	Ningxia	100.9	100.7	99.1	99.0	99.1	99.6
新　疆	Xinjiang	101.1	100.4	99.1	99.2	99.3	99.9

3-1-3 续表 continued

(上月价格=100) (Last Month=100)

地　区	Region	7月 July	8月 August	9月 September	10月 October	11月 November	12月 December
北　京	Beijing	100.1	100.3	100.2	100.3	99.4	100.3
天　津	Tianjin	100.5	100.4	100.1	99.3	99.4	100.5
河　北	Hebei	100.4	100.4	100.3	99.6	99.6	101.0
山　西	Shanxi	100.2	100.3	100.5	99.5	99.7	100.9
内蒙古	Inner Mongolia	100.4	100.4	100.4	99.7	99.8	100.8
辽　宁	Liaoning	100.5	100.3	100.4	99.3	99.8	101.1
吉　林	Jilin	100.4	100.2	100.7	99.3	99.7	101.3
黑龙江	Heilongjiang	100.3	100.3	100.6	99.7	99.9	101.1
上　海	Shanghai	100.2	100.1	100.2	99.7	99.8	100.6
江　苏	Jiangsu	100.6	100.4	100.1	99.5	99.6	100.8
浙　江	Zhejiang	100.8	100.3	100.5	99.7	99.3	100.8
安　徽	Anhui	100.9	100.3	100.1	99.5	99.1	100.9
福　建	Fujian	100.6	100.3	100.3	99.6	99.1	100.6
江　西	Jiangxi	101.0	100.2	100.2	99.6	99.1	100.8
山　东	Shandong	100.8	100.6	100.2	99.3	99.3	101.1
河　南	Henan	100.6	100.6	100.8	99.7	99.3	101.0
湖　北	Hubei	101.1	100.2	100.0	99.6	99.1	100.8
湖　南	Hunan	101.2	100.4	100.0	99.5	99.0	100.7
广　东	Guangdong	100.5	100.4	99.9	100.0	99.1	100.4
广　西	Guangxi	100.7	100.2	100.2	100.0	99.3	100.6
海　南	Hainan	100.1	100.2	99.9	100.5	99.6	100.4
重　庆	Chongqing	101.1	100.3	100.3	99.8	99.0	100.3
四　川	Sichuan	100.6	100.9	100.1	99.5	99.2	100.6
贵　州	Guizhou	100.7	100.7	100.2	99.8	98.9	100.6
云　南	Yunnan	100.8	100.7	100.3	99.8	99.6	100.2
西　藏	Tibet	100.4	100.3	100.0	100.1	99.9	100.5
陕　西	Shaanxi	100.3	100.5	100.3	99.8	99.5	100.7
甘　肃	Gansu	100.3	100.4	100.3	99.7	100.0	100.7
青　海	Qinghai	100.1	100.3	100.0	99.9	99.9	100.7
宁　夏	Ningxia	100.2	100.5	100.5	100.0	100.1	100.8
新　疆	Xinjiang	100.4	100.4	99.7	100.1	100.3	100.9

3-1-4 各地区居民消费价格月度同比指数(2020年)
Year-over-year Consumer Price Index by Region(2020)

(上年同月价格=100) (Same Month of Preceding Year=100)

地区	Region	1月 January	2月 February	3月 March	4月 April	5月 May	6月 June
北京	Beijing	104.5	103.6	103.2	102.4	101.9	101.4
天津	Tianjin	104.6	103.8	103.5	102.6	102.2	102.2
河北	Hebei	105.1	104.7	103.8	102.6	101.7	102.1
山西	Shanxi	105.5	105.2	104.3	103.3	102.9	103.3
内蒙古	Inner Mongolia	104.3	103.8	103.2	102.3	101.7	101.5
辽宁	Liaoning	105.5	104.9	104.0	102.8	102.2	102.0
吉林	Jilin	105.7	104.8	104.1	103.2	102.3	101.8
黑龙江	Heilongjiang	105.3	105.0	104.4	103.3	102.4	102.1
上海	Shanghai	104.3	103.0	102.8	102.5	102.0	101.7
江苏	Jiangsu	105.4	105.2	104.2	103.4	102.8	102.5
浙江	Zhejiang	104.7	104.4	103.5	102.5	101.7	102.2
安徽	Anhui	105.7	105.0	104.0	102.9	102.3	103.2
福建	Fujian	104.9	104.8	103.9	103.1	102.0	102.1
江西	Jiangxi	105.1	105.4	103.9	102.9	102.3	102.7
山东	Shandong	106.2	105.7	104.8	103.6	102.9	102.9
河南	Henan	105.8	105.9	104.8	103.4	102.3	102.5
湖北	Hubei	105.5	106.4	106.3	104.3	102.4	102.2
湖南	Hunan	104.8	104.9	104.0	103.0	102.0	102.5
广东	Guangdong	106.6	105.9	104.9	104.1	103.0	102.7
广西	Guangxi	105.9	106.2	105.0	104.6	103.5	103.4
海南	Hainan	106.3	105.8	105.2	104.6	102.8	102.6
重庆	Chongqing	104.9	105.8	104.2	102.7	102.1	102.4
四川	Sichuan	106.1	106.9	105.7	104.4	103.6	104.1
贵州	Guizhou	105.1	105.3	104.6	103.8	102.7	102.4
云南	Yunnan	106.1	106.3	105.3	104.5	103.6	103.0
西藏	Tibet	103.0	103.1	102.8	102.4	102.0	102.1
陕西	Shaanxi	104.9	105.3	103.9	102.8	102.2	102.5
甘肃	Gansu	103.5	103.6	102.7	102.3	101.5	101.6
青海	Qinghai	104.1	104.5	103.7	103.2	102.7	102.9
宁夏	Ningxia	103.0	103.0	102.5	101.9	101.1	100.9
新疆	Xinjiang	103.7	103.1	102.4	101.7	100.9	101.3

3-1-4 续表 continued

(上年同月价格=100) (Same Month of Preceding Year=100)

地 区	Region	7月 July	8月 August	9月 September	10月 October	11月 November	12月 December
北 京	Beijing	100.7	100.9	101.0	100.9	100.2	100.2
天 津	Tianjin	102.2	102.1	101.5	100.5	99.6	99.8
河 北	Hebei	102.3	102.5	101.8	100.2	99.1	99.8
山 西	Shanxi	103.2	103.2	102.2	100.8	100.1	101.1
内蒙古	Inner Mongolia	101.7	101.8	101.7	100.7	99.9	100.4
辽 宁	Liaoning	102.4	102.0	102.2	100.6	99.8	100.5
吉 林	Jilin	102.2	101.9	102.0	100.2	99.2	100.4
黑龙江	Heilongjiang	102.0	101.7	101.7	100.3	99.5	100.6
上 海	Shanghai	101.6	101.4	101.3	100.3	99.9	100.1
江 苏	Jiangsu	102.7	102.3	101.4	100.3	99.6	100.5
浙 江	Zhejiang	102.5	102.0	101.8	100.9	100.1	101.0
安 徽	Anhui	103.9	103.0	102.0	100.4	99.4	100.4
福 建	Fujian	102.2	102.0	101.6	100.5	99.2	99.9
江 西	Jiangxi	103.5	102.4	101.7	100.6	99.9	100.8
山 东	Shandong	103.2	103.1	102.3	100.4	99.0	100.0
河 南	Henan	102.9	102.7	102.2	100.9	99.6	100.8
湖 北	Hubei	103.3	102.8	101.4	100.0	98.9	99.8
湖 南	Hunan	103.5	102.3	101.5	100.2	99.0	100.1
广 东	Guangdong	102.5	102.2	101.1	100.1	99.1	99.8
广 西	Guangxi	103.0	101.3	101.3	100.6	99.5	100.3
海 南	Hainan	102.2	101.0	100.5	100.7	98.1	98.4
重 庆	Chongqing	102.8	102.4	101.6	100.5	99.4	99.5
四 川	Sichuan	104.1	103.4	101.9	100.2	99.2	99.8
贵 州	Guizhou	102.7	103.0	102.1	100.7	99.1	99.6
云 南	Yunnan	103.6	104.3	103.7	102.1	100.4	100.2
西 藏	Tibet	102.5	102.5	102.1	101.5	100.9	101.2
陕 西	Shaanxi	102.5	102.8	102.0	100.7	99.9	100.7
甘 肃	Gansu	102.0	102.4	102.2	101.1	100.3	100.8
青 海	Qinghai	102.6	102.6	102.6	101.4	100.5	101.0
宁 夏	Ningxia	101.2	101.9	101.9	100.9	100.0	100.5
新 疆	Xinjiang	101.5	101.5	100.9	100.5	100.2	100.7

3-1-5 居民消费价格分类月度环比指数(2020年)
Month-to-month Consumer Price Index by Category(2020)

(上月价格=100) (Last Month=100)

项　　目	Item	1月 January	2月 February	3月 March	4月 April	5月 May	6月 June
居民消费价格指数	**Consumer Price Index**	**101.4**	**100.8**	**98.8**	**99.1**	**99.2**	**99.9**
一、食品烟酒	**Food,Tobacco and Alcohol**	**103.1**	**103.0**	**97.3**	**97.9**	**97.6**	**100.1**
食品	Food	104.4	104.3	96.2	97.0	96.5	100.2
粮　食	Grain	99.9	100.4	100.0	100.4	100.3	100.1
食用油	Edible Oil and Fats	100.1	100.5	99.9	99.9	99.7	100.4
鲜　菜	Fresh Vegetables	115.3	109.5	87.8	92.0	87.5	102.8
畜肉类	Meat of Livestock	106.1	107.1	94.8	94.5	94.3	102.2
其中：猪 肉	of which:Pork	108.5	109.3	93.1	92.4	91.9	103.6
牛 肉	Beef	101.6	102.3	98.8	98.6	99.2	99.5
羊 肉	Mutton	100.8	101.3	99.1	99.0	99.3	100.4
水产品	Aquatic Products	104.5	103.0	96.5	99.9	101.3	100.1
蛋　类	Eggs	96.8	94.2	95.7	98.1	95.9	96.3
奶　类	Milk	99.7	100.2	99.6	100.0	99.9	100.3
鲜　果	Fresh Fruits	105.5	104.8	99.8	97.8	99.2	92.4
茶及饮料	Tea and Beverages	99.6	100.2	100.1	100.1	100.0	100.1
烟酒	Tobacco and Alcohol	99.8	100.2	100.1	100.0	100.0	100.0
烟草	Tobacco	100.0	100.0	100.0	100.0	100.0	100.1
酒类	Alcohol	99.5	100.5	100.3	100.0	99.9	100.0
在外餐饮	Dining Out	100.8	100.1	99.9	100.3	100.1	100.0
二、衣着	**Clothing**	**99.5**	**99.7**	**99.9**	**99.9**	**100.2**	**99.8**
服装	Garments	99.3	99.7	99.8	100.0	100.2	99.8
服装材料	Garments Material	100.1	100.0	100.0	99.9	100.0	100.1
其他衣着及配件	Other Clothing and Parts	99.9	99.9	99.9	100.1	99.9	100.0
衣着加工服务费	Clothing Manufacturing Service Fees	100.7	99.8	100.1	100.1	100.1	100.1
鞋类	Footware	99.8	99.8	99.9	99.8	100.0	99.7
三、居住	**Residence**	**100.0**	**99.9**	**99.7**	**99.8**	**99.8**	**99.8**
租赁房房租	Rent of Rental Housing	99.8	99.9	99.8	100.0	99.9	99.9
住房保养维修及管理	Housing Maintenance and Management	100.2	100.0	99.9	100.0	100.1	100.0
水电燃料	Water,Electricity and Fuels	100.3	99.9	99.2	99.3	99.6	99.7

3-1-5 续表 1 continued 1

(上月价格=100) (Last Month=100)

项　目	Item	1月 January	2月 February	3月 March	4月 April	5月 May	6月 June
四、生活用品及服务	**Articles for Daily Use and Services**	**100.2**	**99.9**	**99.9**	**99.9**	**100.0**	**99.9**
家具及室内装饰品	Furniture and Interior Decorations	99.9	100.0	99.9	99.8	100.1	99.8
家用器具	Home Appliances	99.7	99.9	99.9	99.7	99.9	99.7
家用纺织品	Home Textiles	99.8	100.0	99.9	99.9	100.1	99.8
家庭日用杂品	Daily Use Household Articles	100.0	100.3	100.1	99.8	100.1	100.1
个人护理用品	Personal-care Supplies	100.1	100.2	99.9	100.2	100.0	99.9
家庭服务	Household Service	103.2	98.5	99.2	100.3	100.0	100.0
五、交通和通信	**Transportaion and Communications**	**101.4**	**98.5**	**97.5**	**98.8**	**99.8**	**99.7**
交通	Transport	102.2	97.8	96.3	98.1	99.8	99.7
交通工具	Transport Facility	100.0	100.0	99.9	99.6	99.6	99.5
交通工具用燃料	Fuels for Transport Facility	102.7	94.4	90.5	92.7	100.0	100.2
交通工具使用和维修	Use and Maintenance of Transport Facility	101.9	98.9	99.5	99.9	100.5	100.0
通信	Communications	100.0	99.9	99.9	100.1	99.9	99.8
通信工具	Communication Facility	99.6	99.8	99.7	100.4	99.5	99.5
通信服务	Communicaiton Service	100.0	100.0	100.0	100.0	100.0	100.0
邮递服务	Postal Service	101.0	99.1	99.9	99.9	99.8	99.9
六、教育文化和娱乐	**Education, Culture and Recreation**	**101.4**	**100.0**	**99.9**	**99.8**	**100.0**	**99.7**
教育	Education	100.1	100.0	99.9	100.0	100.1	100.1
教育服务	Education Services	100.1	100.0	99.9	100.0	100.1	100.1
文化娱乐	Culture and Recreation	103.5	100.0	99.9	99.5	100.0	99.2
旅游	Touring and Outing	108.6	100.0	100.0	98.9	100.0	98.2
七、医疗保健	**Health Care**	**100.6**	**100.1**	**100.2**	**100.2**	**100.0**	**100.0**
药品及医疗器具	Medicine and Medical Instrument	99.8	100.2	100.2	100.1	99.9	100.0
中药	Traditional chinese Medicine	100.2	100.2	100.3	100.3	100.3	100.1
西药	Western Medicine	99.6	100.1	100.0	99.9	99.5	99.9
医疗服务	Medical Services	101.1	100.1	100.1	100.2	100.1	100.0
八、其他用品和服务	**Other Articles and Services**	**101.8**	**99.8**	**100.4**	**99.9**	**100.5**	**100.4**
其他用品类	Other Articles	101.7	100.2	101.2	100.1	101.0	100.7
其他服务类	Other Services	101.8	99.5	99.6	99.6	100.0	100.1

3-1-5 续表 2 continued 2

(上月价格=100) (Last Month=100)

项 目	Item	7月 July	8月 August	9月 September	10月 October	11月 November	12月 December
居民消费价格指数	**Consumer Price Index**	**100.6**	**100.4**	**100.2**	**99.7**	**99.4**	**100.7**
一、食品烟酒	**Food,Tobacco and Alcohol**	**102.0**	**101.0**	**100.3**	**98.8**	**98.4**	**102.0**
食品	Food	102.8	101.4	100.4	98.2	97.6	102.8
粮 食	Grain	100.0	100.0	100.0	100.1	100.1	100.0
食用油	Edible Oil and Fats	100.7	100.7	100.3	100.5	100.2	101.3
鲜 菜	Fresh Vegetables	106.3	106.4	102.4	97.9	94.3	108.5
畜肉类	Meat of Livestock	107.4	101.4	99.2	95.5	95.3	104.3
其中：猪 肉	of which:Pork	110.3	101.2	98.4	93.0	93.5	106.5
牛 肉	Beef	100.4	101.3	101.8	100.6	100.1	100.5
羊 肉	Mutton	101.1	100.7	100.1	100.2	100.0	102.6
水产品	Aquatic Products	100.4	99.6	99.1	98.8	98.1	100.8
蛋 类	Eggs	103.1	109.4	101.0	98.1	98.6	102.4
奶 类	Milk	100.2	100.3	100.0	100.3	100.5	100.3
鲜 果	Fresh Fruits	95.6	99.6	107.3	101.8	100.0	103.5
茶及饮料	Tea and Beverages	100.0	100.0	100.0	100.0	100.3	100.1
烟酒	Tobacco and Alcohol	100.1	100.1	100.0	100.3	100.2	100.1
烟草	Tobacco	100.1	100.1	100.1	100.1	100.1	100.1
酒类	Alcohol	100.2	100.2	99.9	100.5	100.3	100.2
在外餐饮	Dining Out	100.1	100.2	100.1	100.2	100.1	100.1
二、衣着	**Clothing**	**99.5**	**99.8**	**100.9**	**100.4**	**100.3**	**100.0**
服装	Garments	99.5	99.8	100.9	100.5	100.4	100.1
服装材料	Garments Material	99.9	100.0	100.0	100.0	100.1	100.1
其他衣着及配件	Other Clothing and Parts	99.9	99.9	100.2	100.2	100.0	100.2
衣着加工服务费	Clothing Manufacturing Service Fees	100.0	100.1	100.1	100.1	100.1	100.1
鞋类	Footware	99.5	99.8	101.0	100.2	100.2	99.9
三、居住	**Residence**	**100.0**	**100.1**	**100.0**	**100.1**	**100.0**	**100.1**
租赁房房租	Rent of Rental Housing	100.0	100.1	100.0	100.0	99.8	99.9
住房保养维修及管理	Housing Maintenance and Management	100.0	100.1	100.1	100.2	100.1	100.1
水电燃料	Water,Electricity and Fuels	99.9	100.0	100.0	100.3	100.3	100.5

3-1-5 续表 3 continued 3

(上月价格=100) (Last Month=100)

项 目	Item	7月 July	8月 August	9月 September	10月 October	11月 November	12月 December
四、生活用品及服务	**Articles for Daily Use and Services**	**100.0**	**100.0**	**100.0**	**100.1**	**100.0**	**100.1**
家具及室内装饰品	Furniture and Interior Decorations	100.0	100.0	99.9	100.3	100.1	100.0
家用器具	Home Appliances	100.0	99.9	99.9	100.0	99.8	100.1
家用纺织品	Home Textiles	100.0	99.8	100.1	100.1	100.0	100.1
家庭日用杂品	Daily Use Household Articles	100.0	99.9	99.8	100.2	100.0	100.1
个人护理用品	Personal-care Supplies	100.1	100.1	100.1	100.1	99.9	100.1
家庭服务	Household Service	100.1	100.1	100.3	100.2	100.1	100.3
五、交通和通信	**Transportaion and Communications**	**100.3**	**100.3**	**99.9**	**99.8**	**99.7**	**100.9**
交通	Transport	100.5	100.4	99.9	99.7	99.4	101.3
交通工具	Transport Facility	99.6	99.8	99.9	100.0	100.1	100.0
交通工具用燃料	Fuels for Transport Facility	102.4	100.8	99.1	97.8	99.7	105.1
交通工具使用和维修	Use and Maintenance of Transport Facility	100.1	100.0	100.1	99.8	100.2	100.1
通信	Communications	99.9	100.1	100.1	100.0	100.2	100.2
通信工具	Communication Facility	99.9	100.3	100.2	100.2	101.1	100.8
通信服务	Communicaiton Service	100.0	100.0	100.0	100.0	100.0	100.0
邮递服务	Postal Service	100.0	99.9	100.1	99.9	99.9	100.0
六、教育文化和娱乐	**Education, Culture and Recreation**	**99.8**	**99.7**	**100.8**	**100.6**	**99.2**	**99.9**
教育	Education	100.0	100.1	101.5	100.0	100.0	100.0
教育服务	Education Services	100.0	100.1	101.6	100.0	100.0	100.0
文化娱乐	Culture and Recreation	99.4	99.1	99.8	101.3	98.1	99.7
旅游	Touring and Outing	98.5	98.5	99.1	102.8	95.6	99.4
七、医疗保健	**Health Care**	**100.0**	**100.1**	**100.0**	**100.1**	**100.0**	**100.0**
药品及医疗器具	Medicine and Medical Instrument	100.0	100.1	100.0	100.1	100.1	100.0
中药	Traditional chinese Medicine	100.0	100.1	100.1	100.1	100.2	100.2
西药	Western Medicine	100.0	100.0	100.0	100.0	100.0	99.8
医疗服务	Medical Services	100.0	100.1	100.0	100.1	100.0	100.0
八、其他用品和服务	**Other Articles and Services**	**100.8**	**102.4**	**99.1**	**98.3**	**99.4**	**99.6**
其他用品类	Other Articles	101.6	104.8	98.2	98.8	99.3	99.1
其他服务类	Other Services	100.2	100.3	99.9	97.8	99.5	100.0

3-1-6 居民消费价格分类月度同比指数(2020年)
Year-over-year Consumer Price Index by Category(2020)

(上年同月价格=100) (Same Month of Preceding Year=100)

项　　目	Item	1月 January	2月 February	3月 March	4月 April	5月 May	6月 June
居民消费价格指数	**Consumer Price Index**	**105.4**	**105.2**	**104.3**	**103.3**	**102.4**	**102.5**
一、食品烟酒	**Food,Tobacco and Alcohol**	**115.2**	**116.0**	**113.6**	**111.3**	**108.5**	**108.8**
食品	Food	120.6	121.9	118.3	114.8	110.6	111.1
粮　食	Grain	100.5	100.7	100.7	101.2	101.5	101.6
食用油	Edible Oil and Fats	105.0	105.7	105.7	105.6	105.3	105.7
鲜　菜	Fresh Vegetables	117.1	110.9	99.9	96.3	91.5	104.2
畜肉类	Meat of Livestock	176.7	187.6	178.0	166.7	157.4	157.4
其中：猪 肉	of which:Pork	216.0	235.2	216.4	196.9	181.7	181.6
牛 肉	Beef	120.2	121.1	121.7	120.5	119.4	118.5
羊 肉	Mutton	110.4	111.2	112.1	111.5	110.8	110.9
水产品	Aquatic Products	103.8	102.8	102.8	102.3	103.7	104.8
蛋　类	Eggs	102.4	101.0	101.9	97.3	87.7	86.4
奶　类	Milk	100.5	100.9	100.6	100.9	101.0	101.1
鲜　果	Fresh Fruits	95.0	94.4	93.9	89.5	80.7	71.0
茶及饮料	Tea and Beverages	100.8	101.2	100.8	100.8	100.7	100.6
烟酒	Tobacco and Alcohol	101.5	101.7	101.5	101.6	101.5	101.4
烟草	Tobacco	100.8	100.7	100.7	100.8	100.8	100.8
酒类	Alcohol	102.6	103.2	102.7	102.8	102.6	102.2
在外餐饮	Dining Out	105.8	105.1	105.3	105.5	105.5	105.5
二、衣着	**Clothing**	**100.6**	**100.5**	**99.7**	**99.6**	**99.6**	**99.6**
服装	Garments	100.7	100.6	99.8	99.7	99.8	99.7
服装材料	Garments Material	101.2	101.2	101.0	100.8	100.7	100.6
其他衣着及配件	Other Clothing and Parts	99.6	99.7	99.4	99.6	99.6	99.6
衣着加工服务费	Clothing Manufacturing Service Fees	103.1	102.2	102.4	102.3	102.3	102.1
鞋类	Footware	100.1	99.9	99.2	98.9	99.0	98.9
三、居住	**Residence**	**100.5**	**100.3**	**99.9**	**99.7**	**99.5**	**99.4**
租赁房房租	Rent of Rental Housing	100.7	100.3	99.8	99.7	99.7	99.3
住房保养维修及管理	Housing Maintenance and Management	101.5	101.3	101.3	101.2	101.2	101.1
水电燃料	Water,Electricity and Fuels	100.3	100.2	99.6	99.0	98.7	98.9

3-1-6 续表 1 continued 1

(上年同月价格=100) (Same Month of Preceding Year=100)

项 目	Item	1月 January	2月 February	3月 March	4月 April	5月 May	6月 June
四、生活用品及服务	**Articles for Daily Use and Services**	**100.2**	**100.1**	**100.3**	**100.1**	**100.1**	**100.0**
家具及室内装饰品	Furniture and Interior Decorations	100.2	100.2	100.1	99.8	99.9	99.7
家用器具	Home Appliances	98.3	98.4	98.4	98.0	98.0	98.0
家用纺织品	Home Textiles	100.0	100.1	100.0	99.9	100.0	99.9
家庭日用杂品	Daily Use Household Articles	100.4	100.5	100.5	100.5	100.6	100.7
个人护理用品	Personal-care Supplies	101.2	101.3	101.6	101.3	101.2	100.9
家庭服务	Household Service	103.5	101.2	103.1	103.2	103.1	102.9
五、交通和通信	**Transportaion and Communications**	**100.9**	**98.4**	**96.2**	**95.1**	**94.9**	**95.4**
交通	Transport	102.1	98.3	94.9	93.0	92.7	93.3
交通工具	Transport Facility	98.2	98.2	98.2	98.0	98.1	97.7
交通工具用燃料	Fuels for Transport Facility	107.2	97.7	85.4	79.5	78.0	80.9
交通工具使用和维修	Use and Maintenance of Transport Facility	103.0	99.8	101.4	101.4	101.7	101.8
通信	Communications	98.6	98.5	98.8	99.1	99.2	99.2
通信工具	Communication Facility	95.9	96.0	96.7	97.7	97.8	97.9
通信服务	Communicaiton Service	99.3	99.4	99.4	99.4	99.6	99.6
邮递服务	Postal Service	100.1	98.2	99.2	99.6	99.4	99.3
六、教育文化和娱乐	**Education, Culture and Recreation**	**102.2**	**101.0**	**102.5**	**102.0**	**102.2**	**101.9**
教育	Education	102.7	102.5	102.2	102.2	102.2	102.3
教育服务	Education Services	102.7	102.6	102.3	102.2	102.3	102.3
文化娱乐	Culture and Recreation	101.6	98.7	103.0	101.7	102.2	101.3
旅游	Touring and Outing	104.2	97.9	108.3	105.6	106.9	104.5
七、医疗保健	**Health Care**	**102.3**	**102.2**	**102.2**	**102.2**	**102.1**	**101.9**
药品及医疗器具	Medicine and Medical Instrument	102.1	101.9	101.8	101.7	101.2	100.9
中药	Traditional chinese Medicine	102.9	102.9	102.8	102.9	103.0	102.8
西药	Western Medicine	102.5	102.3	102.0	101.6	100.6	100.2
医疗服务	Medical Services	102.4	102.3	102.4	102.6	102.8	102.5
八、其他用品和服务	**Other Articles and Services**	**104.8**	**104.4**	**105.3**	**104.8**	**105.3**	**105.1**
其他用品类	Other Articles	108.5	109.0	110.4	110.1	111.3	110.5
其他服务类	Other Services	102.0	100.9	101.4	100.8	100.7	100.9

3-1-6 续表 2 continued 2

(上年同月价格=100) (Same Month of Preceding Year=100)

项 目	Item	7月 July	8月 August	9月 September	10月 October	11月 November	12月 December
居民消费价格指数	**Consumer Price Index**	**102.7**	**102.4**	**101.7**	**100.5**	**99.5**	**100.2**
一、食品烟酒	**Food,Tobacco and Alcohol**	**110.2**	**108.8**	**106.4**	**102.4**	**99.3**	**101.4**
食品	Food	113.2	111.2	107.9	102.2	98.0	101.2
粮 食	Grain	101.6	101.5	101.5	101.5	101.4	101.4
食用油	Edible Oil and Fats	106.4	106.4	105.5	104.7	103.1	104.3
鲜 菜	Fresh Vegetables	107.9	111.7	117.2	116.7	108.6	106.5
畜肉类	Meat of Livestock	161.1	142.0	122.6	102.0	92.7	100.6
其中：猪 肉	of which:Pork	185.7	152.6	125.5	97.2	87.5	98.7
牛 肉	Beef	117.9	114.4	109.0	107.0	104.2	104.6
羊 肉	Mutton	111.1	109.7	105.4	103.6	102.2	104.6
水产品	Aquatic Products	104.7	103.4	102.6	102.5	101.0	101.7
蛋 类	Eggs	85.5	89.0	84.2	83.7	82.9	89.2
奶 类	Milk	100.9	101.2	101.0	101.3	101.5	101.3
鲜 果	Fresh Fruits	72.3	80.2	93.1	100.4	103.6	106.5
茶及饮料	Tea and Beverages	100.5	100.4	100.4	100.3	100.5	100.5
烟酒	Tobacco and Alcohol	101.2	101.1	101.1	101.0	101.0	101.1
烟草	Tobacco	100.8	100.8	100.8	100.8	100.7	100.8
酒类	Alcohol	101.8	101.6	101.5	101.4	101.4	101.5
在外餐饮	Dining Out	105.4	105.2	104.3	103.7	102.6	102.2
二、衣着	**Clothing**	**99.5**	**99.5**	**99.6**	**99.7**	**99.7**	**99.9**
服装	Garments	99.6	99.7	99.7	99.8	99.7	99.9
服装材料	Garments Material	100.3	100.2	100.1	100.1	100.1	100.1
其他衣着及配件	Other Clothing and Parts	99.6	99.6	99.6	99.7	99.7	100.0
衣着加工服务费	Clothing Manufacturing Service Fees	102.1	102.0	102.0	101.7	101.6	101.4
鞋类	Footware	98.7	98.8	99.1	99.3	99.5	99.5
三、居住	**Residence**	**99.3**	**99.3**	**99.2**	**99.3**	**99.4**	**99.4**
租赁房房租	Rent of Rental Housing	99.0	98.8	98.8	98.9	99.1	99.2
住房保养维修及管理	Housing Maintenance and Management	101.0	101.0	100.9	100.9	100.8	100.8
水电燃料	Water,Electricity and Fuels	99.0	99.1	98.9	99.1	99.1	99.0

3-1-6 续表 3 continued 3

(上年同月价格=100) (Same Month of Preceding Year=100)

项 目	Item	7月 July	8月 August	9月 September	10月 October	11月 November	12月 December
四、生活用品及服务	**Articles for Daily Use and Services**	**99.9**	**99.9**	**99.9**	**99.9**	**100.0**	**100.0**
家具及室内装饰品	Furniture and Interior Decorations	99.6	99.6	99.5	99.8	99.9	99.9
家用器具	Home Appliances	97.9	97.9	98.1	98.2	98.4	98.5
家用纺织品	Home Textiles	99.8	99.5	99.6	99.5	99.4	99.5
家庭日用杂品	Daily Use Household Articles	100.6	100.6	100.3	100.4	100.4	100.3
个人护理用品	Personal-care Supplies	100.8	100.8	100.8	100.7	100.6	100.7
家庭服务	Household Service	102.6	102.5	102.6	102.6	102.5	102.3
五、交通和通信	**Transportaion and Communications**	**95.6**	**96.1**	**96.4**	**96.1**	**96.1**	**96.9**
交通	Transport	93.6	94.2	94.6	94.3	94.1	95.1
交通工具	Transport Facility	97.3	97.2	97.1	97.5	97.8	98.1
交通工具用燃料	Fuels for Transport Facility	84.5	86.2	85.3	82.8	82.4	85.4
交通工具使用和维修	Use and Maintenance of Transport Facility	101.5	101.4	101.4	101.2	101.2	101.0
通信	Communications	99.3	99.6	99.7	99.6	99.9	100.2
通信工具	Communication Facility	98.2	99.2	99.2	98.8	100.0	101.0
通信服务	Communicaiton Service	99.7	99.8	99.9	99.9	99.9	100.0
邮递服务	Postal Service	99.6	99.6	99.7	99.5	99.4	99.3
六、教育文化和娱乐	**Education, Culture and Recreation**	**100.3**	**100.0**	**100.7**	**101.1**	**101.0**	**100.9**
教育	Education	102.1	102.2	101.9	101.9	101.9	101.9
教育服务	Education Services	102.2	102.2	102.0	101.9	101.9	101.9
文化娱乐	Culture and Recreation	97.7	96.8	98.8	99.9	99.8	99.4
旅游	Touring and Outing	95.7	94.0	98.2	100.6	100.0	99.0
七、医疗保健	**Health Care**	**101.6**	**101.5**	**101.5**	**101.5**	**101.5**	**101.3**
药品及医疗器具	Medicine and Medical Instrument	100.7	100.6	100.5	100.4	100.4	100.3
中药	Traditional chinese Medicine	102.4	102.2	102.0	102.0	102.1	102.1
西药	Western Medicine	100.0	99.7	99.6	99.4	99.1	98.9
医疗服务	Medical Services	102.2	102.1	102.1	102.2	102.2	102.0
八、其他用品和服务	**Other Articles and Services**	**105.1**	**106.1**	**104.3**	**102.4**	**102.5**	**102.2**
其他用品类	Other Articles	110.7	112.8	108.3	107.4	107.8	107.0
其他服务类	Other Services	100.6	100.7	100.9	98.3	98.2	98.3

3-1-7 全国居民消费价格分类指数(2020年)
Consumer Price Indices by Category(2020)

(上年价格=100) (Preceding Year=100)

项 目	Item	全 国 National Indices	城 市 Urban Indices	农 村 Rural Indices
居民消费价格总指数	**Consumer Price Index**	**102.5**	**102.3**	**103.0**
一、食品烟酒	**Food,Tobacco and Alcohol**	**108.3**	**107.8**	**109.6**
1.食品	Food	110.6	110.0	112.1
(1)粮食	Grain	101.2	101.2	101.2
(2)薯类	Tubers	103.3	103.7	102.4
(3)豆类	Beans	105.6	105.8	105.2
(4)食用油	Edible Oil and Fats	105.3	103.8	108.0
(5)菜	Vegetables	106.6	106.6	106.7
(6)畜肉类	Meat of Livestock	138.4	137.6	140.3
(7)禽肉类	Meat of Poultry	102.2	102.5	101.5
(8)水产品	Aquatic Products	103.0	102.9	103.2
(9)蛋类	Eggs	90.6	90.9	89.8
(10)奶类	Milk	101.0	101.1	100.7
(11)干鲜瓜果类	Dried and Fresh Melons and Fruits	91.6	91.8	90.7
(12)糖果糕点类	Candy and Cake	101.0	101.0	100.9
(13)调味品	Falvoring	101.3	101.4	101.1
(14)其他食品类	Other Foods	101.8	101.9	101.6
2.茶及饮料	Tea and Beverages	100.6	100.6	100.7
3.烟酒	Tobacco and Alcohol	101.3	101.4	101.1
(1)烟草	Tobacco	100.8	100.9	100.5
(2)酒类	Alcohol	102.1	102.2	101.9
4.在外餐饮	Dining Out	104.7	104.5	105.4
二、衣着	**Clothing**	**99.8**	**99.8**	**99.7**
1.服装	Garments	99.9	99.9	99.7
(1)男式服装	Garments for Men	99.9	100.0	99.7
(2)女式服装	Garments for Women	99.9	100.0	99.7
(3)儿童服装	Garments for Children	99.7	99.7	99.8
2.服装材料	Garments Material	100.5	100.6	100.3
3.其他衣着及配件	Other Clothing and Parts	99.6	99.5	100.3
4.衣着加工服务费	Clothing Manufacturing Services Fees	102.1	102.1	102.0
5.鞋类	Footware	99.2	99.2	99.4
(1)鞋	Shoes	99.1	99.1	99.3
(2)鞋类加工服务	Footware Manufactuing Services	102.6	102.6	102.7
三、居住	**Residence**	**99.6**	**99.6**	**99.5**
1.租赁房房租	Rent of Rental Housing	99.4	99.4	99.4
2.住房保养维修及管理	Housing Maintenance and Management	101.1	101.2	100.8
(1)住房装潢材料	Building and Building Decoration Matrials	100.1	100.1	100.3
(2)物业管理费	Property Management fee	100.3	100.3	100.5
(3)住房装潢维修	Decoration and Repair	102.5	103.2	101.4
3.水电燃料	Water,Electricity and Fuels	99.3	99.5	98.6
(1)水	Water	100.7	100.7	100.8
(2)电	Electricity	100.0	100.0	100.0
(3)燃气	Gas	97.2	97.9	95.1
(4)取暖费	Heating fees	100.2	100.1	100.5
(5)其他燃料	Other Fuels	97.9	97.8	97.9
4.自有住房	Private Housing	99.3	99.3	99.5
四、生活用品及服务	**Articles for Daily Use and Services**	**100.0**	**100.1**	**99.9**
1.家具及室内装饰品	Furniture and Interior Decorations	99.9	99.8	99.9
(1)家具	Furniture	99.9	99.9	99.9
(2)室内装饰品	Interior Decorations	99.5	99.3	100.1
2.家用器具	Home Appliances	98.2	98.0	98.7
(1)大型家用器具	Large Houshold Appliances	98.1	98.0	98.6
(2)小家电	Small Household Appliances	98.5	98.2	99.3
3.家用纺织品	Home Textiles	99.8	99.7	99.8
(1)床上用品	Bed Articles	99.7	99.7	99.6

3-1-7 续表 continued

(上年价格=100) (Preceding Year=100)

项 目	Item	全 国 National Indices	城 市 Urban Indices	农 村 Rural Indices
(2)窗帘门帘	Curtains	100.2	100.1	100.5
(3)其他家用纺织品	Other Home Textiles	99.9	99.8	100.1
4.家庭日用杂品	Daily Use Household Articles	100.5	100.6	100.3
(1)洗涤卫生用品	Clearing Products	100.8	100.9	100.4
(2)厨具餐具茶具	Kichenware Tableware and Teaset	100.1	100.2	100.0
(3)家用手工工具	Hand Tools for Household Use	100.9	100.8	101.1
(4)其他家庭日用杂品	Other Daily Use Household Articles	100.1	100.0	100.2
5.个人护理用品	Personal-care Supplies	101.0	101.1	100.5
(1)化妆品	Cosmetics	101.1	101.2	100.5
(2)其他护理用品类	Other Nursing Materials	100.8	100.9	100.5
6.家庭服务	Household Service	102.7	102.7	102.4
五、交通和通信	**Transportaion and Communications**	**96.5**	**96.4**	**96.8**
1.交通	Transport	95.0	94.9	95.5
(1)交通工具	Transport Facility	97.8	97.7	98.2
(2)交通工具用燃料	Fuels for Transport Facility	86.2	86.2	86.0
(3)交通工具使用和维修	Use and Maintenance of Transport Facility	101.4	101.4	101.4
(4)交通费	Traffic Fee	97.4	96.9	99.0
2.通信	Communications	99.3	99.3	99.3
(1)通信工具	Communication Facility	98.2	98.5	97.2
(2)通信服务	Communicaiton Service	99.7	99.6	99.9
(3)邮递服务	Postal Service	99.4	99.3	100.1
六、教育文化和娱乐	**Education, Culture and Recreation**	**101.3**	**101.4**	**101.1**
1.教育	Education	102.2	102.3	101.7
(1)教育用品	Education Articles	101.5	101.7	100.9
(2)教育服务	Education Services	102.2	102.4	101.8
2.文化娱乐	Culture and Recreation	100.1	100.1	99.6
(1)文娱耐用消费品	Durable Consumer Goods for Culture and Recreation	98.7	98.6	99.0
(2)其他文娱用品	Other Articles for Culture and Recreation	100.4	100.4	100.6
(3)文化娱乐服务	Services for Culture and Recreation	99.1	99.1	99.4
(4)旅游	Touring and Outing	101.1	101.3	99.9
七、医疗保健	**Health Care**	**101.8**	**101.7**	**102.0**
1.药品及医疗器具	Medicine and Medical Instrument	101.0	100.8	101.7
(1)中药	Traditional chinese Medicine	102.5	102.4	102.7
(2)西药	Western Medicine	100.5	100.1	101.3
(3)滋补保健品	Health Care Articles	100.8	100.7	101.1
(4)医疗卫生器具	Medical Instrument	102.0	101.4	104.1
(5)保健器具	Health Care Appliances	99.3	99.1	100.0
2.医疗服务	Medical Services	102.3	102.4	102.2
(1)综合医疗类	General Practice	103.5	103.4	103.6
(2)诊断类	Diagnostic Medical	100.5	100.3	101.0
(3)治疗类	Medical Treatment	103.4	103.8	102.4
(4)康复类	Rehabilitation	101.3	100.9	102.3
(5)中医医疗服务类	Traditional Chinese Medical	102.9	102.7	103.4
(6)其他医疗服务	Other Health Care Services	101.3	101.2	101.6
八、其他用品和服务	**Other Articles and Services**	**104.3**	**104.4**	**104.1**
1.其他用品类	Other Articles	109.5	110.0	107.4
(1)首饰手表	Jewelry and Watches	115.1	115.3	113.9
(2)其他杂项用品	Other Miscellaneous Articles	99.9	99.9	99.9
2.其他服务类	Other Services	100.3	100.1	101.1
(1)旅馆住宿	Hotel Accommodations	94.8	94.3	98.0
(2)美容美发洗浴	Beaty Salon,Hair Salon and Scouring Bath	102.1	102.1	102.4
(3)养老服务	Elderly Care	101.9	101.9	101.8
(4)金融保险	Finance and Insurance	99.9	99.7	100.6
(5)其他服务类	Other Miscellaneous Services	100.8	101.0	100.5

3-1-8 各地区居民消费价格总指数(2000～2020年)

(上年价格=100)

地 区	Region	2000	2001	2002	2003	2004	2005	2006	2007
全国平均	**National**	**100.4**	**100.7**	**99.2**	**101.2**	**103.9**	**101.8**	**101.5**	**104.8**
北 京	Beijing	103.5	103.1	98.2	100.2	101.0	101.5	100.9	102.4
天 津	Tianjin	99.6	101.2	99.6	101.0	102.3	101.5	101.5	104.2
河 北	Hebei	99.7	100.5	99.0	102.2	104.3	101.8	101.7	104.7
山 西	Shanxi	103.9	99.8	98.4	101.8	104.1	102.3	102.0	104.6
内蒙古	Inner Mongolia	101.3	100.6	100.2	102.2	102.9	102.4	101.5	104.6
辽 宁	Liaoning	99.9	100.0	98.9	101.7	103.5	101.4	101.2	105.1
吉 林	Jilin	98.6	101.3	99.5	101.2	104.1	101.5	101.4	104.8
黑龙江	Heilongjiang	98.3	100.8	99.3	100.9	103.8	101.2	101.9	105.4
上 海	Shanghai	102.5	100.0	100.5	100.1	102.2	101.0	101.2	103.2
江 苏	Jiangsu	100.1	100.8	99.2	101.0	104.1	102.1	101.6	104.3
浙 江	Zhejiang	101.0	99.8	99.1	101.9	103.9	101.3	101.1	104.2
安 徽	Anhui	100.7	100.5	99.0	101.7	104.5	101.4	101.2	105.3
福 建	Fujian	102.1	98.7	99.5	100.8	104.0	102.2	100.8	105.2
江 西	Jiangxi	100.3	99.5	100.1	100.8	103.5	101.7	101.2	104.8
山 东	Shandong	100.2	101.8	99.3	101.1	103.6	101.7	101.0	104.4
河 南	Henan	99.2	100.7	100.1	101.6	105.4	102.1	101.3	105.4
湖 北	Hubei	99.0	100.3	99.6	102.2	104.9	102.9	101.6	104.8
湖 南	Hunan	101.4	99.1	99.5	102.4	105.1	102.3	101.4	105.6
广 东	Guangdong	101.4	99.3	98.6	100.6	103.0	102.3	101.8	103.7
广 西	Guangxi	99.7	100.6	99.1	101.1	104.4	102.4	101.3	106.1
海 南	Hainan	101.1	98.5	99.5	100.1	104.4	101.5	101.5	105.0
重 庆	Chongqing	96.7	101.7	99.6	100.6	103.7	100.8	102.4	104.7
四 川	Sichuan	100.1	102.1	99.7	101.7	104.9	101.7	102.3	105.9
贵 州	Guizhou	99.5	101.8	99.0	101.2	104.0	101.0	101.7	106.4
云 南	Yunnan	97.9	99.1	99.8	101.2	106.0	101.4	101.9	105.9
西 藏	Tibet	99.9	100.1	100.4	100.9	102.7	101.5	102.0	103.4
陕 西	Shaanxi	99.5	101.0	98.9	101.7	103.1	101.2	101.5	105.1
甘 肃	Gansu	99.5	104.0	100.0	101.1	102.3	101.7	101.3	105.5
青 海	Qinghai	99.5	102.6	102.3	102.0	103.2	100.8	101.6	106.6
宁 夏	Ningxia	99.6	101.6	99.4	101.7	103.7	101.5	101.9	105.4
新 疆	Xinjiang	99.4	104.0	99.4	100.4	102.7	100.7	101.3	105.5

Consumer Price Indices by Region(2000~2020)

(Preceding Year=100)

2008	2009	2010	2011	2012	2013	2014	2015	2016	2017	2018	2019	2020
105.9	**99.3**	**103.3**	**105.4**	**102.6**	**102.6**	**102.0**	**101.4**	**102.0**	**101.6**	**102.1**	**102.9**	**102.5**
105.1	98.5	102.4	105.6	103.3	103.3	101.6	101.8	101.4	101.9	102.5	102.3	101.7
105.4	99.0	103.5	104.9	102.7	103.1	101.9	101.7	102.1	102.1	102.0	102.7	102.0
106.2	99.3	103.1	105.7	102.6	103.0	101.7	100.9	101.5	101.7	102.4	103.0	102.1
107.2	99.6	103.0	105.2	102.5	103.1	101.7	100.6	101.1	101.1	101.8	102.7	102.9
105.7	99.7	103.2	105.6	103.1	103.2	101.6	101.1	101.2	101.7	101.8	102.4	101.9
104.6	100.0	103.0	105.2	102.8	102.4	101.7	101.4	101.6	101.4	102.5	102.4	102.4
105.1	100.1	103.7	105.2	102.5	102.9	102.0	101.7	101.6	101.6	102.1	103.0	102.3
105.6	100.2	103.9	105.8	103.2	102.2	101.5	101.1	101.5	101.3	102.0	102.8	102.3
105.8	99.6	103.1	105.2	102.8	102.3	102.7	102.4	103.2	101.7	101.6	102.5	101.7
105.4	99.6	103.8	105.3	102.6	102.3	102.2	101.7	102.3	101.7	102.3	103.1	102.5
105.0	98.5	103.8	105.4	102.2	102.3	102.1	101.4	101.9	102.1	102.3	102.9	102.3
106.2	99.1	103.1	105.6	102.3	102.4	101.6	101.3	101.8	101.2	102.0	102.7	102.7
104.6	98.2	103.2	105.3	102.4	102.5	102.0	101.7	101.7	101.2	101.5	102.6	102.2
106.0	99.3	103.0	105.2	102.7	102.5	102.3	101.5	102.0	102.0	102.1	102.9	102.6
105.3	100.0	102.9	105.0	102.1	102.2	101.9	101.2	102.1	101.5	102.5	103.2	102.8
107.0	99.4	103.5	105.6	102.5	102.9	101.9	101.3	101.9	101.4	102.3	103.0	102.8
106.3	99.6	102.9	105.8	102.9	102.8	102.0	101.5	102.2	101.5	101.9	103.1	102.7
106.0	99.6	103.1	105.5	102.0	102.5	101.9	101.4	101.9	101.4	102.0	102.9	102.3
105.6	97.7	103.1	105.3	102.8	102.5	102.3	101.5	102.3	101.5	102.2	103.4	102.6
107.8	97.9	103.0	105.9	103.2	102.2	102.1	101.5	101.6	101.6	102.3	103.7	102.8
106.9	99.3	104.8	106.1	103.2	102.8	102.4	101.0	102.8	102.8	102.5	103.4	102.3
105.6	98.4	103.2	105.3	102.6	102.7	101.8	101.3	101.8	101.0	102.0	102.7	102.3
105.1	100.8	103.2	105.3	102.5	102.8	101.6	101.5	101.9	101.4	101.7	103.2	103.2
107.6	98.7	102.9	105.1	102.7	102.5	102.4	101.8	101.4	100.9	101.8	102.4	102.6
105.7	100.4	103.7	104.9	102.7	103.1	102.4	101.9	101.5	100.9	101.6	102.5	103.6
105.7	101.4	102.2	105.0	103.5	103.6	102.9	102.0	102.5	101.6	101.7	102.3	102.2
106.4	100.5	104.0	105.7	102.8	103.0	101.6	101.0	101.3	101.6	102.1	102.9	102.5
108.2	101.3	104.1	105.9	102.7	103.2	102.1	101.6	101.3	101.4	102.0	102.3	102.0
110.1	102.6	105.4	106.1	103.1	103.9	102.8	102.6	101.8	101.5	102.5	102.5	102.6
108.5	100.7	104.1	106.3	102.0	103.4	101.9	101.1	101.5	101.6	102.3	102.1	101.5
108.1	100.7	104.3	105.9	103.8	103.9	102.1	100.6	101.4	102.2	102.0	101.9	101.5

3−1−9 各地区居民消费价格分类指数(2020年)
Consumer Price Indices by Category and Region (2020)

(上年价格=100) (Preceding Year=100)

地区	Region	居民消费价格总指数 Consumer Price Index	一、食品烟酒 Food, Tobacco and Alcohol	1.食品 Food	(1)粮食 Grain	(2)薯类 Tubers	(3)豆类 Beans
全国	**National**	**102.5**	**108.3**	**110.6**	**101.2**	**103.3**	**105.6**
北京	Beijing	101.7	105.7	106.1	101.8	106.8	105.3
天津	Tianjin	102.0	106.5	107.6	101.7	104.9	109.9
河北	Hebei	102.1	107.1	108.4	101.3	101.9	104.0
山西	Shanxi	102.9	106.9	108.2	100.5	100.0	103.1
内蒙古	Inner Mongolia	101.9	105.7	107.0	100.8	98.7	101.4
辽宁	Liaoning	102.4	107.4	108.9	101.7	104.9	106.7
吉林	Jilin	102.3	107.5	109.0	100.8	104.7	107.2
黑龙江	Heilongjiang	102.3	108.0	109.6	101.9	100.5	106.4
上海	Shanghai	101.7	105.3	106.3	101.5	108.4	99.9
江苏	Jiangsu	102.5	109.1	111.9	100.7	110.5	108.0
浙江	Zhejiang	102.3	107.4	109.5	101.7	105.2	105.8
安徽	Anhui	102.7	108.4	110.9	101.2	104.5	108.1
福建	Fujian	102.2	107.0	109.3	100.3	105.8	104.6
江西	Jiangxi	102.6	108.8	111.5	101.9	106.4	106.9
山东	Shandong	102.8	109.5	112.1	102.4	104.5	107.5
河南	Henan	102.8	108.5	111.2	100.3	101.8	104.6
湖北	Hubei	102.7	109.3	112.3	101.3	104.0	106.0
湖南	Hunan	102.3	108.3	111.4	101.1	104.7	105.5
广东	Guangdong	102.6	109.1	111.8	101.9	102.5	103.1
广西	Guangxi	102.8	109.2	111.6	100.9	103.2	106.9
海南	Hainan	102.3	108.4	110.5	101.3	103.4	106.5
重庆	Chongqing	102.3	107.9	110.3	97.4	105.4	106.6
四川	Sichuan	103.2	111.0	114.2	100.7	103.7	107.9
贵州	Guizhou	102.6	110.3	113.3	99.9	107.9	105.8
云南	Yunnan	103.6	111.6	115.8	101.1	98.2	105.5
西藏	Tibet	102.2	104.8	106.2	102.4	98.7	99.8
陕西	Shaanxi	102.5	107.6	109.3	101.6	105.4	108.4
甘肃	Gansu	102.0	106.4	108.5	101.7	101.5	102.3
青海	Qinghai	102.6	106.5	108.5	101.1	99.1	102.8
宁夏	Ningxia	101.5	105.4	106.6	101.7	101.1	102.8
新疆	Xinjiang	101.5	104.5	105.4	102.1	98.2	103.0

3-1-9 续表 1 continued 1

(上年价格=100) (Preceding Year=100)

地　区	Region	(4)食用油 Edible Oil and Fats	(5)菜 Vegetables	(6)畜肉类 Meat of Livestock	(7)禽肉类 Meat of Poultry	(8)水产品 Aquatic Products	(9)蛋类 Eggs
全　国	**National**	**105.3**	**106.6**	**138.4**	**102.2**	**103.0**	**90.6**
北　京	Beijing	103.7	106.6	127.4	104.0	101.3	89.9
天　津	Tianjin	98.9	109.8	131.1	99.4	102.7	87.5
河　北	Hebei	102.9	105.6	135.6	104.7	101.8	89.1
山　西	Shanxi	103.1	108.1	137.2	101.4	102.6	79.6
内蒙古	Inner Mongolia	110.9	107.1	127.4	101.9	99.9	89.5
辽　宁	Liaoning	102.3	108.7	134.7	100.2	102.1	89.5
吉　林	Jilin	105.2	107.2	135.9	100.8	105.7	89.9
黑龙江	Heilongjiang	103.2	105.1	138.9	102.9	103.7	89.0
上　海	Shanghai	106.6	105.9	131.0	99.9	100.6	96.7
江　苏	Jiangsu	104.5	109.4	137.5	105.3	105.5	90.7
浙　江	Zhejiang	105.3	104.6	137.3	104.0	102.1	94.5
安　徽	Anhui	108.5	109.5	139.4	100.4	105.5	87.7
福　建	Fujian	104.6	101.4	137.0	100.4	103.1	90.0
江　西	Jiangxi	102.7	104.5	141.2	98.8	105.1	90.7
山　东	Shandong	101.6	109.3	140.5	102.5	104.7	90.7
河　南	Henan	102.1	107.8	142.3	100.1	100.8	86.2
湖　北	Hubei	103.3	109.0	143.8	103.8	106.4	93.5
湖　南	Hunan	106.1	104.4	139.3	103.8	102.3	96.1
广　东	Guangdong	102.5	102.1	142.9	101.6	101.4	94.1
广　西	Guangxi	103.7	103.3	143.1	99.6	103.0	94.2
海　南	Hainan	111.1	98.9	139.2	102.1	101.8	95.2
重　庆	Chongqing	100.0	109.1	139.9	101.6	102.5	86.9
四　川	Sichuan	109.8	109.6	139.3	101.0	103.8	94.9
贵　州	Guizhou	124.6	106.0	141.2	101.1	103.7	94.5
云　南	Yunnan	121.2	107.0	150.9	107.8	101.8	98.9
西　藏	Tibet	103.2	102.5	118.6	107.7	100.2	97.7
陕　西	Shaanxi	104.3	111.8	135.6	103.0	104.4	85.6
甘　肃	Gansu	103.0	112.5	127.9	107.9	100.0	90.4
青　海	Qinghai	102.6	105.6	124.9	102.9	101.4	87.0
宁　夏	Ningxia	100.6	113.5	120.2	105.6	101.7	88.8
新　疆	Xinjiang	103.6	101.7	118.6	104.7	100.7	88.8

3－1－9 续表 2 continued 2

(上年价格=100) (Preceding Year=100)

地 区	Region	(10)奶类 Milk	(11)干鲜瓜果类 Dried and Fresh Melons and Fruits	(12)糖果糕点类 Candy and Cake	(13)调味品 Flavoring	(14)其他食品类 Other Foods	2.茶及饮料 Tea and Beverages
全 国	**National**	**101.0**	**91.6**	**101.0**	**101.3**	**101.8**	**100.6**
北 京	Beijing	104.0	90.9	99.9	100.9	102.0	100.4
天 津	Tianjin	100.0	93.5	101.2	102.1	102.0	101.5
河 北	Hebei	100.6	90.5	101.3	101.2	101.8	100.8
山 西	Shanxi	101.2	90.9	100.7	100.9	101.7	100.3
内蒙古	Inner Mongolia	100.1	92.4	99.6	100.1	100.6	99.6
辽 宁	Liaoning	101.6	95.8	100.8	100.7	100.9	99.8
吉 林	Jilin	102.1	92.3	100.9	101.9	102.3	100.7
黑龙江	Heilongjiang	101.4	92.7	100.4	99.9	100.9	100.8
上 海	Shanghai	100.7	94.4	101.9	103.6	100.4	101.8
江 苏	Jiangsu	102.4	93.7	102.2	102.0	101.8	101.6
浙 江	Zhejiang	100.8	93.3	102.7	102.4	102.9	100.7
安 徽	Anhui	100.2	88.7	101.2	102.8	101.9	101.3
福 建	Fujian	101.8	88.8	101.3	101.4	101.5	100.2
江 西	Jiangxi	100.5	89.6	100.4	100.8	102.2	100.3
山 东	Shandong	100.6	91.7	100.4	100.9	102.1	100.1
河 南	Henan	100.4	91.6	100.3	101.9	102.4	100.8
湖 北	Hubei	100.2	90.0	101.1	101.9	100.6	100.2
湖 南	Hunan	99.6	91.5	100.5	100.4	101.9	99.8
广 东	Guangdong	102.4	88.9	100.5	100.9	102.0	100.5
广 西	Guangxi	100.9	91.0	100.4	100.7	101.3	100.4
海 南	Hainan	101.9	92.1	97.6	100.9	99.8	99.9
重 庆	Chongqing	95.9	84.4	101.3	101.7	102.0	100.3
四 川	Sichuan	100.6	93.5	100.6	101.1	102.8	100.5
贵 州	Guizhou	100.8	91.2	101.5	99.9	102.3	100.8
云 南	Yunnan	100.1	90.2	102.1	100.7	103.8	99.9
西 藏	Tibet	101.8	97.8	100.4	102.2	101.1	101.1
陕 西	Shaanxi	103.2	89.8	100.3	101.3	102.8	100.7
甘 肃	Gansu	99.9	93.9	101.6	100.9	101.3	100.9
青 海	Qinghai	101.1	93.5	98.9	101.1	100.5	102.2
宁 夏	Ningxia	99.1	93.9	99.9	101.1	99.1	100.6
新 疆	Xinjiang	98.9	90.3	101.5	100.4	101.1	99.2

3-1-9 续表 3 continued 3

(上年价格=100) (Preceding Year=100)

地 区	Region	3.烟酒 Tobacco and Alcohol	(1)烟草 Tobacco	(2)酒类 Alcohol	4.在外餐饮 Dining Out	二、衣着 Clothing	1.服装 Garments
全 国	**National**	**101.3**	**100.8**	**102.1**	**104.7**	**99.8**	**99.9**
北 京	Beijing	100.9	99.8	102.0	106.3	99.8	99.4
天 津	Tianjin	102.5	103.2	101.8	104.9	98.5	99.0
河 北	Hebei	101.3	100.5	102.3	105.1	99.7	100.0
山 西	Shanxi	100.7	101.0	100.1	105.6	101.3	101.4
内蒙古	Inner Mongolia	100.2	100.0	100.4	104.0	100.1	100.1
辽 宁	Liaoning	100.6	100.3	101.1	105.0	99.6	99.3
吉 林	Jilin	100.6	100.2	101.3	105.1	99.4	99.7
黑龙江	Heilongjiang	100.4	100.1	100.8	105.9	99.1	99.0
上 海	Shanghai	102.8	102.5	103.5	103.6	100.9	101.5
江 苏	Jiangsu	101.9	100.5	104.1	105.1	99.7	99.7
浙 江	Zhejiang	100.8	100.4	101.6	104.8	100.5	100.9
安 徽	Anhui	101.3	101.1	101.6	104.7	100.3	100.6
福 建	Fujian	100.6	100.4	101.0	103.3	99.9	99.6
江 西	Jiangxi	100.8	100.4	101.5	104.7	99.2	98.9
山 东	Shandong	101.4	100.0	102.9	105.9	100.6	100.8
河 南	Henan	101.1	100.3	101.9	104.3	98.8	98.6
湖 北	Hubei	100.5	100.3	100.7	104.4	99.7	99.7
湖 南	Hunan	100.7	100.6	100.8	101.5	100.2	100.1
广 东	Guangdong	103.3	104.1	102.2	103.8	99.5	99.7
广 西	Guangxi	100.7	100.0	101.6	106.0	99.9	99.7
海 南	Hainan	100.8	100.6	101.2	104.2	101.5	101.8
重 庆	Chongqing	100.5	100.2	101.2	104.4	98.3	98.5
四 川	Sichuan	102.3	100.6	104.6	106.1	99.7	99.9
贵 州	Guizhou	100.2	100.1	100.4	106.1	98.4	98.4
云 南	Yunnan	101.1	101.0	101.1	105.4	100.4	100.8
西 藏	Tibet	101.0	101.4	100.6	102.6	101.0	101.3
陕 西	Shaanxi	101.5	100.7	102.9	106.0	99.4	99.8
甘 肃	Gansu	100.5	100.0	101.3	102.8	99.4	99.4
青 海	Qinghai	100.2	100.0	100.4	103.2	99.7	99.5
宁 夏	Ningxia	100.4	100.2	100.9	103.9	98.9	99.3
新 疆	Xinjiang	101.8	100.4	103.4	103.1	99.4	99.5

3-1-9 续表 4 continued 4

(上年价格=100) (Preceding Year=100)

地区	Region	(1)男式服装 Garments for Men	(2)女式服装 Garments for Women	(3)儿童服装 Garments for Children	2.服装材料 Garments Material	3.其他衣着及配件 Other Clothing and Parts	4.衣着加工服务费 Clothing Manufacturing Service Fees
全国	**National**	**99.9**	**99.9**	**99.7**	**100.5**	**99.6**	**102.1**
北京	Beijing	99.5	99.4	100.1	101.4	100.7	105.6
天津	Tianjin	98.0	99.5	99.6	99.6	99.6	103.3
河北	Hebei	100.1	99.9	100.3	100.5	99.3	101.5
山西	Shanxi	101.8	100.6	103.4	101.2	99.8	103.6
内蒙古	Inner Mongolia	100.7	100.1	98.2	100.1	100.0	101.2
辽宁	Liaoning	98.4	99.4	100.8	100.2	99.4	101.3
吉林	Jilin	100.1	99.4	99.7	100.3	100.3	101.4
黑龙江	Heilongjiang	99.3	98.6	99.9	100.1	100.3	99.0
上海	Shanghai	100.9	101.6	102.2	101.6	100.6	102.6
江苏	Jiangsu	99.4	100.2	98.6	102.4	100.7	102.4
浙江	Zhejiang	101.3	100.5	101.6	100.1	101.0	103.2
安徽	Anhui	100.6	100.8	100.1	98.9	99.4	103.1
福建	Fujian	99.6	99.8	99.1	101.6	99.5	102.3
江西	Jiangxi	98.5	99.2	98.9	99.1	100.0	102.1
山东	Shandong	100.9	100.7	100.9	98.3	99.3	101.9
河南	Henan	98.9	98.8	97.2	101.9	99.7	101.6
湖北	Hubei	99.7	99.9	99.3	102.6	100.0	102.4
湖南	Hunan	100.6	99.7	100.6	100.4	99.8	100.4
广东	Guangdong	99.4	99.8	99.8	100.5	96.8	102.1
广西	Guangxi	100.1	99.6	99.5	100.6	99.3	101.1
海南	Hainan	98.8	102.7	103.9	110.7	99.6	101.4
重庆	Chongqing	98.4	98.6	98.0	97.5	99.1	101.7
四川	Sichuan	99.9	99.8	100.1	100.5	99.7	101.6
贵州	Guizhou	99.1	98.2	97.0	99.2	99.8	103.0
云南	Yunnan	100.9	100.8	100.6	100.4	100.4	100.8
西藏	Tibet	101.2	101.2	101.5	100.5	100.5	99.8
陕西	Shaanxi	100.1	100.4	96.8	100.5	100.0	101.0
甘肃	Gansu	99.5	99.2	99.6	98.6	100.3	101.8
青海	Qinghai	102.3	101.5	94.2	101.2	101.5	102.4
宁夏	Ningxia	99.1	99.2	100.1	100.6	99.2	101.2
新疆	Xinjiang	99.9	99.4	99.2	100.0	99.3	102.4

3-1-9 续表 5 continued 5

(上年价格=100) (Preceding Year=100)

地 区	Region	5.鞋类 Footware	(1)鞋 Shoes	(2)鞋类加工服务 Footware Manufactuing Services	三、居住 Residence	1.租赁房房租 Rent of Rental Housing	2.住房保养维修及管理 Housing Maintenance and Management
全 国	**National**	**99.2**	**99.1**	**102.6**	**99.6**	**99.4**	**101.1**
北 京	Beijing	99.9	99.8	103.1	99.1	98.9	101.6
天 津	Tianjin	96.1	96.0	100.9	100.7	101.0	100.8
河 北	Hebei	98.9	98.8	102.1	99.1	98.9	101.6
山 西	Shanxi	100.7	100.7	102.2	100.1	100.4	102.4
内 蒙 古	Inner Mongolia	100.1	100.1	100.2	100.2	99.6	101.0
辽 宁	Liaoning	100.2	100.2	101.9	100.2	100.2	100.0
吉 林	Jilin	98.2	98.1	100.4	99.8	98.0	100.3
黑 龙 江	Heilongjiang	99.1	99.0	104.8	98.5	96.9	100.4
上 海	Shanghai	98.6	98.5	103.0	100.8	101.0	102.4
江 苏	Jiangsu	99.4	99.3	103.1	99.9	99.9	102.2
浙 江	Zhejiang	98.5	98.5	101.1	99.9	99.9	101.6
安 徽	Anhui	99.2	99.2	102.1	99.8	99.8	100.5
福 建	Fujian	100.5	100.5	100.8	100.0	100.0	101.0
江 西	Jiangxi	99.8	99.7	101.8	99.4	99.5	101.6
山 东	Shandong	100.1	100.1	100.8	99.7	99.9	101.5
河 南	Henan	98.9	98.9	101.4	99.6	98.6	100.6
湖 北	Hubei	99.3	99.3	101.1	99.2	99.6	100.8
湖 南	Hunan	100.3	100.2	103.6	99.1	100.0	100.1
广 东	Guangdong	98.9	98.4	105.5	98.9	98.5	101.4
广 西	Guangxi	100.2	99.5	105.5	98.9	99.1	100.5
海 南	Hainan	100.4	100.4	100.0	97.8	94.8	100.9
重 庆	Chongqing	97.4	97.3	100.9	99.5	100.6	100.2
四 川	Sichuan	99.1	99.0	101.7	98.9	98.5	100.8
贵 州	Guizhou	98.1	98.0	102.2	98.4	97.7	99.7
云 南	Yunnan	99.3	99.2	103.3	100.1	99.4	101.0
西 藏	Tibet	101.1	101.0	104.7	100.1	101.5	101.2
陕 西	Shaanxi	97.9	97.8	100.3	100.1	99.9	100.7
甘 肃	Gansu	99.3	99.2	101.0	100.1	99.7	99.8
青 海	Qinghai	100.0	100.0	100.5	101.0	101.6	99.4
宁 夏	Ningxia	97.5	97.5	100.2	100.3	98.1	100.2
新 疆	Xinjiang	98.9	98.3	102.2	102.1	101.6	100.3

3－1－9　续表 6　continued 6

(上年价格=100)　　(Preceding Year=100)

地　区	Region	3.水电燃料 Water,Electricity and Fuels	四、生活用品及服务 Articles for Daily Use and Services	1.家具及室内装饰品 Furniture and Interior Decorations	(1)家具 Furniture	(2)室内装饰品 Interior Decorations	2.家用器具 Home Appliances
全　国	**National**	**99.3**	**100.0**	**99.9**	**99.9**	**99.5**	**98.2**
北　京	Beijing	100.0	100.0	100.4	100.6	99.0	96.3
天　津	Tianjin	99.9	100.2	100.9	101.1	99.1	98.5
河　北	Hebei	98.4	99.9	98.8	98.7	99.7	98.1
山　西	Shanxi	99.1	100.0	100.0	99.9	100.1	98.8
内蒙古	Inner Mongolia	99.8	99.9	100.0	100.0	100.0	98.9
辽　宁	Liaoning	100.0	99.5	99.2	99.1	99.6	97.1
吉　林	Jilin	99.0	100.8	101.4	101.5	99.9	99.5
黑龙江	Heilongjiang	100.2	99.7	100.3	100.4	99.1	98.8
上　海	Shanghai	99.6	99.8	99.3	99.3	98.9	96.6
江　苏	Jiangsu	99.6	100.5	100.2	100.3	99.4	98.5
浙　江	Zhejiang	98.9	101.6	101.1	101.2	100.2	98.7
安　徽	Anhui	99.3	99.8	99.7	99.6	100.2	98.5
福　建	Fujian	99.7	100.6	99.6	99.4	100.5	98.8
江　西	Jiangxi	97.7	99.7	100.5	100.4	100.9	97.5
山　东	Shandong	99.2	99.9	100.2	100.2	99.7	98.7
河　南	Henan	99.5	99.9	99.8	99.8	99.3	98.8
湖　北	Hubei	99.4	100.1	100.4	100.4	99.8	97.2
湖　南	Hunan	97.9	99.9	99.7	99.7	99.5	99.4
广　东	Guangdong	98.7	99.7	98.2	98.1	99.6	97.9
广　西	Guangxi	97.5	99.7	99.6	99.5	101.0	98.2
海　南	Hainan	98.2	100.3	99.3	99.5	98.1	99.2
重　庆	Chongqing	100.0	100.0	100.4	100.5	99.4	97.4
四　川	Sichuan	99.9	99.9	101.1	101.4	99.1	97.0
贵　州	Guizhou	99.2	99.6	100.0	99.9	100.3	98.0
云　南	Yunnan	99.7	99.7	99.6	99.6	99.1	98.3
西　藏	Tibet	98.6	101.6	103.8	104.1	100.2	100.4
陕　西	Shaanxi	100.2	100.3	100.0	100.7	96.6	98.5
甘　肃	Gansu	100.0	100.3	99.7	99.6	100.3	99.6
青　海	Qinghai	102.7	99.9	99.7	99.7	99.3	98.3
宁　夏	Ningxia	102.9	99.6	100.2	100.3	99.7	98.4
新　疆	Xinjiang	100.7	99.5	98.5	98.3	99.1	96.9

3-1-9 续表 7 continued 7

(上年价格=100) (Preceding Year=100)

地区 Region	(1)大型家用器具 Large Houshold Appliances	(2)小家电 Small Household Appliances	3.家用纺织品 Home Textiles	(1)床上用品 Bed Articles	(2)窗帘门帘 Curtains	(3)其他家用纺织品 Other Home Textiles
全国 National	**98.1**	**98.5**	**99.8**	**99.7**	**100.2**	**99.9**
北京 Beijing	95.8	97.6	98.2	98.3	97.3	97.9
天津 Tianjin	98.6	98.1	99.4	99.8	96.8	99.0
河北 Hebei	97.8	99.9	100.2	100.1	101.3	99.7
山西 Shanxi	98.6	99.7	99.0	98.7	99.7	100.4
内蒙古 Inner Mongolia	99.0	98.3	100.1	100.2	99.9	99.1
辽宁 Liaoning	97.1	97.0	100.0	100.1	99.5	100.0
吉林 Jilin	99.5	99.2	100.2	100.4	99.1	100.7
黑龙江 Heilongjiang	98.7	99.4	99.6	99.3	101.8	99.0
上海 Shanghai	96.5	97.1	100.4	100.0	101.2	104.1
江苏 Jiangsu	98.2	100.3	100.2	100.3	100.3	99.0
浙江 Zhejiang	98.7	98.7	102.4	102.6	100.9	103.0
安徽 Anhui	98.4	99.0	99.3	99.2	99.7	100.4
福建 Fujian	98.8	99.0	99.7	99.7	99.6	99.6
江西 Jiangxi	97.4	98.0	99.6	99.5	100.3	99.7
山东 Shandong	98.7	98.7	99.0	98.7	101.4	98.7
河南 Henan	98.9	97.6	99.1	99.0	100.1	99.2
湖北 Hubei	97.0	98.4	99.6	99.5	100.5	100.2
湖南 Hunan	99.4	99.7	100.2	100.3	100.1	99.8
广东 Guangdong	97.9	98.0	98.9	98.9	98.4	99.4
广西 Guangxi	98.0	99.1	99.2	99.1	99.9	98.9
海南 Hainan	98.9	100.4	104.1	105.2	99.0	101.2
重庆 Chongqing	97.7	95.8	98.7	98.7	99.8	97.5
四川 Sichuan	96.9	97.5	99.1	99.0	99.3	100.0
贵州 Guizhou	98.2	97.2	99.4	99.2	102.2	98.8
云南 Yunnan	98.4	98.0	98.5	98.2	99.5	100.4
西藏 Tibet	100.5	99.5	100.0	100.0	99.9	100.5
陕西 Shaanxi	98.2	100.1	100.8	100.7	102.0	99.3
甘肃 Gansu	99.5	99.8	99.9	99.6	100.3	101.5
青海 Qinghai	98.3	98.2	102.3	103.4	99.9	99.1
宁夏 Ningxia	98.4	98.7	100.2	100.2	99.9	100.9
新疆 Xinjiang	96.8	97.2	99.9	98.9	102.2	99.9

3－1－9 续表 8 continued 8

(上年价格=100) (Preceding Year=100)

地 区	Region	4.家庭日用杂品 Daily Use Household Articles	(1)洗涤卫生用品 Clearing Products	(2)厨具餐具茶具 Kichenware Tableware and Teaset	(3)家用手工工具 Hand Tools for Household Use	(4)其他家庭日用杂品 Other Daily Use Household Articles	5.个人护理用品 Personal-care Supplies
全 国	**National**	**100.5**	**100.8**	**100.1**	**100.9**	**100.1**	**101.0**
北 京	Beijing	100.7	101.0	100.0	100.6	99.6	101.3
天 津	Tianjin	99.8	99.8	100.2	104.2	99.4	100.7
河 北	Hebei	100.6	100.9	99.9	100.3	100.5	101.9
山 西	Shanxi	100.7	101.3	99.7	100.1	100.3	100.6
内蒙古	Inner Mongolia	100.2	100.6	99.6	100.4	99.9	100.0
辽 宁	Liaoning	100.1	100.6	99.7	100.3	99.6	101.3
吉 林	Jilin	100.4	100.5	100.6	100.3	100.1	101.3
黑龙江	Heilongjiang	99.1	98.5	99.5	100.4	99.8	101.7
上 海	Shanghai	100.4	100.5	99.0	96.4	101.4	101.0
江 苏	Jiangsu	100.8	100.8	100.9	103.8	100.7	101.7
浙 江	Zhejiang	102.2	103.6	102.3	101.5	100.4	102.9
安 徽	Anhui	100.1	99.7	100.4	101.3	100.5	101.0
福 建	Fujian	101.6	102.4	100.1	101.3	100.6	101.0
江 西	Jiangxi	100.4	100.6	101.4	99.9	99.6	99.9
山 东	Shandong	100.1	100.6	99.3	101.0	99.8	100.0
河 南	Henan	100.4	100.5	100.1	100.7	100.1	100.9
湖 北	Hubei	100.7	101.0	100.1	101.1	100.4	102.4
湖 南	Hunan	100.0	100.2	99.6	100.1	99.8	100.6
广 东	Guangdong	100.3	100.7	99.6	100.9	99.7	99.8
广 西	Guangxi	99.9	99.9	99.5	101.1	100.0	101.2
海 南	Hainan	99.9	99.4	100.7	99.8	100.2	100.0
重 庆	Chongqing	100.3	101.4	98.9	101.3	98.1	101.9
四 川	Sichuan	100.5	100.8	100.1	100.0	100.3	101.0
贵 州	Guizhou	100.2	100.7	99.7	99.2	99.2	99.6
云 南	Yunnan	100.1	100.5	99.8	101.9	99.3	101.8
西 藏	Tibet	102.2	102.1	99.9	102.5	103.7	101.4
陕 西	Shaanxi	101.1	100.4	101.8	101.8	100.6	100.7
甘 肃	Gansu	100.7	101.2	100.1	100.1	100.6	100.6
青 海	Qinghai	99.6	98.6	100.4	100.3	101.1	100.4
宁 夏	Ningxia	99.3	99.4	98.8	99.3	99.5	99.7
新 疆	Xinjiang	100.0	101.5	100.6	100.1	98.6	100.3

3-1-9 续表 9 continued 9

(上年价格=100) (Preceding Year=100)

地 区	Region	(1)化妆品 Cosmetics	(2)其他护理用品类 Other Nursing Materials	6.家庭服务 Household Services	五、交通和通信 Transport and Commu-nications	1.交通 Transport	(1)交通工具 Transport Facility
全 国	**National**	**101.1**	**100.8**	**102.7**	**96.5**	**95.0**	**97.8**
北 京	Beijing	101.3	101.2	103.2	95.8	93.7	98.5
天 津	Tianjin	100.0	101.6	102.8	97.1	96.6	96.4
河 北	Hebei	102.2	101.3	102.2	96.9	95.3	98.3
山 西	Shanxi	100.6	100.6	102.7	96.6	94.3	96.2
内蒙古	Inner Mongolia	100.0	100.0	100.9	96.4	95.4	99.0
辽 宁	Liaoning	101.3	101.1	99.5	96.7	95.4	97.2
吉 林	Jilin	101.5	101.0	104.6	96.5	95.7	97.2
黑龙江	Heilongjiang	102.2	100.7	98.3	96.5	95.2	96.5
上 海	Shanghai	100.4	101.9	101.6	96.6	94.2	97.3
江 苏	Jiangsu	101.7	101.7	104.4	96.5	95.1	98.5
浙 江	Zhejiang	103.4	102.0	105.3	96.5	94.9	97.1
安 徽	Anhui	100.7	101.4	101.7	96.8	95.5	96.5
福 建	Fujian	101.1	101.0	104.1	97.0	95.4	98.5
江 西	Jiangxi	99.2	100.6	103.3	96.3	94.7	97.2
山 东	Shandong	99.6	100.4	103.4	96.2	94.4	97.7
河 南	Henan	101.1	100.7	102.3	95.8	95.7	98.4
湖 北	Hubei	103.0	102.0	102.5	96.5	94.6	95.0
湖 南	Hunan	101.8	99.8	100.8	96.7	95.1	98.4
广 东	Guangdong	100.5	99.1	102.5	96.2	94.6	98.5
广 西	Guangxi	101.1	101.2	101.6	96.0	94.6	96.6
海 南	Hainan	99.8	100.1	104.2	95.4	93.4	97.6
重 庆	Chongqing	101.1	103.2	102.9	97.3	94.7	98.5
四 川	Sichuan	100.6	101.4	103.6	96.4	94.8	97.4
贵 州	Guizhou	99.7	99.6	101.2	95.7	94.0	98.0
云 南	Yunnan	102.1	101.5	101.4	96.9	95.6	99.2
西 藏	Tibet	102.4	100.6	102.0	98.1	96.2	100.2
陕 西	Shaanxi	100.7	100.6	101.2	97.8	97.1	99.1
甘 肃	Gansu	100.8	100.3	101.6	97.4	96.3	99.4
青 海	Qinghai	100.5	100.0	101.1	97.8	95.7	99.4
宁 夏	Ningxia	99.6	99.9	102.0	96.9	94.8	96.2
新 疆	Xinjiang	99.8	100.9	102.8	96.8	95.9	98.8

3-1-9 续表 10 continued 10

(上年价格=100) (Preceding Year=100)

地区	Region	(2)交通工具用燃料 Fuels for Transport Facility	(3)交通工具使用和维修 Use and Maintenance of Transport Facility	(4)交通费 Traffic Fee	2.通信 Communications	(1)通信工具 Communication Facility	(2)通信服务 Communicaiton Service
全 国	**National**	**86.2**	**101.4**	**97.4**	**99.3**	**98.2**	**99.7**
北 京	Beijing	86.2	101.3	92.9	101.7	105.0	100.6
天 津	Tianjin	85.8	102.9	105.3	98.0	95.2	99.6
河 北	Hebei	86.3	101.0	98.8	99.9	99.5	100.0
山 西	Shanxi	86.0	100.6	99.5	100.6	102.7	100.0
内蒙古	Inner Mongolia	86.2	101.7	96.1	98.6	94.8	100.0
辽 宁	Liaoning	85.9	100.4	98.2	99.3	97.9	99.8
吉 林	Jilin	85.7	100.2	100.5	97.9	95.2	98.9
黑龙江	Heilongjiang	85.9	100.4	98.2	99.1	96.2	99.9
上 海	Shanghai	85.9	102.2	97.5	100.8	105.3	99.8
江 苏	Jiangsu	85.9	101.5	98.3	99.3	99.5	99.2
浙 江	Zhejiang	86.0	104.0	97.5	99.8	101.1	99.4
安 徽	Anhui	89.2	101.1	98.2	99.0	97.2	99.4
福 建	Fujian	86.0	102.3	95.9	99.7	98.6	100.0
江 西	Jiangxi	85.7	101.4	99.0	99.2	97.0	99.7
山 东	Shandong	85.8	101.0	95.7	99.4	98.4	99.8
河 南	Henan	86.0	101.3	96.6	96.1	91.0	98.5
湖 北	Hubei	85.9	102.3	99.2	99.5	98.5	99.8
湖 南	Hunan	85.7	101.3	98.7	99.5	99.9	99.3
广 东	Guangdong	86.1	101.5	95.1	99.3	96.3	100.1
广 西	Guangxi	86.3	100.2	101.4	98.5	94.7	99.5
海 南	Hainan	85.1	100.5	93.4	98.8	99.7	98.6
重 庆	Chongqing	86.0	100.3	94.9	102.1	108.2	100.1
四 川	Sichuan	86.8	100.8	98.3	99.4	97.8	99.7
贵 州	Guizhou	86.1	101.0	97.4	98.2	94.6	99.0
云 南	Yunnan	86.6	100.5	98.8	99.2	97.5	99.6
西 藏	Tibet	87.6	100.3	97.8	100.6	101.4	100.3
陕 西	Shaanxi	86.4	99.9	99.0	99.1	97.3	99.9
甘 肃	Gansu	86.6	100.7	98.1	99.5	98.1	100.0
青 海	Qinghai	85.9	100.5	97.5	102.4	107.8	100.5
宁 夏	Ningxia	86.5	100.6	97.0	100.9	102.8	100.1
新 疆	Xinjiang	86.6	101.7	96.2	99.2	96.2	99.9

3-1-9 续表 11 continued 11

(上年价格=100) (Preceding Year=100)

地 区 Region	(3)邮递服务 Postal Serice	六、教育文化和娱乐 Education, Culture and Recreation	1.教育 Education	(1)教育用品 Education Articles	(2)教育服务 Education Services	2.文化娱乐 Cultural and Recreational Articles
全 国 National	**99.4**	**101.3**	**102.2**	**101.5**	**102.2**	**100.1**
北 京 Beijing	100.7	102.5	100.9	99.4	100.9	103.7
天 津 Tianjin	92.2	102.6	104.9	103.9	104.9	100.4
河 北 Hebei	100.0	102.0	103.3	101.8	103.4	99.5
山 西 Shanxi	99.9	101.1	101.9	102.4	101.9	99.6
内蒙古 Inner Mongolia	100.0	100.5	100.7	100.0	100.8	100.2
辽 宁 Liaoning	98.8	100.8	100.9	101.4	100.8	100.6
吉 林 Jilin	98.8	101.4	101.1	102.6	101.0	101.9
黑龙江 Heilongjiang	103.7	102.3	102.4	101.4	102.5	101.9
上 海 Shanghai	98.1	101.1	102.5	105.2	102.4	100.1
江 苏 Jiangsu	100.5	101.4	103.0	103.5	103.0	99.4
浙 江 Zhejiang	99.1	101.8	103.6	101.2	103.6	99.1
安 徽 Anhui	99.9	101.5	102.4	101.1	102.5	99.8
福 建 Fujian	100.2	101.2	101.9	101.0	102.0	100.1
江 西 Jiangxi	99.5	102.1	103.4	101.5	103.5	100.0
山 东 Shandong	98.7	101.2	102.2	106.3	102.0	99.7
河 南 Henan	99.8	102.0	102.7	100.9	102.8	100.7
湖 北 Hubei	100.4	100.9	101.6	100.1	101.8	99.7
湖 南 Hunan	99.8	100.0	100.7	100.5	100.7	98.8
广 东 Guangdong	98.4	100.9	102.1	101.4	102.1	99.0
广 西 Guangxi	98.5	100.5	101.2	100.8	101.3	99.2
海 南 Hainan	99.2	100.9	103.2	101.0	103.4	97.4
重 庆 Chongqing	101.1	101.8	102.2	101.3	102.2	101.4
四 川 Sichuan	100.3	101.2	101.5	100.6	101.6	100.8
贵 州 Guizhou	99.7	100.8	101.3	101.0	101.4	100.1
云 南 Yunnan	100.2	101.0	100.9	100.8	101.0	101.2
西 藏 Tibet	100.4	101.2	99.9	99.3	100.1	102.4
陕 西 Shaanxi	99.7	101.8	103.1	102.0	103.3	99.6
甘 肃 Gansu	99.9	101.2	101.9	100.3	102.0	100.0
青 海 Qinghai	100.3	100.2	100.3	101.9	100.3	100.0
宁 夏 Ningxia	99.7	101.0	102.3	100.3	102.5	98.7
新 疆 Xinjiang	100.5	100.6	100.5	101.2	100.4	100.8

3-1-9 续表 12 continued 12

(上年价格=100) (Preceding Year=100)

地 区	Region	(1)文娱耐用消费品 Durable Consumer Goods for Culture and Recreation	(2)其他文娱用品 Other Articles for Culture and Recreation	(3)文化娱乐服务 Cultural and Recreational Services	(4)旅游 Touring and Outing	七、医疗保健 Health Care	1.药品及医疗器具 Medicine and Medical Instrument
全 国	**National**	**98.7**	**100.4**	**99.1**	**101.1**	**101.8**	**101.0**
北 京	Beijing	97.9	100.9	99.8	110.4	104.9	98.5
天 津	Tianjin	97.9	100.6	101.0	101.2	99.9	99.8
河 北	Hebei	97.6	100.0	100.0	100.2	102.1	102.5
山 西	Shanxi	100.3	100.3	95.3	101.2	109.4	100.8
内蒙古	Inner Mongolia	98.8	100.1	99.3	101.8	103.6	102.4
辽 宁	Liaoning	95.3	99.5	98.0	105.4	103.4	100.7
吉 林	Jilin	99.0	101.1	99.6	105.1	101.8	100.9
黑龙江	Heilongjiang	99.0	100.3	99.8	105.6	102.5	102.2
上 海	Shanghai	100.8	100.8	98.6	100.2	101.2	102.4
江 苏	Jiangsu	99.0	101.1	99.2	99.2	100.1	100.1
浙 江	Zhejiang	100.3	101.1	100.4	97.5	101.5	98.5
安 徽	Anhui	97.7	99.6	99.6	101.1	101.2	101.2
福 建	Fujian	99.0	100.8	99.9	100.5	100.2	101.0
江 西	Jiangxi	98.7	100.6	100.1	100.3	99.9	100.7
山 东	Shandong	98.7	100.2	96.5	101.3	101.5	101.2
河 南	Henan	100.8	100.1	99.2	102.9	103.4	102.2
湖 北	Hubei	99.1	100.5	96.8	101.8	102.2	101.9
湖 南	Hunan	100.1	100.1	99.3	97.0	101.0	101.0
广 东	Guangdong	98.1	99.8	99.9	98.8	100.8	101.8
广 西	Guangxi	98.5	100.9	99.4	98.7	105.5	100.3
海 南	Hainan	99.7	99.7	99.8	92.1	100.3	100.1
重 庆	Chongqing	96.3	99.9	101.0	104.5	101.9	101.0
四 川	Sichuan	96.8	100.2	100.3	102.7	100.7	101.0
贵 州	Guizhou	98.2	100.9	97.6	102.7	100.8	101.1
云 南	Yunnan	98.1	101.0	98.4	105.5	100.6	101.2
西 藏	Tibet	99.8	101.1	100.4	107.0	102.2	104.0
陕 西	Shaanxi	97.5	100.7	96.5	102.7	100.9	100.6
甘 肃	Gansu	99.5	100.9	98.5	101.0	100.6	101.5
青 海	Qinghai	98.5	101.0	99.5	101.6	104.2	101.4
宁 夏	Ningxia	99.3	99.8	98.5	97.4	100.6	100.0
新 疆	Xinjiang	98.2	101.3	101.8	99.7	100.4	101.4

3-1-9 续表 13 continued 13

(上年价格=100) (Preceding Year=100)

地 区	Region	(1)中药 Traditional chinese Medicine	(2)西药 Western Medicine	(3)滋补保健品 Health Care Articles	(4)医疗卫生器具 Medical Instrument	(5)保健器具 Health Care Appliances	2.医疗服务 Medical Services
全 国	**National**	**102.5**	**100.5**	**100.8**	**102.0**	**99.3**	**102.3**
北 京	Beijing	101.0	97.1	98.1	97.9	100.5	114.8
天 津	Tianjin	103.6	95.8	104.2	102.4	100.0	100.0
河 北	Hebei	103.1	102.7	100.4	102.9	99.3	101.8
山 西	Shanxi	101.7	100.4	101.3	100.0	99.8	115.3
内蒙古	Inner Mongolia	102.1	102.8	102.9	101.1	99.7	104.5
辽 宁	Liaoning	101.0	100.6	100.2	101.6	100.0	105.2
吉 林	Jilin	102.8	100.1	100.6	102.7	100.5	102.5
黑龙江	Heilongjiang	102.7	101.7	104.0	102.8	99.3	102.8
上 海	Shanghai	105.8	101.9	100.4	102.1	99.1	100.0
江 苏	Jiangsu	102.4	98.9	100.5	101.9	99.0	100.1
浙 江	Zhejiang	100.2	95.7	100.5	105.8	100.0	103.5
安 徽	Anhui	101.4	101.3	99.7	103.2	100.6	101.2
福 建	Fujian	102.6	100.3	100.4	102.6	99.9	99.8
江 西	Jiangxi	102.7	99.9	101.4	100.0	99.2	99.6
山 东	Shandong	100.4	101.6	100.4	102.8	99.6	101.8
河 南	Henan	103.0	101.6	103.0	102.8	101.0	104.2
湖 北	Hubei	103.3	101.9	100.1	101.7	100.3	102.4
湖 南	Hunan	101.7	100.7	100.9	100.5	100.2	101.1
广 东	Guangdong	105.2	99.9	101.4	102.0	97.2	100.2
广 西	Guangxi	101.2	99.3	101.4	101.1	99.5	108.6
海 南	Hainan	101.7	99.8	100.2	97.1	100.7	100.4
重 庆	Chongqing	102.8	101.2	98.4	100.6	99.7	102.5
四 川	Sichuan	102.3	100.2	100.5	103.8	98.5	100.5
贵 州	Guizhou	100.7	101.7	100.4	99.7	99.8	100.5
云 南	Yunnan	102.6	100.9	101.0	100.0	99.9	100.2
西 藏	Tibet	106.2	103.6	102.3	104.7	100.0	101.0
陕 西	Shaanxi	102.7	99.0	103.8	100.8	100.0	101.1
甘 肃	Gansu	102.8	101.4	99.2	101.0	100.5	99.9
青 海	Qinghai	101.1	101.1	102.6	104.3	99.6	106.4
宁 夏	Ningxia	102.2	98.5	100.0	101.1	99.5	101.1
新 疆	Xinjiang	102.0	101.7	100.6	98.9	99.5	100.0

3-1-9 续表 14 continued 14

(上年价格=100) (Preceding Year=100)

地 区	Region	(1)综合医疗类 General Practice	(2)诊断类 Diagnostic Medical	(3)治疗类 Medical Treatment	(4)康复类 Rehabilitation	(5)中医医疗服务类 Traditional Chinese Medical	(6)其他医疗服务 Other Health Care Services
全 国	**National**	**103.5**	**100.5**	**103.4**	**101.3**	**102.9**	**101.3**
北 京	Beijing	100.0	99.3	130.5	122.8	103.0	100.0
天 津	Tianjin	100.0	100.0	100.0	100.0	99.9	100.1
河 北	Hebei	100.6	99.9	105.7	99.9	102.1	100.5
山 西	Shanxi	125.7	104.2	116.5	110.9	104.7	110.2
内 蒙 古	Inner Mongolia	103.2	103.1	107.5	94.0	109.2	99.7
辽 宁	Liaoning	105.4	104.6	106.8	103.5	100.8	100.8
吉 林	Jilin	99.9	99.7	107.1	103.1	107.0	101.4
黑 龙 江	Heilongjiang	103.3	100.0	105.2	100.5	101.5	100.1
上 海	Shanghai	100.0	100.0	100.0	100.0	100.0	99.4
江 苏	Jiangsu	100.0	99.7	100.6	100.1	100.2	100.1
浙 江	Zhejiang	105.7	104.4	100.4	101.4	108.4	101.1
安 徽	Anhui	100.8	99.2	101.6	107.5	109.9	103.5
福 建	Fujian	100.9	98.9	100.2	99.6	99.6	99.3
江 西	Jiangxi	99.2	99.5	100.1	99.7	100.0	97.3
山 东	Shandong	105.8	99.2	101.8	102.7	101.4	100.4
河 南	Henan	109.6	100.6	103.6	100.3	101.8	101.9
湖 北	Hubei	103.4	100.7	102.7	103.0	107.0	100.9
湖 南	Hunan	101.5	99.9	101.8	99.7	106.6	100.0
广 东	Guangdong	100.5	100.1	100.1	100.2	100.6	100.3
广 西	Guangxi	115.1	101.9	111.0	100.5	112.5	107.4
海 南	Hainan	101.3	97.2	101.6	101.8	110.2	99.9
重 庆	Chongqing	100.2	98.6	106.1	100.0	111.3	100.0
四 川	Sichuan	100.6	100.3	101.1	100.3	101.1	100.5
贵 州	Guizhou	102.2	98.6	103.5	102.4	100.4	100.8
云 南	Yunnan	100.7	100.2	99.9	100.2	99.5	100.0
西 藏	Tibet	104.5	99.5	101.3	100.0	99.4	99.0
陕 西	Shaanxi	102.0	100.0	101.2	100.9	99.6	104.8
甘 肃	Gansu	100.0	100.0	100.0	99.8	100.1	98.0
青 海	Qinghai	101.6	104.2	105.9	100.2	108.0	123.7
宁 夏	Ningxia	100.4	99.6	104.4	100.0	101.4	99.8
新 疆	Xinjiang	100.0	99.8	100.0	100.0	100.0	100.9

3-1-9 续表 15 continued 15

(上年价格=100) (Preceding Year=100)

地 区 Region	八、其他用品和服务 Other Articles and Services	1.其他用品类 Other Articles	(1)首饰手表 Jewelry and Watches	(2)其他杂项用品 Other Miscellaneous Articles	2.其他服务类 Other Services
全 国 National	**104.3**	**109.5**	**115.1**	**99.9**	**100.3**
北 京 Beijing	108.3	115.7	118.0	98.5	103.4
天 津 Tianjin	107.9	116.8	123.9	99.8	100.6
河 北 Hebei	104.5	106.4	112.4	99.4	103.2
山 西 Shanxi	102.4	106.2	110.6	99.7	99.4
内 蒙 古 Inner Mongolia	103.0	107.3	110.6	99.4	99.5
辽 宁 Liaoning	103.6	108.5	113.9	99.4	99.8
吉 林 Jilin	104.2	110.5	117.4	99.8	99.1
黑 龙 江 Heilongjiang	104.4	110.0	115.6	99.4	100.2
上 海 Shanghai	102.9	111.3	116.3	101.7	97.4
江 苏 Jiangsu	104.8	109.9	115.3	99.8	101.0
浙 江 Zhejiang	104.2	110.2	115.4	100.7	100.2
安 徽 Anhui	103.1	107.6	112.7	100.1	99.0
福 建 Fujian	103.7	110.0	116.3	99.8	98.7
江 西 Jiangxi	104.9	108.6	113.3	99.6	101.4
山 东 Shandong	104.6	109.0	113.6	100.6	100.6
河 南 Henan	107.6	115.7	120.8	99.6	100.8
湖 北 Hubei	104.8	109.0	115.1	101.3	101.0
湖 南 Hunan	103.6	108.6	115.7	100.0	99.1
广 东 Guangdong	104.0	109.3	114.6	99.3	99.6
广 西 Guangxi	102.7	105.6	114.7	99.3	100.5
海 南 Hainan	103.2	107.9	113.4	101.3	99.7
重 庆 Chongqing	102.7	108.8	114.4	98.9	98.8
四 川 Sichuan	103.1	107.7	113.0	99.3	100.4
贵 州 Guizhou	103.0	106.9	114.4	101.0	99.8
云 南 Yunnan	103.2	104.7	109.3	100.3	100.6
西 藏 Tibet	104.9	107.8	112.5	100.3	101.9
陕 西 Shaanxi	105.2	108.6	115.6	98.6	102.4
甘 肃 Gansu	104.3	108.3	114.8	100.6	100.9
青 海 Qinghai	106.0	110.7	116.8	100.1	101.1
宁 夏 Ningxia	103.2	108.3	112.7	98.6	98.8
新 疆 Xinjiang	102.6	106.0	110.4	99.0	99.7

3-1-9 续表 16 continued 16

(上年价格=100) (Preceding Year=100)

地 区	Region	(1)旅馆住宿 Hotel Accommo-dations	(2)美容美发洗浴 Beauty Salon, Hair Salon and Scouring Bath	(3)养老服务 Elderly Care	(4)金融保险 Finance and Insurance	(5)其他服务类 Other Miscellaneous Services
全 国	**National**	**94.8**	**102.1**	**101.9**	**99.9**	**100.8**
北 京	Beijing	89.8	101.7	103.6	111.7	108.0
天 津	Tianjin	98.2	101.5	100.5	98.9	105.9
河 北	Hebei	98.9	102.7	102.7	103.9	100.4
山 西	Shanxi	96.4	102.5	102.0	98.0	100.2
内蒙古	Inner Mongolia	97.6	101.0	100.0	99.0	100.6
辽 宁	Liaoning	94.0	100.7	100.9	100.1	100.3
吉 林	Jilin	96.2	100.4	101.9	98.0	99.6
黑龙江	Heilongjiang	95.9	101.7	102.5	99.0	104.5
上 海	Shanghai	85.8	101.5	100.2	99.3	102.5
江 苏	Jiangsu	96.2	103.9	105.9	98.1	100.7
浙 江	Zhejiang	99.5	104.8	101.5	96.4	100.4
安 徽	Anhui	98.3	101.9	103.3	94.5	103.3
福 建	Fujian	97.4	99.9	101.9	97.4	101.6
江 西	Jiangxi	97.8	103.3	104.8	99.8	100.0
山 东	Shandong	93.6	103.9	101.1	99.6	102.5
河 南	Henan	97.9	102.6	102.0	98.5	101.1
湖 北	Hubei	97.6	105.9	101.4	98.7	99.3
湖 南	Hunan	96.5	102.0	100.6	97.4	100.0
广 东	Guangdong	91.1	100.9	100.9	99.8	99.2
广 西	Guangxi	97.7	100.4	102.1	100.9	99.8
海 南	Hainan	96.7	99.5	91.0	102.0	100.1
重 庆	Chongqing	97.5	98.3	102.5	97.5	102.4
四 川	Sichuan	94.2	99.8	103.7	102.1	99.6
贵 州	Guizhou	91.9	101.1	102.7	100.9	101.0
云 南	Yunnan	100.6	102.3	101.1	99.4	100.1
西 藏	Tibet	102.4	104.8	100.0	99.3	100.0
陕 西	Shaanxi	98.0	101.6	100.5	105.3	100.7
甘 肃	Gansu	98.7	102.0	100.1	101.2	100.7
青 海	Qinghai	92.4	102.2	104.7	103.9	99.2
宁 夏	Ningxia	104.8	100.0	100.0	94.8	99.3
新 疆	Xinjiang	94.3	101.8	102.6	100.9	100.3

3-1-10 各地区城市居民消费价格分类指数(2020年)
Urban Consumer Price Indices by Category and Region (2020)

(上年价格=100) (Preceding Year=100)

地 区	Region	居民消费价格总指数 Consumer Price Index	一、食品烟酒 Food, Tobacco and Alcohol	1.食品 Food	(1)粮食 Grain	(2)薯类 Tubers	(3)豆类 Beans
全 国	**National**	**102.3**	**107.8**	**110.0**	**101.2**	**103.7**	**105.8**
北 京	Beijing	101.7	105.7	106.1	101.8	106.8	105.3
天 津	Tianjin	102.0	106.5	107.6	101.7	104.9	109.9
河 北	Hebei	102.0	106.7	107.8	101.8	102.2	105.3
山 西	Shanxi	102.8	106.9	108.2	100.1	100.3	104.2
内蒙古	Inner Mongolia	101.6	105.5	106.6	100.3	100.6	100.6
辽 宁	Liaoning	102.2	107.2	108.7	101.9	105.2	106.8
吉 林	Jilin	102.0	106.8	108.0	100.6	103.4	106.7
黑龙江	Heilongjiang	102.1	107.7	109.1	101.7	101.7	107.0
上 海	Shanghai	101.7	105.3	106.3	101.5	108.4	99.9
江 苏	Jiangsu	102.4	108.7	111.4	100.7	110.5	108.8
浙 江	Zhejiang	102.1	106.9	108.8	101.7	101.9	105.7
安 徽	Anhui	102.5	108.2	110.4	100.8	105.6	108.5
福 建	Fujian	102.2	107.0	109.3	100.2	106.3	105.7
江 西	Jiangxi	102.4	108.1	110.5	101.6	106.6	106.9
山 东	Shandong	102.5	108.9	111.4	102.7	103.3	106.0
河 南	Henan	102.5	107.7	110.0	100.4	101.4	104.7
湖 北	Hubei	102.5	108.6	111.8	101.0	102.9	107.1
湖 南	Hunan	102.0	107.4	110.2	101.0	104.4	104.9
广 东	Guangdong	102.6	109.0	111.9	101.7	103.0	104.1
广 西	Guangxi	102.5	108.5	110.8	100.7	104.7	105.9
海 南	Hainan	101.8	107.3	109.2	101.1	103.1	105.6
重 庆	Chongqing	102.3	107.9	110.3	97.4	105.4	106.6
四 川	Sichuan	102.9	110.6	113.9	101.2	102.8	109.7
贵 州	Guizhou	102.3	109.9	112.7	100.3	107.0	107.5
云 南	Yunnan	103.4	111.5	115.9	100.8	98.0	105.0
西 藏	Tibet	102.2	105.1	106.6	101.9	102.3	99.3
陕 西	Shaanxi	102.5	107.3	109.0	101.2	106.8	109.4
甘 肃	Gansu	101.9	106.0	108.2	102.4	104.3	102.1
青 海	Qinghai	102.7	106.5	108.9	101.1	103.4	103.7
宁 夏	Ningxia	101.7	105.5	106.9	103.1	108.5	103.6
新 疆	Xinjiang	101.3	103.8	104.6	102.1	99.0	101.1

3−1−10 续表 1 continued 1

(上年价格=100) (Preceding Year=100)

地区	Region	(4)食用油 Edible Oil and Fats	(5)菜 Vegetables	(6)畜肉类 Meat of Livestock	(7)禽肉类 Meat of Poultry	(8)水产品 Aquatic Products	(9)蛋类 Eggs
全国	**National**	**103.8**	**106.6**	**137.6**	**102.5**	**102.9**	**90.9**
北京	Beijing	103.7	106.6	127.4	104.0	101.3	89.9
天津	Tianjin	98.9	109.8	131.1	99.4	102.7	87.5
河北	Hebei	101.7	105.2	132.8	107.4	101.7	89.1
山西	Shanxi	102.4	108.1	136.1	100.9	102.2	80.2
内蒙古	Inner Mongolia	109.4	106.3	126.5	103.0	100.6	89.2
辽宁	Liaoning	102.2	108.8	133.6	99.1	102.1	89.6
吉林	Jilin	105.0	106.5	132.7	101.8	104.4	89.6
黑龙江	Heilongjiang	101.6	105.6	136.5	102.7	103.4	89.2
上海	Shanghai	106.6	105.9	131.0	99.9	100.6	96.7
江苏	Jiangsu	104.4	109.6	136.9	104.9	105.4	91.5
浙江	Zhejiang	104.1	104.4	137.1	104.6	101.9	95.3
安徽	Anhui	104.9	109.8	137.9	100.3	105.3	87.0
福建	Fujian	104.1	101.0	137.5	101.5	103.3	90.4
江西	Jiangxi	101.2	105.1	139.8	97.1	106.4	90.3
山东	Shandong	100.8	108.7	139.7	101.8	103.8	91.2
河南	Henan	100.9	107.3	139.8	101.8	101.1	86.8
湖北	Hubei	102.0	108.6	143.8	103.1	105.8	93.6
湖南	Hunan	102.7	103.7	138.3	103.2	101.2	93.5
广东	Guangdong	102.2	103.3	143.8	102.9	102.3	95.1
广西	Guangxi	103.8	103.6	141.6	99.6	103.5	94.5
海南	Hainan	105.2	97.3	137.2	101.9	101.6	96.0
重庆	Chongqing	100.0	109.1	139.9	101.6	102.5	86.9
四川	Sichuan	106.1	108.7	138.9	101.2	102.9	95.7
贵州	Guizhou	119.8	105.3	141.4	100.6	103.4	95.2
云南	Yunnan	120.9	107.6	151.1	108.0	102.3	98.5
西藏	Tibet	103.6	105.1	117.9	112.6	101.6	100.3
陕西	Shaanxi	103.0	112.4	135.1	100.6	104.4	83.9
甘肃	Gansu	104.7	112.8	127.6	110.2	101.2	90.5
青海	Qinghai	102.6	107.8	126.3	102.4	101.0	86.3
宁夏	Ningxia	100.3	114.2	120.2	106.2	101.7	88.0
新疆	Xinjiang	101.2	101.0	119.1	104.3	100.5	88.4

3-1-10 续表 2 continued 2

(上年价格=100) (Preceding Year=100)

地 区 Region	(10)奶类 Milk	(11)干鲜瓜果类 Dried and Fresh Melons and Fruits	(12)糖果糕点类 Candy and Cake	(13)调味品 Falvoring	(14)其他食品类 Other Foods	2.茶及饮料 Tea and Beverages
全 国 National	**101.1**	**91.8**	**101.0**	**101.4**	**101.9**	**100.6**
北 京 Beijing	104.0	90.9	99.9	100.9	102.0	100.4
天 津 Tianjin	100.0	93.5	101.2	102.1	102.0	101.5
河 北 Hebei	100.0	90.2	101.4	101.2	101.9	100.9
山 西 Shanxi	101.4	91.6	100.8	101.1	101.8	100.2
内 蒙 古 Inner Mongolia	100.0	92.6	99.4	99.9	100.8	99.5
辽 宁 Liaoning	101.7	96.1	100.8	100.7	100.9	99.8
吉 林 Jilin	102.4	91.7	100.9	101.9	103.1	100.8
黑 龙 江 Heilongjiang	101.3	93.6	100.3	99.8	100.7	101.1
上 海 Shanghai	100.7	94.4	101.9	103.6	100.4	101.8
江 苏 Jiangsu	102.7	93.8	102.3	102.1	101.5	102.0
浙 江 Zhejiang	100.8	93.1	103.1	102.9	103.1	100.4
安 徽 Anhui	100.4	88.7	101.3	102.4	102.5	101.5
福 建 Fujian	101.6	89.1	101.7	101.4	102.0	100.1
江 西 Jiangxi	100.5	89.9	100.2	100.4	103.4	100.5
山 东 Shandong	100.4	92.7	100.0	101.0	101.4	100.1
河 南 Henan	100.6	91.7	99.6	102.0	103.2	100.5
湖 北 Hubei	100.4	89.6	101.4	101.8	100.9	100.1
湖 南 Hunan	99.8	92.6	100.5	100.0	100.6	100.0
广 东 Guangdong	102.7	90.1	100.7	100.9	102.2	100.4
广 西 Guangxi	101.5	91.0	101.0	100.8	101.3	100.3
海 南 Hainan	102.4	92.5	96.2	101.0	99.0	99.1
重 庆 Chongqing	95.9	84.4	101.3	101.7	102.0	100.3
四 川 Sichuan	101.0	93.1	100.9	101.2	103.0	100.1
贵 州 Guizhou	101.1	90.4	102.2	100.5	103.4	101.0
云 南 Yunnan	100.0	90.6	101.0	100.9	104.9	99.3
西 藏 Tibet	101.9	96.4	100.5	101.5	101.1	101.2
陕 西 Shaanxi	103.6	88.8	100.0	101.4	103.4	100.2
甘 肃 Gansu	99.6	91.8	101.8	101.2	101.9	100.5
青 海 Qinghai	100.7	93.1	98.3	100.1	100.5	100.9
宁 夏 Ningxia	99.0	93.6	100.0	101.7	98.9	99.7
新 疆 Xinjiang	97.1	90.0	101.1	100.4	100.5	98.7

3-1-10 续表 3 continued 3

(上年价格=100) (Preceding Year=100)

地 区	Region	3.烟酒 Tobacco and Alcohol	(1)烟草 Tobacco	(2)酒类 Alcohol	4.在外餐饮 Dining Out	二、衣着 Clothing	1.服装 Garments
全 国	**National**	**101.4**	**100.9**	**102.2**	**104.5**	**99.8**	**99.9**
北 京	Beijing	100.9	99.8	102.0	106.3	99.8	99.4
天 津	Tianjin	102.5	103.2	101.8	104.9	98.5	99.0
河 北	Hebei	102.2	100.8	103.5	105.3	100.1	100.5
山 西	Shanxi	100.7	101.2	100.0	105.7	101.2	101.5
内蒙古	Inner Mongolia	100.0	100.0	100.0	104.2	100.1	100.1
辽 宁	Liaoning	100.8	100.4	101.5	104.7	99.4	99.1
吉 林	Jilin	101.0	100.3	102.2	104.6	99.1	99.5
黑龙江	Heilongjiang	100.5	100.1	101.0	105.6	99.0	98.8
上 海	Shanghai	102.8	102.5	103.5	103.6	100.9	101.5
江 苏	Jiangsu	101.8	100.6	103.7	105.1	99.8	99.8
浙 江	Zhejiang	100.5	100.2	101.2	104.7	100.5	101.0
安 徽	Anhui	102.0	101.5	102.7	104.7	100.4	100.7
福 建	Fujian	100.6	100.3	101.1	103.3	99.7	99.3
江 西	Jiangxi	100.6	100.1	101.5	104.5	99.4	99.0
山 东	Shandong	101.5	100.1	103.1	105.3	100.7	100.9
河 南	Henan	101.4	100.1	102.3	104.2	98.7	98.5
湖 北	Hubei	100.3	100.2	100.4	103.6	99.6	99.8
湖 南	Hunan	101.0	101.1	100.9	101.5	100.0	100.0
广 东	Guangdong	103.6	104.7	102.0	103.8	99.5	99.7
广 西	Guangxi	101.1	100.0	102.7	105.7	99.6	99.4
海 南	Hainan	101.2	100.6	102.4	103.7	102.2	102.5
重 庆	Chongqing	100.5	100.2	101.2	104.4	98.3	98.5
四 川	Sichuan	102.0	100.6	103.9	105.5	99.7	100.0
贵 州	Guizhou	100.5	100.0	101.6	106.2	98.1	98.1
云 南	Yunnan	100.8	100.5	101.6	105.2	101.0	101.6
西 藏	Tibet	102.2	102.2	102.3	103.0	101.1	101.2
陕 西	Shaanxi	101.1	100.3	102.6	105.8	99.7	100.2
甘 肃	Gansu	100.4	100.0	101.0	102.7	99.4	99.2
青 海	Qinghai	100.2	100.0	100.3	102.7	99.7	99.4
宁 夏	Ningxia	100.4	100.2	101.0	103.8	99.8	100.6
新 疆	Xinjiang	101.4	100.4	102.6	102.9	99.7	99.5

3-1-10 续表 4 continued 4

(上年价格=100) (Preceding Year=100)

地区 Region	(1)男式服装 Garments for Men	(2)女式服装 Garments for Women	(3)儿童服装 Garments for Children	2.服装材料 Garments Material	3.其他衣着及配件 Other Clothing and Parts	4.衣着加工服务费 Clothing Manufacturing Service Fees
全国 National	**100.0**	**100.0**	**99.7**	**100.6**	**99.5**	**102.1**
北京 Beijing	99.5	99.4	100.1	101.4	100.7	105.6
天津 Tianjin	98.0	99.5	99.6	99.6	99.6	103.3
河北 Hebei	100.7	100.3	101.2	100.8	98.8	101.8
山西 Shanxi	101.9	100.7	102.7	101.1	99.5	104.1
内蒙古 Inner Mongolia	100.8	100.0	98.2	100.0	100.0	101.0
辽宁 Liaoning	98.0	99.3	100.7	100.1	99.3	100.8
吉林 Jilin	100.1	99.1	99.6	100.7	100.2	101.6
黑龙江 Heilongjiang	99.2	98.3	99.9	100.1	100.3	98.7
上海 Shanghai	100.9	101.6	102.2	101.6	100.6	102.6
江苏 Jiangsu	99.6	100.3	98.6	102.4	100.5	102.8
浙江 Zhejiang	101.5	100.6	101.2	100.3	101.4	103.0
安徽 Anhui	100.5	100.9	100.2	98.5	99.3	102.5
福建 Fujian	99.3	99.4	98.5	101.6	99.6	102.5
江西 Jiangxi	98.2	99.5	99.6	99.1	99.9	101.8
山东 Shandong	101.1	100.8	100.8	98.2	98.8	101.7
河南 Henan	98.9	98.7	96.6	102.0	99.2	101.3
湖北 Hubei	99.9	100.0	98.8	103.3	100.3	102.1
湖南 Hunan	100.3	99.7	100.3	99.8	100.0	100.2
广东 Guangdong	99.3	99.9	99.8	100.5	95.9	102.2
广西 Guangxi	100.0	99.3	98.8	100.4	99.1	101.0
海南 Hainan	99.7	103.1	105.0	114.3	99.6	101.0
重庆 Chongqing	98.4	98.6	98.0	97.5	99.1	101.7
四川 Sichuan	100.0	100.0	100.0	101.4	99.6	101.6
贵州 Guizhou	99.0	97.7	97.2	98.2	99.7	103.7
云南 Yunnan	101.6	101.7	101.3	100.4	100.6	100.7
西藏 Tibet	100.4	101.2	102.3	100.0	99.8	103.1
陕西 Shaanxi	100.7	100.9	95.9	100.6	99.8	101.7
甘肃 Gansu	99.4	99.0	99.9	98.3	100.6	102.2
青海 Qinghai	102.9	102.2	92.6	100.3	102.1	103.3
宁夏 Ningxia	100.7	100.3	102.4	100.8	99.0	100.8
新疆 Xinjiang	99.8	99.0	100.5	100.7	99.2	102.5

3-1-10 续表 5 continued 5

(上年价格=100) (Preceding Year=100)

地 区 Region		5.鞋类 Footware	(1)鞋 Shoes	(2)鞋类加工服务 Footware Manufactuing Services	三、居住 Residence	1.租赁房房租 Rent of Rental Housing	2.住房保养维修及管理 Housing Maintenance and Management
全 国	**National**	**99.2**	**99.1**	**102.6**	**99.6**	**99.4**	**101.2**
北 京	Beijing	99.9	99.8	103.1	99.1	98.9	101.6
天 津	Tianjin	96.1	96.0	100.9	100.7	101.0	100.8
河 北	Hebei	99.0	98.9	103.3	99.2	98.8	102.4
山 西	Shanxi	100.4	100.4	102.5	100.0	100.1	102.4
内 蒙 古	Inner Mongolia	99.9	99.8	100.1	100.0	99.5	100.4
辽 宁	Liaoning	100.2	100.1	102.1	100.2	100.2	100.0
吉 林	Jilin	97.3	97.1	100.5	99.7	97.5	99.8
黑 龙 江	Heilongjiang	99.2	99.1	106.7	97.9	96.4	100.8
上 海	Shanghai	98.6	98.5	103.0	100.8	101.0	102.4
江 苏	Jiangsu	99.1	99.1	101.5	100.2	100.0	102.3
浙 江	Zhejiang	98.3	98.2	101.1	100.0	99.9	101.4
安 徽	Anhui	99.6	99.6	101.8	99.9	99.9	100.9
福 建	Fujian	101.1	101.1	100.7	100.3	100.2	101.5
江 西	Jiangxi	100.6	100.5	101.3	99.7	99.4	101.3
山 东	Shandong	100.0	100.0	100.9	99.4	99.7	101.4
河 南	Henan	99.2	99.1	101.8	99.6	98.3	101.0
湖 北	Hubei	98.6	98.6	100.4	99.0	99.5	100.5
湖 南	Hunan	100.2	100.2	100.5	99.3	100.4	100.4
广 东	Guangdong	99.1	98.6	105.7	99.0	98.7	101.7
广 西	Guangxi	100.0	99.4	104.7	98.7	99.0	100.6
海 南	Hainan	101.1	101.2	99.9	97.3	94.4	100.4
重 庆	Chongqing	97.4	97.3	100.9	99.5	100.6	100.2
四 川	Sichuan	98.6	98.4	102.5	98.6	97.9	101.2
贵 州	Guizhou	97.8	97.8	102.0	97.6	96.8	99.4
云 南	Yunnan	99.3	99.1	104.0	99.8	99.2	100.4
西 藏	Tibet	100.2	99.9	106.7	99.9	100.6	100.3
陕 西	Shaanxi	98.1	97.9	100.3	100.1	99.8	100.4
甘 肃	Gansu	99.7	99.7	100.2	99.8	99.3	99.3
青 海	Qinghai	100.3	100.3	100.8	100.6	100.8	97.0
宁 夏	Ningxia	97.1	97.1	100.0	101.3	98.2	100.5
新 疆	Xinjiang	100.4	100.1	101.8	102.2	101.7	100.0

3-1-10 续表 6 continued 6

(上年价格=100) (Preceding Year=100)

地 区 Region	3.水电燃料 Water, Electricity and Fuels	四、生活用品及服务 Articles for Daily Use and Services	1.家具及室内装饰品 Furniture and Interior Decorations	(1)家具 Furniture	(2)室内装饰品 Interior Decorations	2.家用器具 Home Appliances
全 国 National	**99.5**	**100.1**	**99.8**	**99.9**	**99.3**	**98.0**
北 京 Beijing	100.0	100.0	100.4	100.6	99.0	96.3
天 津 Tianjin	99.9	100.2	100.9	101.1	99.1	98.5
河 北 Hebei	99.8	100.1	98.7	98.6	99.7	98.1
山 西 Shanxi	99.5	100.1	99.8	99.8	100.0	98.8
内蒙古 Inner Mongolia	99.7	99.9	100.0	100.0	99.7	99.0
辽 宁 Liaoning	100.0	99.4	99.1	99.1	99.4	96.8
吉 林 Jilin	99.3	100.8	101.3	101.4	99.9	99.2
黑龙江 Heilongjiang	100.1	99.6	100.3	100.4	98.5	98.7
上 海 Shanghai	99.6	99.8	99.3	99.3	98.9	96.6
江 苏 Jiangsu	100.2	100.8	100.1	100.3	99.2	98.5
浙 江 Zhejiang	99.0	101.8	101.2	101.4	99.2	98.3
安 徽 Anhui	99.5	100.1	100.3	100.4	100.0	98.9
福 建 Fujian	100.0	100.8	99.5	99.3	100.5	99.0
江 西 Jiangxi	99.0	99.8	100.6	100.5	101.3	98.1
山 东 Shandong	99.5	99.9	100.4	100.6	99.5	98.2
河 南 Henan	100.1	100.1	99.7	99.7	99.5	98.9
湖 北 Hubei	99.0	100.0	100.3	100.3	99.5	96.4
湖 南 Hunan	98.0	99.9	99.6	99.6	99.7	99.3
广 东 Guangdong	98.9	99.6	98.3	98.2	99.5	97.6
广 西 Guangxi	97.2	99.9	99.5	99.2	101.5	98.2
海 南 Hainan	98.3	100.6	99.4	99.7	97.4	99.2
重 庆 Chongqing	100.0	100.0	100.4	100.5	99.4	97.4
四 川 Sichuan	100.2	99.9	100.8	101.1	98.7	96.7
贵 州 Guizhou	98.4	99.5	100.6	100.4	101.3	97.6
云 南 Yunnan	99.7	99.5	99.5	99.6	98.6	97.2
西 藏 Tibet	97.8	100.6	100.8	100.8	100.3	99.4
陕 西 Shaanxi	100.2	100.4	99.5	100.4	95.5	99.2
甘 肃 Gansu	100.0	100.3	99.6	99.5	100.5	99.2
青 海 Qinghai	103.1	99.7	100.1	100.2	99.6	97.5
宁 夏 Ningxia	104.7	99.6	100.0	100.4	97.6	98.4
新 疆 Xinjiang	100.6	99.6	98.8	98.7	99.0	97.0

3-1-10 续表 7 continued 7

(上年价格=100) (Preceding Year=100)

地 区	Region	(1)大型家用器具 Large Houshold Appliances	(2)小家电 Small Household Appliances	3.家用纺织品 Home Textiles	(1)床上用品 Bed Articles	(2)窗帘门帘 Curtains	(3)其他家用纺织品 Other Home Textiles
全 国	**National**	**98.0**	**98.2**	**99.7**	**99.7**	**100.1**	**99.8**
北 京	Beijing	95.8	97.6	98.2	98.3	97.3	97.9
天 津	Tianjin	98.6	98.1	99.4	99.8	96.8	99.0
河 北	Hebei	97.6	100.2	100.2	100.2	100.1	99.7
山 西	Shanxi	98.6	99.7	98.7	98.5	98.3	100.2
内 蒙 古	Inner Mongolia	99.1	98.6	100.1	100.3	99.8	99.0
辽 宁	Liaoning	96.8	96.7	100.0	100.1	99.2	99.9
吉 林	Jilin	99.3	98.7	100.3	100.3	100.1	100.6
黑 龙 江	Heilongjiang	98.6	99.0	99.2	99.0	101.2	98.8
上 海	Shanghai	96.5	97.1	100.4	100.0	101.2	104.1
江 苏	Jiangsu	98.2	100.3	100.9	101.0	100.5	99.1
浙 江	Zhejiang	98.3	98.2	102.1	102.3	100.5	103.1
安 徽	Anhui	98.8	99.2	99.5	99.4	99.7	100.9
福 建	Fujian	99.1	98.7	99.6	99.7	99.5	99.6
江 西	Jiangxi	97.9	98.7	99.7	99.7	100.1	99.0
山 东	Shandong	98.2	98.4	99.1	98.8	101.5	98.1
河 南	Henan	99.2	97.0	98.9	98.7	100.3	99.9
湖 北	Hubei	96.1	98.0	99.5	99.4	100.2	100.4
湖 南	Hunan	99.2	99.6	99.9	99.9	100.1	99.6
广 东	Guangdong	97.6	97.5	98.7	98.7	98.3	99.3
广 西	Guangxi	98.0	98.9	99.4	99.3	100.8	98.8
海 南	Hainan	98.9	100.5	104.6	105.9	98.7	101.4
重 庆	Chongqing	97.7	95.8	98.7	98.7	99.8	97.5
四 川	Sichuan	96.5	97.3	99.2	99.1	99.7	99.4
贵 州	Guizhou	98.1	95.9	99.6	99.6	102.3	97.9
云 南	Yunnan	97.2	97.2	97.8	97.3	99.3	100.6
西 藏	Tibet	99.5	98.9	99.9	99.8	99.8	100.1
陕 西	Shaanxi	99.1	100.2	100.7	100.8	101.9	98.0
甘 肃	Gansu	99.1	99.8	100.0	99.6	100.1	102.8
青 海	Qinghai	97.4	98.1	103.0	104.4	99.9	98.7
宁 夏	Ningxia	98.2	98.9	100.4	100.3	100.2	101.1
新 疆	Xinjiang	97.1	96.7	100.1	98.6	102.7	100.5

3-1-10 续表 8 continued 8

(上年价格=100) (Preceding Year=100)

地区	Region	4.家庭日用杂品 Daily Use Household Articles	(1)洗涤卫生用品 Clearing Products	(2)厨具餐具茶具 Kichenware Tableware and Teaset	(3)家用手工工具 Hand Tools for Household Use	(4)其他家庭日用杂品 Other Daily Use Household Articles	5.个人护理用品 Personal-care Supplies
全 国	**National**	**100.6**	**100.9**	**100.2**	**100.8**	**100.0**	**101.1**
北 京	Beijing	100.7	101.0	100.0	100.6	99.6	101.3
天 津	Tianjin	99.8	99.8	100.2	104.2	99.4	100.7
河 北	Hebei	101.1	101.5	99.9	100.3	101.1	102.2
山 西	Shanxi	101.3	102.2	99.8	100.1	100.3	100.7
内蒙古	Inner Mongolia	100.2	100.5	99.5	100.7	100.2	99.9
辽 宁	Liaoning	100.0	100.5	99.5	100.1	99.4	101.3
吉 林	Jilin	100.3	100.4	100.7	101.3	99.7	101.4
黑龙江	Heilongjiang	98.8	98.0	100.0	100.5	99.6	101.9
上 海	Shanghai	100.4	100.5	99.0	96.4	101.4	101.0
江 苏	Jiangsu	101.0	100.9	101.4	105.2	100.5	101.7
浙 江	Zhejiang	102.9	104.6	103.1	101.6	100.6	103.1
安 徽	Anhui	100.2	99.8	100.4	102.1	100.7	101.0
福 建	Fujian	102.0	102.9	100.1	101.9	100.7	101.0
江 西	Jiangxi	100.2	100.4	102.1	98.0	99.3	99.6
山 东	Shandong	100.0	100.7	99.3	101.0	98.7	100.0
河 南	Henan	100.4	100.7	100.0	100.1	100.2	101.1
湖 北	Hubei	100.9	101.3	99.9	100.1	100.7	102.6
湖 南	Hunan	99.8	99.9	99.5	100.0	99.8	101.0
广 东	Guangdong	100.4	100.7	99.6	100.2	100.1	99.7
广 西	Guangxi	100.2	100.3	99.7	101.7	99.8	101.7
海 南	Hainan	100.0	100.1	99.8	99.7	99.8	100.1
重 庆	Chongqing	100.3	101.4	98.9	101.3	98.1	101.9
四 川	Sichuan	100.6	100.9	100.4	99.2	100.2	101.1
贵 州	Guizhou	99.6	100.3	99.1	98.3	98.3	100.2
云 南	Yunnan	100.2	100.7	99.7	102.4	99.4	102.2
西 藏	Tibet	100.6	99.7	99.7	104.5	102.5	101.8
陕 西	Shaanxi	101.2	100.3	102.4	100.7	100.1	100.9
甘 肃	Gansu	100.8	101.8	100.0	100.2	100.5	100.9
青 海	Qinghai	99.0	97.5	100.5	100.6	101.4	100.6
宁 夏	Ningxia	99.0	99.1	98.5	99.1	99.3	100.1
新 疆	Xinjiang	99.6	101.6	100.1	100.1	97.9	100.6

3—1—10 续表 9 continued 9

(上年价格=100) (Preceding Year=100)

地 区	Region	(1)化妆品 Cosmetics	(2)其他护理用品类 Other Nursing Materials	6.家庭服务 Household Services	五、交通和通信 Transport and Communications	1.交通 Transport	(1)交通工具 Transport Facility
全 国	**National**	**101.2**	**100.9**	**102.7**	**96.4**	**94.9**	**97.7**
北 京	Beijing	101.3	101.2	103.2	95.8	93.7	98.5
天 津	Tianjin	100.0	101.6	102.8	97.1	96.6	96.4
河 北	Hebei	102.5	101.4	102.4	96.8	95.0	98.2
山 西	Shanxi	100.6	100.8	103.0	96.5	94.0	95.6
内蒙古	Inner Mongolia	100.0	99.6	101.2	96.3	95.3	98.9
辽 宁	Liaoning	101.4	101.1	99.4	96.7	95.4	97.0
吉 林	Jilin	101.5	101.1	105.7	96.4	96.0	97.1
黑龙江	Heilongjiang	102.4	100.7	97.7	96.4	95.0	96.5
上 海	Shanghai	100.4	101.9	101.6	96.6	94.2	97.3
江 苏	Jiangsu	101.7	101.7	104.5	96.3	94.8	98.4
浙 江	Zhejiang	103.8	102.1	105.5	96.3	94.9	97.0
安 徽	Anhui	100.8	101.4	102.2	96.7	95.5	96.3
福 建	Fujian	100.9	101.0	104.5	96.9	95.3	98.5
江 西	Jiangxi	98.5	100.7	103.5	96.2	94.7	97.1
山 东	Shandong	99.6	100.4	103.1	96.0	94.0	97.3
河 南	Henan	101.2	100.9	102.8	95.4	95.4	98.3
湖 北	Hubei	103.2	102.0	102.2	96.4	94.3	93.8
湖 南	Hunan	101.8	100.1	100.4	96.6	95.2	98.1
广 东	Guangdong	100.5	98.8	102.3	96.2	94.6	98.5
广 西	Guangxi	101.4	101.9	101.5	95.9	94.3	96.2
海 南	Hainan	99.9	100.2	104.6	95.5	93.2	97.3
重 庆	Chongqing	101.1	103.2	102.9	97.3	94.7	98.5
四 川	Sichuan	100.6	101.7	104.4	96.3	94.5	97.4
贵 州	Guizhou	100.5	99.7	101.0	95.5	93.6	97.6
云 南	Yunnan	102.6	101.8	101.0	96.7	95.5	99.0
西 藏	Tibet	102.9	100.8	101.9	97.9	96.3	99.9
陕 西	Shaanxi	100.9	100.7	101.3	98.0	97.3	99.3
甘 肃	Gansu	101.1	100.5	101.9	97.4	96.2	99.2
青 海	Qinghai	100.9	99.9	100.1	98.0	95.4	99.2
宁 夏	Ningxia	100.3	99.9	102.4	97.0	94.7	95.9
新 疆	Xinjiang	100.0	101.3	102.1	96.7	95.7	98.3

3-1-10 续表 10 continued 10

(上年价格=100) (Preceding Year=100)

地 区	Region	(2)交通工具用燃料 Fuels for Transport Facility	(3)交通工具使用和维修 Use and Maintenance of Facility	(4)交通费 Traffic Fee	2.通信 Communications	(1)通信工具 Communication Facility	(2)通信服务 Communicaiton Service
全 国	**National**	**86.2**	**101.4**	**96.9**	**99.3**	**98.5**	**99.6**
北 京	Beijing	86.2	101.3	92.9	101.7	105.0	100.6
天 津	Tianjin	85.8	102.9	105.3	98.0	95.2	99.6
河 北	Hebei	86.3	101.3	97.5	99.9	99.5	100.0
山 西	Shanxi	86.0	100.7	99.3	100.7	103.1	99.9
内蒙古	Inner Mongolia	86.2	102.0	95.7	98.5	94.3	100.1
辽 宁	Liaoning	85.8	100.5	98.0	99.3	98.0	99.8
吉 林	Jilin	85.9	99.1	100.9	97.2	92.5	99.0
黑龙江	Heilongjiang	85.9	100.4	97.6	99.1	96.2	99.8
上 海	Shanghai	85.9	102.2	97.5	100.8	105.3	99.8
江 苏	Jiangsu	85.9	100.8	98.1	99.4	99.9	99.2
浙 江	Zhejiang	86.0	104.5	97.1	99.6	100.9	99.2
安 徽	Anhui	90.1	101.3	97.8	98.7	97.2	99.0
福 建	Fujian	86.0	102.1	95.6	99.7	98.5	100.0
江 西	Jiangxi	85.8	101.7	99.0	99.0	96.6	99.5
山 东	Shandong	85.9	100.7	95.2	99.5	99.1	99.6
河 南	Henan	86.1	101.3	95.2	95.5	91.0	97.6
湖 北	Hubei	85.9	102.5	98.7	99.8	99.4	99.9
湖 南	Hunan	85.8	101.4	99.2	99.1	99.5	99.0
广 东	Guangdong	86.0	101.6	94.5	99.1	95.7	100.0
广 西	Guangxi	86.5	99.9	100.2	98.8	95.7	99.5
海 南	Hainan	85.0	101.7	92.6	99.1	101.4	98.6
重 庆	Chongqing	86.0	100.3	94.9	102.1	108.2	100.1
四 川	Sichuan	86.8	100.9	98.2	99.3	98.3	99.6
贵 州	Guizhou	86.0	100.6	96.6	98.2	96.6	98.5
云 南	Yunnan	86.6	100.7	98.5	99.0	97.3	99.4
西 藏	Tibet	87.6	100.7	98.5	100.1	98.3	100.5
陕 西	Shaanxi	86.3	99.5	98.8	99.4	98.1	99.9
甘 肃	Gansu	86.7	100.0	97.5	99.6	98.6	100.0
青 海	Qinghai	85.9	101.1	96.9	103.1	111.1	100.4
宁 夏	Ningxia	86.4	100.9	96.2	101.2	103.7	100.3
新 疆	Xinjiang	86.8	100.0	97.0	99.4	97.0	99.8

3－1－10　续表 11　continued 11

(上年价格=100)　　(Preceding Year=100)

地　区	Region	(3)邮递服务 Postal Serice	六、教育文化和娱乐 Education, Culture and Recreation	1.教育 Education	(1)教育用品 Education Articles	(2)教育服务 Education Services	2.文化娱乐 Cultural and Recreational Articles
全　国	**National**	**99.3**	**101.4**	**102.3**	**101.7**	**102.4**	**100.1**
北　京	Beijing	100.7	102.5	100.9	99.4	100.9	103.7
天　津	Tianjin	92.2	102.6	104.9	103.9	104.9	100.4
河　北	Hebei	100.0	102.0	103.7	102.1	103.8	99.4
山　西	Shanxi	99.9	101.3	102.2	102.0	102.2	99.8
内蒙古	Inner Mongolia	100.0	100.6	100.9	100.2	100.9	100.2
辽　宁	Liaoning	98.7	100.8	100.8	101.2	100.8	100.7
吉　林	Jilin	98.5	101.7	101.4	103.7	101.3	102.2
黑龙江	Heilongjiang	104.6	102.4	102.4	101.4	102.4	102.3
上　海	Shanghai	98.1	101.1	102.5	105.2	102.4	100.1
江　苏	Jiangsu	100.5	101.3	103.3	105.6	103.2	99.3
浙　江	Zhejiang	99.0	101.8	103.9	101.6	104.0	99.0
安　徽	Anhui	100.0	101.2	102.0	101.2	102.1	100.1
福　建	Fujian	100.4	101.2	102.0	101.0	102.1	100.2
江　西	Jiangxi	99.4	101.7	103.1	101.1	103.2	100.0
山　东	Shandong	98.3	101.3	102.6	107.0	102.4	99.8
河　南	Henan	99.9	102.2	102.9	100.9	103.1	101.1
湖　北	Hubei	100.5	100.8	101.5	99.9	101.6	99.7
湖　南	Hunan	99.7	99.6	100.4	100.1	100.4	98.6
广　东	Guangdong	98.2	101.1	102.4	101.8	102.4	99.0
广　西	Guangxi	98.9	100.3	101.0	100.8	101.1	99.2
海　南	Hainan	99.1	101.3	104.5	101.1	104.8	96.9
重　庆	Chongqing	101.1	101.8	102.2	101.3	102.2	101.4
四　川	Sichuan	99.6	101.4	101.9	100.5	102.0	101.0
贵　州	Guizhou	99.7	101.3	102.1	100.1	102.2	100.3
云　南	Yunnan	100.0	101.4	100.8	100.6	100.8	101.9
西　藏	Tibet	100.6	102.3	100.4	101.5	100.1	104.1
陕　西	Shaanxi	99.9	102.3	103.7	102.6	103.9	99.8
甘　肃	Gansu	99.8	101.7	102.9	100.2	103.1	100.0
青　海	Qinghai	100.3	100.4	100.8	100.8	100.8	99.9
宁　夏	Ningxia	99.8	100.8	102.0	100.2	102.3	99.0
新　疆	Xinjiang	100.8	100.7	100.6	101.0	100.6	101.1

3-1-10 续表 12 continued 12

(上年价格=100) (Preceding Year=100)

地区	Region	(1)文娱耐用消费品 Durable Consumer Goods for Culture and Recreation	(2)其他文娱用品 Other Articles for Culture and Recreation	(3)文化娱乐服务 Cultural and Recreational Services	(4)旅游 Touring and Outing	七、医疗保健 Health Care	1.药品及医疗器具 Medicine and Medical Instrument
全国	**National**	**98.6**	**100.4**	**99.1**	**101.3**	**101.7**	**100.8**
北京	Beijing	97.9	100.9	99.8	110.4	104.9	98.5
天津	Tianjin	97.9	100.6	101.0	101.2	99.9	99.8
河北	Hebei	96.9	99.6	100.1	100.2	102.2	102.2
山西	Shanxi	100.7	100.4	94.7	101.6	108.7	100.5
内蒙古	Inner Mongolia	98.8	100.0	99.2	101.7	102.8	102.9
辽宁	Liaoning	95.2	99.4	97.9	105.4	102.5	100.6
吉林	Jilin	99.1	101.2	99.5	105.2	101.5	100.1
黑龙江	Heilongjiang	99.0	100.4	99.7	105.9	103.0	102.3
上海	Shanghai	100.8	100.8	98.6	100.2	101.2	102.4
江苏	Jiangsu	98.7	101.3	99.1	98.9	100.1	99.9
浙江	Zhejiang	100.0	100.9	100.7	97.5	101.4	98.0
安徽	Anhui	98.1	99.4	99.8	101.2	100.8	100.9
福建	Fujian	99.2	100.9	100.0	100.5	100.0	100.5
江西	Jiangxi	98.8	100.3	99.8	100.5	100.2	100.4
山东	Shandong	98.5	100.1	96.0	101.5	101.4	100.8
河南	Henan	100.7	100.1	99.2	104.8	103.9	102.2
湖北	Hubei	99.1	100.4	96.4	101.7	101.9	101.5
湖南	Hunan	100.0	100.1	99.0	97.2	101.4	101.1
广东	Guangdong	98.3	99.4	100.0	98.8	100.8	101.8
广西	Guangxi	98.5	100.8	99.5	98.5	105.6	100.0
海南	Hainan	100.2	99.1	99.8	91.4	99.7	99.4
重庆	Chongqing	96.3	99.9	101.0	104.5	101.9	101.0
四川	Sichuan	96.4	100.0	100.6	102.8	100.5	100.6
贵州	Guizhou	98.8	100.6	97.0	103.5	101.1	101.0
云南	Yunnan	97.7	100.8	98.2	107.3	100.4	100.8
西藏	Tibet	99.9	100.6	99.4	112.2	102.7	106.0
陕西	Shaanxi	97.7	101.0	95.7	103.2	100.7	99.8
甘肃	Gansu	99.1	101.1	98.1	101.6	100.8	101.8
青海	Qinghai	98.6	101.1	99.5	101.0	104.6	100.9
宁夏	Ningxia	99.9	99.6	98.9	97.4	100.6	100.0
新疆	Xinjiang	97.9	101.2	102.4	99.9	100.2	101.0

3－1－10　续表 13　continued 13

(上年价格=100)　　(Preceding Year=100)

地　区	Region	(1)中药 Traditional chinese Medicine	(2)西药 Western Medicine	(3)滋补保健品 Health Care Articles	(4)医疗卫生器具 Medical Instrument	(5)保健器具 Health Care Appliances	2.医疗服务 Medical Services
全　国	**National**	**102.4**	**100.1**	**100.7**	**101.4**	**99.1**	**102.4**
北　京	Beijing	101.0	97.1	98.1	97.9	100.5	114.8
天　津	Tianjin	103.6	95.8	104.2	102.4	100.0	100.0
河　北	Hebei	102.9	102.5	100.5	102.2	99.2	102.3
山　西	Shanxi	101.2	100.1	101.5	99.6	99.7	114.9
内蒙古	Inner Mongolia	102.7	103.6	102.8	101.3	99.6	102.7
辽　宁	Liaoning	101.1	100.6	100.0	100.9	99.9	103.8
吉　林	Jilin	102.7	99.0	100.7	101.4	100.0	102.5
黑龙江	Heilongjiang	103.3	101.3	104.2	104.1	99.0	103.6
上　海	Shanghai	105.8	101.9	100.4	102.1	99.1	100.0
江　苏	Jiangsu	102.3	98.2	100.5	101.6	98.9	100.2
浙　江	Zhejiang	100.0	94.9	100.7	103.3	99.7	103.9
安　徽	Anhui	100.6	100.9	99.6	104.3	100.7	100.8
福　建	Fujian	102.6	99.6	100.4	101.8	99.9	99.7
江　西	Jiangxi	102.1	99.6	101.6	99.0	98.8	100.1
山　东	Shandong	100.5	101.1	99.8	102.2	99.5	101.9
河　南	Henan	103.9	101.6	102.9	102.4	101.7	105.1
湖　北	Hubei	101.8	102.2	99.5	101.8	100.4	102.1
湖　南	Hunan	101.8	100.7	101.2	100.0	99.9	101.7
广　东	Guangdong	105.4	100.0	101.4	102.0	96.9	100.2
广　西	Guangxi	101.4	98.6	101.3	99.8	100.3	109.2
海　南	Hainan	101.3	99.3	99.4	95.5	100.9	99.9
重　庆	Chongqing	102.8	101.2	98.4	100.6	99.7	102.5
四　川	Sichuan	101.6	99.9	100.8	102.9	98.3	100.4
贵　州	Guizhou	100.9	101.2	102.1	99.0	99.6	101.2
云　南	Yunnan	101.0	101.2	100.2	99.8	99.8	100.1
西　藏	Tibet	109.6	106.2	101.2	107.7	100.0	100.1
陕　西	Shaanxi	102.4	97.2	104.8	99.5	100.5	101.3
甘　肃	Gansu	102.3	102.4	99.0	100.5	100.6	99.8
青　海	Qinghai	101.7	100.3	102.2	102.1	99.5	107.7
宁　夏	Ningxia	103.3	97.7	100.1	101.3	99.5	101.3
新　疆	Xinjiang	101.6	101.4	100.5	97.1	100.1	100.0

3-1-10 续表 14 continued 14

(上年价格=100) (Preceding Year=100)

地 区	Region	(1)综合医疗类 General Practice	(2)诊断类 Diagnostic Medical	(3)治疗类 Medical Treatment	(4)康复类 Rehabilitation	(5)中医医疗服务类 Traditional Chinese Medical	(6)其他医疗服务 Other Health Care Services
全 国	**National**	**103.4**	**100.3**	**103.8**	**100.9**	**102.7**	**101.2**
北 京	Beijing	100.0	99.3	130.5	122.8	103.0	100.0
天 津	Tianjin	100.0	100.0	100.0	100.0	99.9	100.1
河 北	Hebei	100.4	99.2	108.7	99.8	100.7	100.7
山 西	Shanxi	119.8	105.1	120.2	109.4	102.7	111.6
内 蒙 古	Inner Mongolia	103.5	99.1	105.4	93.2	112.7	99.5
辽 宁	Liaoning	104.8	101.7	105.4	102.1	100.8	100.7
吉 林	Jilin	99.8	99.4	106.8	103.1	112.8	101.9
黑 龙 江	Heilongjiang	104.5	100.2	105.9	100.6	102.1	100.3
上 海	Shanghai	100.0	100.0	100.0	100.0	100.0	99.4
江 苏	Jiangsu	100.0	99.9	100.7	100.1	100.3	100.0
浙 江	Zhejiang	106.2	105.0	100.8	100.4	108.9	101.5
安 徽	Anhui	101.1	100.2	101.3	100.3	100.5	100.4
福 建	Fujian	100.7	98.7	100.3	99.6	99.4	99.0
江 西	Jiangxi	100.1	99.7	100.5	100.0	100.1	99.9
山 东	Shandong	105.8	98.7	102.3	104.0	101.4	100.6
河 南	Henan	111.7	100.9	103.7	99.9	100.9	102.3
湖 北	Hubei	102.9	100.0	102.7	102.7	108.8	100.4
湖 南	Hunan	103.0	99.7	102.2	99.9	119.9	100.1
广 东	Guangdong	100.4	100.1	100.1	100.1	100.7	100.3
广 西	Guangxi	114.8	101.6	113.7	100.1	110.4	104.4
海 南	Hainan	100.8	95.9	101.8	101.7	110.4	99.8
重 庆	Chongqing	100.2	98.6	106.1	100.0	111.3	100.0
四 川	Sichuan	100.7	99.9	101.2	100.0	101.2	100.0
贵 州	Guizhou	103.2	99.1	104.4	101.8	101.6	101.5
云 南	Yunnan	100.3	100.0	100.2	100.2	99.8	100.0
西 藏	Tibet	101.5	99.1	101.3	100.0	98.9	99.2
陕 西	Shaanxi	102.3	100.2	101.3	101.1	99.3	106.6
甘 肃	Gansu	100.0	100.0	99.9	99.7	100.3	96.6
青 海	Qinghai	101.3	103.6	108.4	100.3	110.0	130.2
宁 夏	Ningxia	100.5	99.4	105.2	100.0	101.7	99.6
新 疆	Xinjiang	99.9	99.7	100.0	100.0	100.0	100.0

3-1-10 续表 15 continued 15

(上年价格=100) (Preceding Year=100)

地 区	Region	八、其他用品和服务 Other Articles and Services	1.其他用品类 Other Articles	(1)首饰手表 Jewelry and Watches	(2)其他杂项用品 Other Miscellaneous Articles	2.其他服务类 Other Services
全 国	**National**	**104.4**	**110.0**	**115.3**	**99.9**	**100.1**
北 京	Beijing	108.3	115.7	118.0	98.5	103.4
天 津	Tianjin	107.9	116.8	123.9	99.8	100.6
河 北	Hebei	104.3	107.4	113.8	99.5	102.2
山 西	Shanxi	101.6	105.7	109.5	99.8	98.5
内蒙古	Inner Mongolia	103.2	107.7	110.4	99.2	99.5
辽 宁	Liaoning	103.6	108.6	113.7	99.3	99.7
吉 林	Jilin	104.5	111.0	117.5	99.6	99.1
黑龙江	Heilongjiang	104.8	110.6	116.5	99.4	100.1
上 海	Shanghai	102.9	111.3	116.3	101.7	97.4
江 苏	Jiangsu	104.8	110.2	115.1	99.8	101.0
浙 江	Zhejiang	104.3	110.2	115.2	101.0	100.4
安 徽	Anhui	103.2	108.2	112.9	100.0	99.0
福 建	Fujian	103.7	110.6	116.5	99.7	98.4
江 西	Jiangxi	104.9	109.1	113.5	98.9	101.3
山 东	Shandong	104.5	109.6	113.8	100.7	99.9
河 南	Henan	107.5	117.6	122.0	99.0	100.6
湖 北	Hubei	105.5	110.4	115.6	102.0	101.1
湖 南	Hunan	104.6	110.9	116.5	100.4	99.0
广 东	Guangdong	104.0	109.4	115.1	99.2	99.5
广 西	Guangxi	102.9	106.4	115.9	99.6	100.2
海 南	Hainan	103.8	109.0	113.9	101.7	100.0
重 庆	Chongqing	102.7	108.8	114.4	98.9	98.8
四 川	Sichuan	102.9	107.6	112.5	99.3	100.2
贵 州	Guizhou	104.1	108.9	115.6	101.6	100.5
云 南	Yunnan	103.1	104.8	108.9	100.3	100.7
西 藏	Tibet	105.8	109.3	114.6	100.6	102.1
陕 西	Shaanxi	104.6	108.1	115.7	98.2	102.1
甘 肃	Gansu	104.5	109.7	116.0	100.3	100.4
青 海	Qinghai	106.2	110.2	116.6	99.4	102.3
宁 夏	Ningxia	102.5	107.1	111.3	98.4	98.6
新 疆	Xinjiang	102.4	106.1	110.3	99.1	99.2

3-1-10 续表 16 continued 16

(上年价格=100) (Preceding Year=100)

地 区 Region	(1)旅馆住宿 Hotel Accommod-ations	(2)美容美发洗浴 Beauty Salon, Hair Salon and Scouring Bath	(3)养老服务 Elderly Care	(4)金融保险 Finance and Insurance	(5)其他服务类 Other Miscellaneous Services
全 国 National	**94.3**	**102.1**	**101.9**	**99.7**	**101.0**
北 京 Beijing	89.8	101.7	103.6	111.7	108.0
天 津 Tianjin	98.2	101.5	100.5	98.9	105.9
河 北 Hebei	98.8	102.6	102.3	102.5	100.6
山 西 Shanxi	94.8	100.7	100.9	97.6	100.1
内 蒙 古 Inner Mongolia	97.7	100.9	100.2	99.2	100.4
辽 宁 Liaoning	93.5	100.7	100.9	100.0	100.0
吉 林 Jilin	95.9	100.2	102.6	97.7	99.4
黑 龙 江 Heilongjiang	95.0	101.5	103.2	98.9	106.3
上 海 Shanghai	85.8	101.5	100.2	99.3	102.5
江 苏 Jiangsu	96.1	104.2	106.2	98.2	100.9
浙 江 Zhejiang	100.1	105.6	101.7	96.3	100.5
安 徽 Anhui	98.0	102.3	102.7	94.3	104.1
福 建 Fujian	97.1	99.5	102.2	97.1	100.7
江 西 Jiangxi	97.8	102.4	106.0	100.0	100.3
山 东 Shandong	92.5	103.5	100.7	99.1	102.4
河 南 Henan	97.8	102.4	102.3	97.8	101.8
湖 北 Hubei	97.3	106.6	100.9	98.8	98.9
湖 南 Hunan	97.6	100.3	100.8	98.1	100.0
广 东 Guangdong	89.7	100.9	101.0	99.6	99.1
广 西 Guangxi	95.9	100.7	101.7	100.7	99.7
海 南 Hainan	96.2	100.0	90.7	102.7	100.2
重 庆 Chongqing	97.5	98.3	102.5	97.5	102.4
四 川 Sichuan	93.4	99.5	103.7	102.2	99.4
贵 州 Guizhou	93.4	102.9	103.4	100.9	98.7
云 南 Yunnan	101.0	102.5	101.1	99.5	100.2
西 藏 Tibet	97.1	108.0	100.0	99.6	100.0
陕 西 Shaanxi	97.3	101.7	100.6	105.1	100.6
甘 肃 Gansu	98.1	102.9	100.2	100.0	100.5
青 海 Qinghai	92.7	102.1	104.9	104.7	100.0
宁 夏 Ningxia	106.0	99.2	100.0	93.4	98.7
新 疆 Xinjiang	91.4	101.8	103.2	101.0	100.2

3−1−11 各地区农村居民消费价格分类指数(2020年)
Rural Consumer Price Indices by Category and Region (2020)

(上年价格=100) (Preceding Year=100)

地区	Region	居民消费价格总指数 Consumer Price Index	一、食品烟酒 Food, Tobacco and Alcohol	1.食品 Food	(1)粮食 Grain	(2)薯类 Tubers	(3)豆类 Beans
全国	**National**	**103.0**	**109.6**	**112.1**	**101.2**	**102.4**	**105.2**
北京	Beijing						
天津	Tianjin						
河北	Hebei	102.2	107.7	109.5	100.9	101.3	101.8
山西	Shanxi	103.3	106.7	108.2	101.1	99.3	101.2
内蒙古	Inner Mongolia	102.7	106.1	107.7	101.8	93.6	103.5
辽宁	Liaoning	103.4	108.3	109.9	101.2	103.7	106.1
吉林	Jilin	103.1	109.4	111.5	101.0	108.1	108.0
黑龙江	Heilongjiang	102.9	108.9	110.7	102.2	96.6	105.2
上海	Shanghai						
江苏	Jiangsu	102.8	110.3	113.6	100.4	110.5	106.0
浙江	Zhejiang	102.8	109.0	111.7	101.5	114.7	106.3
安徽	Anhui	102.9	109.0	111.8	101.7	102.8	107.5
福建	Fujian	102.1	107.2	109.3	100.5	103.8	102.1
江西	Jiangxi	103.0	110.3	113.4	102.3	104.4	106.9
山东	Shandong	103.6	111.1	113.9	101.6	107.0	110.4
河南	Henan	103.3	110.1	113.3	100.2	102.3	104.3
湖北	Hubei	103.5	110.8	113.5	101.9	105.2	104.0
湖南	Hunan	102.9	110.2	113.4	101.2	105.1	106.6
广东	Guangdong	103.0	109.6	111.5	102.6	100.9	100.0
广西	Guangxi	103.5	110.4	113.0	101.1	101.6	108.3
海南	Hainan	103.8	111.5	114.1	101.8	104.0	108.9
重庆	Chongqing						
四川	Sichuan	103.8	111.8	114.6	100.3	105.5	105.4
贵州	Guizhou	103.1	110.8	114.2	99.4	109.2	103.3
云南	Yunnan	103.9	111.8	115.7	101.5	98.3	106.1
西藏	Tibet	102.1	104.5	105.8	102.8	95.3	100.2
陕西	Shaanxi	102.5	108.3	109.9	102.2	102.1	105.5
甘肃	Gansu	102.1	107.1	108.9	100.9	98.7	102.9
青海	Qinghai	102.5	106.4	107.8	101.0	95.4	100.4
宁夏	Ningxia	101.0	105.1	105.8	100.3	90.1	100.7
新疆	Xinjiang	102.0	105.9	106.7	102.1	96.2	106.7

3-1-11 续表 1 continued 1

(上年价格=100) (Preceding Year=100)

地　区	Region	(4)食用油 Edible Oil and Fats	(5)菜 Vegetables	(6)畜肉类 Meat of Livestock	(7)禽肉类 Meat of Poultry	(8)水产品 Aquatic Products	(9)蛋类 Eggs
全　国	**National**	**108.0**	**106.7**	**140.3**	**101.5**	**103.2**	**89.8**
北　京	Beijing						
天　津	Tianjin						
河　北	Hebei	104.3	106.3	140.5	98.2	102.2	89.2
山　西	Shanxi	104.3	108.1	139.7	103.1	103.8	78.7
内蒙古	Inner Mongolia	113.1	109.1	129.9	97.8	97.9	90.2
辽　宁	Liaoning	102.5	107.9	140.3	107.0	102.1	88.6
吉　林	Jilin	105.4	109.8	143.4	97.2	110.5	90.6
黑龙江	Heilongjiang	105.8	103.6	145.3	103.8	104.7	88.3
上　海	Shanghai						
江　苏	Jiangsu	104.7	108.6	139.1	106.8	105.8	87.9
浙　江	Zhejiang	108.1	105.3	137.9	102.4	102.8	92.1
安　徽	Anhui	113.6	108.9	142.1	100.5	105.6	88.7
福　建	Fujian	105.7	103.0	135.5	96.5	102.6	88.8
江　西	Jiangxi	104.7	102.8	143.3	102.2	102.8	91.6
山　东	Shandong	103.1	111.0	142.3	104.0	107.7	89.3
河　南	Henan	103.7	109.0	146.0	96.9	100.2	85.2
湖　北	Hubei	105.5	110.4	143.6	105.5	108.0	93.2
湖　南	Hunan	110.4	105.7	140.9	104.8	104.7	100.0
广　东	Guangdong	104.1	96.8	140.3	96.9	98.1	89.1
广　西	Guangxi	103.6	102.8	145.5	99.7	102.1	93.6
海　南	Hainan	124.3	103.3	143.7	102.6	102.3	93.3
重　庆	Chongqing						
四　川	Sichuan	115.5	111.4	140.1	100.8	105.7	93.5
贵　州	Guizhou	130.0	107.2	140.8	102.1	104.2	93.0
云　南	Yunnan	121.7	105.7	150.5	107.5	100.7	99.6
西　藏	Tibet	103.0	99.6	119.1	103.1	99.1	95.8
陕　西	Shaanxi	107.0	110.5	136.6	108.2	104.5	88.7
甘　肃	Gansu	100.8	112.1	128.2	104.3	95.8	90.2
青　海	Qinghai	102.5	101.0	122.5	103.7	103.2	88.5
宁　夏	Ningxia	100.9	111.9	120.2	104.4	101.5	90.7
新　疆	Xinjiang	105.8	103.0	118.0	105.4	101.4	89.5

3−1−11 续表 2 continued 2

(上年价格=100) (Preceding Year=100)

地 区 Region	(10)奶类 Milk	(11)干鲜瓜果类 Dried and Fresh Melons and Fruits	(12)糖果糕点类 Candy and Cake	(13)调味品 Falvoring	(14)其他食品类 Other Foods	2.茶及饮料 Tea and Beverages
全 国 National	**100.7**	**90.7**	**100.9**	**101.1**	**101.6**	**100.7**
北 京 Beijing						
天 津 Tianjin						
河 北 Hebei	101.9	91.1	101.0	101.1	101.7	100.7
山 西 Shanxi	100.7	88.9	100.5	100.6	101.5	100.4
内蒙古 Inner Mongolia	100.5	91.8	100.4	100.5	100.4	100.1
辽 宁 Liaoning	101.3	94.3	100.4	100.4	100.8	100.0
吉 林 Jilin	100.8	94.2	100.8	101.8	100.7	100.3
黑龙江 Heilongjiang	101.8	90.0	101.0	100.2	101.3	100.1
上 海 Shanghai						
江 苏 Jiangsu	101.3	92.9	101.9	101.7	102.2	100.2
浙 江 Zhejiang	101.0	94.3	101.3	101.2	102.2	101.8
安 徽 Anhui	99.7	88.6	101.1	103.2	100.8	100.9
福 建 Fujian	102.4	88.0	100.4	101.2	100.3	100.6
江 西 Jiangxi	100.6	88.8	101.0	101.4	100.4	99.9
山 东 Shandong	101.2	88.2	101.5	100.6	103.5	100.0
河 南 Henan	100.0	91.2	101.1	101.8	101.7	101.1
湖 北 Hubei	99.7	91.3	100.5	102.1	99.8	100.4
湖 南 Hunan	99.1	89.0	100.4	100.9	104.0	99.6
广 东 Guangdong	100.5	82.6	99.6	100.8	101.2	100.8
广 西 Guangxi	99.9	91.0	99.4	100.6	101.3	100.6
海 南 Hainan	100.1	91.1	101.6	100.7	101.5	101.8
重 庆 Chongqing						
四 川 Sichuan	99.8	94.0	100.1	101.1	102.5	101.3
贵 州 Guizhou	100.3	92.5	100.5	99.2	100.7	100.5
云 南 Yunnan	100.4	89.5	104.1	100.5	101.9	100.8
西 藏 Tibet	101.8	99.1	100.3	102.9	101.1	101.1
陕 西 Shaanxi	102.1	92.5	101.1	101.1	101.3	102.2
甘 肃 Gansu	100.5	98.3	100.9	100.3	100.0	101.6
青 海 Qinghai	102.2	94.2	100.3	102.5	100.7	104.1
宁 夏 Ningxia	99.7	94.6	99.6	100.0	99.7	102.4
新 疆 Xinjiang	102.9	91.0	102.5	100.4	102.9	99.7

3-1-11 续表 3 continued 3

(上年价格=100) (Preceding Year=100)

地区	Region	3.烟酒 Tobacco and Alcohol	(1)烟草 Tobacco	(2)酒类 Alcohol	4.在外餐饮 Dining Out	二、衣着 Clothing	1.服装 Garments
全国	**National**	**101.1**	**100.5**	**101.9**	**105.4**	**99.7**	**99.7**
北京	Beijing						
天津	Tianjin						
河北	Hebei	100.5	100.2	100.9	104.6	98.8	98.7
山西	Shanxi	100.6	100.8	100.2	105.2	101.4	101.3
内蒙古	Inner Mongolia	100.4	100.0	101.0	103.0	100.3	100.1
辽宁	Liaoning	100.1	100.0	100.3	107.8	100.8	100.9
吉林	Jilin	100.1	100.0	100.1	107.0	100.5	100.3
黑龙江	Heilongjiang	100.3	100.0	100.6	107.0	99.5	99.7
上海	Shanghai						
江苏	Jiangsu	102.2	100.2	105.5	105.4	99.6	99.1
浙江	Zhejiang	101.4	100.8	102.5	105.0	100.5	100.8
安徽	Anhui	100.4	100.6	99.9	104.5	100.1	100.5
福建	Fujian	100.6	100.6	100.8	103.9	100.4	101.0
江西	Jiangxi	101.1	100.9	101.5	105.3	98.7	98.6
山东	Shandong	101.1	99.8	102.5	108.7	100.4	100.4
河南	Henan	100.6	100.4	101.0	104.5	98.8	98.8
湖北	Hubei	100.7	100.5	101.2	107.5	100.1	99.6
湖南	Hunan	100.3	100.0	100.8	101.3	100.5	100.4
广东	Guangdong	102.5	102.3	103.0	103.9	99.1	99.5
广西	Guangxi	100.1	100.0	100.2	106.7	100.6	100.5
海南	Hainan	100.1	100.6	98.8	106.3	99.7	100.0
重庆	Chongqing						
四川	Sichuan	102.6	100.6	105.4	107.7	99.7	99.5
贵州	Guizhou	99.8	100.1	99.2	105.6	98.9	98.9
云南	Yunnan	101.4	101.8	100.5	105.9	99.1	99.0
西藏	Tibet	100.1	100.8	99.3	101.8	101.0	101.3
陕西	Shaanxi	102.2	101.5	103.4	106.5	98.6	98.7
甘肃	Gansu	100.7	100.0	101.6	103.1	99.4	99.6
青海	Qinghai	100.3	100.0	100.6	105.0	99.7	99.7
宁夏	Ningxia	100.4	100.4	100.6	104.2	95.9	94.7
新疆	Xinjiang	102.3	100.3	104.7	104.0	98.7	99.6

3-1-11 续表 4 continued 4

(上年价格=100) (Preceding Year=100)

地 区 Region	(1)男式服装 Garments for Men	(2)女式服装 Garments for Women	(3)儿童服装 Garments for Children	2.服装材料 Garments materials	3.其他衣着及配件 Other Clothing and Parts	4.衣着加工服务费 Clothing Manufacturing Service Fees
全 国 National	**99.7**	**99.7**	**99.8**	**100.3**	**100.3**	**102.0**
北 京 Beijing						
天 津 Tianjin						
河 北 Hebei	98.8	98.8	98.2	100.1	100.7	100.6
山 西 Shanxi	101.2	100.1	105.3	101.4	101.1	101.1
内 蒙 古 Inner Mongolia	100.2	100.6	98.2	100.5	99.6	102.8
辽 宁 Liaoning	101.5	100.1	101.9	101.1	100.1	104.3
吉 林 Jilin	100.1	100.5	100.0	98.8	100.6	100.4
黑 龙 江 Heilongjiang	99.6	99.6	99.9	100.0	100.1	100.0
上 海 Shanghai						
江 苏 Jiangsu	98.5	99.9	98.5	102.4	101.5	101.2
浙 江 Zhejiang	100.7	100.3	103.0	99.5	99.7	103.7
安 徽 Anhui	100.9	100.5	99.9	99.6	99.9	104.5
福 建 Fujian	100.8	101.2	100.8	101.6	99.5	101.7
江 西 Jiangxi	99.0	98.7	97.2	99.2	100.4	103.0
山 东 Shandong	100.2	100.4	101.0	98.5	101.1	102.4
河 南 Henan	98.9	98.8	98.4	101.6	101.2	102.6
湖 北 Hubei	99.2	99.4	100.6	100.9	99.2	103.2
湖 南 Hunan	101.1	99.7	101.7	101.5	99.2	101.2
广 东 Guangdong	100.0	99.1	99.6	100.4	100.7	101.0
广 西 Guangxi	100.4	100.3	101.4	101.4	100.1	101.2
海 南 Hainan	96.7	101.5	101.2	100.0	99.4	102.7
重 庆 Chongqing						
四 川 Sichuan	99.6	99.2	100.2	98.2	100.0	100.2
贵 州 Guizhou	99.4	99.2	96.7	101.1	99.9	100.9
云 南 Yunnan	99.2	98.7	99.3	100.3	99.8	101.0
西 藏 Tibet	102.2	101.1	100.5	101.2	101.2	95.4
陕 西 Shaanxi	98.2	98.8	99.6	100.4	100.4	99.8
甘 肃 Gansu	99.5	99.8	99.2	99.3	99.8	100.9
青 海 Qinghai	100.9	100.0	98.0	102.3	100.5	100.2
宁 夏 Ningxia	93.7	95.6	94.5	100.0	99.9	102.9
新 疆 Xinjiang	100.1	100.3	96.4	98.9	99.7	102.1

3-1-11 续表 5 continued 5

(上年价格=100) (Preceding Year=100)

地区 Region	5.鞋类 Footware	(1)鞋 Shoes	(2)鞋类加工服务 Footware Manufactuing Services	三、居住 Residence	1.租赁房房租 Rent of Rental Housing	2.住房保养维修及管理 Housing Maintenance and Management
全国 National	**99.4**	**99.3**	**102.7**	**99.5**	**99.4**	**100.8**
北京 Beijing						
天津 Tianjin						
河北 Hebei	98.8	98.7	100.5	98.8	100.1	100.8
山西 Shanxi	101.7	101.7	101.7	100.4	101.9	102.2
内蒙古 Inner Mongolia	101.0	101.0	100.9	100.6	99.9	101.9
辽宁 Liaoning	100.4	100.4	100.0	100.3	99.8	100.0
吉林 Jilin	101.3	101.3	100.0	100.2	102.1	100.9
黑龙江 Heilongjiang	98.8	98.8	100.0	100.1	100.2	99.9
上海 Shanghai						
江苏 Jiangsu	100.4	100.2	107.9	98.5	98.1	101.7
浙江 Zhejiang	99.4	99.4	100.9	99.6	99.4	101.9
安徽 Anhui	98.5	98.4	102.4	99.6	99.4	99.9
福建 Fujian	98.4	98.3	101.3	99.0	98.2	99.7
江西 Jiangxi	98.2	98.1	102.4	98.8	100.2	102.0
山东 Shandong	100.2	100.2	100.6	100.5	102.0	101.8
河南 Henan	98.4	98.4	100.7	99.6	100.1	100.2
湖北 Hubei	101.3	101.3	102.5	99.6	99.9	101.3
湖南 Hunan	100.5	100.3	108.2	98.7	98.5	99.8
广东 Guangdong	97.4	97.2	102.9	98.5	96.8	100.4
广西 Guangxi	100.7	99.8	107.6	99.2	99.6	100.4
海南 Hainan	98.6	98.6	100.3	99.6	98.4	102.0
重庆 Chongqing						
四川 Sichuan	100.4	100.4	100.6	99.6	99.8	100.4
贵州 Guizhou	98.6	98.5	102.6	99.9	99.8	100.1
云南 Yunnan	99.5	99.4	101.0	100.6	99.8	102.0
西藏 Tibet	102.2	102.2	102.3	100.5	102.8	102.0
陕西 Shaanxi	97.7	97.5	100.3	100.0	100.1	101.4
甘肃 Gansu	98.5	98.3	101.6	100.5	101.3	100.5
青海 Qinghai	99.6	99.6	100.0	101.7	103.8	103.4
宁夏 Ningxia	98.8	98.8	101.3	98.0	97.0	99.8
新疆 Xinjiang	96.1	94.8	103.3	101.9	101.2	100.9

3-1-11 续表 6 continued 6

(上年价格=100) (Preceding Year=100)

地 区	Region	3.水电燃料 Water, Electricity and Fuels	四、生活用品及服务 Articles for Daily Use and Services	1.家具及室内装饰品 Furniture and Interior Decorations	(1)家具 Furniture	(2)室内装饰品 Interior Decorations	2.家用器具 Home Appliances
全 国	**National**	**98.6**	**99.9**	**99.9**	**99.9**	**100.1**	**98.7**
北 京	Beijing						
天 津	Tianjin						
河 北	Hebei	96.4	99.5	99.1	99.1	99.5	98.3
山 西	Shanxi	98.3	99.6	100.3	100.4	100.3	98.7
内蒙古	Inner Mongolia	100.1	99.8	100.1	99.9	101.6	98.5
辽 宁	Liaoning	100.0	100.1	99.8	99.6	101.7	99.1
吉 林	Jilin	97.9	100.7	101.9	102.1	99.8	100.3
黑龙江	Heilongjiang	100.2	100.0	100.3	100.2	101.4	99.3
上 海	Shanghai						
江 苏	Jiangsu	98.1	99.8	100.4	100.4	100.2	98.3
浙 江	Zhejiang	98.8	100.8	100.8	100.5	102.9	99.8
安 徽	Anhui	99.2	99.0	98.5	98.3	100.7	97.8
福 建	Fujian	98.8	99.8	99.8	99.8	100.2	98.2
江 西	Jiangxi	95.5	99.4	100.2	100.2	99.9	96.7
山 东	Shandong	98.4	100.1	99.5	99.4	100.5	99.6
河 南	Henan	98.8	99.6	99.8	99.9	98.9	98.5
湖 北	Hubei	100.3	100.2	100.6	100.6	100.9	98.7
湖 南	Hunan	97.6	100.1	99.8	99.8	98.8	99.7
广 东	Guangdong	97.6	100.0	97.7	97.5	100.2	99.3
广 西	Guangxi	98.0	99.4	99.9	99.9	100.0	98.3
海 南	Hainan	97.9	99.6	99.0	98.9	99.9	99.1
重 庆	Chongqing						
四 川	Sichuan	99.3	99.8	101.6	101.9	99.7	97.5
贵 州	Guizhou	100.6	99.7	99.2	99.4	98.6	98.5
云 南	Yunnan	99.8	100.0	99.7	99.6	99.8	99.9
西 藏	Tibet	99.3	102.6	106.5	107.1	100.0	101.3
陕 西	Shaanxi	100.2	99.9	101.1	101.3	99.9	96.7
甘 肃	Gansu	100.0	100.2	99.8	99.7	100.1	100.3
青 海	Qinghai	101.8	100.3	99.0	99.1	98.7	100.0
宁 夏	Ningxia	98.0	99.3	100.5	100.2	102.0	98.5
新 疆	Xinjiang	100.9	99.4	97.8	97.6	99.3	96.6

3-1-11 续表 7 continued 7

(上年价格=100) (Preceding Year=100)

地 区	Region	(1)大型家用器具 Large Houshold Appliances	(2)小家电 Small Household Appliances	3.家用纺织品 Home Textiles	(1)床上用品 Bed Articles	(2)窗帘门帘 Curtains	(3)其他家用纺织品 Other Home Textiles
全 国	**National**	**98.6**	**99.3**	**99.8**	**99.6**	**100.5**	**100.1**
北 京	Beijing						
天 津	Tianjin						
河 北	Hebei	98.2	99.0	100.2	99.6	102.9	99.7
山 西	Shanxi	98.6	99.4	99.7	99.0	101.6	101.4
内 蒙 古	Inner Mongolia	98.8	97.3	99.9	100.0	100.0	99.3
辽 宁	Liaoning	99.0	99.7	100.1	100.0	100.6	100.3
吉 林	Jilin	100.2	101.2	100.1	100.7	97.4	101.0
黑 龙 江	Heilongjiang	99.1	100.7	100.9	100.5	103.1	100.0
上 海	Shanghai						
江 苏	Jiangsu	98.1	100.6	97.8	97.5	99.5	98.5
浙 江	Zhejiang	99.6	100.7	103.5	103.8	102.4	102.5
安 徽	Anhui	97.6	98.6	99.0	98.9	99.7	99.0
福 建	Fujian	98.0	99.8	99.9	100.0	99.8	99.8
江 西	Jiangxi	96.7	96.8	99.5	99.1	100.6	102.3
山 东	Shandong	99.6	99.5	98.9	98.4	101.0	100.5
河 南	Henan	98.5	98.9	99.6	99.7	99.8	97.2
湖 北	Hubei	98.6	99.4	99.9	99.7	100.9	99.6
湖 南	Hunan	99.6	100.1	100.9	101.0	100.0	100.6
广 东	Guangdong	99.0	101.1	100.1	100.3	98.8	100.7
广 西	Guangxi	98.1	99.3	98.8	98.9	98.3	99.3
海 南	Hainan	98.8	100.2	102.7	103.4	100.0	100.2
重 庆	Chongqing						
四 川	Sichuan	97.5	97.7	99.1	98.9	98.7	100.9
贵 州	Guizhou	98.4	99.2	99.2	98.6	102.1	100.6
云 南	Yunnan	100.1	99.3	100.0	100.0	99.8	100.0
西 藏	Tibet	101.5	100.2	100.1	100.1	100.0	101.1
陕 西	Shaanxi	96.1	99.9	101.0	100.5	102.1	102.2
甘 肃	Gansu	100.4	99.9	99.8	99.6	100.5	99.6
青 海	Qinghai	100.0	98.7	101.0	101.4	99.9	100.0
宁 夏	Ningxia	98.6	98.1	99.7	100.0	98.9	100.0
新 疆	Xinjiang	96.1	98.3	99.7	99.5	101.0	98.8

3-1-11 续表 8 continued 8

(上年价格=100) (Preceding Year=100)

地 区	Region	4.家庭日用杂品 Household Articles for Daily Use	(1)洗涤卫生用品 Clearing Products	(2)厨具餐具茶具 Kichenware Tableware and Teaset	(3)家用手工工具 Hand Tools for Household Use	(4)其他家庭日用杂品 Other Daily Use Household Articles	5.个人护理用品 Personal-care Supplies
全 国	**National**	**100.3**	**100.4**	**100.0**	**101.1**	**100.2**	**100.5**
北 京	Beijing						
天 津	Tianjin						
河 北	Hebei	99.6	99.6	100.0	100.1	99.5	100.8
山 西	Shanxi	99.4	98.9	99.5	100.1	100.2	100.2
内蒙古	Inner Mongolia	100.3	100.9	100.0	99.4	98.6	100.8
辽 宁	Liaoning	100.7	101.0	100.3	101.5	100.4	100.6
吉 林	Jilin	100.7	100.7	100.2	98.5	101.1	101.0
黑龙江	Heilongjiang	99.8	100.1	98.4	100.1	100.2	100.5
上 海	Shanghai						
江 苏	Jiangsu	100.5	100.4	99.0	101.1	101.3	101.7
浙 江	Zhejiang	100.3	100.6	100.0	101.2	100.0	101.1
安 徽	Anhui	99.8	99.6	100.4	99.9	100.1	100.9
福 建	Fujian	100.6	101.0	100.1	100.1	100.2	101.4
江 西	Jiangxi	100.7	101.0	100.2	100.9	100.2	101.0
山 东	Shandong	100.4	100.1	99.1	101.0	101.6	99.8
河 南	Henan	100.2	100.1	100.4	102.0	100.0	99.8
湖 北	Hubei	100.3	100.4	100.6	102.8	99.9	101.9
湖 南	Hunan	100.3	101.2	99.7	100.2	99.8	99.6
广 东	Guangdong	100.1	100.8	100.0	103.8	98.5	100.6
广 西	Guangxi	99.6	99.3	99.2	100.5	100.1	99.8
海 南	Hainan	99.6	97.7	103.3	100.0	101.3	99.5
重 庆	Chongqing						
四 川	Sichuan	100.3	100.4	99.7	100.5	100.4	100.6
贵 州	Guizhou	101.1	101.5	100.4	99.9	100.7	98.0
云 南	Yunnan	99.9	100.4	99.8	99.9	99.1	100.3
西 藏	Tibet	103.6	104.1	100.2	100.0	104.8	101.0
陕 西	Shaanxi	100.9	100.6	100.3	103.7	101.4	100.2
甘 肃	Gansu	100.4	100.2	100.4	100.0	100.7	100.0
青 海	Qinghai	100.7	100.8	100.3	99.6	100.7	99.6
宁 夏	Ningxia	100.1	100.3	99.8	100.0	100.0	97.4
新 疆	Xinjiang	100.8	101.4	102.0	100.1	100.0	99.7

3-1-11 续表 9 continued 9

(上年价格=100) (Preceding Year=100)

地区	Region	(1)化妆品 Cosmetics	(2)其他护理用品类 Other Nursing Materials	6.家庭服务 Household Services	五、交通和通信 Transport and Communications	1.交通 Transport	(1)交通工具 Transport Facility
全国	**National**	**100.5**	**100.5**	**102.4**	**96.8**	**95.5**	**98.2**
北京	Beijing						
天津	Tianjin						
河北	Hebei	100.7	101.0	101.5	97.2	95.8	98.4
山西	Shanxi	100.4	100.0	101.6	96.9	95.1	97.9
内蒙古	Inner Mongolia	100.1	101.8	99.7	96.9	95.7	99.3
辽宁	Liaoning	100.4	100.8	100.5	96.8	95.5	98.6
吉林	Jilin	101.1	100.9	100.1	96.6	95.0	97.7
黑龙江	Heilongjiang	100.2	100.8	100.7	96.9	95.7	96.4
上海	Shanghai						
江苏	Jiangsu	101.9	101.5	103.9	97.2	96.2	98.5
浙江	Zhejiang	100.9	101.4	104.0	97.0	95.3	97.4
安徽	Anhui	100.3	101.4	100.4	97.0	95.4	96.8
福建	Fujian	101.9	100.7	101.6	97.2	95.7	98.5
江西	Jiangxi	101.5	100.4	102.5	96.4	94.6	97.4
山东	Shandong	99.7	100.0	104.8	96.9	95.4	98.4
河南	Henan	100.1	99.4	100.3	96.6	96.3	98.6
湖北	Hubei	102.0	101.9	103.3	96.7	95.4	98.0
湖南	Hunan	101.3	99.3	102.1	96.9	95.1	99.0
广东	Guangdong	100.6	100.7	103.8	96.5	94.3	97.9
广西	Guangxi	100.3	99.6	101.8	96.3	95.3	97.4
海南	Hainan	98.9	99.7	101.8	95.3	93.8	98.7
重庆	Chongqing						
四川	Sichuan	100.7	100.6	101.1	96.6	95.1	97.5
贵州	Guizhou	96.9	99.5	102.0	96.1	94.5	98.7
云南	Yunnan	100.2	100.4	102.8	97.3	95.9	99.4
西藏	Tibet	101.8	100.4	102.2	98.4	96.2	100.5
陕西	Shaanxi	99.9	100.4	101.0	97.2	96.7	98.6
甘肃	Gansu	100.0	100.0	101.1	97.6	96.7	99.8
青海	Qinghai	99.4	100.5	103.2	97.3	96.2	99.5
宁夏	Ningxia	96.1	100.0	99.8	96.8	95.2	97.0
新疆	Xinjiang	99.4	100.0	105.9	97.1	96.3	99.8

3−1−11 续表 10 continued 10

(上年价格=100) (Preceding Year=100)

地 区	Region	(2)交通工具用燃料 Fuels for Transport Facility	(3)交通工具使用和维修 Use and Maintenance of Transport Facility	(4)交通费 Traffic Fee	2.通信 Communications	(1)通信工具 Communication Facility	(2)通信服务 Communicaiton Service
全 国	**National**	**86.0**	**101.4**	**99.0**	**99.3**	**97.2**	**99.9**
北 京	Beijing						
天 津	Tianjin						
河 北	Hebei	86.2	100.6	100.6	99.9	99.7	100.0
山 西	Shanxi	86.0	100.3	100.1	100.3	101.3	100.0
内蒙古	Inner Mongolia	86.5	101.1	97.5	99.2	96.5	100.0
辽 宁	Liaoning	86.2	100.4	99.8	99.6	97.9	100.1
吉 林	Jilin	85.3	102.1	99.6	99.8	101.4	98.9
黑龙江	Heilongjiang	86.0	100.5	99.5	99.0	96.2	100.0
上 海	Shanghai						
江 苏	Jiangsu	85.8	104.5	99.2	99.1	98.1	99.4
浙 江	Zhejiang	85.9	102.3	98.9	100.4	101.8	100.1
安 徽	Anhui	87.0	100.8	98.9	99.5	97.2	100.0
福 建	Fujian	85.8	102.8	97.5	99.7	98.7	100.0
江 西	Jiangxi	85.4	100.8	99.4	99.6	97.8	100.0
山 东	Shandong	85.7	101.6	98.4	99.4	96.3	100.1
河 南	Henan	85.7	101.3	98.2	97.0	91.0	99.9
湖 北	Hubei	85.9	101.4	100.6	98.8	96.2	99.6
湖 南	Hunan	85.4	101.0	97.9	100.2	100.9	100.0
广 东	Guangdong	86.1	101.0	98.9	100.2	99.7	100.3
广 西	Guangxi	86.0	100.7	103.9	98.0	92.9	99.4
海 南	Hainan	85.2	96.8	96.6	98.0	95.6	98.7
重 庆	Chongqing						
四 川	Sichuan	86.7	100.5	98.4	99.4	96.8	100.0
贵 州	Guizhou	86.2	101.7	98.6	98.2	91.7	99.8
云 南	Yunnan	86.6	100.0	99.4	99.4	97.7	100.1
西 藏	Tibet	87.7	100.0	96.8	101.1	104.0	100.0
陕 西	Shaanxi	86.5	100.7	99.9	98.3	94.2	99.7
甘 肃	Gansu	86.5	101.9	99.3	99.2	97.3	100.0
青 海	Qinghai	85.8	99.6	99.4	100.4	99.4	100.9
宁 夏	Ningxia	86.7	99.3	99.1	100.0	100.9	99.5
新 疆	Xinjiang	86.2	105.5	94.5	98.8	94.8	100.1

3-1-11 续表 11 continued 11

(上年价格=100) (Preceding Year=100)

地区 Region		(3)邮递服务 Postal Serice	六、教育文化和娱乐 Education, Culture and Recreation	1.教育 Education	(1)教育用品 Education Articles	(2)教育服务 Education Services	2.文化娱乐 Cultural and Recreational Articles
全国	**National**	**100.1**	**101.1**	**101.7**	**100.9**	**101.8**	**99.6**
北京	Beijing						
天津	Tianjin						
河北	Hebei	100.0	102.1	102.8	101.2	102.8	99.8
山西	Shanxi	99.8	100.8	101.4	102.9	101.4	98.7
内蒙古	Inner Mongolia	99.9	100.2	100.2	99.9	100.3	100.1
辽宁	Liaoning	100.4	100.6	101.0	102.4	100.9	98.7
吉林	Jilin	100.0	100.4	100.5	101.2	100.5	100.1
黑龙江	Heilongjiang	100.0	102.1	102.5	101.4	102.6	99.5
上海	Shanghai						
江苏	Jiangsu	100.3	102.0	102.4	101.5	102.4	100.9
浙江	Zhejiang	99.4	101.8	102.5	100.0	102.6	99.9
安徽	Anhui	99.6	102.0	103.0	100.8	103.0	98.8
福建	Fujian	99.4	101.1	101.6	101.1	101.7	99.5
江西	Jiangxi	99.6	103.1	103.9	102.0	103.9	99.8
山东	Shandong	100.8	100.8	101.3	104.5	101.2	99.4
河南	Henan	99.5	101.6	102.4	100.7	102.4	99.9
湖北	Hubei	100.2	101.2	102.0	100.5	102.2	99.7
湖南	Hunan	100.0	100.7	101.3	101.2	101.3	99.4
广东	Guangdong	100.3	100.1	100.6	100.5	100.6	99.1
广西	Guangxi	97.4	101.0	101.5	100.7	101.6	99.4
海南	Hainan	99.8	99.8	99.9	100.8	99.8	99.5
重庆	Chongqing						
四川	Sichuan	101.5	100.7	101.0	100.9	101.1	100.2
贵州	Guizhou	99.7	100.0	100.1	102.1	100.0	99.8
云南	Yunnan	101.1	100.4	101.1	101.2	101.1	98.7
西藏	Tibet	100.3	100.0	99.4	96.7	100.0	100.5
陕西	Shaanxi	99.4	100.4	101.3	100.2	101.5	99.0
甘肃	Gansu	100.0	100.1	100.2	100.3	100.2	99.8
青海	Qinghai	100.1	99.6	99.3	103.9	99.2	100.2
宁夏	Ningxia	99.1	101.5	102.8	101.0	102.8	97.6
新疆	Xinjiang	99.9	100.1	100.2	101.6	100.1	99.9

3-1-11 续表 12 continued 12

(上年价格=100) (Preceding Year=100)

地 区	Region	(1)文娱耐用消费品 Durable Consumer Goods for Culture and Recreation	(2)其他文娱用品 Other Articles for Culture and Recreation	(3)文化娱乐服务 Cultural and Recreational Services	(4)旅游 Touring and Outing	七、医疗保健 Health Care	1.药品及医疗器具 Medicine and Medical Instrument
全 国	**National**	**99.0**	**100.6**	**99.4**	**99.9**	**102.0**	**101.7**
北 京	Beijing						
天 津	Tianjin						
河 北	Hebei	98.9	100.7	100.0	99.5	101.8	102.9
山 西	Shanxi	99.4	100.0	97.9	94.4	110.8	101.5
内 蒙 古	Inner Mongolia	98.6	100.8	99.9	103.9	105.4	100.5
辽 宁	Liaoning	95.5	101.0	99.8	103.3	107.1	101.0
吉 林	Jilin	98.8	100.9	99.9	103.1	102.5	102.7
黑 龙 江	Heilongjiang	98.9	99.9	100.4	98.9	101.4	101.9
上 海	Shanghai						
江 苏	Jiangsu	100.3	99.7	99.5	104.2	100.1	101.1
浙 江	Zhejiang	101.2	101.8	99.0	97.7	101.9	100.5
安 徽	Anhui	97.0	99.9	98.8	100.7	101.9	101.8
福 建	Fujian	98.1	100.4	99.7	100.0	100.7	102.6
江 西	Jiangxi	98.5	101.4	101.2	97.6	99.4	101.5
山 东	Shandong	99.2	100.6	98.5	99.0	101.9	102.2
河 南	Henan	101.0	100.1	99.4	97.4	102.7	102.0
湖 北	Hubei	99.0	100.6	97.9	102.3	102.9	103.0
湖 南	Hunan	100.2	100.0	100.1	95.8	100.4	100.9
广 东	Guangdong	97.2	101.0	99.6	99.1	100.8	101.8
广 西	Guangxi	98.2	101.1	99.1	99.6	105.4	100.8
海 南	Hainan	98.7	100.9	100.1	97.7	101.6	101.6
重 庆	Chongqing						
四 川	Sichuan	97.6	100.4	99.8	102.3	101.1	101.6
贵 州	Guizhou	97.2	101.4	99.2	101.0	100.1	101.3
云 南	Yunnan	99.0	101.3	99.0	96.2	101.0	101.7
西 藏	Tibet	99.8	101.4	101.7	99.6	101.6	100.9
陕 西	Shaanxi	97.3	99.9	98.7	100.9	101.3	102.2
甘 肃	Gansu	100.6	100.2	99.5	98.4	100.3	100.8
青 海	Qinghai	98.1	100.6	99.2	103.7	103.2	102.3
宁 夏	Ningxia	97.0	100.4	96.3	97.3	100.4	100.1
新 疆	Xinjiang	98.9	101.6	100.2	99.2	100.7	102.0

3-1-11 续表 13 continued 13

(上年价格=100) (Preceding Year=100)

地 区	Region	(1)中药 Traditional chinese Medicine	(2)西药 Western Medicine	(3)滋补保健品 Health Care Articles	(4)医疗卫生器具 Medical Instrument	(5)保健器具 Health Care Appliances	2.医疗服务 Medical Services
全 国	**National**	**102.7**	**101.3**	**101.1**	**104.1**	**100.0**	**102.2**
北 京	Beijing						
天 津	Tianjin						
河 北	Hebei	103.5	103.1	100.2	104.8	99.8	101.0
山 西	Shanxi	102.9	101.2	100.6	101.4	100.1	116.1
内蒙古	Inner Mongolia	100.0	100.2	103.2	100.3	99.9	107.4
辽 宁	Liaoning	100.9	100.5	101.2	105.7	101.7	110.6
吉 林	Jilin	102.9	102.4	100.0	106.4	103.8	102.4
黑龙江	Heilongjiang	101.5	102.4	101.8	98.0	101.0	101.1
上 海	Shanghai						
江 苏	Jiangsu	102.5	100.6	100.2	103.7	100.9	99.7
浙 江	Zhejiang	100.9	98.5	99.2	117.8	102.0	102.5
安 徽	Anhui	103.0	102.1	100.0	100.0	100.0	101.9
福 建	Fujian	103.0	102.5	100.3	106.6	100.1	100.0
江 西	Jiangxi	104.2	100.5	100.6	103.4	101.2	98.8
山 东	Shandong	100.1	102.4	102.5	104.8	100.2	101.6
河 南	Henan	101.9	101.6	103.1	103.5	100.2	103.1
湖 北	Hubei	107.3	101.4	102.5	101.0	100.0	102.9
湖 南	Hunan	101.4	100.7	99.5	102.0	101.1	100.1
广 东	Guangdong	104.5	99.7	101.2	102.5	99.8	100.2
广 西	Guangxi	100.9	100.3	101.7	104.4	98.5	107.8
海 南	Hainan	102.5	100.9	102.4	102.3	100.0	101.5
重 庆	Chongqing						
四 川	Sichuan	103.0	100.7	99.6	105.6	99.1	100.7
贵 州	Guizhou	100.1	102.6	96.3	101.5	100.0	99.2
云 南	Yunnan	105.9	100.5	102.1	100.3	100.0	100.4
西 藏	Tibet	102.0	99.8	105.3	100.0	100.0	102.0
陕 西	Shaanxi	103.3	101.8	101.1	104.2	98.8	100.4
甘 肃	Gansu	104.4	99.7	99.9	101.7	99.9	100.0
青 海	Qinghai	98.5	102.4	104.7	106.0	100.0	103.9
宁 夏	Ningxia	99.4	100.4	99.4	100.7	100.0	100.8
新 疆	Xinjiang	102.7	102.1	100.7	102.2	98.9	100.1

3-1-11 续表 14 continued 14

(上年价格=100) (Preceding Year=100)

地 区 Region	(1)综合医疗类 General Practice	(2)诊断类 Diagnostic Medical	(3)治疗类 Medical Treatment	(4)康复类 Rehabilitation	(5)中医医疗服务类 Traditional Chinese Medical	(6)其他医疗服务 Other Health Care Services
全 国 National	**103.6**	**101.0**	**102.4**	**102.3**	**103.4**	**101.6**
北 京 Beijing						
天 津 Tianjin						
河 北 Hebei	101.1	100.7	101.1	100.1	105.1	100.3
山 西 Shanxi	140.5	102.8	109.9	114.0	108.1	107.3
内蒙古 Inner Mongolia	102.5	109.6	110.2	96.5	102.9	100.0
辽 宁 Liaoning	108.3	114.6	111.4	111.5	100.7	100.8
吉 林 Jilin	100.1	100.0	107.7	103.3	100.0	100.4
黑龙江 Heilongjiang	100.2	99.8	103.6	100.0	100.0	100.0
上 海 Shanghai						
江 苏 Jiangsu	99.9	99.1	100.4	100.0	99.8	100.4
浙 江 Zhejiang	104.5	103.1	99.4	103.9	107.2	100.1
安 徽 Anhui	100.4	97.6	102.0	122.2	127.2	108.5
福 建 Fujian	101.5	99.2	100.0	99.9	100.1	100.0
江 西 Jiangxi	97.9	99.2	99.4	99.2	99.8	95.5
山 东 Shandong	105.7	100.5	100.5	99.6	101.4	99.8
河 南 Henan	106.3	100.3	103.4	101.1	102.9	101.5
湖 北 Hubei	105.0	102.0	102.6	103.6	102.7	102.1
湖 南 Hunan	99.4	100.0	101.0	99.0	98.5	99.9
广 东 Guangdong	100.9	100.1	100.1	100.6	100.1	100.4
广 西 Guangxi	115.6	102.2	107.6	101.6	114.9	111.0
海 南 Hainan	102.7	100.3	101.3	102.2	109.6	100.0
重 庆 Chongqing						
四 川 Sichuan	100.5	100.8	100.7	100.8	101.0	101.0
贵 州 Guizhou	100.4	97.8	101.1	103.4	98.7	100.0
云 南 Yunnan	101.3	100.5	99.4	100.0	99.0	100.0
西 藏 Tibet	107.8	100.0	101.4	100.0	100.0	98.7
陕 西 Shaanxi	100.6	99.4	101.1	100.1	100.2	101.3
甘 肃 Gansu	100.0	100.0	100.0	100.0	100.0	100.0
青 海 Qinghai	102.0	105.2	101.0	100.0	102.7	112.0
宁 夏 Ningxia	100.0	100.0	102.9	100.0	100.0	100.0
新 疆 Xinjiang	100.1	100.0	100.0	100.0	100.0	102.8

3-1-11 续表 15 continued 15

(上年价格=100) (Preceding Year=100)

地 区 Region	八、其他用品和服务 Other Articles and Services	1.其他用品类 Other Articles	(1)首饰手表 Jewelry and Watches	(2)其他杂项用品 Other Miscellaneous Articles	2.其他服务类 Other Services
全 国 National	**104.1**	**107.4**	**113.9**	**99.9**	**101.1**
北 京 Beijing					
天 津 Tianjin					
河 北 Hebei	105.0	104.3	109.4	99.2	105.4
山 西 Shanxi	104.5	107.2	114.0	99.6	102.2
内蒙古 Inner Mongolia	101.9	105.5	111.8	99.8	99.2
辽 宁 Liaoning	103.6	107.9	115.1	99.8	100.7
吉 林 Jilin	103.2	109.0	117.1	100.4	99.3
黑龙江 Heilongjiang	102.8	107.1	111.1	99.8	100.4
上 海 Shanghai					
江 苏 Jiangsu	105.0	108.6	116.2	99.9	101.1
浙 江 Zhejiang	103.9	110.3	116.3	99.7	99.6
安 徽 Anhui	102.7	106.2	112.2	100.4	99.1
福 建 Fujian	103.9	108.2	115.7	100.0	100.1
江 西 Jiangxi	104.9	107.5	112.8	100.8	102.0
山 东 Shandong	105.0	106.8	112.7	100.2	103.3
河 南 Henan	107.9	112.9	118.9	100.1	101.3
湖 北 Hubei	103.1	105.7	113.2	100.2	100.8
湖 南 Hunan	101.8	104.5	113.1	99.5	99.3
广 东 Guangdong	104.1	108.3	111.9	99.5	100.1
广 西 Guangxi	102.2	103.7	111.7	98.5	101.2
海 南 Hainan	101.5	105.1	111.6	100.6	98.5
重 庆 Chongqing					
四 川 Sichuan	103.8	107.9	114.2	99.1	101.0
贵 州 Guizhou	100.7	103.3	110.5	100.2	98.6
云 南 Yunnan	103.6	104.4	110.0	100.5	99.1
西 藏 Tibet	103.8	105.8	109.6	99.9	101.8
陕 西 Shaanxi	106.7	109.7	115.2	100.0	103.4
甘 肃 Gansu	103.8	105.4	111.5	101.0	102.1
青 海 Qinghai	105.7	111.4	117.1	101.4	98.7
宁 夏 Ningxia	105.1	111.7	116.3	99.3	99.1
新 疆 Xinjiang	103.3	105.8	110.5	98.9	101.1

3-1-11 续表 16 continued 16

(上年价格=100) (Preceding Year=100)

地 区	Region	(1)旅馆住宿 Hotel Accommodations	(2)美容美发洗浴 Beauty Salon, Hair Salon and Scouring Bath	(3)养老服务 Elderly Care	(4)金融保险 Finance and Insurance	(5)其他服务类 Other Miscellaneous Services
全 国	**National**	**98.0**	**102.4**	**101.8**	**100.6**	**100.5**
北 京	Beijing					
天 津	Tianjin					
河 北	Hebei	100.4	103.0	103.4	106.8	100.0
山 西	Shanxi	103.1	106.8	104.3	99.3	100.4
内蒙古	Inner Mongolia	96.3	101.1	99.4	98.6	101.1
辽 宁	Liaoning	101.9	101.1	100.6	100.4	101.5
吉 林	Jilin	99.0	100.9	100.0	98.4	100.3
黑龙江	Heilongjiang	101.2	102.6	100.2	99.2	100.0
上 海	Shanghai					
江 苏	Jiangsu	98.7	102.5	104.5	98.0	100.1
浙 江	Zhejiang	97.8	102.2	100.9	96.7	99.6
安 徽	Anhui	99.4	100.8	104.9	95.1	101.1
福 建	Fujian	99.0	100.8	100.6	99.0	104.5
江 西	Jiangxi	97.9	105.7	101.1	99.2	99.4
山 东	Shandong	101.0	104.9	102.8	101.8	103.0
河 南	Henan	99.6	103.4	101.1	99.9	100.2
湖 北	Hubei	98.9	103.9	103.0	98.5	100.0
湖 南	Hunan	91.8	103.8	100.0	96.0	100.0
广 东	Guangdong	95.6	100.6	100.0	101.4	99.8
广 西	Guangxi	101.3	99.9	103.0	101.4	100.0
海 南	Hainan	98.3	98.5	92.2	99.5	100.0
重 庆	Chongqing					
四 川	Sichuan	97.3	101.0	103.5	101.7	100.1
贵 州	Guizhou	89.3	97.0	101.3	101.0	102.8
云 南	Yunnan	97.6	100.5	101.2	98.3	100.0
西 藏	Tibet	108.4	100.7	100.0	98.9	100.0
陕 西	Shaanxi	100.6	100.9	100.4	106.0	101.0
甘 肃	Gansu	100.6	98.9	100.0	104.2	101.0
青 海	Qinghai	92.1	102.5	103.5	101.6	98.1
宁 夏	Ningxia	95.3	101.7	100.0	97.9	100.3
新 疆	Xinjiang	101.6	101.9	100.4	100.7	100.7

3-2-1 全国商品零售价格分类指数（2020年）
Retail Price by Category (2020)

(上年价格=100) (Precding Year=100)

项　　目	Item	全国 National Indices	城市 Urban Indices	农村 Rural Indices
商品零售价格指数	**Retail Price Index**	**101.4**	**101.3**	**102.1**
一、食品	**Food**	**109.0**	**108.8**	**110.6**
1.粮食	Grain	101.2	101.3	101.2
2.薯类	Tubers	103.5	103.7	102.9
3.豆类	Beans	106.1	106.2	105.2
4.食用油	Edible Oil and Fats	104.1	103.5	106.4
5.菜	Vegetables	106.7	106.7	107.1
6.畜肉类	Meat of Livestock	138.2	137.7	140.3
7.禽肉类	Meat of Poultry	102.5	102.7	101.2
8.水产品	Aquatic Products	103.1	102.9	103.8
9.蛋类	Eggs	90.8	91.1	89.5
10.奶类	Milk	101.2	101.2	100.8
11.干鲜瓜果类	Dried and Fresh Melons and Fruits	91.6	91.8	90.6
12.糖果糕点类	Candy and Cake	101.0	101.0	101.0
13.调味品	Flavoring	101.3	101.3	101.1
14.其他食品类	Other Foods	101.9	101.9	101.6
15.在外餐饮	Dining Out	104.8	104.6	105.8
二、饮料、烟酒	**Beverages,Tobacco and Alcohol**	**101.2**	**101.2**	**101.0**
1.茶及饮料	Tea and Beverages	100.5	100.5	100.6
2.烟草	Tobacco	100.8	100.9	100.5
3.酒类	Alcohol	102.1	102.2	101.9
三、服装、鞋帽	**Garments , Shoes and Hats**	**99.7**	**99.7**	**99.6**
1.服装	Garments	99.8	99.8	99.7
2.鞋帽袜	Footgear and Hats	99.2	99.1	99.5
3.其他衣着配件	Other Clothing Accessories	99.5	99.4	100.1
四、纺织品	**Textiles**	**99.8**	**99.9**	**99.5**
1.服装材料	Clothing	100.6	100.6	100.3
2.床上用品	Bedding	99.6	99.7	99.2
五、家用电器及音像器材	**Household Appliances,Music and Video Equipment**	**98.0**	**97.9**	**98.5**
1.家庭设备	Household Facilities	98.1	97.9	98.8
2.文娱用耐用消费品	Durable Consumer Goods for Cultural and Recreational Use	97.6	97.6	97.8
3.专业音像器材	Music and Video Equipment	98.8	98.8	98.9
六、文化办公用品	**Cultural and Office Appliances**	**100.2**	**100.2**	**100.6**

3−2−1 续表 continued

(上年价格=100) (Precding Year=100)

项目	Item	全国 National Indices	城市 Urban Indices	农村 Rural Indices
七、日用品	**Articles for Daily Use**	**100.2**	**100.2**	**100.0**
1.日用百货	General Merchandise for Daily Use	100.0	100.1	99.9
2.厨具餐具茶具	Kichenware,Tableware and Tea set	100.3	100.4	99.6
3.清洗用品	Cleaning Products	100.8	100.8	100.6
4.其他日用品	Other Aritcles for Daily Use	99.8	99.8	99.9
八、体育娱乐用品	**Sports and Recreation Articles**	**99.8**	**99.8**	**100.1**
1.体育户外用品	Sports and Outdoor Articles	99.9	99.9	100.1
2.娱乐用品	Recreation Articles	99.8	99.8	100.1
九、交通、通信用品	**Transportation and Communication Appliances**	**98.6**	**98.6**	**98.2**
1.交通运输机械	Transportation Appliances	98.5	98.5	98.6
2.通信器材	Communication Appliances	98.7	99.0	97.4
十、家具	**Furniture**	**99.8**	**99.8**	**99.8**
十一、化妆品	**Cosmetics**	**101.3**	**101.4**	**100.7**
十二、金银饰品	**Gold and Silver Ornaments**	**117.0**	**117.3**	**114.7**
十三、中西药品及医疗保健用品	**Traditional Chinese and Western Medicines and Health Care Articles**	**100.9**	**100.7**	**102.0**
1.医疗卫生器具	Medical Instrument	102.1	101.6	105.5
2.中药	Traditional Chinese Medicines	102.5	102.5	102.9
3.西药	Western Medicines	100.1	99.9	101.5
4.保健器具及用品	Health Care Appliances and Articles	100.4	100.4	100.5
十四、书报杂志及电子出版物	**Books,Newspapers,Magazines and Electronic Pubblications**	**101.5**	**101.5**	**101.4**
1.教材及参考书	Teaching Materials and Reference Books	101.9	102.0	101.6
2.书报杂志	Newspapers and Maganizes	101.6	101.6	101.7
3.计算机办公软件	Office Software	99.9	99.9	99.6
十五、燃料	**Fuels**	**91.1**	**91.0**	**92.0**
1.煤炭及制品	Coal and its product	98.2	97.8	99.5
2.石油及制品	Petroleum and its product	89.9	90.0	89.3
十六、建筑材料及五金电料	**Building Materials and Hardware**	**100.3**	**100.2**	**100.6**
1.建筑装璜材料	Building Decoration Materials	100.2	100.1	100.5
2.五金水暖	Hardware	100.5	100.4	100.8

3-2-2 各地区商品零售价格分类指数(2020年)
Retail Price Index by Category and Region(2020)

(上年价格=100) (Preceding Year=100)

地 区	Region	商品零售价格指数 Retail Price Index	一、食品 Food	二、饮料、烟酒 Beverages, Tobacco and Alcohol	三、服装、鞋帽 Gaments, Shoes and Hats	四、纺织品 Textiles	五、家用电器及音像器材 Household Appliances, Music and Video Equipment
全 国	**National**	**101.4**	**109.0**	**101.2**	**99.7**	**99.8**	**98.0**
北 京	Beijing	101.0	106.2	100.7	99.6	98.8	97.2
天 津	Tianjin	101.0	106.9	102.3	98.2	99.7	97.9
河 北	Hebei	101.4	107.7	101.5	100.0	100.2	98.1
山 西	Shanxi	100.9	107.6	100.6	101.1	98.8	99.2
内蒙古	Inner Mongolia	100.5	106.1	99.9	99.7	100.5	98.3
辽 宁	Liaoning	101.1	108.6	100.8	99.6	99.9	96.3
吉 林	Jilin	100.7	107.9	101.2	99.0	100.5	98.7
黑龙江	Heilongjiang	101.5	109.6	100.8	98.7	99.0	99.0
上 海	Shanghai	100.9	105.9	102.6	100.8	100.1	97.7
江 苏	Jiangsu	101.8	110.3	101.9	99.7	101.1	98.2
浙 江	Zhejiang	101.2	108.1	100.7	100.4	102.1	98.9
安 徽	Anhui	101.6	109.4	101.5	100.3	98.9	98.5
福 建	Fujian	101.3	108.0	99.9	99.6	100.3	98.3
江 西	Jiangxi	101.6	110.0	100.7	99.4	99.2	97.9
山 东	Shandong	102.0	111.0	101.0	100.4	98.3	98.1
河 南	Henan	100.9	107.9	101.1	98.8	99.6	99.3
湖 北	Hubei	102.2	111.0	100.4	99.2	100.4	96.9
湖 南	Hunan	101.3	109.0	100.6	100.2	100.1	99.4
广 东	Guangdong	100.8	108.3	102.2	98.9	99.1	97.2
广 西	Guangxi	101.4	110.2	101.1	99.4	99.4	97.7
海 南	Hainan	101.6	108.4	100.7	101.7	107.5	99.8
重 庆	Chongqing	102.2	108.4	100.5	98.2	98.7	96.9
四 川	Sichuan	102.7	112.5	101.5	99.6	99.4	96.4
贵 州	Guizhou	101.6	111.8	100.3	98.2	99.3	97.8
云 南	Yunnan	102.4	113.9	100.3	100.7	96.9	97.7
西 藏	Tibet	102.0	105.8	101.6	101.0	100.0	99.6
陕 西	Shaanxi	101.9	108.4	101.5	99.7	100.7	97.9
甘 肃	Gansu	101.3	106.4	100.6	99.6	99.2	99.5
青 海	Qinghai	102.4	107.4	100.5	99.7	103.5	98.6
宁 夏	Ningxia	100.6	104.9	100.5	98.9	100.1	98.0
新 疆	Xinjiang	100.6	104.4	101.7	99.1	99.4	97.3

3–2–2 续表 1 continued

(上年价格=100) (Preceding Year=100)

地 区	Region	六、文化办公用品 Cultural and Office Appliances	七、日用品 Articles for Daily Use	八、体育娱乐用品 Sports and Recreation Articles	九、交通、通信用品 Transportation and Communication Appliances	十、家具 Furniture	十一、化妆品 Cosmetics
全 国	**National**	**100.2**	**100.2**	**99.8**	**98.6**	**99.8**	**101.3**
北 京	Beijing	99.8	99.8	100.2	100.7	100.5	101.4
天 津	Tianjin	100.4	99.8	100.7	97.9	101.0	100.6
河 北	Hebei	98.1	100.8	100.0	98.7	98.6	102.7
山 西	Shanxi	101.1	100.1	100.4	98.5	100.0	100.4
内蒙古	Inner Mongolia	99.9	100.1	99.3	97.7	100.0	100.0
辽 宁	Liaoning	96.9	100.0	98.9	98.0	98.8	101.1
吉 林	Jilin	100.8	100.1	100.8	96.3	101.6	101.6
黑龙江	Heilongjiang	100.0	98.4	99.9	97.4	100.3	102.4
上 海	Shanghai	101.4	100.7	100.4	98.5	99.3	100.9
江 苏	Jiangsu	103.7	100.5	100.0	100.1	100.6	102.0
浙 江	Zhejiang	99.8	101.2	101.3	98.5	101.2	103.3
安 徽	Anhui	99.0	99.6	100.3	97.3	100.0	101.3
福 建	Fujian	101.1	100.6	100.2	97.9	99.2	101.1
江 西	Jiangxi	100.2	100.0	99.8	97.8	100.5	100.1
山 东	Shandong	100.2	100.0	100.0	98.7	99.9	100.2
河 南	Henan	100.9	99.9	100.0	95.8	99.8	101.0
湖 北	Hubei	101.4	100.6	100.2	97.4	100.5	102.8
湖 南	Hunan	100.3	100.0	100.1	99.1	99.4	101.2
广 东	Guangdong	99.2	99.8	98.4	98.4	98.0	99.8
广 西	Guangxi	99.8	99.8	99.7	96.4	99.3	101.7
海 南	Hainan	99.9	100.2	99.3	98.7	99.6	99.9
重 庆	Chongqing	99.3	100.0	100.2	103.2	100.5	101.9
四 川	Sichuan	98.9	100.0	99.2	98.9	102.2	101.9
贵 州	Guizhou	99.5	100.1	100.0	98.3	100.7	100.3
云 南	Yunnan	99.1	99.3	99.6	98.5	99.4	102.4
西 藏	Tibet	99.5	100.4	100.7	99.7	102.2	101.7
陕 西	Shaanxi	100.5	100.9	100.5	99.1	100.6	101.2
甘 肃	Gansu	100.2	100.4	100.9	99.0	99.7	100.9
青 海	Qinghai	98.7	99.2	101.2	103.5	100.3	100.4
宁 夏	Ningxia	101.3	99.5	99.9	99.1	100.2	99.9
新 疆	Xinjiang	103.1	100.5	100.6	98.3	98.4	99.6

3−2−2 续表 2 continued

(上年价格=100) (Preceding Year=100)

地区	Region	十二、金银饰品 Gold and Silver Ornaments	十三、中西药品及医疗保健用品 Traditional Chinese and Western Medicines and Health Care Articles	十四、书报杂志及电子出版物 Books,Newspapers, Magazines and Electronic Publications	十五、燃料 Fuels	十六、建筑材料及五金电料 Building Materials and Hardware
全国	**National**	**117.0**	**100.9**	**101.5**	**91.1**	**100.3**
北京	Beijing	122.8	98.5	101.5	88.9	100.1
天津	Tianjin	125.6	99.4	103.4	89.8	99.4
河北	Hebei	115.3	102.6	101.0	92.3	102.0
山西	Shanxi	111.9	100.8	101.1	90.8	100.6
内蒙古	Inner Mongolia	112.7	103.2	101.0	91.4	100.0
辽宁	Liaoning	116.0	100.6	100.8	92.2	100.2
吉林	Jilin	120.1	100.3	102.7	90.9	100.2
黑龙江	Heilongjiang	118.3	102.3	101.0	92.9	100.2
上海	Shanghai	117.1	102.4	106.5	88.2	101.8
江苏	Jiangsu	117.3	99.7	103.1	90.6	100.6
浙江	Zhejiang	116.6	98.5	101.0	90.4	100.3
安徽	Anhui	115.4	101.3	99.3	94.3	100.2
福建	Fujian	119.2	100.7	101.4	91.6	99.9
江西	Jiangxi	115.0	100.4	101.4	91.0	100.5
山东	Shandong	115.9	100.9	103.7	91.0	100.6
河南	Henan	118.3	102.1	101.1	91.3	99.8
湖北	Hubei	116.1	102.3	100.2	92.7	100.4
湖南	Hunan	118.0	101.0	100.7	89.2	100.0
广东	Guangdong	116.7	101.9	100.5	90.4	99.8
广西	Guangxi	117.2	100.0	101.6	89.5	100.1
海南	Hainan	116.2	99.8	100.1	88.9	100.3
重庆	Chongqing	116.9	101.0	100.8	94.8	100.3
四川	Sichuan	113.7	100.9	100.5	92.7	100.0
贵州	Guizhou	116.6	101.7	101.6	89.6	99.5
云南	Yunnan	109.0	100.8	101.6	90.0	99.8
西藏	Tibet	116.0	105.0	101.0	93.5	100.5
陕西	Shaanxi	117.2	99.8	101.2	94.4	99.3
甘肃	Gansu	117.4	101.2	100.2	92.9	99.7
青海	Qinghai	120.3	101.1	100.8	95.3	99.1
宁夏	Ningxia	113.3	99.8	101.0	91.7	100.0
新疆	Xinjiang	111.3	100.8	100.2	93.0	99.5

3-3-1 各地区农业生产资料价格分类指数(2020年)
Price Indices of Means of Agricultural Production by Category(2020)

(上年价格=100) (Preceding Year =100)

地区	Region	农业生产资料价格指数 General Index	一、农用手工工具 Farm Handtools	二、饲料 Forage	三、仔畜幼禽及产品畜 Newborn Animals & Poultry, and Commodity Animals	四、半机械化农具 Semi-mechanized Farm Tools	五、机械化农具 Mechanized Farm Machinery	六、化学肥料 Chemical Fertilizer
全 国	**National**	**106.1**	**100.9**	**104.2**	**156.6**	**100.1**	**100.1**	**98.4**
河 北	Hebei	104.3	101.8	105.3	142.9	103.5	100.2	98.6
山 西	Shanxi	108.1	100.2	109.3	160.7	99.3	100.4	102.4
内蒙古	Inner Mongolia	103.2	100.7	103.3	142.9	100.8	100.7	97.5
辽 宁	Liaoning	104.9	99.6	103.8	158.4	100.5	101.3	99.6
吉 林	Jilin	100.0	100.0	101.6	109.3	100.1	101.8	96.6
黑龙江	Heilongjiang	103.7	100.0	102.7	137.4	99.6	99.8	101.2
江 苏	Jiangsu	105.7	99.8	104.3	159.6	101.2	100.3	98.6
浙 江	Zhejiang	106.1	105.5	106.8	154.5	100.3	99.9	99.2
安 徽	Anhui	104.8	100.6	104.8	173.7	99.9	99.6	97.0
福 建	Fujian	103.3	101.1	104.2	131.2	98.5	100.2	98.4
江 西	Jiangxi	107.2	105.8	108.0	152.0	103.0	100.3	98.0
山 东	Shandong	105.6	102.7	106.0	144.5	102.7	100.6	97.7
河 南	Henan	103.6	100.5	102.6	142.3	100.7	98.1	100.0
湖 北	Hubei	106.4	99.2	100.9	179.3	99.0	100.5	100.3
湖 南	Hunan	103.5	100.1	103.6	138.9	100.5	100.6	98.5
广 东	Guangdong	108.8	103.4	102.3	177.9	99.6	99.7	99.0
广 西	Guangxi	109.7	101.2	103.6	195.7	100.5	101.0	98.3
海 南	Hainan	104.4	100.3	103.7	154.1	99.7	99.1	97.3
四 川	Sichuan	120.9	99.9	107.3	191.3	100.0	100.0	99.0
贵 州	Guizhou	112.2	101.3	104.5	176.4	100.3	100.3	99.2
云 南	Yunnan	106.7	96.6	99.2	172.4	96.6	91.2	93.4
西 藏	Tibet	99.6	100.0	100.0	100.0	100.0	100.0	99.4
陕 西	Shaanxi	104.6	99.8	104.2	157.7	99.8	99.2	97.8
甘 肃	Gansu	100.7	101.1	102.8	120.5	97.9	99.4	93.2
青 海	Qinghai	109.0	101.6	106.0	160.3	100.5	99.8	92.8
宁 夏	Ningxia	103.8	100.0	109.4	122.3	100.0	100.0	95.6
新 疆	Xinjiang	106.2	103.5	108.2	152.3	100.6	100.3	97.5

3-3-1 续表 continued

(上年=100) (Precding Year =100)

地 区	Region	七、农药及农药器械 Pesticide and Its Appliances	1.化学农药 Chemical Pesticide	2.农药器械 Pesticides Appliances	八、农机用油 Oil for Farm Machinery	九、其他农用生产资料 Other Means of Agricultural Production	十、农业生产服务 Service for Agricultural Production
全 国	**National**	**100.8**	**100.8**	**100.8**	**86.5**	**99.6**	**101.8**
河 北	Hebei	101.6	101.7	100.6	87.6	99.3	101.1
山 西	Shanxi	100.3	100.2	100.6	85.2	100.6	100.9
内蒙古	Inner Mongolia	101.9	103.1	96.0	86.5	96.5	100.6
辽 宁	Liaoning	99.7	99.7	99.7	86.0	100.7	101.0
吉 林	Jilin	101.1	99.7	107.9	86.4	99.0	100.6
黑龙江	Heilongjiang	100.0	99.9	100.0	85.3	100.3	104.1
江 苏	Jiangsu	100.5	100.4	101.7	85.9	98.9	101.5
浙 江	Zhejiang	102.1	102.1	102.0	85.6	100.4	99.1
安 徽	Anhui	100.3	100.3	99.2	85.9	100.6	101.0
福 建	Fujian	100.9	100.8	101.7	88.1	100.3	101.0
江 西	Jiangxi	102.5	102.4	103.5	86.2	101.1	103.9
山 东	Shandong	102.1	102.3	100.4	87.5	98.7	104.0
河 南	Henan	102.2	102.3	100.7	84.9	99.8	99.7
湖 北	Hubei	100.2	100.3	100.0	86.5	99.7	100.8
湖 南	Hunan	100.9	100.9	101.4	85.4	101.0	102.9
广 东	Guangdong	101.3	101.5	100.0	87.6	102.2	103.9
广 西	Guangxi	100.5	100.3	102.0	86.4	100.0	102.7
海 南	Hainan	101.1	101.2	98.7	86.5	97.7	100.3
四 川	Sichuan	101.1	101.2	100.3	88.8	100.4	101.1
贵 州	Guizhou	100.3	100.4	99.9	92.0	100.3	101.5
云 南	Yunnan	96.2	96.2	96.5	86.8	95.4	93.9
西 藏	Tibet	100.0	100.0	100.0	93.5	100.0	100.0
陕 西	Shaanxi	102.0	102.2	101.0	88.3	98.9	101.5
甘 肃	Gansu	100.9	100.9	100.8	86.8	102.4	102.3
青 海	Qinghai	112.2	112.5	100.7	85.6	100.8	104.5
宁 夏	Ningxia	99.9	99.8	100.5	86.3	99.1	99.3
新 疆	Xinjiang	101.0	100.5	102.7	88.1	100.3	103.4

70 个大中城市商品住宅销售价格指数

70 Large and Medium-Sized Cities Commercial Housing Price Index

4

4-1-1 2020年70个大中城市新建商品住宅销售价格指数
Housing Price Indices of Newly Constructed Commercial Residential Buildings in 70 Large and Medium-Sized Cities 2020

(以2015年价格为100) (2015=100)

城市	City	1月	2月	3月	4月	5月	6月	7月	8月	9月	10月	11月	12月
北京	Beijing	144.6	144.8	144.8	144.4	145.1	145.6	146.1	147.0	147.4	147.7	147.5	147.9
天津	Tianjin	132.3	131.8	131.7	131.9	132.4	133.2	133.9	134.2	134.4	133.8	134.2	134.1
石家庄	Shijiazhuang	155.6	155.6	156.0	157.0	157.2	157.4	157.9	158.1	159.1	159.5	160.2	160.1
太原	Taiyuan	129.3	129.3	129.4	129.7	130.4	131.1	131.0	130.7	130.1	129.7	129.1	128.9
呼和浩特	Hohhot	151.3	151.3	151.5	152.3	153.7	153.9	154.9	155.7	156.4	157.3	158.0	158.3
沈阳	Shenyang	142.0	142.7	143.2	144.3	145.7	147.0	148.2	149.8	149.7	149.5	149.3	148.7
大连	Dalian	136.8	137.3	137.7	138.4	139.5	140.7	141.4	141.8	142.5	143.0	143.0	143.3
长春	Changchun	137.8	137.6	138.3	139.0	139.5	140.4	140.9	141.8	142.1	142.0	141.5	141.0
哈尔滨	Harbin	143.5	143.5	143.9	145.3	145.3	145.5	145.4	145.6	145.3	145.5	145.1	144.2
上海	Shanghai	150.4	150.4	150.4	151.3	152.4	153.1	153.7	154.6	155.4	155.8	155.8	156.0
南京	Nanjing	153.6	153.4	153.6	156.3	158.2	159.9	160.0	160.0	159.9	160.6	160.8	161.0
杭州	Hangzhou	147.9	147.8	149.8	151.0	152.1	153.9	154.3	154.9	155.0	154.9	154.5	154.1
宁波	Ningbo	139.7	139.5	139.9	139.9	141.8	142.9	143.5	144.5	144.9	145.1	145.1	144.9
合肥	Hefei	161.4	161.4	161.5	160.7	160.6	161.7	162.3	162.8	163.7	164.5	165.4	166.6
福州	Fuzhou	144.2	145.0	145.6	146.3	147.0	147.8	148.4	148.8	149.3	149.6	150.3	151.4
厦门	Xiamen	157.4	157.4	157.4	157.3	158.0	159.6	160.7	161.3	162.3	162.5	163.2	164.2
南昌	Nanchang	140.7	140.7	140.4	141.1	141.6	141.9	142.2	141.8	142.0	141.4	140.8	141.4
济南	Jinan	141.0	140.7	140.2	140.2	140.9	141.4	141.6	141.0	141.1	140.9	140.4	140.2
青岛	Qingdao	139.1	139.1	138.5	139.1	139.5	140.5	141.2	142.2	142.9	142.6	142.5	142.9
郑州	Zhengzhou	144.7	144.2	144.0	144.1	143.9	144.4	144.4	145.2	145.0	144.3	143.8	143.5
武汉	Wuhan	161.6	161.6	161.6	161.3	161.9	164.1	165.2	166.2	166.8	167.4	167.7	168.1
长沙	Changsha	147.2	147.7	148.1	148.8	149.3	151.3	152.0	153.3	153.7	153.6	153.3	153.7
广州	Guangzhou	156.9	156.8	156.0	156.1	156.5	157.5	158.8	160.2	161.1	161.9	163.3	164.4
深圳	Shenzhen	151.9	151.9	152.7	152.7	153.6	154.9	155.9	156.6	157.2	157.6	157.5	157.4
南宁	Nanning	151.8	151.8	152.1	152.6	153.6	155.2	156.4	157.7	158.6	158.9	158.8	159.0
海口	Haikou	148.4	148.4	148.5	149.1	148.6	149.1	149.7	150.9	151.5	151.9	152.3	152.5
重庆	Chongqing	142.7	142.3	142.7	144.1	145.3	146.6	147.3	147.8	148.6	149.0	148.8	149.3
成都	Chengdu	154.1	156.0	156.8	157.8	158.6	160.1	161.6	163.2	163.6	163.8	163.8	163.4
贵阳	Guiyang	145.7	146.4	146.2	145.6	146.0	146.3	146.6	147.6	147.9	148.5	149.2	150.0
昆明	Kunming	147.4	147.1	147.2	148.6	149.5	151.3	151.8	153.2	153.5	154.8	155.1	155.6
西安	Xi'an	170.1	170.1	170.9	171.8	172.7	174.1	175.8	177.7	179.1	180.1	180.4	181.2
兰州	Lanzhou	127.5	127.5	127.2	127.9	128.5	129.2	129.9	130.7	131.5	132.2	133.0	133.3
西宁	Xining	137.2	137.9	139.8	140.9	142.0	143.4	143.5	145.0	145.8	146.7	147.5	148.5
银川	Yinchuan	130.0	129.9	131.4	132.7	135.4	138.0	140.7	143.2	144.7	145.6	146.3	147.0
乌鲁木齐	Urumqi	116.6	116.4	116.3	117.3	117.9	119.1	119.9	119.9	120.1	120.7	120.9	120.3

4-1-1 续表 Continued

(以2015年价格为100) (2015=100)

城 市	City	1月	2月	3月	4月	5月	6月	7月	8月	9月	10月	11月	12月
唐 山	Tangshan	140.0	140.3	141.6	144.2	145.8	148.1	150.1	152.0	152.9	152.9	153.4	153.9
秦皇岛	Qinhuangdao	148.1	147.7	148.3	149.4	150.7	151.9	152.0	152.8	153.4	152.9	153.2	153.2
包 头	Baotou	123.7	123.5	123.7	123.4	124.4	124.3	124.9	125.9	126.5	126.7	126.5	126.8
丹 东	Dandong	129.0	129.6	130.2	130.9	131.2	131.0	132.3	133.3	134.4	134.9	135.9	136.8
锦 州	Jinzhou	121.3	121.4	121.7	122.7	123.9	124.7	126.1	127.8	127.6	127.7	128.3	128.6
吉 林	Jilin	135.9	136.2	136.9	137.7	138.0	138.6	139.0	140.1	141.3	141.0	140.5	140.1
牡丹江	Mudanjiang	124.4	124.8	124.7	123.9	123.7	123.6	123.1	124.1	124.2	123.6	123.2	122.3
无 锡	Wuxi	154.2	154.4	155.2	156.0	157.6	158.9	161.1	162.9	163.4	163.3	163.1	162.5
扬 州	Yangzhou	151.8	151.8	152.4	153.1	154.0	155.0	156.3	157.7	158.4	159.7	159.9	161.1
徐 州	Xuzhou	158.7	160.0	161.0	162.6	164.0	165.8	168.4	169.8	172.2	173.3	173.2	173.2
温 州	Wenzhou	121.1	120.7	120.0	121.2	122.1	123.5	124.3	125.9	125.9	126.3	126.0	125.9
金 华	Jinhua	134.9	134.9	135.0	135.6	136.6	137.9	138.5	140.1	140.4	140.1	140.4	141.1
蚌 埠	Bengbu	130.6	130.6	131.1	131.7	132.4	133.7	134.2	134.9	135.5	135.9	136.3	136.6
安 庆	Anqing	126.0	125.7	125.0	124.5	124.3	123.6	123.2	122.3	122.6	123.3	123.6	124.0
泉 州	Quanzhou	116.1	115.6	116.1	116.4	117.5	118.4	119.0	120.1	120.9	121.3	121.5	122.1
九 江	Jiujiang	144.1	144.7	144.5	145.4	146.1	147.4	147.9	147.7	148.5	148.5	148.2	148.4
赣 州	Ganzhou	128.8	129.2	129.1	129.8	130.2	130.9	131.9	132.5	132.7	133.1	133.7	134.1
烟 台	Yantai	142.8	143.7	144.1	144.6	145.1	145.9	146.6	148.1	148.9	149.5	149.8	149.9
济 宁	Jining	135.3	135.4	135.9	136.7	137.6	138.5	140.0	141.6	142.9	143.8	145.6	146.2
洛 阳	Luoyang	143.8	143.9	143.7	144.1	144.3	144.5	145.7	146.1	146.5	146.6	146.7	146.6
平顶山	Pingdingshan	130.2	130.2	130.4	130.4	131.0	132.0	132.5	132.9	133.4	133.5	134.3	134.4
宜 昌	Yichang	129.5	129.5	129.2	129.6	130.1	130.6	131.5	131.6	131.9	132.7	133.2	133.3
襄 阳	Xiangyang	136.1	136.1	136.1	136.0	136.0	136.7	137.7	138.7	139.4	139.9	140.5	140.7
岳 阳	Yueyang	120.3	119.7	119.8	120.4	121.0	121.7	121.9	122.4	122.8	121.9	121.8	121.8
常 德	Changde	127.6	127.8	127.3	127.1	127.5	127.2	127.6	127.5	127.0	126.2	126.0	126.1
惠 州	Huizhou	142.1	142.1	141.9	142.4	143.8	146.0	147.4	150.2	151.2	151.7	151.4	151.9
湛 江	Zhanjiang	130.3	130.0	129.1	129.0	128.8	128.8	129.2	129.7	130.5	131.2	131.8	131.5
韶 关	Shaoguan	122.7	122.1	121.9	121.9	121.7	121.8	121.9	122.4	122.2	122.7	122.7	122.4
桂 林	Guilin	130.8	130.4	130.2	130.8	131.4	131.7	131.7	130.3	131.2	131.7	131.4	131.7
北 海	Beihai	142.2	142.4	142.4	142.3	142.0	141.1	140.8	139.7	139.2	138.3	137.9	137.3
三 亚	Sanya	155.1	155.1	154.3	155.3	154.6	155.0	156.5	158.0	159.3	160.4	161.0	161.8
泸 州	Luzhou	120.9	120.0	119.8	119.8	120.2	120.8	121.0	121.6	121.9	121.4	121.2	120.9
南 充	Nanchong	128.1	127.3	127.9	129.4	131.1	129.9	129.5	128.8	128.8	128.1	127.7	127.5
遵 义	Zunyi	129.1	128.6	128.8	129.0	128.9	129.1	128.6	129.0	128.8	128.6	129.0	129.0
大 理	Dali	149.3	149.3	149.7	149.7	149.5	149.1	149.6	150.6	151.0	151.0	150.9	150.5

4-1-2 2020年70个大中城市90㎡及以下新建商品住宅销售价格指数
Housing Price Indices of 90㎡ and below Newly Constructed Commercial Residential Buildings in 70 Large and Medium-Sized Cities 2020

(以2015年价格为100) (2015=100)

城市	City	1月	2月	3月	4月	5月	6月	7月	8月	9月	10月	11月	12月
北京	Beijing	128.1	127.0	127.5	127.5	128.9	129.0	129.3	130.1	130.5	130.5	130.3	130.1
天津	Tianjin	138.5	137.9	137.8	138.0	138.0	138.8	139.9	140.1	140.2	139.2	139.8	139.3
石家庄	Shijiazhuang	153.3	153.3	152.6	152.7	153.2	152.5	152.8	153.7	154.1	154.4	155.5	156.1
太原	Taiyuan	136.0	136.0	136.5	136.5	137.7	138.7	138.5	138.7	138.4	137.7	137.0	136.9
呼和浩特	Hohhot	143.6	143.6	143.6	144.5	145.1	144.7	146.1	147.4	147.5	148.9	148.8	149.8
沈阳	Shenyang	141.6	141.8	142.4	143.3	144.6	145.7	147.1	148.7	148.3	148.1	148.0	147.1
大连	Dalian	136.6	136.5	137.7	138.4	139.8	141.1	141.6	142.2	142.6	142.8	143.0	143.4
长春	Changchun	145.2	144.2	144.5	144.9	146.0	146.6	147.6	148.5	149.0	149.4	148.9	148.4
哈尔滨	Harbin	141.2	141.2	141.4	143.0	143.0	143.2	143.4	143.4	143.9	143.7	142.6	141.5
上海	Shanghai	152.6	152.3	152.5	153.3	154.4	155.2	155.7	156.8	157.8	157.9	158.6	158.7
南京	Nanjing	158.4	158.4	158.6	161.1	162.6	164.7	164.6	165.7	165.2	165.4	165.8	166.2
杭州	Hangzhou	156.3	155.9	157.7	159.3	160.6	162.5	163.0	164.1	164.4	164.5	164.1	163.7
宁波	Ningbo	146.5	146.3	147.2	147.6	149.2	150.7	151.0	152.1	152.1	152.5	152.4	152.5
合肥	Hefei	160.3	160.3	160.2	160.6	161.0	161.1	161.4	162.2	162.2	162.4	162.4	163.2
福州	Fuzhou	141.5	141.4	141.5	143.0	142.5	142.3	142.5	142.5	142.6	142.5	142.7	145.1
厦门	Xiamen	151.8	151.8	151.2	150.9	152.2	154.2	155.5	156.2	157.1	157.7	157.6	158.1
南昌	Nanchang	143.4	143.4	142.8	143.1	143.4	144.2	144.2	144.8	144.2	143.6	143.1	143.1
济南	Jinan	142.7	141.4	141.8	140.5	141.1	142.6	141.9	141.4	142.1	142.3	141.2	140.7
青岛	Qingdao	141.3	141.7	141.3	141.8	142.0	143.3	143.3	144.4	144.8	144.6	144.4	145.1
郑州	Zhengzhou	147.8	147.8	147.4	147.5	147.0	147.7	148.0	149.0	148.4	147.2	146.9	146.4
武汉	Wuhan	166.3	166.3	166.3	165.9	167.4	169.6	170.1	171.5	171.7	173.0	173.2	173.7
长沙	Changsha	145.1	145.4	146.2	146.8	147.1	148.6	149.1	150.6	150.8	150.3	149.4	150.6
广州	Guangzhou	161.8	162.1	161.2	161.4	162.4	164.1	166.3	167.4	168.8	170.2	172.0	172.2
深圳	Shenzhen	151.6	151.9	152.8	152.7	153.8	155.1	156.1	157.0	157.9	158.1	158.1	157.9
南宁	Nanning	152.9	152.9	153.3	153.4	154.3	156.1	157.4	158.7	159.6	159.9	159.7	159.8
海口	Haikou	143.7	143.7	143.9	144.4	143.5	143.1	144.8	145.5	145.5	145.8	146.1	146.2
重庆	Chongqing	150.4	150.1	150.2	151.9	153.6	154.8	156.0	156.9	158.0	158.2	158.1	158.3
成都	Chengdu	155.6	158.1	159.3	160.9	161.3	163.5	164.6	166.6	167.1	167.3	167.7	167.3
贵阳	Guiyang	148.6	148.5	148.2	147.2	148.5	148.3	148.5	149.5	149.6	150.0	150.2	151.6
昆明	Kunming	146.3	146.1	147.0	149.0	149.1	150.9	151.2	152.7	152.3	155.2	155.1	156.5
西安	Xi'an	175.7	175.7	176.5	178.4	179.5	181.8	184.2	187.0	189.1	190.8	190.9	191.1
兰州	Lanzhou	132.0	132.0	132.3	133.1	133.6	134.4	135.6	137.1	138.2	139.1	139.9	139.8
西宁	Xining	134.6	135.9	137.0	138.1	138.1	140.0	140.2	141.5	141.5	142.6	143.3	144.8
银川	Yinchuan	129.8	129.3	130.5	132.3	133.8	136.1	137.6	139.6	141.5	142.2	142.7	144.2
乌鲁木齐	Urumqi	117.1	116.4	116.5	117.0	118.4	119.6	120.1	120.1	120.6	121.7	121.7	121.7

4−1−2 续表 Continued

(以2015年价格为100) (2015=100)

城 市	City	1月	2月	3月	4月	5月	6月	7月	8月	9月	10月	11月	12月
唐 山	Tangshan	133.4	132.7	133.5	136.4	137.7	139.5	142.0	143.7	144.0	144.0	145.0	144.7
秦皇岛	Qinhuangdao	148.1	147.8	149.1	149.7	150.4	150.9	151.7	152.7	153.2	153.4	152.6	152.5
包 头	Baotou	129.1	130.0	130.2	129.0	130.1	129.7	130.7	131.3	132.2	133.0	134.3	134.2
丹 东	Dandong	129.3	130.5	130.6	131.3	131.5	130.9	132.2	133.2	134.4	135.3	136.4	137.2
锦 州	Jinzhou	119.9	119.4	120.0	120.2	120.9	120.6	121.6	123.9	124.2	123.6	124.4	124.1
吉 林	Jilin	136.5	137.0	137.3	137.8	138.1	138.6	138.8	139.7	140.7	140.5	140.2	140.0
牡丹江	Mudanjiang	121.3	122.1	122.0	121.2	121.7	122.1	121.7	122.4	122.9	123.0	122.4	121.5
无 锡	Wuxi	164.2	164.8	165.8	167.6	169.3	170.2	172.5	173.9	174.5	173.0	173.1	172.7
扬 州	Yangzhou	154.0	154.0	155.2	155.4	155.3	157.0	157.9	160.9	162.2	164.0	164.2	165.7
徐 州	Xuzhou	162.7	163.1	164.8	165.9	167.5	168.6	171.0	173.3	176.7	177.2	177.7	178.0
温 州	Wenzhou	119.0	119.1	118.7	120.2	120.9	122.5	123.3	124.9	125.3	125.2	125.4	125.4
金 华	Jinhua	140.1	139.6	139.9	140.4	141.3	142.7	143.4	144.9	145.1	144.3	144.5	146.1
蚌 埠	Bengbu	131.3	131.3	131.2	131.6	132.5	134.1	134.6	134.8	135.2	135.6	136.0	136.3
安 庆	Anqing	125.0	125.1	124.4	123.8	124.3	124.1	122.8	122.0	122.5	122.7	122.3	122.6
泉 州	Quanzhou	118.5	117.1	117.6	117.8	118.4	119.2	119.9	121.6	122.6	123.3	124.1	125.4
九 江	Jiujiang	147.5	147.8	148.5	150.0	151.0	151.6	152.5	152.0	152.2	151.9	151.9	151.9
赣 州	Ganzhou	129.5	129.5	128.2	128.5	128.7	129.0	130.1	130.6	130.6	131.1	132.2	133.1
烟 台	Yantai	140.7	141.2	141.5	142.2	143.1	143.5	144.0	145.0	146.1	146.2	146.8	146.8
济 宁	Jining	134.4	134.4	135.9	137.0	138.0	138.2	138.8	140.9	141.1	142.0	143.7	144.6
洛 阳	Luoyang	151.8	152.4	152.5	153.2	153.2	153.2	154.6	155.3	155.3	155.1	154.6	154.3
平顶山	Pingdingshan	129.7	129.7	130.2	130.1	131.4	133.1	133.5	134.2	134.4	134.3	135.6	134.2
宜 昌	Yichang	133.1	133.1	132.4	132.9	133.8	133.6	133.7	133.7	134.3	135.5	136.3	137.4
襄 阳	Xiangyang	143.9	143.9	143.9	143.9	143.2	144.0	145.2	146.3	147.3	147.7	148.3	148.5
岳 阳	Yueyang	119.5	119.4	119.6	120.4	121.1	122.1	121.6	123.0	123.5	121.2	120.9	120.8
常 德	Changde	132.5	132.1	131.2	130.8	131.4	131.1	131.8	131.3	131.1	131.1	131.0	131.5
惠 州	Huizhou	142.4	143.0	142.7	144.1	145.7	146.9	148.0	151.0	152.8	153.3	152.9	153.3
湛 江	Zhanjiang	129.8	129.7	129.2	128.7	128.4	128.4	128.6	128.6	129.9	131.4	131.8	131.7
韶 关	Shaoguan	123.6	122.5	122.4	122.4	122.3	122.1	122.8	123.0	122.7	124.1	124.1	125.3
桂 林	Guilin	127.8	127.4	127.1	126.6	127.8	127.0	127.1	126.2	126.7	127.2	126.3	127.3
北 海	Beihai	143.2	142.7	142.7	143.2	142.9	142.3	142.0	140.8	140.3	139.2	138.9	138.6
三 亚	Sanya	156.3	156.3	156.6	158.7	157.4	157.8	159.2	161.7	162.8	163.2	163.6	164.3
泸 州	Luzhou	121.2	121.1	120.3	120.5	120.3	121.2	121.7	122.4	122.5	122.5	122.4	121.8
南 充	Nanchong	128.6	128.7	129.4	131.3	132.6	131.2	130.5	129.5	129.7	129.9	129.5	128.9
遵 义	Zunyi	134.8	134.1	134.3	134.0	133.7	134.1	133.7	134.6	134.4	134.1	133.9	134.0
大 理	Dali	150.8	150.8	151.6	151.6	151.5	150.5	151.4	151.9	152.0	152.2	151.4	151.7

4-1-3 2020年70个大中城市90㎡~144㎡新建商品住宅销售价格指数
Housing Price Indices of 90㎡~144㎡ Newly Constructed Commercial Residential Buildings in 70 Large and Medium-Sized Cities 2020

(以2015年价格为100) (2015=100)

城市	City	1月	2月	3月	4月	5月	6月	7月	8月	9月	10月	11月	12月
北京	Beijing	145.3	145.4	145.4	145.4	145.8	146.3	146.5	147.6	147.7	148.2	147.5	147.6
天津	Tianjin	131.1	130.4	129.9	130.5	131.1	131.6	132.3	132.6	132.4	131.9	132.4	132.0
石家庄	Shijiazhuang	158.0	158.0	158.5	159.9	159.8	160.4	160.9	160.9	162.0	162.3	162.9	162.8
太原	Taiyuan	129.8	129.8	129.8	130.1	130.9	131.6	131.6	131.0	130.4	130.0	129.6	129.2
呼和浩特	Hohhot	150.6	150.6	150.8	151.5	153.3	153.6	154.8	155.2	156.4	157.6	157.8	157.9
沈阳	Shenyang	141.7	143.0	143.3	144.5	146.3	147.3	148.3	150.2	150.1	150.1	150.0	149.1
大连	Dalian	141.2	142.6	142.3	142.8	143.9	145.0	145.6	145.5	146.4	146.8	146.8	146.8
长春	Changchun	133.2	134.1	134.7	135.7	135.9	137.0	137.3	138.2	137.9	137.5	137.1	136.8
哈尔滨	Harbin	142.4	142.4	143.1	144.2	144.6	144.2	143.8	144.3	143.4	143.9	143.9	142.7
上海	Shanghai	150.6	149.9	150.4	151.4	152.5	153.3	154.3	155.1	155.8	156.1	156.1	156.9
南京	Nanjing	152.3	152.4	152.4	155.3	157.1	158.8	159.0	158.7	158.7	159.6	159.9	160.1
杭州	Hangzhou	145.1	144.9	146.9	147.7	148.4	150.6	150.8	151.3	151.2	150.9	150.3	149.8
宁波	Ningbo	140.9	141.2	141.2	141.6	143.4	144.4	145.3	146.6	147.1	147.2	146.9	146.6
合肥	Hefei	161.4	161.4	161.5	160.2	160.0	161.4	161.9	162.4	163.6	164.5	165.9	167.0
福州	Fuzhou	141.0	142.3	143.3	144.0	144.8	145.5	146.2	146.3	146.9	146.7	147.7	148.7
厦门	Xiamen	162.1	162.1	162.6	161.8	162.4	163.6	164.6	164.8	166.1	166.1	167.2	168.1
南昌	Nanchang	139.3	139.3	138.7	139.7	140.4	141.0	141.5	140.9	140.8	140.0	139.3	139.9
济南	Jinan	139.7	139.8	139.1	139.0	139.6	140.0	140.3	140.0	140.1	139.8	139.5	139.4
青岛	Qingdao	139.0	138.9	137.8	138.8	139.2	140.3	141.2	142.0	142.5	142.2	142.0	142.5
郑州	Zhengzhou	142.7	142.0	141.8	142.1	142.0	142.2	142.0	142.7	142.9	142.4	141.5	141.1
武汉	Wuhan	160.8	160.8	160.8	160.6	161.0	162.8	164.0	164.7	165.4	165.9	165.8	166.5
长沙	Changsha	146.8	147.3	147.4	147.9	148.5	150.1	150.8	151.6	152.1	152.1	152.1	152.4
广州	Guangzhou	155.0	155.2	154.3	153.9	154.3	155.2	156.2	157.8	159.0	160.1	161.5	162.8
深圳	Shenzhen	149.8	149.9	150.4	150.3	151.4	152.3	152.7	153.3	153.6	153.7	153.7	153.3
南宁	Nanning	150.5	150.5	150.5	151.4	152.3	153.7	154.8	156.2	157.0	157.0	156.9	157.2
海口	Haikou	149.2	149.2	149.5	150.4	149.9	150.5	151.0	152.6	153.6	153.9	154.6	154.4
重庆	Chongqing	138.3	138.1	138.8	140.2	141.3	142.7	143.3	144.0	144.8	145.2	144.7	144.7
成都	Chengdu	150.2	151.4	151.9	151.8	152.9	153.8	155.1	156.1	156.3	156.7	156.4	156.3
贵阳	Guiyang	146.1	147.1	146.9	146.6	146.6	147.0	147.3	148.2	148.8	149.4	150.4	151.0
昆明	Kunming	149.4	149.5	148.9	150.3	151.6	153.1	153.8	155.1	155.6	156.3	156.4	156.6
西安	Xi'an	169.9	169.9	170.7	171.3	172.2	173.6	174.9	176.5	177.8	178.4	178.8	179.7
兰州	Lanzhou	126.7	126.7	125.8	126.7	127.3	127.8	128.1	128.7	129.3	129.9	130.5	131.2
西宁	Xining	138.1	138.8	140.9	142.2	143.4	144.8	144.9	146.5	147.5	148.2	148.8	149.8
银川	Yinchuan	129.7	129.6	131.2	132.0	135.1	137.8	141.2	143.9	145.3	146.2	147.1	147.6
乌鲁木齐	Urumqi	119.0	118.7	118.4	119.5	119.9	121.2	122.1	122.1	121.8	122.4	122.6	121.8

4-1-3 续表 Continued

(以2015年价格为100) (2015=100)

城 市	City	1月	2月	3月	4月	5月	6月	7月	8月	9月	10月	11月	12月
唐 山	Tangshan	143.0	143.6	145.3	147.7	149.4	151.9	153.8	155.7	156.9	157.2	157.3	158.3
秦皇岛	Qinhuangdao	150.5	150.0	150.5	151.7	153.3	154.8	154.8	155.4	156.1	155.5	156.3	156.3
包 头	Baotou	123.2	122.4	122.2	122.5	123.7	123.1	123.8	124.8	125.2	125.3	124.7	125.3
丹 东	Dandong	130.2	130.6	131.3	132.0	132.4	132.5	133.8	134.8	136.0	136.1	137.3	138.2
锦 州	Jinzhou	121.6	122.1	122.1	123.5	125.0	126.3	128.0	129.5	129.0	129.4	129.8	130.3
吉 林	Jilin	135.7	135.9	136.9	138.0	138.2	138.9	139.6	140.9	142.2	141.7	141.3	140.7
牡丹江	Mudanjiang	126.5	126.7	126.6	125.7	124.9	124.5	123.9	125.2	124.9	123.8	123.7	122.9
无 锡	Wuxi	154.7	154.9	155.6	156.3	157.9	159.3	161.5	163.3	163.9	164.7	164.4	163.6
扬 州	Yangzhou	151.5	151.5	151.9	152.6	153.6	154.7	156.0	157.1	157.6	158.8	158.9	160.3
徐 州	Xuzhou	158.8	160.1	160.9	162.8	164.2	166.1	168.7	169.9	172.1	173.5	173.4	173.6
温 州	Wenzhou	122.3	122.2	121.5	122.5	123.6	124.9	126.0	128.0	127.8	128.1	127.3	127.2
金 华	Jinhua	134.9	135.2	135.0	135.9	137.1	138.2	139.2	140.8	140.9	141.0	141.0	141.8
蚌 埠	Bengbu	130.9	130.9	131.6	132.3	133.0	134.1	134.5	135.5	136.1	136.6	136.9	137.3
安 庆	Anqing	127.3	127.0	126.1	125.7	125.3	124.5	124.1	123.3	123.7	124.4	124.8	125.3
泉 州	Quanzhou	115.0	114.8	115.3	115.3	116.5	117.6	118.4	119.4	119.9	120.1	120.3	120.7
九 江	Jiujiang	142.7	143.6	143.1	144.2	144.9	146.3	146.7	146.6	147.4	147.5	147.3	147.5
赣 州	Ganzhou	127.5	128.3	128.3	129.1	129.7	130.4	131.1	131.6	131.8	132.3	132.8	132.9
烟 台	Yantai	145.8	146.9	147.4	147.4	147.7	149.0	149.7	151.5	152.1	153.0	153.1	153.3
济 宁	Jining	137.3	137.2	137.7	138.8	139.7	141.1	142.7	144.0	145.5	145.9	147.7	148.3
洛 阳	Luoyang	142.6	142.8	142.8	142.9	143.1	143.4	144.4	144.8	145.2	145.3	145.6	145.6
平顶山	Pingdingshan	130.8	130.8	130.8	130.8	131.3	132.0	132.6	132.9	133.4	133.4	134.0	134.6
宜 昌	Yichang	128.7	128.7	128.5	128.8	129.4	130.0	131.0	131.2	131.5	132.2	132.4	132.2
襄 阳	Xiangyang	135.1	135.1	135.1	134.8	134.9	135.4	136.1	136.9	137.5	137.9	138.7	139.2
岳 阳	Yueyang	118.4	117.7	117.8	118.5	118.9	119.7	119.9	120.0	120.4	120.0	119.7	119.4
常 德	Changde	126.4	127.2	126.7	126.5	126.8	126.6	126.9	127.0	126.0	124.9	124.3	124.2
惠 州	Huizhou	141.6	141.4	140.9	141.2	142.9	145.8	147.6	150.5	151.3	151.5	150.7	150.9
湛 江	Zhanjiang	130.9	130.5	129.5	129.5	129.4	129.7	130.1	130.7	130.9	131.0	131.5	131.3
韶 关	Shaoguan	122.7	122.2	122.0	122.2	121.7	122.3	122.2	122.2	122.5	122.6	122.8	122.6
桂 林	Guilin	131.5	130.6	130.0	131.2	131.7	132.4	132.2	130.6	131.4	131.9	131.5	131.9
北 海	Beihai	140.6	141.8	142.2	141.0	140.7	139.4	138.9	138.0	137.4	136.6	136.4	135.2
三 亚	Sanya	155.7	155.7	154.2	154.6	154.1	153.9	156.0	157.2	158.8	160.0	161.2	162.1
泸 州	Luzhou	120.9	119.6	119.6	119.5	120.2	120.7	120.9	121.4	121.7	121.0	120.7	120.5
南 充	Nanchong	128.1	127.0	127.6	128.8	130.7	129.5	129.2	128.5	128.5	127.5	127.0	127.1
遵 义	Zunyi	127.4	126.9	127.2	127.6	127.6	127.8	127.4	127.7	127.6	127.4	127.9	127.6
大 理	Dali	154.1	154.1	154.6	154.5	154.1	153.8	153.6	154.2	155.0	154.9	155.2	155.0

4-1-4 2020年70个大中城市144㎡以上新建商品住宅销售价格指数
Housing Price Indices of Above 144㎡ Newly Constructed Commercial Residential Buildings in 70 Large and Medium-Sized Cities 2020

(以2015年价格为100) (2015=100)

城　市	City	1月	2月	3月	4月	5月	6月	7月	8月	9月	10月	11月	12月
北　京	Beijing	156.6	157.9	157.4	156.4	156.8	157.6	158.5	159.3	160.1	160.5	160.7	161.8
天　津	Tianjin	130.3	130.1	130.6	130.2	130.9	132.1	132.5	133.0	133.9	133.5	133.4	134.2
石家庄	Shijiazhuang	151.1	151.1	151.9	152.4	153.1	152.9	153.7	154.0	155.2	155.9	156.5	155.7
太　原	Taiyuan	126.2	126.2	126.5	127.0	127.2	127.9	127.5	127.5	126.9	126.5	125.8	125.6
呼和浩特	Hohhot	156.8	156.8	156.9	158.0	159.2	159.4	159.8	161.2	161.1	161.3	163.2	163.6
沈　阳	Shenyang	143.0	143.8	144.6	145.8	146.6	148.8	150.0	151.1	151.7	151.3	150.6	151.0
大　连	Dalian	129.0	129.1	129.0	130.1	130.8	132.1	133.2	134.2	134.9	136.0	135.9	136.6
长　春	Changchun	136.2	135.3	136.3	137.0	137.4	138.3	138.4	139.2	140.4	139.9	139.3	138.4
哈尔滨	Harbin	147.8	147.8	147.9	149.7	148.8	150.0	150.4	150.4	150.2	150.1	149.7	149.6
上　海	Shanghai	149.5	150.1	149.8	150.5	151.7	152.2	152.5	153.4	154.2	154.8	154.5	154.3
南　京	Nanjing	151.8	151.1	151.8	154.3	156.8	157.9	158.1	157.6	157.7	158.4	158.2	158.2
杭　州	Hangzhou	140.9	141.3	143.3	144.6	145.7	147.2	147.3	147.6	147.6	147.5	147.4	146.9
宁　波	Ningbo	135.2	134.4	135.2	134.4	136.6	137.6	138.0	138.5	139.0	139.3	139.6	139.4
合　肥	Hefei	163.4	163.4	163.6	162.6	162.4	164.4	165.7	165.5	166.7	168.0	168.8	170.3
福　州	Fuzhou	150.4	150.9	151.1	151.3	152.4	154.0	154.5	155.7	156.2	157.1	157.9	158.4
厦　门	Xiamen	153.7	153.7	153.4	154.6	155.1	156.9	158.0	159.1	159.6	160.1	160.7	162.1
南　昌	Nanchang	144.0	144.0	144.4	144.8	144.6	143.9	143.3	143.2	144.7	144.9	144.5	145.5
济　南	Jinan	144.7	143.4	143.2	144.0	145.1	145.1	145.6	144.4	143.8	143.7	143.1	142.7
青　岛	Qingdao	135.3	134.6	134.5	134.5	135.2	135.8	137.0	138.7	140.0	139.7	139.7	139.5
郑　州	Zhengzhou	140.7	140.0	140.1	139.9	140.2	141.0	140.6	140.9	140.9	141.2	141.0	141.4
武　汉	Wuhan	157.7	157.7	157.7	156.8	157.3	161.0	162.9	163.8	164.8	164.9	166.5	165.9
长　沙	Changsha	149.1	149.8	150.5	151.5	152.1	154.9	155.9	157.8	158.0	158.0	157.6	157.6
广　州	Guangzhou	157.1	156.4	156.0	156.7	156.8	157.5	158.8	160.0	160.2	160.3	161.7	163.0
深　圳	Shenzhen	153.9	153.4	154.2	154.8	155.0	156.5	158.0	158.4	158.8	159.5	159.4	159.6
南　宁	Nanning	152.4	152.4	153.3	154.2	155.2	157.1	158.0	159.4	160.6	161.3	161.5	162.1
海　口	Haikou	150.7	150.7	149.9	150.2	150.1	151.0	150.9	151.8	151.9	152.3	152.3	153.5
重　庆	Chongqing	138.2	137.4	137.6	138.5	138.9	140.0	140.3	139.7	140.4	140.7	141.1	143.0
成　都	Chengdu	157.1	159.0	159.8	161.4	162.3	163.4	166.3	167.8	168.5	168.4	168.2	167.3
贵　阳	Guiyang	140.5	141.5	141.4	140.2	140.4	141.2	141.9	143.4	143.0	143.4	144.4	145.1
昆　明	Kunming	144.6	143.6	144.1	145.2	146.0	148.3	148.6	150.3	150.6	151.4	152.7	152.7
西　安	Xi'an	164.9	164.9	165.6	166.3	167.0	167.6	169.1	170.9	171.8	172.6	173.0	174.4
兰　州	Lanzhou	122.8	122.8	122.8	123.0	123.4	124.5	125.3	125.9	126.4	126.9	128.2	128.4
西　宁	Xining	135.4	136.0	137.7	138.0	139.6	140.8	140.5	141.6	142.7	143.7	145.5	146.3
银　川	Yinchuan	130.8	131.0	132.3	134.7	137.5	139.7	141.4	143.7	144.8	146.1	146.3	147.1
乌鲁木齐	Urumqi	109.8	109.8	110.3	111.8	112.0	113.0	113.7	113.7	114.8	115.4	115.7	115.1

4—1—4 续表 Continued

(以2015年价格为100) (2015=100)

城 市	City	1月	2月	3月	4月	5月	6月	7月	8月	9月	10月	11月	12月
唐 山	Tangshan	140.7	141.7	142.3	145.0	146.9	149.1	150.9	152.9	153.8	152.8	153.7	154.0
秦皇岛	Qinhuangdao	139.8	139.0	139.5	140.7	141.8	143.0	142.7	143.5	144.0	143.1	142.8	143.2
包 头	Baotou	121.7	122.6	123.4	122.2	122.6	123.8	124.2	125.3	126.3	126.2	126.4	126.0
丹 东	Dandong	124.3	124.5	125.4	126.0	126.5	125.5	127.0	128.0	128.7	129.8	130.1	131.2
锦 州	Jinzhou	125.2	124.7	125.5	126.4	127.0	127.8	128.1	129.2	128.5	129.7	130.3	130.9
吉 林	Jilin	134.6	134.8	135.4	136.6	136.9	137.0	137.4	138.5	139.6	139.5	138.6	138.1
牡丹江	Mudanjiang	123.0	123.5	123.2	123.4	123.7	123.6	123.9	124.0	124.3	124.1	122.4	121.7
无 锡	Wuxi	145.9	146.0	146.6	147.3	148.5	150.1	152.0	154.0	154.3	153.4	153.3	153.2
扬 州	Yangzhou	151.5	151.5	152.2	153.4	154.2	154.5	156.4	157.6	158.3	159.9	160.3	160.9
徐 州	Xuzhou	154.5	156.5	157.2	158.6	159.6	161.3	164.5	166.1	168.1	168.4	167.3	166.5
温 州	Wenzhou	121.0	120.0	119.1	120.3	121.0	122.2	122.6	123.7	123.9	124.7	124.7	124.7
金 华	Jinhua	129.7	129.8	129.9	130.1	131.2	132.4	132.5	134.0	134.8	134.5	135.4	134.9
蚌 埠	Bengbu	122.9	122.9	124.2	124.8	125.3	126.6	127.6	128.1	128.1	129.2	129.4	129.2
安 庆	Anqing	121.0	120.2	119.7	119.0	119.0	118.3	119.0	117.4	117.1	118.0	118.9	119.1
泉 州	Quanzhou	116.5	116.1	116.3	117.2	118.6	119.1	119.4	120.2	121.3	121.9	121.9	122.3
九 江	Jiujiang	147.7	147.9	147.8	147.6	148.1	149.5	150.0	149.8	150.7	150.7	149.5	150.0
赣 州	Ganzhou	133.7	132.9	133.7	134.3	134.3	135.1	137.2	138.3	138.8	139.1	139.4	140.2
烟 台	Yantai	136.8	137.7	138.7	140.0	140.0	140.1	141.6	143.6	144.5	145.4	145.6	145.8
济 宁	Jining	130.9	131.3	131.8	131.9	132.6	132.7	134.0	136.3	137.4	139.3	141.2	141.8
洛 阳	Luoyang	141.2	140.7	139.9	140.6	141.0	141.3	142.6	142.8	143.8	143.8	143.8	143.9
平顶山	Pingdingshan	128.9	128.9	129.0	129.3	129.6	130.6	130.6	131.2	132.1	132.6	133.2	133.9
宜 昌	Yichang	129.4	129.4	128.4	129.0	129.1	129.7	130.7	130.9	131.0	132.0	133.9	134.4
襄 阳	Xiangyang	131.3	131.3	131.3	131.7	132.1	133.3	135.7	137.3	137.8	138.9	139.2	138.3
岳 阳	Yueyang	125.1	124.6	124.3	124.6	125.5	126.0	126.7	127.5	127.8	126.8	127.2	127.9
常 德	Changde	122.2	121.9	122.0	122.0	122.3	121.7	122.1	122.1	122.0	120.9	121.8	121.8
惠 州	Huizhou	142.8	142.8	143.0	143.4	144.0	145.7	146.5	148.9	149.8	151.0	151.5	152.7
湛 江	Zhanjiang	128.8	128.7	127.3	128.0	127.1	126.4	126.7	128.5	130.2	131.2	132.6	131.9
韶 关	Shaoguan	122.4	121.7	121.6	121.2	121.3	121.1	121.2	122.6	121.6	122.5	122.3	121.4
桂 林	Guilin	131.9	132.6	133.6	133.8	134.0	134.6	134.8	133.8	135.2	135.7	136.0	135.4
北 海	Beihai	141.0	141.8	140.4	139.5	140.0	139.6	138.7	138.3	138.3	138.4	137.1	136.4
三 亚	Sanya	152.3	152.3	150.8	150.9	150.9	152.2	152.7	153.3	154.4	156.5	156.7	157.3
泸 州	Luzhou	119.6	119.0	119.4	118.8	119.1	120.4	119.7	120.0	120.8	120.5	121.4	121.3
南 充	Nanchong	124.5	123.4	124.5	125.8	127.6	127.6	127.3	127.6	127.4	127.3	126.2	125.9
遵 义	Zunyi	129.7	129.3	129.0	128.6	128.1	128.2	127.2	127.3	126.0	126.5	127.2	128.4
大 理	Dali	144.2	144.2	144.4	144.5	144.4	144.1	145.1	146.8	146.7	146.9	146.6	145.9

4-1-5 2020年70个大中城市二手住宅销售价格指数
Housing Price Indices of Second-Hand Residential Buildings in 70 Large and Medium-Sized Cities 2020

(以2015年价格为100) (2015=100)

城市	City	1月	2月	3月	4月	5月	6月	7月	8月	9月	10月	11月	12月
北京	Beijing	145.1	144.7	144.9	146.5	149.1	150.2	150.1	151.1	151.7	152.2	153.0	153.7
天津	Tianjin	133.5	132.9	132.3	132.0	131.3	131.0	130.8	129.8	129.5	129.4	129.1	128.9
石家庄	Shijiazhuang	125.7	125.7	125.6	125.3	125.1	124.9	124.5	124.1	124.1	123.7	123.4	123.1
太原	Taiyuan	129.0	128.4	130.2	129.5	128.3	127.0	126.7	127.1	126.4	125.9	125.7	125.5
呼和浩特	Hohhot	133.2	133.2	132.3	132.3	131.6	132.1	132.6	133.2	133.3	133.0	132.6	132.1
沈阳	Shenyang	130.1	130.5	131.1	133.3	134.5	135.7	136.4	137.3	137.6	138.8	139.4	139.6
大连	Dalian	121.8	121.8	122.4	123.7	124.8	125.7	126.5	127.3	127.8	128.2	128.5	129.2
长春	Changchun	126.2	126.4	126.9	127.2	127.4	128.1	127.6	127.7	127.4	126.8	126.2	125.4
哈尔滨	Harbin	136.0	136.0	136.3	136.8	136.8	135.6	134.7	133.9	132.9	132.4	131.7	130.8
上海	Shanghai	139.5	139.7	140.1	141.7	142.5	143.0	143.7	144.8	146.2	146.9	147.2	148.1
南京	Nanjing	146.0	146.0	146.3	147.0	147.7	148.5	149.2	149.9	150.8	151.2	151.8	152.4
杭州	Hangzhou	144.6	144.7	145.6	147.1	148.3	149.7	151.7	152.7	153.1	153.6	153.7	154.5
宁波	Ningbo	134.4	133.8	134.5	135.4	136.8	138.4	140.0	141.2	142.4	143.4	144.0	144.8
合肥	Hefei	161.7	161.7	162.0	162.9	163.6	163.9	164.3	165.1	165.7	166.5	167.6	168.7
福州	Fuzhou	129.7	129.6	129.3	130.3	131.6	131.9	131.6	131.4	131.9	132.5	132.4	133.4
厦门	Xiamen	142.5	142.4	142.6	143.3	144.6	145.8	146.6	146.5	146.4	147.0	147.7	148.7
南昌	Nanchang	132.6	132.6	131.9	131.5	132.1	131.9	131.3	131.1	131.0	130.8	131.3	132.0
济南	Jinan	128.9	128.5	128.4	128.3	128.3	128.2	128.4	127.7	127.2	126.8	126.2	125.6
青岛	Qingdao	126.2	125.4	124.8	124.8	124.6	124.9	124.7	125.2	124.8	124.3	123.9	123.6
郑州	Zhengzhou	127.7	127.7	126.9	126.3	125.5	125.3	125.0	124.9	124.2	124.0	123.7	123.6
武汉	Wuhan	144.4	144.4	144.4	144.1	144.1	143.7	144.5	145.5	145.9	146.0	145.8	145.3
长沙	Changsha	134.2	134.1	134.0	133.5	133.6	134.2	134.7	134.9	134.9	135.2	135.5	136.1
广州	Guangzhou	147.5	147.5	147.1	147.0	147.6	148.8	151.2	153.8	154.9	155.8	157.0	158.1
深圳	Shenzhen	163.8	164.6	167.1	169.9	172.6	176.0	178.0	179.9	182.0	183.6	184.7	185.7
南宁	Nanning	137.4	137.4	137.5	137.8	137.9	138.3	139.3	139.5	139.9	140.6	141.0	141.5
海口	Haikou	113.5	113.5	112.8	112.6	112.2	112.3	113.1	114.2	114.7	115.4	115.9	116.2
重庆	Chongqing	127.8	127.2	126.3	126.2	126.1	126.5	126.6	127.2	127.7	127.3	127.7	127.6
成都	Chengdu	117.9	119.0	119.8	122.3	123.8	124.5	125.4	126.9	127.2	127.5	128.0	127.6
贵阳	Guiyang	118.6	118.6	118.2	117.8	117.6	117.2	116.3	116.0	115.8	115.5	115.3	114.9
昆明	Kunming	133.4	133.8	134.5	135.2	135.6	136.2	136.3	135.7	136.5	137.1	137.4	137.6
西安	Xi'an	121.0	121.0	120.7	120.6	120.8	121.5	122.1	123.2	124.0	124.5	124.0	124.2
兰州	Lanzhou	125.9	125.9	125.5	126.3	126.6	127.1	127.7	128.0	128.5	128.9	129.4	129.9
西宁	Xining	123.6	123.9	124.5	125.5	126.8	128.6	129.8	131.0	131.4	131.9	132.6	133.3
银川	Yinchuan	113.7	113.9	114.4	115.8	117.3	118.8	120.2	121.4	122.0	123.0	123.5	123.8
乌鲁木齐	Urumqi	124.4	123.9	124.8	125.8	126.9	128.1	128.7	128.7	129.9	130.7	131.1	131.8

4-1-5 续表 Continued

(以2015年价格为100) (2015=100)

城市	City	1月	2月	3月	4月	5月	6月	7月	8月	9月	10月	11月	12月
唐山	Tangshan	133.0	133.8	135.2	136.2	137.1	138.4	139.5	141.1	141.7	141.8	142.4	142.6
秦皇岛	Qinhuangdao	131.1	130.6	130.4	130.6	131.5	132.1	133.5	134.5	135.0	135.0	135.4	135.1
包头	Baotou	113.7	113.7	113.4	112.7	113.9	114.7	115.1	115.2	115.6	115.4	115.5	115.6
丹东	Dandong	117.9	118.2	118.4	118.6	119.0	119.3	119.8	120.6	121.3	121.8	122.5	122.9
锦州	Jinzhou	103.1	103.1	103.4	102.7	102.3	102.5	102.5	103.1	103.2	102.9	103.0	102.8
吉林	Jilin	123.9	123.8	124.0	124.0	124.0	123.9	123.2	122.8	122.6	122.3	122.1	121.5
牡丹江	Mudanjiang	109.0	108.8	108.2	106.7	105.1	103.2	101.8	100.2	99.7	99.2	98.6	98.4
无锡	Wuxi	148.3	147.9	148.6	150.1	151.4	153.9	155.6	157.3	158.7	158.6	158.9	158.7
扬州	Yangzhou	129.4	129.4	129.9	130.4	130.6	130.8	130.9	132.0	132.9	133.9	134.1	135.3
徐州	Xuzhou	127.7	128.4	128.8	129.6	130.7	131.9	132.8	134.0	135.7	136.4	137.3	137.8
温州	Wenzhou	116.3	116.3	116.1	117.2	117.9	119.0	120.0	121.2	121.8	121.8	122.1	122.4
金华	Jinhua	120.6	120.2	120.5	120.7	120.7	121.6	122.5	124.0	124.6	124.9	125.2	126.2
蚌埠	Bengbu	125.7	125.7	125.6	126.3	127.0	127.4	127.7	128.5	128.7	129.0	129.7	130.2
安庆	Anqing	117.4	117.0	117.4	117.9	117.7	117.6	117.1	116.9	116.8	116.6	116.1	115.8
泉州	Quanzhou	116.9	116.7	116.4	116.4	117.3	117.9	118.3	119.3	120.0	120.5	121.1	121.9
九江	Jiujiang	130.8	131.1	130.9	130.9	131.7	132.4	132.3	132.0	132.2	132.0	132.6	133.0
赣州	Ganzhou	130.1	130.2	129.8	130.1	130.6	131.1	131.5	132.0	132.7	132.8	133.3	133.1
烟台	Yantai	126.2	125.3	124.8	124.4	124.2	124.1	123.6	123.8	124.3	124.7	125.1	125.2
济宁	Jining	137.9	137.8	138.0	138.5	138.5	139.4	140.3	141.7	142.7	143.2	143.7	144.6
洛阳	Luoyang	128.8	128.8	129.2	129.3	129.5	129.9	131.0	131.6	131.8	131.9	131.7	132.2
平顶山	Pingdingshan	122.8	122.8	123.2	123.4	123.7	124.2	124.7	125.3	126.0	126.4	126.5	126.6
宜昌	Yichang	118.3	118.3	117.6	117.4	117.2	117.3	118.1	117.9	118.2	118.2	118.1	117.8
襄阳	Xiangyang	122.2	122.2	121.9	121.7	121.8	121.7	121.0	121.3	121.3	121.2	120.9	120.8
岳阳	Yueyang	112.6	112.1	112.1	112.6	113.1	113.4	113.5	113.6	113.9	113.3	113.5	113.6
常德	Changde	113.6	113.6	112.8	112.8	112.3	112.0	111.8	112.1	111.9	111.7	112.0	111.8
惠州	Huizhou	135.5	135.5	135.4	135.0	135.4	135.7	136.5	137.8	138.8	139.3	139.3	139.8
湛江	Zhanjiang	110.5	110.1	109.3	108.7	108.3	108.0	107.9	107.8	108.5	108.7	108.7	108.5
韶关	Shaoguan	115.7	115.1	115.1	114.7	114.3	114.7	114.9	115.4	115.3	115.2	115.6	115.3
桂林	Guilin	112.4	112.6	112.6	113.0	113.4	113.6	114.0	114.0	114.4	114.6	114.9	114.6
北海	Beihai	122.9	122.6	122.6	122.1	121.5	121.1	120.5	120.3	120.0	119.4	119.1	118.9
三亚	Sanya	120.0	120.0	119.4	119.2	118.3	118.6	118.9	118.3	118.9	119.0	119.2	119.9
泸州	Luzhou	120.1	119.1	118.6	118.2	117.7	117.6	117.3	116.8	116.9	116.9	116.6	116.5
南充	Nanchong	120.6	119.6	119.5	119.0	118.5	118.0	117.7	117.0	116.3	115.7	114.7	114.4
遵义	Zunyi	113.6	112.8	112.8	112.6	112.5	112.9	112.8	113.5	113.4	113.2	113.3	113.1
大理	Dali	131.0	131.0	131.3	131.4	131.8	131.9	132.4	133.4	133.9	133.8	133.6	133.3

4-1-6 2020年70个大中城市90㎡及以下二手住宅销售价格指数
Housing Price Indices of 90㎡ and below Second-Hand Residential Buildings in 70 Large and Medium-Sized Cities 2020

(以2015年价格为100) (2015=100)

城市	City	1月	2月	3月	4月	5月	6月	7月	8月	9月	10月	11月	12月
北京	Beijing	145.0	144.6	145.1	146.9	149.5	150.3	150.0	150.4	151.3	151.6	151.9	152.5
天津	Tianjin	133.5	133.1	132.2	131.6	130.2	130.0	130.9	130.0	129.7	129.8	130.0	129.3
石家庄	Shijiazhuang	126.0	126.0	126.1	125.5	125.5	125.4	125.2	125.1	125.1	125.0	124.7	124.1
太原	Taiyuan	130.7	130.1	131.7	130.5	128.6	127.3	126.5	126.8	126.7	125.6	125.7	126.4
呼和浩特	Hohhot	134.0	134.0	132.8	132.7	132.4	132.6	132.9	133.9	133.7	134.1	132.9	132.9
沈阳	Shenyang	128.7	129.4	130.2	132.0	133.6	135.0	135.3	135.9	136.5	137.7	138.1	138.4
大连	Dalian	120.2	120.5	121.1	122.2	123.1	124.4	124.5	125.3	125.5	126.1	126.5	127.3
长春	Changchun	128.5	128.8	129.3	129.7	129.9	130.3	129.4	130.0	130.2	130.1	129.3	128.3
哈尔滨	Harbin	134.3	134.3	134.8	135.7	135.4	133.9	132.6	131.0	130.0	129.6	129.5	129.3
上海	Shanghai	139.3	139.8	139.6	140.9	141.8	142.5	142.8	144.3	145.4	146.6	146.9	148.3
南京	Nanjing	135.3	135.8	136.5	137.3	138.4	138.3	138.2	138.7	138.6	139.1	139.5	139.9
杭州	Hangzhou	147.1	147.5	149.2	151.0	152.4	153.4	155.2	155.6	156.1	157.1	157.2	158.4
宁波	Ningbo	136.7	136.1	136.9	137.6	138.9	140.4	142.3	143.4	145.2	146.4	146.9	148.1
合肥	Hefei	162.7	162.7	162.7	163.5	164.4	164.2	165.5	166.2	166.7	167.4	168.3	169.3
福州	Fuzhou	129.4	129.2	128.6	129.8	131.0	131.4	130.8	130.2	130.0	130.2	130.5	132.3
厦门	Xiamen	144.8	145.6	146.0	146.5	148.5	149.0	149.7	150.4	149.9	150.3	151.4	152.2
南昌	Nanchang	136.2	136.2	135.3	134.5	134.6	134.6	133.4	133.8	133.9	134.1	134.4	134.9
济南	Jinan	129.2	129.3	129.5	129.0	128.4	129.0	129.2	128.4	128.0	127.3	127.1	126.4
青岛	Qingdao	127.8	127.0	126.7	126.4	126.6	126.5	126.1	126.3	125.5	124.6	124.5	124.4
郑州	Zhengzhou	127.1	127.1	126.7	126.2	124.8	125.0	124.7	124.8	124.5	124.0	123.9	123.7
武汉	Wuhan	150.6	150.6	150.6	150.2	151.5	150.6	151.0	151.1	151.2	151.1	150.6	150.2
长沙	Changsha	131.8	131.4	131.1	130.6	129.8	131.1	131.3	131.7	131.6	131.5	131.3	132.9
广州	Guangzhou	146.5	145.6	145.1	145.3	146.2	147.4	150.3	153.0	153.7	154.5	155.5	156.7
深圳	Shenzhen	167.5	167.7	170.1	172.5	175.7	179.4	182.4	185.4	187.8	189.3	190.9	192.5
南宁	Nanning	135.3	135.3	135.5	135.7	135.9	136.4	137.7	137.7	137.9	138.8	139.0	139.6
海口	Haikou	111.6	111.6	110.9	110.7	110.7	110.5	111.6	112.6	113.0	113.5	114.3	114.4
重庆	Chongqing	127.9	127.2	125.9	125.7	125.3	125.7	125.8	126.3	126.3	126.6	127.1	126.8
成都	Chengdu	120.0	120.6	121.7	124.1	125.9	126.5	127.5	129.4	129.9	130.2	130.6	130.0
贵阳	Guiyang	117.5	117.5	117.2	115.8	115.7	115.8	114.3	114.1	113.9	113.9	114.2	113.7
昆明	Kunming	131.3	131.8	132.0	132.2	132.4	132.7	132.8	132.2	133.3	133.8	134.0	133.9
西安	Xi'an	125.8	125.8	125.6	124.7	124.8	125.5	126.2	126.8	127.1	127.3	127.0	127.4
兰州	Lanzhou	124.8	124.8	124.9	126.5	126.4	127.3	128.3	129.1	129.5	130.4	130.9	131.1
西宁	Xining	121.9	122.4	122.2	123.0	123.6	125.2	126.6	126.8	127.3	128.6	129.8	131.0
银川	Yinchuan	113.5	113.7	114.2	115.9	117.4	119.1	120.6	121.5	121.7	122.5	123.1	123.0
乌鲁木齐	Urumqi	123.8	123.5	124.4	125.3	126.4	127.7	128.3	128.3	129.9	131.1	131.9	132.3

4-1-6 续表 Continued

(以2015年价格为100) (2015=100)

城　市	City	1月	2月	3月	4月	5月	6月	7月	8月	9月	10月	11月	12月
唐　山	Tangshan	134.9	135.6	136.9	137.8	138.6	139.6	140.6	142.7	143.3	143.5	144.6	144.8
秦皇岛	Qinhuangdao	131.6	130.5	130.7	131.0	131.7	133.1	134.2	136.1	136.4	136.6	137.3	136.2
包　头	Baotou	112.6	112.6	111.6	111.1	112.6	112.6	113.1	113.2	113.5	113.4	113.5	114.0
丹　东	Dandong	116.9	117.2	116.7	116.8	117.7	118.1	118.5	119.4	120.2	120.6	121.2	121.3
锦　州	Jinzhou	104.3	104.3	104.6	103.4	102.9	103.3	103.3	104.0	104.1	103.7	104.0	103.9
吉　林	Jilin	124.3	124.1	124.5	124.7	124.8	124.9	124.3	123.7	123.5	123.3	123.0	122.3
牡丹江	Mudanjiang	109.9	109.8	109.2	107.8	106.1	104.2	102.7	101.0	100.5	100.1	99.5	99.2
无　锡	Wuxi	149.0	149.8	150.3	151.6	152.7	155.2	157.4	158.7	160.5	161.1	161.2	161.4
扬　州	Yangzhou	131.9	131.9	132.7	132.9	132.5	133.5	134.0	135.1	135.7	136.7	136.8	137.7
徐　州	Xuzhou	129.7	130.3	130.5	131.2	132.7	133.8	135.1	135.8	137.8	139.1	139.7	140.2
温　州	Wenzhou	125.8	125.8	126.2	126.6	127.1	128.3	129.3	130.1	130.8	131.0	130.8	131.4
金　华	Jinhua	124.9	124.4	124.7	125.5	125.8	126.7	128.0	129.4	130.6	131.1	131.2	132.5
蚌　埠	Bengbu	127.5	127.5	127.6	128.1	128.9	129.3	129.4	130.5	130.5	131.1	131.9	132.2
安　庆	Anqing	116.8	116.4	116.9	117.5	117.5	117.6	117.1	117.1	116.8	116.6	115.8	115.6
泉　州	Quanzhou	115.8	116.0	115.4	115.8	117.2	117.5	118.6	119.4	120.2	120.7	121.5	122.1
九　江	Jiujiang	132.8	132.9	132.9	133.1	134.1	134.9	134.8	134.4	135.4	135.4	135.8	136.4
赣　州	Ganzhou	130.7	131.1	131.1	131.0	131.3	131.7	132.6	132.7	133.2	134.0	134.9	134.6
烟　台	Yantai	128.3	127.5	127.1	127.1	126.8	126.7	125.7	126.1	126.8	126.9	127.5	127.4
济　宁	Jining	135.0	135.0	135.8	136.4	136.6	137.6	138.0	138.7	139.9	140.8	140.9	142.4
洛　阳	Luoyang	134.9	134.9	135.3	135.2	135.7	135.8	137.2	137.3	137.6	137.7	137.8	137.8
平顶山	Pingdingshan	118.9	118.9	119.0	119.4	120.0	120.4	120.5	121.4	122.2	123.2	123.5	123.6
宜　昌	Yichang	120.3	120.3	119.5	119.0	118.8	119.0	119.6	119.7	120.2	120.2	120.0	119.9
襄　阳	Xiangyang	122.0	122.0	121.8	121.6	121.1	121.1	120.9	121.5	121.7	121.8	121.4	121.3
岳　阳	Yueyang	115.1	115.1	114.4	114.5	115.2	115.5	115.5	115.6	115.6	114.3	114.5	114.5
常　德	Changde	113.1	113.1	112.0	112.9	111.8	111.5	111.9	112.4	112.6	113.0	113.1	112.4
惠　州	Huizhou	137.7	137.7	137.0	136.9	136.9	137.5	137.7	138.7	140.2	141.2	141.2	141.7
湛　江	Zhanjiang	108.5	107.9	106.9	106.2	105.7	105.5	105.3	105.3	106.1	106.3	106.2	106.2
韶　关	Shaoguan	111.1	109.9	110.2	109.9	110.0	110.0	110.3	110.6	111.5	111.8	112.4	111.7
桂　林	Guilin	114.4	114.8	114.8	115.0	115.1	115.7	116.1	116.1	116.3	116.6	116.7	116.3
北　海	Beihai	122.0	121.8	121.7	121.1	120.6	120.2	119.9	119.6	119.4	118.7	118.2	118.0
三　亚	Sanya	120.5	120.5	119.5	119.4	118.4	117.8	118.4	117.3	117.8	119.0	119.6	120.4
泸　州	Luzhou	120.6	119.6	118.5	118.4	117.8	117.4	117.5	117.3	117.5	117.6	117.5	117.0
南　充	Nanchong	120.9	120.0	119.7	119.5	118.7	118.5	117.6	117.0	116.4	116.4	114.9	114.8
遵　义	Zunyi	115.1	114.5	114.7	114.8	114.8	115.4	115.0	115.8	115.0	114.8	115.0	115.1
大　理	Dali	131.4	131.4	131.9	131.6	132.0	131.9	132.4	133.4	133.4	132.9	132.8	133.2

4-1-7 2020年70个大中城市90㎡~144㎡二手住宅销售价格指数
Housing Price Indices of 90㎡~144㎡ Second-Hand Residential Buildings in 70 Large and Medium-Sized Cities 2020

(以2015年价格为100) (2015=100)

城市	City	1月	2月	3月	4月	5月	6月	7月	8月	9月	10月	11月	12月
北京	Beijing	144.5	143.9	143.7	145.1	147.4	148.8	148.6	149.6	149.9	150.7	151.6	152.1
天津	Tianjin	135.8	134.8	134.5	134.6	134.8	134.6	133.8	132.4	132.1	131.8	131.0	131.0
石家庄	Shijiazhuang	125.1	125.1	124.9	124.7	124.1	123.9	123.4	122.8	122.8	122.0	121.8	121.8
太原	Taiyuan	129.9	128.7	130.7	130.1	129.5	128.5	128.5	129.1	127.8	127.7	127.4	126.8
呼和浩特	Hohhot	132.7	132.7	132.2	132.4	131.1	131.8	132.2	132.4	132.8	131.7	131.9	131.0
沈阳	Shenyang	134.2	133.8	133.7	136.6	137.4	138.1	139.2	140.6	140.6	141.6	142.6	142.5
大连	Dalian	123.9	123.2	123.8	125.2	126.5	126.8	128.4	129.4	130.6	130.7	130.9	131.4
长春	Changchun	124.1	124.4	124.8	125.0	125.4	126.0	125.8	125.2	124.4	123.1	122.9	122.5
哈尔滨	Harbin	136.1	136.1	136.1	136.0	135.7	135.1	134.1	134.3	133.2	132.7	132.0	130.7
上海	Shanghai	140.0	140.4	141.3	143.5	144.2	144.4	145.2	145.8	147.6	147.9	148.3	148.5
南京	Nanjing	148.9	148.3	148.1	148.9	148.9	150.3	151.3	152.0	153.5	154.6	155.3	155.9
杭州	Hangzhou	145.3	145.2	145.4	146.9	147.3	148.9	151.2	152.7	153.1	153.1	153.5	154.0
宁波	Ningbo	135.1	134.3	134.8	135.8	137.2	139.1	140.6	142.0	142.6	143.6	144.3	144.9
合肥	Hefei	160.6	160.6	161.2	162.3	163.0	163.3	163.0	164.0	164.5	165.3	166.3	167.9
福州	Fuzhou	128.0	128.1	127.8	128.8	130.0	130.4	129.7	129.4	130.1	130.9	130.6	131.4
厦门	Xiamen	140.4	140.0	140.2	141.4	142.4	143.9	144.6	143.9	144.0	144.4	145.2	146.4
南昌	Nanchang	129.9	129.9	129.4	129.7	130.7	130.4	130.2	129.5	129.0	128.6	128.9	129.8
济南	Jinan	128.4	127.5	127.3	127.4	128.1	127.0	127.3	126.8	126.2	126.1	125.4	124.8
青岛	Qingdao	125.7	124.8	123.7	123.8	123.6	124.7	124.6	125.2	125.4	124.9	124.2	123.9
郑州	Zhengzhou	128.3	128.3	127.1	126.3	125.8	125.8	125.6	125.2	124.4	124.0	123.8	123.6
武汉	Wuhan	140.0	140.0	140.0	140.2	139.3	139.1	139.7	141.6	142.0	142.4	142.3	142.1
长沙	Changsha	134.2	134.0	133.9	133.0	133.6	133.4	134.3	134.9	134.4	135.4	135.8	136.3
广州	Guangzhou	149.6	150.5	150.1	149.6	149.6	151.0	153.2	155.5	157.2	158.5	160.0	160.9
深圳	Shenzhen	156.4	157.4	160.8	163.7	166.3	169.5	170.3	172.0	174.1	175.5	176.3	176.6
南宁	Nanning	135.5	135.5	135.8	136.3	136.1	136.2	137.4	138.0	138.2	138.5	139.1	139.5
海口	Haikou	116.8	116.8	116.4	116.3	115.7	116.2	116.8	118.0	118.5	119.8	119.7	120.0
重庆	Chongqing	130.0	129.3	129.1	128.7	129.0	129.0	129.1	129.9	130.7	130.3	130.8	130.6
成都	Chengdu	115.7	117.3	117.9	120.4	121.2	122.1	122.7	124.0	124.1	124.3	125.0	124.9
贵阳	Guiyang	117.3	117.3	117.0	116.9	116.5	115.8	114.9	114.7	114.7	114.5	113.7	113.2
昆明	Kunming	132.9	133.7	134.4	134.8	135.2	136.1	136.3	135.6	136.3	136.7	136.8	136.6
西安	Xi'an	117.7	117.7	117.4	117.7	117.9	118.8	119.2	120.5	121.4	122.4	122.0	122.0
兰州	Lanzhou	128.1	128.1	126.7	127.1	127.9	128.0	128.4	128.3	129.3	129.5	130.0	131.0
西宁	Xining	124.5	124.8	125.9	127.2	128.4	130.3	131.6	133.0	133.4	133.5	133.6	133.9
银川	Yinchuan	113.9	114.4	114.7	116.0	117.4	119.0	120.2	121.6	122.7	123.7	124.2	124.6
乌鲁木齐	Urumqi	125.6	124.9	125.9	127.1	128.2	129.1	129.9	129.9	130.7	131.1	131.2	131.9

4-1-7 续表 Continued

(以2015年价格为100) (2015=100)

城 市	City	1月	2月	3月	4月	5月	6月	7月	8月	9月	10月	11月	12月
唐 山	Tangshan	132.5	133.6	134.8	136.4	137.4	139.1	140.3	141.5	142.3	142.4	142.2	142.6
秦皇岛	Qinhuangdao	132.8	132.6	132.0	132.2	133.5	133.5	135.2	135.7	136.3	136.3	136.5	136.6
包 头	Baotou	115.7	115.7	115.8	115.2	116.3	118.0	118.6	118.8	119.3	119.2	119.3	118.9
丹 东	Dandong	120.9	121.3	122.4	122.9	122.5	122.5	123.1	124.0	124.6	125.3	126.1	127.2
锦 州	Jinzhou	101.7	101.7	102.1	102.0	101.9	101.8	101.5	102.1	102.1	101.9	101.8	101.5
吉 林	Jilin	124.2	124.1	124.2	124.1	123.8	123.6	122.7	122.5	122.4	122.1	121.6	121.2
牡丹江	Mudanjiang	107.9	107.2	106.7	105.3	103.9	101.9	100.8	99.1	98.8	97.8	97.5	97.6
无 锡	Wuxi	147.0	145.8	146.5	148.3	149.8	151.9	153.9	156.1	157.1	156.6	157.3	156.7
扬 州	Yangzhou	127.1	127.1	127.3	127.9	128.8	128.2	127.9	129.1	130.3	131.3	131.6	133.0
徐 州	Xuzhou	125.8	126.4	127.1	128.3	129.4	131.0	131.8	132.9	134.6	134.8	135.7	135.9
温 州	Wenzhou	115.3	115.3	114.6	116.1	116.8	117.8	119.5	121.1	121.2	121.2	121.5	122.0
金 华	Jinhua	118.0	117.6	117.9	117.6	117.5	118.4	119.4	121.1	121.6	122.0	122.6	123.1
蚌 埠	Bengbu	123.2	123.2	122.9	123.6	124.1	124.7	125.1	125.7	126.0	125.9	126.5	127.1
安 庆	Anqing	118.0	117.5	117.7	118.2	117.7	117.4	116.6	116.3	116.5	116.5	116.3	115.7
泉 州	Quanzhou	117.8	117.4	117.0	117.1	117.8	118.8	118.7	119.4	119.9	120.9	121.0	121.8
九 江	Jiujiang	129.5	129.8	129.7	129.3	129.7	130.4	130.4	130.1	129.7	129.4	130.3	130.5
赣 州	Ganzhou	131.5	131.5	131.1	131.6	132.4	132.6	132.7	133.6	134.7	134.1	134.2	134.4
烟 台	Yantai	124.5	123.3	122.8	122.0	122.0	122.2	122.3	122.2	122.6	123.0	123.3	123.7
济 宁	Jining	139.9	139.8	139.8	140.2	140.0	141.0	142.1	144.2	144.7	145.1	145.6	146.1
洛 阳	Luoyang	125.8	125.8	126.7	126.9	127.1	127.5	128.3	129.3	129.4	129.2	128.9	129.7
平顶山	Pingdingshan	124.7	124.7	125.1	125.6	125.7	126.1	126.4	127.0	127.9	128.1	128.0	128.0
宜 昌	Yichang	118.4	118.4	117.7	117.6	117.7	117.6	118.4	118.0	118.1	118.0	118.0	117.6
襄 阳	Xiangyang	124.1	124.1	124.0	123.7	124.3	124.2	123.4	123.3	123.2	123.1	122.8	122.7
岳 阳	Yueyang	110.5	109.5	109.9	110.7	111.1	111.7	111.8	111.9	112.4	112.2	112.5	112.7
常 德	Changde	114.0	114.0	113.7	112.8	112.8	112.7	112.0	111.7	111.5	110.6	111.2	111.2
惠 州	Huizhou	134.2	134.2	134.3	133.5	133.9	133.8	134.6	135.4	136.5	137.2	137.3	137.6
湛 江	Zhanjiang	111.0	110.7	109.9	109.4	109.1	108.7	108.8	108.7	109.4	109.4	109.4	109.1
韶 关	Shaoguan	118.7	118.4	118.1	117.8	117.0	117.4	117.5	117.6	117.4	117.4	117.8	117.7
桂 林	Guilin	110.8	111.3	111.2	111.2	111.9	111.5	112.0	112.0	112.4	112.6	113.1	112.8
北 海	Beihai	124.5	124.4	124.4	124.2	123.7	123.4	122.2	122.4	122.0	121.3	121.1	120.7
三 亚	Sanya	120.5	120.5	119.8	119.9	119.2	120.3	120.5	119.4	120.4	119.8	119.5	120.2
泸 州	Luzhou	120.5	119.4	119.1	118.6	118.1	118.2	117.7	116.9	117.0	116.8	116.6	116.7
南 充	Nanchong	120.3	119.1	119.4	118.6	118.2	117.5	117.8	116.9	116.1	115.0	114.5	114.0
遵 义	Zunyi	113.8	112.8	112.7	112.5	112.3	112.6	112.7	113.2	113.5	113.3	113.4	113.0
大 理	Dali	132.3	132.3	132.5	132.9	133.6	133.7	134.3	135.4	135.8	135.9	136.0	135.6

4-1-8 2020年70个大中城市144㎡以上二手住宅销售价格指数
Housing Price Indices of Above 144㎡ Second-Hand Residential Buildings in 70 Large and Medium-Sized Cities 2020

(以2015年价格为100) (2015=100)

城　市	City	1月	2月	3月	4月	5月	6月	7月	8月	9月	10月	11月	12月
北　京	Beijing	146.4	146.8	146.9	148.2	151.1	152.6	153.2	155.8	155.9	156.6	158.3	159.6
天　津	Tianjin	127.4	127.2	126.2	126.3	125.0	123.9	122.7	122.3	121.7	121.5	121.4	121.9
石家庄	Shijiazhuang	126.2	126.2	126.2	126.5	126.4	125.9	125.7	124.4	125.0	124.6	124.2	123.9
太　原	Taiyuan	124.3	124.3	126.5	126.2	125.7	124.1	124.1	124.6	123.7	123.4	122.7	121.5
呼和浩特	Hohhot	131.4	131.4	130.9	130.5	129.6	131.1	132.0	132.7	133.2	132.9	133.3	132.2
沈　阳	Shenyang	129.7	129.9	130.4	133.3	133.8	134.4	136.7	139.1	139.1	139.4	140.8	140.7
大　连	Dalian	123.0	123.8	124.6	126.6	128.1	128.5	129.9	130.5	130.7	131.0	131.0	131.8
长　春	Changchun	122.2	122.2	122.4	122.8	122.7	124.1	124.6	124.7	123.7	123.0	122.7	121.3
哈尔滨	Harbin	139.5	139.5	139.9	141.1	142.3	140.8	140.4	139.2	138.6	137.6	136.0	134.0
上　海	Shanghai	138.7	138.0	138.8	140.3	141.1	141.7	142.9	144.0	145.4	145.7	146.2	146.7
南　京	Nanjing	161.7	161.9	162.3	163.0	164.3	165.6	166.9	168.7	169.6	168.6	169.1	170.5
杭　州	Hangzhou	138.5	138.1	138.7	139.7	141.5	143.6	145.4	146.9	147.2	147.2	147.1	147.7
宁　波	Ningbo	128.8	128.6	129.2	130.6	132.1	133.3	134.5	135.5	136.9	137.6	138.2	138.9
合　肥	Hefei	162.6	162.6	162.9	163.4	163.4	164.7	165.4	165.7	167.5	168.5	170.4	170.3
福　州	Fuzhou	132.8	132.3	132.5	133.3	134.8	134.7	135.4	136.2	137.0	137.5	137.3	137.8
厦　门	Xiamen	143.1	142.5	142.4	142.6	143.5	144.9	146.0	146.2	146.1	147.3	147.4	148.4
南　昌	Nanchang	128.4	128.4	128.1	127.0	127.3	127.3	127.4	126.4	127.2	125.9	127.8	128.4
济　南	Jinan	129.8	128.7	128.6	128.7	128.7	129.0	129.2	128.4	127.6	127.2	126.0	125.6
青　岛	Qingdao	123.1	122.8	122.8	123.2	122.1	121.3	121.5	122.3	121.8	122.1	121.8	121.0
郑　州	Zhengzhou	127.8	127.8	126.9	126.9	126.4	125.3	124.4	124.4	123.4	124.2	123.0	123.6
武　汉	Wuhan	143.3	143.3	143.3	142.3	141.6	142.1	143.7	144.3	145.3	145.2	145.0	143.8
长　沙	Changsha	136.9	136.9	137.2	137.2	137.4	138.6	139.0	138.4	139.0	138.8	139.2	139.2
广　州	Guangzhou	145.4	145.4	145.9	145.8	146.7	147.6	148.7	151.9	152.4	152.5	153.9	155.1
深　圳	Shenzhen	166.9	168.4	170.1	173.6	175.4	178.3	179.9	180.1	181.4	183.4	184.3	185.0
南　宁	Nanning	145.3	145.3	145.0	144.9	146.0	146.5	146.3	146.5	147.2	148.2	149.1	149.3
海　口	Haikou	110.7	110.7	109.0	108.6	107.2	106.8	107.4	108.5	108.6	109.2	109.8	111.1
重　庆	Chongqing	122.0	121.9	120.3	120.8	121.0	121.9	122.5	122.9	123.7	121.7	121.5	121.9
成　都	Chengdu	117.2	118.5	118.9	121.7	124.2	124.7	125.9	126.9	127.1	127.7	128.3	127.5
贵　阳	Guiyang	123.4	123.4	123.2	123.1	123.1	123.3	122.8	122.0	121.5	120.6	121.1	121.0
昆　明	Kunming	137.4	137.1	138.3	140.5	141.2	141.7	141.6	141.3	141.5	142.9	143.8	144.9
西　安	Xi'an	120.7	120.7	120.1	120.5	120.9	121.0	122.1	123.5	124.9	124.5	123.8	124.0
兰　州	Lanzhou	124.6	124.6	124.6	124.8	124.8	125.4	126.0	125.8	125.7	125.9	125.9	126.4
西　宁	Xining	123.1	123.1	122.9	123.9	126.1	127.8	128.8	130.1	130.3	131.3	133.0	134.4
银　川	Yinchuan	113.8	112.8	113.3	114.2	116.1	117.0	118.4	120.0	120.5	121.8	122.5	123.3
乌鲁木齐	Urumqi	122.3	121.3	121.3	122.9	123.7	125.1	125.3	125.3	126.4	127.2	127.6	129.0

4－1－8 续表 Continued

(以2015年价格为100) (2015=100)

城 市	City	1月	2月	3月	4月	5月	6月	7月	8月	9月	10月	11月	12月
唐 山	Tangshan	125.5	126.5	128.1	128.7	130.0	131.0	132.4	132.8	133.2	132.6	132.8	133.2
秦皇岛	Qinhuangdao	121.6	121.5	121.5	121.5	122.1	122.0	122.8	123.7	123.7	123.7	124.2	124.2
包 头	Baotou	110.5	110.5	110.5	109.2	109.8	109.9	109.3	109.0	109.0	108.6	108.3	109.2
丹 东	Dandong	113.3	113.4	113.5	114.1	114.3	115.1	115.0	115.4	116.1	116.3	116.8	117.1
锦 州	Jinzhou	101.3	101.3	102.1	101.5	100.5	101.0	102.1	102.9	102.7	102.7	102.3	102.2
吉 林	Jilin	121.6	121.2	121.4	121.1	121.1	120.5	120.4	120.2	119.8	119.1	119.8	119.7
牡丹江	Mudanjiang	99.7	99.0	98.0	95.9	94.1	93.1	92.5	91.2	90.5	89.8	89.8	89.7
无 锡	Wuxi	150.7	149.9	150.8	151.9	153.4	156.4	156.6	157.6	158.8	158.8	158.4	158.5
扬 州	Yangzhou	128.8	128.8	128.4	129.9	129.7	130.3	130.1	130.7	131.9	132.9	132.5	133.9
徐 州	Xuzhou	129.2	130.1	130.4	130.0	130.0	129.9	130.7	132.8	134.1	135.2	136.8	138.2
温 州	Wenzhou	109.1	109.1	108.8	110.0	111.0	112.1	112.2	113.4	114.3	114.2	115.1	114.9
金 华	Jinhua	117.4	117.3	117.7	117.6	117.2	117.9	118.0	119.6	119.6	119.6	119.6	120.9
蚌 埠	Bengbu	125.0	125.0	124.9	126.9	127.5	128.5	129.0	129.4	129.3	129.7	130.4	130.9
安 庆	Anqing	118.1	118.2	118.6	119.0	118.7	118.4	118.7	118.4	118.1	117.4	117.0	116.5
泉 州	Quanzhou	117.3	116.7	117.1	116.4	117.1	117.4	117.3	119.2	120.2	120.0	121.0	121.9
九 江	Jiujiang	127.7	128.3	127.7	128.4	129.2	129.7	129.7	129.8	129.6	128.4	128.4	128.8
赣 州	Ganzhou	127.0	126.9	126.3	126.4	126.4	127.6	128.3	128.4	128.6	129.5	130.1	129.5
烟 台	Yantai	122.0	121.4	121.0	120.4	119.9	118.8	119.1	119.3	119.3	120.0	120.1	120.1
济 宁	Jining	139.8	139.2	138.3	138.6	139.3	139.5	141.1	142.0	143.7	144.0	145.5	146.2
洛 阳	Luoyang	127.2	127.2	126.8	126.9	127.0	127.6	128.7	129.1	129.8	130.4	130.0	130.2
平顶山	Pingdingshan	126.4	126.4	127.1	126.6	126.8	127.5	128.7	129.0	129.1	129.1	129.0	129.5
宜 昌	Yichang	112.9	112.9	112.2	111.7	110.7	110.9	112.8	113.1	113.5	114.1	114.0	113.7
襄 阳	Xiangyang	115.7	115.7	114.8	114.9	114.5	114.1	113.1	113.8	113.6	113.1	113.3	112.9
岳 阳	Yueyang	113.3	113.3	113.8	114.4	114.5	114.6	114.6	114.5	114.6	114.2	114.6	114.2
常 德	Changde	113.9	113.9	112.4	112.1	112.0	110.9	111.1	112.3	111.3	111.7	111.9	112.1
惠 州	Huizhou	135.5	135.5	136.0	135.7	136.8	137.7	139.3	141.7	142.3	141.7	141.3	142.2
湛 江	Zhanjiang	115.4	114.7	114.4	114.2	113.8	113.5	113.1	113.1	113.4	113.6	114.1	113.8
韶 关	Shaoguan	115.7	115.5	115.5	114.7	114.7	115.3	115.7	117.0	115.9	115.4	115.6	115.3
桂 林	Guilin	111.0	110.3	110.6	112.3	112.7	113.4	113.5	114.0	114.7	114.7	114.6	114.9
北 海	Beihai	121.5	120.8	120.6	119.9	118.0	117.2	116.8	116.7	115.9	116.5	116.0	116.9
三 亚	Sanya	118.4	118.4	118.5	118.0	116.9	117.4	117.5	118.2	118.5	117.9	118.4	118.9
泸 州	Luzhou	114.3	114.3	113.8	114.1	113.6	113.2	112.7	112.5	113.7	113.7	113.0	112.2
南 充	Nanchong	121.3	120.3	119.3	118.8	118.5	118.6	117.8	117.5	116.9	117.0	114.9	113.7
遵 义	Zunyi	109.4	108.4	108.5	108.2	108.0	107.9	108.1	108.9	108.8	108.8	109.1	108.6
大 理	Dali	128.5	128.5	128.3	128.6	128.9	129.0	129.4	130.6	131.8	132.0	131.3	130.3

4−2−1 2020年70个大中城市新建商品住宅销售价格指数
Housing Price Indices of Newly Constructed Commercial Residential Buildings in 70 Large and Medium-Sized Cities 2020

(以上年同月价格为100) (Same Month of Preceding Year=100)

城市	City	1月	2月	3月	4月	5月	6月	7月	8月	9月	10月	11月	12月
北京	Beijing	104.1	104.4	104.1	103.3	103.1	103.6	103.3	103.4	103.8	104.2	102.4	102.3
天津	Tianjin	101.3	100.5	100.1	99.6	99.7	100.0	100.7	100.9	100.8	100.8	101.1	101.1
石家庄	Shijiazhuang	108.8	107.6	106.5	106.7	105.6	104.6	104.9	103.6	103.3	103.1	103.6	102.8
太原	Taiyuan	102.9	102.1	101.7	101.3	101.4	101.4	101.2	100.1	99.3	99.0	98.5	99.0
呼和浩特	Hohhot	114.8	113.9	113.7	113.7	113.8	112.0	111.8	109.9	109.0	107.0	105.9	105.1
沈阳	Shenyang	109.2	109.2	108.7	108.8	108.8	108.7	109.0	109.2	108.2	106.8	106.0	105.0
大连	Dalian	108.4	106.9	106.1	105.9	105.3	105.0	104.5	104.2	105.0	105.1	104.9	104.8
长春	Changchun	108.6	107.8	108.0	107.9	107.8	107.2	107.3	107.0	106.3	104.8	103.4	102.3
哈尔滨	Harbin	109.4	108.8	108.1	108.2	107.5	106.5	106.0	105.3	104.1	102.8	101.9	100.8
上海	Shanghai	102.7	102.3	102.4	102.7	103.5	103.7	104.2	104.5	104.5	104.4	104.1	104.2
南京	Nanjing	103.3	103.2	103.3	104.5	105.0	106.1	104.9	105.1	104.3	104.5	104.8	104.9
杭州	Hangzhou	105.0	104.4	105.4	105.2	105.1	105.2	104.9	105.3	105.1	105.2	105.1	104.5
宁波	Ningbo	108.2	107.4	106.5	105.8	106.1	106.0	105.7	105.4	105.1	104.9	104.9	104.4
合肥	Hefei	103.7	102.9	102.3	101.3	101.1	101.4	101.1	100.6	101.4	102.2	103.1	103.6
福州	Fuzhou	103.5	104.0	104.0	103.8	103.4	103.7	103.6	103.3	103.2	103.1	103.5	104.4
厦门	Xiamen	104.4	104.2	103.5	102.8	103.0	103.1	102.4	101.9	102.8	103.7	104.4	104.5
南昌	Nanchang	103.3	103.3	102.3	102.1	101.9	102.0	101.7	101.0	100.5	100.2	100.4	100.8
济南	Jinan	99.7	99.0	97.8	96.8	96.9	96.9	96.8	96.7	97.1	97.9	98.3	99.0
青岛	Qingdao	103.7	103.3	102.3	102.4	101.9	102.5	102.3	102.5	102.9	102.9	102.8	102.8
郑州	Zhengzhou	101.4	101.1	100.5	100.2	99.8	99.6	99.3	99.6	99.3	98.8	99.0	99.2
武汉	Wuhan	111.5	110.3	109.5	108.3	107.4	107.9	107.4	106.8	106.4	105.8	105.1	104.5
长沙	Changsha	104.6	104.7	105.0	105.3	104.8	105.4	105.7	106.3	106.5	106.4	105.8	105.0
广州	Guangzhou	104.2	103.0	101.7	100.7	100.2	100.5	101.0	101.6	102.1	102.7	104.1	105.2
深圳	Shenzhen	104.3	104.3	105.2	104.8	104.9	105.3	105.9	106.2	105.3	105.1	104.9	104.1
南宁	Nanning	112.0	111.3	110.5	110.0	110.2	110.9	111.2	109.6	108.0	106.0	105.6	105.2
海口	Haikou	106.6	106.3	105.8	105.3	103.8	102.9	102.4	103.2	103.1	102.3	102.8	102.7
重庆	Chongqing	107.5	106.5	106.2	106.0	105.0	105.2	104.6	105.3	105.3	105.4	104.7	104.6
成都	Chengdu	110.0	110.6	110.5	110.3	110.4	110.0	109.6	109.9	109.5	108.0	107.2	106.3
贵阳	Guiyang	104.4	103.6	102.6	101.3	100.6	100.0	99.1	99.4	99.9	100.5	101.5	102.5
昆明	Kunming	110.5	109.5	108.6	108.4	108.3	108.3	107.5	107.3	106.1	105.4	105.0	105.6
西安	Xi'an	112.8	111.6	111.0	110.4	108.8	107.8	107.3	108.0	108.0	107.6	107.1	106.9
兰州	Lanzhou	104.7	104.5	104.1	104.6	104.4	104.7	104.5	105.3	105.6	105.8	105.3	105.2
西宁	Xining	114.7	112.7	113.2	113.4	113.9	114.4	113.2	113.4	112.7	110.3	109.5	109.1
银川	Yinchuan	112.8	112.0	112.5	113.0	114.7	115.7	117.6	117.6	116.8	116.6	115.0	114.2
乌鲁木齐	Urumqi	101.1	100.3	99.9	100.2	100.6	100.8	101.3	101.7	101.7	102.5	103.7	103.1

4-2-1 续表 Continued

(以上年同月价格为100) (Same Month of Preceding Year=100)

城　市	City	1月	2月	3月	4月	5月	6月	7月	8月	9月	10月	11月	12月
唐　山	Tangshan	113.6	113.2	113.2	114.7	115.0	115.3	116.1	115.4	115.4	113.4	111.7	111.2
秦皇岛	Qinhuangdao	110.4	109.1	108.1	106.9	107.0	106.6	106.0	105.6	106.0	104.7	103.9	103.5
包　头	Baotou	105.9	105.1	104.4	103.4	103.7	103.9	104.3	104.0	103.8	103.4	103.2	102.6
丹　东	Dandong	107.9	107.8	106.2	106.2	106.0	106.0	106.7	106.9	106.7	106.3	106.5	106.6
锦　州	Jinzhou	108.5	108.9	107.5	107.9	108.2	108.7	109.7	111.5	110.6	109.7	108.5	107.5
吉　林	Jilin	109.2	109.0	108.8	108.9	108.3	108.4	108.0	107.7	107.5	106.3	105.1	104.1
牡丹江	Mudanjiang	105.1	104.9	104.5	103.5	102.3	102.1	100.8	101.0	101.3	100.3	100.0	99.0
无　锡	Wuxi	109.0	109.5	109.0	109.5	109.1	109.0	109.6	110.0	108.7	107.8	107.1	106.3
扬　州	Yangzhou	110.5	110.1	109.5	109.5	109.5	109.3	109.1	108.3	107.5	107.7	107.1	106.6
徐　州	Xuzhou	111.5	111.1	111.3	111.6	111.1	111.2	111.6	111.6	111.9	111.9	111.4	110.0
温　州	Wenzhou	104.5	103.9	102.4	103.3	103.4	104.5	105.1	106.1	105.6	105.0	104.4	104.3
金　华	Jinhua	107.9	107.5	107.1	106.6	105.9	106.3	105.4	105.7	105.7	105.5	104.9	105.0
蚌　埠	Bengbu	103.4	103.7	103.8	103.7	103.6	104.1	103.8	104.3	104.3	104.5	104.8	105.3
安　庆	Anqing	102.1	101.7	100.0	99.5	98.8	98.0	97.7	96.9	96.5	96.8	97.5	98.0
泉　州	Quanzhou	103.5	103.5	103.7	103.6	104.5	105.2	105.2	105.6	106.1	105.5	105.6	105.5
九　江	Jiujiang	108.6	108.6	107.7	107.6	107.5	107.5	107.3	106.3	106.1	105.2	104.7	104.1
赣　州	Ganzhou	102.7	103.0	103.2	104.0	104.0	104.7	104.5	105.0	104.3	104.2	104.4	104.2
烟　台	Yantai	109.7	109.9	109.6	109.2	108.7	108.1	107.5	107.7	107.1	106.7	106.3	105.5
济　宁	Jining	109.3	107.9	107.8	107.7	107.3	106.8	107.4	107.4	107.2	107.2	107.9	108.3
洛　阳	Luoyang	112.4	111.9	111.5	110.7	109.0	106.6	106.9	106.6	104.8	103.1	102.5	102.1
平顶山	Pingdingshan	108.6	107.4	106.2	105.6	105.5	105.2	103.9	103.9	104.3	103.7	103.8	103.4
宜　昌	Yichang	100.1	99.3	98.4	98.2	98.2	98.9	99.3	99.9	100.3	101.3	102.1	102.5
襄　阳	Xiangyang	110.0	109.2	108.7	107.8	107.1	106.9	107.0	106.4	105.9	105.1	104.8	104.0
岳　阳	Yueyang	97.9	97.9	97.7	98.0	98.6	99.0	99.1	99.7	100.5	100.2	100.4	101.0
常　德	Changde	103.4	103.7	101.8	100.7	100.7	100.0	100.3	99.5	99.4	98.4	98.4	98.6
惠　州	Huizhou	105.0	105.2	104.9	105.1	105.7	106.8	107.3	108.7	109.2	109.0	108.1	107.6
湛　江	Zhanjiang	104.1	103.1	101.9	101.5	100.7	100.2	100.1	100.1	100.7	100.5	101.4	100.5
韶　关	Shaoguan	99.5	99.1	99.2	99.3	98.0	97.8	97.1	98.4	98.4	99.0	99.4	99.6
桂　林	Guilin	106.7	105.7	104.9	105.5	105.1	104.2	103.1	101.7	101.4	101.5	100.9	100.9
北　海	Beihai	107.7	107.2	106.0	104.7	103.5	102.2	101.2	99.5	99.1	98.2	97.9	97.0
三　亚	Sanya	106.7	106.6	105.8	105.6	104.6	104.1	104.6	105.0	105.5	105.9	105.9	105.7
泸　州	Luzhou	97.9	96.8	96.4	96.2	96.5	97.2	97.4	98.3	98.7	99.4	99.6	99.8
南　充	Nanchong	102.0	101.1	100.5	100.7	101.3	100.3	100.2	99.6	99.2	98.9	98.7	99.1
遵　义	Zunyi	104.2	102.5	102.2	101.6	101.1	100.9	100.5	100.3	99.7	99.8	100.6	100.1
大　理	Dali	114.1	112.1	110.9	110.3	108.2	106.0	104.9	104.7	104.2	103.5	102.5	101.7

4-2-2 2020年70个大中城市90㎡及以下新建商品住宅销售价格指数
Housing Price Indices of 90㎡ and below Newly Constructed Commercial Residential Buildings in 70 Large and Medium-Sized Cities 2020

(以上年同月价格为100) (Same Month of Preceding Year=100)

城市	City	1月	2月	3月	4月	5月	6月	7月	8月	9月	10月	11月	12月
北京	Beijing	102.4	101.7	102.0	101.5	102.3	102.4	102.3	102.7	103.1	103.6	102.6	101.9
天津	Tianjin	100.5	99.4	99.0	98.7	98.4	98.8	99.8	100.1	100.1	100.1	100.5	100.5
石家庄	Shijiazhuang	110.1	108.0	106.8	106.1	104.8	102.9	103.1	103.6	102.3	102.0	102.5	102.1
太原	Taiyuan	104.9	103.9	103.4	102.5	102.8	102.5	102.1	101.2	100.6	100.3	99.9	100.1
呼和浩特	Hohhot	114.3	112.4	112.3	112.1	112.5	110.5	111.4	109.8	108.8	107.4	105.6	105.1
沈阳	Shenyang	107.9	107.6	107.6	107.7	107.8	107.8	108.4	108.9	107.7	106.4	105.5	104.2
大连	Dalian	108.7	106.2	106.3	105.6	105.3	104.5	104.3	103.9	104.6	104.5	105.0	105.1
长春	Changchun	109.8	108.3	107.8	107.4	107.5	106.6	106.5	106.0	105.6	104.8	103.6	102.5
哈尔滨	Harbin	109.1	108.5	107.5	108.4	107.3	105.8	106.0	105.1	104.7	103.2	102.0	100.7
上海	Shanghai	102.5	102.1	101.6	102.0	102.9	103.3	103.7	103.4	103.8	103.2	103.6	103.7
南京	Nanjing	103.2	103.2	104.2	105.4	105.5	107.0	106.1	107.1	105.1	104.6	104.3	104.9
杭州	Hangzhou	106.5	105.3	106.1	105.7	105.9	106.2	105.4	106.0	105.9	106.0	105.7	105.1
宁波	Ningbo	107.2	106.5	106.2	106.2	106.5	106.9	106.9	106.5	105.7	105.6	105.6	104.7
合肥	Hefei	103.8	103.7	103.0	102.9	103.2	102.7	102.2	102.1	102.4	103.1	103.2	102.4
福州	Fuzhou	104.4	104.4	103.5	104.1	103.5	102.9	102.5	102.0	101.3	100.9	100.9	102.5
厦门	Xiamen	101.4	101.4	100.8	100.2	100.9	101.3	101.1	101.2	102.5	104.2	104.8	104.5
南昌	Nanchang	102.8	103.3	102.4	102.5	102.6	103.3	102.2	102.5	101.3	100.6	100.6	100.4
济南	Jinan	101.6	100.8	100.6	99.2	99.1	100.2	99.3	98.6	99.1	100.1	99.2	98.5
青岛	Qingdao	105.2	104.8	103.5	103.2	102.3	103.1	102.2	102.6	102.6	102.8	102.4	102.9
郑州	Zhengzhou	102.0	101.8	101.1	100.6	100.1	99.9	99.6	100.3	99.5	98.5	98.7	98.9
武汉	Wuhan	113.4	112.3	111.3	109.7	109.5	109.5	108.6	108.0	106.8	105.9	105.3	104.9
长沙	Changsha	103.9	103.8	104.4	104.3	103.9	104.4	104.7	105.3	105.6	105.8	104.8	104.3
广州	Guangzhou	106.2	105.1	103.5	102.5	102.2	102.2	102.5	103.3	103.3	104.5	106.6	106.9
深圳	Shenzhen	104.6	104.8	105.6	105.4	105.7	106.1	106.7	107.1	106.5	105.7	105.6	104.5
南宁	Nanning	110.5	110.1	109.6	109.1	109.3	110.1	110.2	109.2	107.6	106.0	105.5	104.8
海口	Haikou	106.0	105.8	104.8	104.6	103.0	101.9	102.3	102.4	102.1	101.4	102.3	102.1
重庆	Chongqing	109.4	108.5	107.7	107.1	106.3	106.1	105.7	106.3	106.5	106.5	106.1	105.1
成都	Chengdu	110.2	111.3	111.4	111.6	111.6	112.2	111.5	112.1	111.2	109.3	108.7	108.1
贵阳	Guiyang	103.6	102.5	101.8	100.3	100.1	99.3	98.7	99.1	99.3	99.6	100.5	101.7
昆明	Kunming	110.3	109.6	108.9	108.8	108.3	108.4	107.4	107.3	106.3	106.8	105.0	106.9
西安	Xi'an	114.8	113.7	113.2	113.5	112.1	110.5	109.9	111.9	112.9	112.2	110.4	109.0
兰州	Lanzhou	105.0	105.3	105.2	105.3	104.6	104.7	104.6	106.3	107.3	107.4	106.7	106.3
西宁	Xining	110.4	109.1	109.8	111.3	110.0	111.1	109.8	109.9	109.3	108.1	107.6	108.0
银川	Yinchuan	113.7	112.7	112.8	113.2	114.2	114.7	115.2	115.1	114.4	114.4	112.5	112.5
乌鲁木齐	Urumqi	101.6	100.6	100.6	99.7	100.1	100.5	100.1	100.8	101.5	102.5	104.3	103.6

4-2-2 续表 Continued

(以上年同月价格为100) (Same Month of Preceding Year=100)

城 市	City	1月	2月	3月	4月	5月	6月	7月	8月	9月	10月	11月	12月
唐 山	Tangshan	110.1	109.3	109.1	110.8	110.8	111.5	113.5	112.7	112.7	111.0	110.2	109.2
秦皇岛	Qinhuangdao	110.6	108.5	107.6	106.3	106.4	106.0	104.8	104.5	106.0	105.7	104.0	103.3
包 头	Baotou	105.5	105.9	105.1	103.4	103.8	104.1	104.8	104.4	104.5	105.1	105.8	104.8
丹 东	Dandong	107.3	107.3	105.4	105.2	104.9	104.6	104.4	105.8	105.4	105.8	105.9	106.2
锦 州	Jinzhou	109.9	110.0	108.8	108.6	108.3	107.9	107.5	110.0	109.5	107.7	106.6	104.6
吉 林	Jilin	109.2	109.2	109.0	108.9	108.3	108.0	107.7	106.8	106.3	105.2	103.7	103.2
牡丹江	Mudanjiang	104.7	103.9	104.0	103.3	102.9	103.4	102.2	101.6	102.3	101.9	101.3	100.4
无 锡	Wuxi	110.5	111.6	110.2	111.2	110.2	109.6	110.0	110.2	108.8	107.1	106.6	105.9
扬 州	Yangzhou	112.7	111.1	110.4	110.1	109.2	109.3	108.2	108.3	108.1	108.4	107.4	107.1
徐 州	Xuzhou	112.8	111.7	112.1	112.2	111.6	111.4	111.0	111.4	112.1	111.3	111.7	110.5
温 州	Wenzhou	102.9	101.8	101.0	102.2	101.6	103.7	104.5	105.3	105.4	104.9	105.3	106.3
金 华	Jinhua	108.9	108.2	108.0	107.2	106.9	107.6	106.5	106.7	106.3	105.7	104.5	104.4
蚌 埠	Bengbu	103.5	104.3	104.0	103.6	104.0	104.0	103.9	104.6	104.9	104.8	104.6	104.6
安 庆	Anqing	100.7	100.7	99.6	99.1	100.0	99.4	97.9	97.5	97.8	98.2	98.5	97.9
泉 州	Quanzhou	103.5	103.3	103.9	103.1	103.6	104.6	104.5	105.6	107.2	106.3	106.8	106.1
九 江	Jiujiang	108.1	107.2	107.6	108.3	108.6	108.3	107.7	107.1	106.6	105.4	105.0	104.2
赣 州	Ganzhou	105.0	104.3	103.2	103.7	103.7	104.7	105.0	104.8	102.6	101.8	102.9	103.5
烟 台	Yantai	110.5	110.5	110.0	109.8	109.8	109.1	108.1	107.7	107.5	106.7	106.2	105.0
济 宁	Jining	107.4	106.4	107.5	108.3	109.1	108.2	108.6	108.5	106.3	106.8	107.2	107.7
洛 阳	Luoyang	113.4	112.7	112.2	111.0	109.5	106.5	106.8	106.8	105.0	102.8	101.7	101.0
平顶山	Pingdingshan	110.1	108.3	107.0	106.2	107.5	108.0	107.2	106.8	106.5	105.3	106.1	104.5
宜 昌	Yichang	100.1	99.6	99.0	99.0	99.0	98.9	98.3	98.2	98.9	100.0	101.5	102.3
襄 阳	Xiangyang	110.8	110.1	109.4	108.3	106.9	106.8	107.2	106.6	105.5	104.7	104.8	104.0
岳 阳	Yueyang	96.0	96.9	97.6	97.4	98.2	99.1	99.1	100.6	102.0	99.6	99.8	100.5
常 德	Changde	102.8	102.8	100.4	99.0	99.7	98.6	99.0	98.4	99.0	98.6	98.5	99.1
惠 州	Huizhou	102.9	103.2	102.8	104.1	105.3	105.3	106.1	107.8	108.7	109.0	108.6	108.6
湛 江	Zhanjiang	104.7	103.9	102.7	102.1	101.4	100.7	100.1	99.5	100.2	100.4	101.0	100.1
韶 关	Shaoguan	99.9	98.9	99.0	98.7	98.0	97.1	96.9	98.6	99.2	99.7	100.5	100.8
桂 林	Guilin	105.0	103.8	103.4	102.9	102.7	101.4	99.9	99.0	99.1	100.0	99.4	100.0
北 海	Beihai	108.6	107.5	106.4	105.7	104.0	102.8	101.7	99.7	99.4	98.4	98.1	97.3
三 亚	Sanya	107.1	107.6	107.5	107.9	106.8	106.2	106.6	106.6	107.2	107.1	106.8	106.7
泸 州	Luzhou	97.0	97.5	96.6	96.2	95.8	96.5	96.9	98.0	98.4	99.5	100.2	100.1
南 充	Nanchong	103.2	102.8	102.0	102.1	102.4	102.1	101.5	100.5	99.9	100.5	99.9	99.5
遵 义	Zunyi	107.1	105.5	105.3	104.6	103.6	103.9	102.8	101.6	100.9	101.1	101.2	100.0
大 理	Dali	113.7	111.1	111.3	109.9	107.5	104.4	104.2	103.6	103.2	102.4	101.2	100.8

4-2-3 2020年70个大中城市90㎡~144㎡新建商品住宅销售价格指数
Housing Price Indices of 90㎡~144㎡ Newly Constructed Commercial Residential Buildings in 70 Large and Medium-Sized Cities 2020

(以上年同月价格为100) (Same Month of Preceding Year=100)

城 市	City	1月	2月	3月	4月	5月	6月	7月	8月	9月	10月	11月	12月
北 京	Beijing	102.6	102.7	102.7	102.3	102.3	102.6	102.2	103.0	103.0	103.7	102.1	101.7
天 津	Tianjin	100.8	100.0	99.2	98.9	99.3	99.3	100.0	100.0	99.9	99.6	100.2	100.3
石家庄	Shijiazhuang	109.3	108.4	107.3	107.7	106.2	105.5	105.9	103.9	104.0	103.5	103.8	103.1
太 原	Taiyuan	102.6	101.5	101.1	101.1	101.2	101.2	101.1	99.8	99.0	98.6	98.1	99.1
呼和浩特	Hohhot	113.4	112.7	112.4	112.6	113.1	111.5	111.4	109.9	109.5	107.7	106.5	105.2
沈 阳	Shenyang	108.9	109.6	108.9	108.7	109.0	108.5	108.2	108.8	108.0	106.8	106.3	105.4
大 连	Dalian	108.6	108.2	106.7	106.7	106.1	106.0	104.5	104.0	104.8	105.1	104.5	104.3
长 春	Changchun	107.6	107.7	108.1	108.4	108.1	107.5	107.9	107.7	106.2	104.5	103.2	102.5
哈尔滨	Harbin	108.2	107.7	107.7	107.2	107.1	106.1	104.6	104.2	102.9	102.1	101.7	100.5
上 海	Shanghai	102.6	101.7	101.7	102.2	103.2	103.5	104.1	104.7	104.8	104.7	104.7	104.8
南 京	Nanjing	102.5	102.5	102.2	103.8	104.0	105.3	104.4	104.5	103.9	104.1	104.8	104.8
杭 州	Hangzhou	104.2	103.7	104.6	104.4	103.8	104.1	103.9	104.2	104.0	104.1	104.1	103.5
宁 波	Ningbo	109.6	108.6	107.4	107.0	107.2	106.6	106.2	106.2	106.0	105.7	105.4	104.6
合 肥	Hefei	103.6	102.5	102.1	100.8	100.4	100.7	100.5	100.0	100.9	101.6	102.9	103.7
福 州	Fuzhou	102.5	103.4	103.8	103.8	103.3	103.6	103.5	103.2	103.3	102.8	103.4	104.5
厦 门	Xiamen	106.1	105.9	105.5	104.2	104.1	104.0	102.7	102.0	102.8	103.5	104.2	103.9
南 昌	Nanchang	102.7	102.5	101.3	101.4	101.2	101.7	101.7	100.9	100.5	100.2	100.5	100.9
济 南	Jinan	98.7	98.2	96.9	95.7	95.7	95.7	95.6	95.8	96.4	97.3	98.1	99.1
青 岛	Qingdao	102.9	102.9	101.7	102.0	101.7	102.4	102.5	102.4	102.9	103.0	102.9	102.8
郑 州	Zhengzhou	100.5	100.1	99.6	99.5	99.1	98.8	98.6	98.7	98.9	99.0	99.0	99.2
武 汉	Wuhan	110.8	109.7	109.2	108.0	106.8	107.2	106.7	106.1	105.8	105.4	104.5	104.1
长 沙	Changsha	104.4	104.6	104.5	104.7	104.4	104.8	104.9	105.2	105.4	105.3	105.0	104.5
广 州	Guangzhou	103.7	103.4	102.0	100.4	99.8	100.1	100.3	100.9	102.2	103.1	104.1	105.5
深 圳	Shenzhen	102.8	103.0	103.5	102.5	103.5	104.2	104.7	104.9	104.3	104.3	103.8	103.1
南 宁	Nanning	113.0	112.1	111.2	110.8	111.1	111.8	112.2	109.7	107.8	105.3	105.0	104.8
海 口	Haikou	105.0	104.8	105.0	104.9	103.1	102.5	102.1	103.5	103.7	102.9	103.7	103.4
重 庆	Chongqing	106.5	105.7	105.7	105.4	104.2	105.0	104.3	105.1	105.3	105.5	104.5	104.3
成 都	Chengdu	108.5	108.3	108.1	107.2	107.5	106.5	106.3	106.2	106.1	105.3	104.2	103.8
贵 阳	Guiyang	105.1	104.2	103.2	102.0	101.2	100.6	99.5	99.5	99.9	100.8	101.9	102.7
昆 明	Kunming	111.4	110.7	109.1	109.0	109.1	108.4	107.9	107.0	105.9	105.1	105.1	105.1
西 安	Xi'an	113.1	111.8	111.2	109.9	108.4	107.8	107.3	106.9	106.2	106.0	106.0	106.1
兰 州	Lanzhou	105.2	104.7	104.1	104.9	104.8	104.8	104.4	104.7	104.8	105.1	104.3	104.6
西 宁	Xining	115.6	113.4	113.7	113.9	114.4	115.3	113.7	114.1	113.2	110.7	109.7	109.3
银 川	Yinchuan	113.0	112.0	112.5	112.9	114.5	115.8	118.1	118.2	117.4	117.1	115.5	114.8
乌鲁木齐	Urumqi	100.9	100.0	99.5	99.7	100.1	100.3	101.0	101.3	101.1	101.8	102.8	102.4

4-2-3 续表 Continued

(以上年同月价格为100) (Same Month of Preceding Year=100)

城 市	City	1月	2月	3月	4月	5月	6月	7月	8月	9月	10月	11月	12月
唐 山	Tangshan	114.8	114.9	115.1	116.4	116.9	116.7	117.0	116.2	116.5	114.8	112.6	112.4
秦皇岛	Qinhuangdao	111.0	110.1	108.8	107.6	107.5	107.1	106.8	106.5	106.4	104.8	104.2	104.0
包 头	Baotou	106.2	105.0	104.2	103.8	104.0	103.8	104.1	103.7	103.2	102.5	102.1	101.6
丹 东	Dandong	108.8	108.7	107.0	107.3	106.9	107.4	108.5	107.8	107.8	106.7	107.2	107.0
锦 州	Jinzhou	107.8	108.4	106.9	107.5	108.1	108.9	110.7	112.2	111.3	110.7	109.5	108.9
吉 林	Jilin	110.0	109.6	109.5	109.5	109.2	109.4	109.1	109.2	109.2	107.7	106.6	105.0
牡丹江	Mudanjiang	105.3	105.3	104.8	103.6	102.0	101.3	100.0	100.9	100.8	99.4	99.3	98.2
无 锡	Wuxi	108.6	108.7	108.6	108.9	108.6	108.8	109.5	109.8	108.8	108.6	107.7	106.8
扬 州	Yangzhou	109.6	109.4	109.1	108.8	109.2	109.0	109.0	107.9	107.1	106.9	106.7	106.4
徐 州	Xuzhou	112.0	111.6	111.7	112.1	111.5	111.4	111.9	111.7	111.8	112.2	111.6	110.4
温 州	Wenzhou	104.7	104.5	103.2	103.8	103.9	104.7	105.3	106.9	106.4	105.7	104.7	104.0
金 华	Jinhua	107.2	106.6	105.5	105.5	104.9	105.3	105.3	105.6	105.6	105.2	104.9	105.5
蚌 埠	Bengbu	103.4	103.5	103.7	103.7	103.5	104.1	103.7	104.1	104.0	104.3	104.8	105.6
安 庆	Anqing	102.8	102.3	100.3	100.0	98.9	97.9	97.8	96.8	96.3	96.6	97.3	98.1
泉 州	Quanzhou	103.8	103.7	104.2	104.5	105.1	105.7	105.8	105.6	105.9	105.1	105.3	105.4
九 江	Jiujiang	108.6	108.8	107.6	107.5	107.2	107.2	106.8	105.8	105.7	105.1	104.9	104.4
赣 州	Ganzhou	102.0	102.9	103.3	104.2	104.3	104.8	104.5	104.8	104.6	104.7	104.6	104.2
烟 台	Yantai	109.2	109.6	109.3	108.5	107.7	107.1	106.8	107.4	106.6	106.5	106.1	105.5
济 宁	Jining	110.2	108.4	108.3	108.0	107.5	107.2	108.0	107.7	107.9	107.3	108.1	108.3
洛 阳	Luoyang	111.8	111.7	111.4	110.3	108.4	106.5	106.6	106.2	104.5	102.9	102.4	102.1
平顶山	Pingdingshan	108.3	107.3	106.2	105.6	105.2	104.5	103.0	102.9	103.2	102.9	103.0	102.9
宜 昌	Yichang	100.3	99.5	98.5	98.2	98.3	99.1	99.7	100.5	100.9	101.8	102.3	102.4
襄 阳	Xiangyang	109.8	108.9	108.6	107.8	107.1	106.6	106.4	105.5	105.3	104.5	104.2	103.5
岳 阳	Yueyang	98.4	97.6	97.3	97.9	98.4	99.0	99.2	99.3	99.8	100.3	100.6	101.0
常 德	Changde	103.9	104.4	102.5	101.5	101.1	100.8	100.8	99.9	99.4	98.2	97.9	98.0
惠 州	Huizhou	105.4	105.5	105.3	105.3	106.1	107.6	108.1	109.5	109.7	108.8	107.7	107.0
湛 江	Zhanjiang	103.9	103.0	101.9	101.8	100.7	100.4	100.8	100.4	100.8	100.4	101.3	100.4
韶 关	Shaoguan	99.5	99.5	99.4	99.8	98.3	98.4	97.8	98.1	98.0	98.2	99.2	99.8
桂 林	Guilin	107.4	106.4	105.0	105.8	105.8	105.3	104.0	102.5	102.1	101.7	101.0	100.7
北 海	Beihai	106.1	106.5	105.3	103.0	102.5	100.9	100.1	98.8	98.4	97.6	97.4	96.5
三 亚	Sanya	106.2	105.4	104.0	103.5	102.8	102.0	103.3	104.0	104.6	104.9	105.4	105.5
泸 州	Luzhou	98.4	96.6	96.2	96.2	96.7	97.4	97.5	98.3	98.8	99.2	99.3	99.6
南 充	Nanchong	101.5	100.3	99.9	100.1	100.8	99.4	99.5	99.1	98.8	98.1	98.2	98.9
遵 义	Zunyi	103.8	102.1	101.7	101.2	100.7	100.3	100.3	100.4	99.9	99.9	100.7	100.3
大 理	Dali	115.9	114.2	112.7	112.7	110.2	108.6	106.4	105.5	104.9	103.9	103.0	102.1

4-2-4 2020年70个大中城市144㎡以上新建商品住宅销售价格指数
Housing Price Indices of Above 144㎡ Newly Constructed Commercial Residential Buildings in 70 Large and Medium-Sized Cities 2020

(以上年同月价格为100) (Same Month of Preceding Year=100)

城 市	City	1月	2月	3月	4月	5月	6月	7月	8月	9月	10月	11月	12月
北 京	Beijing	106.4	107.7	106.5	105.2	104.4	105.1	104.7	104.3	104.8	105.0	102.4	103.0
天 津	Tianjin	102.7	102.2	102.7	101.4	101.6	102.0	102.8	103.0	103.2	103.4	103.0	103.0
石家庄	Shijiazhuang	106.6	105.4	104.4	104.2	104.6	103.5	103.7	102.8	102.3	102.9	103.6	102.5
太 原	Taiyuan	102.6	102.3	101.9	101.2	101.2	101.4	101.0	100.1	99.2	99.0	98.4	98.6
呼和浩特	Hohhot	117.8	116.9	116.6	116.5	115.8	113.6	112.6	110.1	108.1	105.6	105.0	105.0
沈 阳	Shenyang	112.1	111.9	110.5	110.9	110.3	110.7	111.0	110.4	109.4	107.4	106.4	106.0
大 连	Dalian	107.6	105.7	104.5	105.0	103.7	103.9	104.7	105.1	106.2	106.3	105.7	105.6
长 春	Changchun	108.8	107.1	108.0	107.9	107.8	107.4	107.4	107.4	107.3	105.3	103.6	101.7
哈尔滨	Harbin	112.0	111.1	109.4	109.8	108.2	107.7	108.4	107.3	105.7	103.7	102.1	101.4
上 海	Shanghai	102.8	102.9	103.3	103.3	104.1	104.1	104.5	104.7	104.5	104.6	103.7	103.9
南 京	Nanjing	105.2	104.9	104.7	105.3	106.8	106.7	104.9	104.6	104.4	105.4	105.1	105.1
杭 州	Hangzhou	103.7	103.9	105.1	105.3	105.4	105.1	105.1	105.3	105.2	105.3	105.3	104.6
宁 波	Ningbo	106.8	106.0	105.4	104.1	104.4	104.7	104.6	103.7	103.5	103.5	103.8	103.9
合 肥	Hefei	103.8	102.8	101.8	100.6	100.8	102.3	101.9	101.2	101.8	103.3	104.0	104.8
福 州	Fuzhou	104.6	104.9	104.5	103.8	103.4	104.3	104.3	103.9	103.8	104.6	104.9	105.2
厦 门	Xiamen	103.4	103.3	102.3	102.5	102.4	103.0	102.8	102.3	103.1	103.9	104.6	105.5
南 昌	Nanchang	106.0	105.6	105.6	104.2	103.6	102.4	101.3	100.6	100.2	100.1	99.7	100.5
济 南	Jinan	102.0	100.5	99.5	99.3	99.8	99.4	99.4	98.6	98.2	98.6	98.3	98.7
青 岛	Qingdao	102.4	101.6	101.4	101.4	101.7	101.7	101.9	102.7	103.3	103.0	103.3	102.9
郑 州	Zhengzhou	101.9	101.6	101.2	100.8	100.4	100.9	100.4	99.9	99.5	99.4	99.6	99.8
武 汉	Wuhan	111.0	109.5	108.2	107.3	106.4	108.0	108.2	107.9	108.0	106.9	107.0	105.3
长 沙	Changsha	105.2	105.5	106.1	106.9	105.8	107.1	107.6	108.8	108.8	108.4	107.6	106.3
广 州	Guangzhou	103.8	101.4	100.5	100.3	99.7	100.1	101.2	101.7	101.4	101.4	103.1	103.9
深 圳	Shenzhen	104.8	104.4	105.5	105.3	104.5	104.7	105.4	105.5	103.9	104.6	104.4	104.3
南 宁	Nanning	112.8	111.8	110.8	110.1	110.1	110.3	110.7	110.2	109.4	107.7	107.6	106.7
海 口	Haikou	111.2	110.5	108.8	107.1	106.1	104.8	103.3	103.1	102.3	101.5	101.1	101.4
重 庆	Chongqing	106.2	104.6	104.5	105.1	104.1	103.9	103.4	104.0	103.5	103.3	102.8	104.1
成 都	Chengdu	112.1	112.8	112.5	112.4	112.7	111.2	111.0	111.5	111.4	109.8	108.9	106.8
贵 阳	Guiyang	103.8	103.3	102.3	100.3	99.5	99.4	98.6	99.4	100.3	100.6	101.9	103.0
昆 明	Kunming	109.1	107.1	107.4	106.8	106.7	107.9	106.9	108.0	106.5	104.7	104.8	105.4
西 安	Xi'an	110.4	109.1	108.5	108.3	106.1	105.0	104.6	106.0	106.5	105.8	105.8	106.1
兰 州	Lanzhou	103.3	102.7	102.7	102.9	103.3	104.1	104.6	105.1	104.8	104.9	105.3	104.8
西 宁	Xining	113.8	112.1	113.2	112.9	114.0	113.2	113.0	113.2	112.7	110.1	109.8	109.1
银 川	Yinchuan	111.8	111.7	112.5	113.3	115.6	116.1	118.0	117.4	116.8	116.9	115.0	113.8
乌鲁木齐	Urumqi	101.4	100.8	100.3	101.8	102.7	102.6	103.4	103.8	103.9	104.8	105.7	104.5

4-2-4 续表 Continued

(以上年同月价格为100) (Same Month of Preceding Year=100)

城 市	City	1月	2月	3月	4月	5月	6月	7月	8月	9月	10月	11月	12月
唐 山	Tangshan	114.7	113.9	113.4	114.9	115.3	116.0	117.0	116.5	115.8	112.6	111.0	110.3
秦皇岛	Qinhuangdao	108.2	106.5	105.9	105.0	105.7	105.8	104.5	104.2	104.6	103.2	102.5	101.8
包 头	Baotou	105.2	105.0	104.4	102.4	102.8	104.0	104.5	104.3	105.1	104.3	104.5	103.5
丹 东	Dandong	105.8	105.2	104.7	103.8	104.4	103.7	104.4	105.6	105.2	105.4	105.1	106.1
锦 州	Jinzhou	110.0	109.3	108.7	109.1	108.6	109.5	109.8	110.9	108.3	108.1	106.3	105.8
吉 林	Jilin	106.5	106.0	105.9	106.3	105.5	105.6	105.4	104.8	105.1	104.6	103.8	103.3
牡丹江	Mudanjiang	105.4	105.3	104.9	103.2	101.9	102.1	100.6	100.0	100.5	100.2	99.7	99.1
无 锡	Wuxi	108.7	109.7	108.9	109.3	109.0	108.9	109.5	110.0	108.5	106.8	106.3	105.4
扬 州	Yangzhou	112.1	111.6	110.3	111.1	110.6	110.2	110.3	109.4	108.5	109.8	108.2	107.0
徐 州	Xuzhou	107.8	108.1	108.7	108.1	108.6	109.8	110.9	111.1	112.0	110.9	109.7	108.0
温 州	Wenzhou	105.4	104.7	102.3	103.5	103.9	104.8	105.3	105.6	104.5	104.0	103.3	103.2
金 华	Jinhua	107.9	107.9	108.3	107.4	106.2	106.1	104.2	104.9	105.3	105.7	105.1	104.8
蚌 埠	Bengbu	102.3	103.4	104.4	104.3	103.6	104.1	104.1	105.2	105.2	106.0	106.6	106.3
安 庆	Anqing	100.7	99.8	99.2	97.5	96.5	96.0	96.6	96.2	95.4	95.5	96.7	97.7
泉 州	Quanzhou	103.0	103.2	102.8	102.7	104.2	105.0	104.8	105.6	105.9	105.6	105.2	105.2
九 江	Jiujiang	108.7	108.3	107.8	107.7	108.0	108.6	109.0	108.1	107.1	105.5	103.7	102.6
赣 州	Ganzhou	103.4	102.1	103.2	103.3	103.6	104.0	104.4	105.6	104.8	104.5	105.1	104.7
烟 台	Yantai	109.1	109.1	109.7	110.1	109.5	109.2	108.7	109.4	107.8	107.6	107.5	106.8
济 宁	Jining	107.4	107.1	106.9	106.8	106.4	105.3	105.8	106.5	106.0	107.0	107.8	108.6
洛 阳	Luoyang	113.2	111.7	111.5	111.6	110.7	107.1	107.8	107.5	105.3	104.0	103.4	102.9
平顶山	Pingdingshan	107.1	106.3	104.9	104.7	103.7	103.8	103.0	103.4	105.0	104.8	103.7	103.9
宜 昌	Yichang	98.7	97.9	97.1	97.1	96.8	97.7	98.0	98.5	99.1	100.2	101.9	103.1
襄 阳	Xiangyang	109.7	109.2	108.2	107.3	107.4	108.2	109.2	110.1	109.1	108.2	107.4	106.0
岳 阳	Yueyang	98.3	99.2	98.7	98.8	99.5	98.9	99.1	99.8	100.8	100.4	100.6	101.1
常 德	Changde	103.4	103.5	102.4	101.8	101.2	100.6	101.5	100.7	100.0	98.7	99.7	99.7
惠 州	Huizhou	105.7	106.0	105.8	105.5	105.3	106.2	106.8	107.9	108.6	109.3	108.6	107.9
湛 江	Zhanjiang	103.3	102.5	100.5	99.8	99.6	98.6	97.7	99.8	101.6	101.0	102.5	101.7
韶 关	Shaoguan	99.5	98.5	99.1	98.8	97.5	97.0	96.0	98.9	98.9	100.0	99.4	98.9
桂 林	Guilin	106.0	105.4	106.1	106.8	105.5	103.8	103.5	102.1	101.5	102.4	102.2	102.4
北 海	Beihai	107.7	108.0	106.4	104.8	105.1	104.0	103.2	101.4	100.7	100.3	98.7	97.2
三 亚	Sanya	106.9	106.9	105.6	104.8	103.9	103.9	103.3	103.9	104.2	105.4	105.4	104.3
泸 州	Luzhou	97.1	97.2	97.6	96.6	97.4	98.8	98.7	99.3	99.2	99.8	100.7	100.7
南 充	Nanchong	102.5	101.9	100.8	101.2	101.7	102.3	102.8	102.9	101.0	100.1	100.1	100.2
遵 义	Zunyi	101.8	99.9	99.2	98.7	98.9	99.2	97.7	97.7	96.4	96.8	98.8	99.1
大 理	Dali	112.6	110.5	109.1	108.3	106.7	104.4	103.7	104.6	104.0	103.6	102.7	101.7

4-2-5 2020年70个大中城市二手住宅销售价格指数
Housing Price Indices of Second-Hand Residential Buildings in 70 Large and Medium-Sized Cities 2020

(以上年同月价格为100) (Same Month of Preceding Year=100)

城 市	City	1月	2月	3月	4月	5月	6月	7月	8月	9月	10月	11月	12月
北 京	Beijing	100.0	99.6	99.3	99.8	101.5	102.2	102.5	103.6	104.5	105.4	106.4	106.3
天 津	Tianjin	99.2	98.2	97.7	96.7	95.7	95.4	95.8	95.5	95.4	95.8	95.6	96.0
石家庄	Shijiazhuang	100.3	99.7	99.1	98.5	97.9	97.6	97.5	97.0	97.6	97.5	97.5	97.5
太 原	Taiyuan	103.3	102.4	103.8	101.9	100.4	99.1	97.7	97.7	96.6	96.5	96.7	96.9
呼和浩特	Hohhot	109.5	107.9	106.3	104.7	102.3	101.4	101.0	101.0	100.4	99.7	99.3	99.2
沈 阳	Shenyang	109.9	109.3	109.0	110.0	110.4	110.4	110.3	109.4	108.8	109.1	108.3	107.8
大 连	Dalian	105.0	104.4	103.8	104.0	103.9	104.1	104.6	104.8	105.1	105.5	105.7	106.1
长 春	Changchun	107.3	107.3	106.5	105.7	105.3	105.3	104.5	103.8	102.7	101.8	100.9	99.8
哈尔滨	Harbin	112.2	111.7	111.5	110.8	110.0	108.3	106.7	104.9	102.6	100.4	98.4	97.0
上 海	Shanghai	101.4	101.6	101.6	102.3	102.8	103.3	103.3	104.1	104.6	105.2	105.5	106.3
南 京	Nanjing	105.6	105.3	104.6	105.0	105.3	105.7	105.2	104.9	103.9	103.8	104.0	104.5
杭 州	Hangzhou	103.0	103.1	103.1	103.2	102.7	103.3	104.6	105.4	105.9	106.4	106.5	106.9
宁 波	Ningbo	108.8	108.3	108.1	108.1	108.2	108.6	108.3	107.7	107.7	107.8	107.9	108.5
合 肥	Hefei	103.1	103.1	103.1	103.0	103.3	103.2	102.5	102.6	103.0	103.5	104.4	104.7
福 州	Fuzhou	103.8	103.5	102.7	103.0	103.4	103.7	103.5	104.4	104.8	103.6	102.8	102.5
厦 门	Xiamen	105.9	105.6	104.1	103.3	103.8	104.3	103.5	103.3	103.3	104.2	104.9	104.8
南 昌	Nanchang	101.5	101.1	100.0	99.3	99.4	99.6	99.4	99.1	98.9	99.0	99.7	99.6
济 南	Jinan	97.2	96.4	95.9	96.1	96.4	96.4	96.7	97.1	96.9	97.3	97.5	97.2
青 岛	Qingdao	94.5	94.2	94.1	94.3	94.5	95.4	95.8	96.6	97.0	97.2	97.7	97.9
郑 州	Zhengzhou	96.6	97.0	96.6	96.0	95.3	95.5	95.4	95.6	95.5	95.5	95.7	96.4
武 汉	Wuhan	97.8	97.8	97.7	97.7	98.0	98.1	98.8	99.0	100.1	100.5	100.5	100.2
长 沙	Changsha	98.8	98.7	98.7	98.1	98.3	98.9	99.5	99.7	100.0	100.3	100.7	101.3
广 州	Guangzhou	98.7	98.8	99.1	99.5	100.1	101.0	102.2	103.9	104.9	105.7	106.7	107.5
深 圳	Shenzhen	108.8	108.8	109.7	110.3	112.0	114.3	114.9	115.9	115.7	115.5	114.6	114.1
南 宁	Nanning	109.0	107.7	106.8	105.5	104.4	103.9	104.1	103.7	103.2	103.6	103.7	103.7
海 口	Haikou	98.6	98.6	98.2	97.2	97.1	97.1	98.0	99.5	100.7	101.1	101.9	102.4
重 庆	Chongqing	100.9	100.1	99.3	98.4	98.1	97.7	97.7	98.6	99.5	99.4	99.3	99.4
成 都	Chengdu	100.6	101.0	101.8	104.1	104.9	105.4	105.2	107.5	108.1	108.4	109.0	108.2
贵 阳	Guiyang	97.2	96.8	96.6	96.1	95.5	95.5	95.0	95.3	95.8	95.9	96.2	96.5
昆 明	Kunming	105.7	105.3	105.5	106.0	105.5	105.2	104.8	103.3	103.1	103.3	102.9	103.0
西 安	Xi'an	100.3	100.4	99.0	98.1	97.7	97.7	98.1	99.0	100.2	101.2	101.7	102.4
兰 州	Lanzhou	108.6	108.4	107.0	107.4	106.4	106.3	106.2	105.5	105.3	104.7	104.4	104.3
西 宁	Xining	112.8	111.7	110.4	109.2	109.1	109.7	109.5	109.5	108.7	108.3	107.7	107.9
银 川	Yinchuan	107.0	107.0	106.3	107.2	108.3	109.2	109.6	109.1	108.9	109.2	108.8	108.5
乌鲁木齐	Urumqi	101.5	100.3	101.4	100.9	101.0	101.3	101.9	103.0	104.0	104.1	105.0	105.8

4-2-5 续表 Continued

(以上年同月价格为100) (Same Month of Preceding Year=100)

城市	City	1月	2月	3月	4月	5月	6月	7月	8月	9月	10月	11月	12月
唐山	Tangshan	116.1	116.6	116.4	115.6	115.2	115.0	115.3	114.6	112.2	110.8	109.3	108.3
秦皇岛	Qinhuangdao	108.8	107.6	106.2	104.8	104.9	104.4	104.9	104.5	104.3	103.6	103.2	102.7
包头	Baotou	106.1	105.4	104.3	103.0	103.6	103.4	102.5	102.2	102.2	102.7	102.2	101.9
丹东	Dandong	108.9	108.4	107.8	107.2	106.5	106.1	106.0	106.1	105.9	105.7	105.2	104.7
锦州	Jinzhou	102.5	102.2	102.5	101.5	101.1	101.5	100.6	101.0	100.1	100.0	99.6	99.3
吉林	Jilin	108.0	107.6	106.5	105.7	105.3	105.0	104.6	103.6	102.1	100.5	99.7	98.5
牡丹江	Mudanjiang	99.3	98.3	97.8	96.0	94.5	93.0	91.9	90.7	90.9	90.6	90.5	90.0
无锡	Wuxi	109.3	109.1	109.3	110.0	109.8	110.0	109.9	109.2	108.9	107.8	107.6	107.4
扬州	Yangzhou	105.1	104.7	104.9	104.6	104.5	103.9	103.5	103.7	104.0	104.6	104.3	104.7
徐州	Xuzhou	104.8	105.4	105.1	105.8	106.3	106.5	107.0	107.3	107.7	107.6	108.0	108.5
温州	Wenzhou	103.3	103.1	102.7	102.9	103.1	103.7	104.7	105.2	105.0	104.9	104.6	105.2
金华	Jinhua	101.4	101.2	101.3	101.0	100.6	100.5	100.7	101.6	102.6	103.0	103.7	104.5
蚌埠	Bengbu	104.5	104.4	103.9	104.0	104.1	103.8	103.1	103.0	102.8	103.5	103.8	103.9
安庆	Anqing	96.3	96.1	96.4	97.7	97.5	97.7	97.5	98.3	98.6	98.6	98.4	98.4
泉州	Quanzhou	102.3	102.2	101.6	101.7	102.3	102.6	102.4	102.6	103.5	103.7	103.9	104.5
九江	Jiujiang	107.1	107.0	106.5	105.9	105.9	106.0	105.2	104.6	103.7	102.5	102.5	101.8
赣州	Ganzhou	105.4	105.0	104.3	104.1	104.1	104.4	104.3	104.4	104.3	104.1	103.6	102.8
烟台	Yantai	103.4	102.3	101.0	100.0	98.8	97.9	96.8	96.4	96.6	97.1	97.8	98.7
济宁	Jining	108.2	107.6	107.1	106.5	105.9	106.0	105.9	105.9	105.5	105.3	105.3	105.3
洛阳	Luoyang	109.6	109.7	110.2	109.1	108.5	107.9	107.1	106.9	105.1	104.6	103.7	103.2
平顶山	Pingdingshan	106.7	106.0	106.1	105.6	105.3	105.3	105.2	105.8	105.5	105.1	104.4	103.4
宜昌	Yichang	96.3	96.1	95.5	95.4	95.3	96.1	97.1	97.9	98.6	99.0	99.2	99.2
襄阳	Xiangyang	104.6	103.7	102.7	101.5	100.8	100.1	99.2	99.1	99.0	98.6	98.7	98.7
岳阳	Yueyang	98.6	98.2	98.2	98.6	98.5	98.8	98.5	99.1	99.7	99.9	100.7	100.8
常德	Changde	98.6	98.6	97.7	97.8	97.5	97.7	97.5	97.8	97.9	98.0	98.2	98.5
惠州	Huizhou	103.4	103.5	103.1	102.6	102.8	102.9	102.8	102.9	103.6	104.1	103.7	103.6
湛江	Zhanjiang	97.6	97.3	96.4	96.0	95.9	95.9	95.8	95.8	96.8	97.0	97.4	97.9
韶关	Shaoguan	99.9	99.3	99.1	98.4	97.9	97.9	97.5	97.5	98.0	98.3	99.6	99.2
桂林	Guilin	105.1	105.3	104.4	104.1	103.9	103.6	103.6	103.0	102.7	102.1	102.5	102.5
北海	Beihai	101.7	101.0	100.0	99.0	98.0	97.8	97.0	96.5	96.9	96.5	96.5	96.5
三亚	Sanya	99.7	98.9	97.5	96.6	95.6	96.5	97.1	97.3	98.3	98.9	99.4	100.0
泸州	Luzhou	100.0	99.1	98.6	98.8	98.3	98.7	98.6	98.1	97.6	97.6	97.6	96.9
南充	Nanchong	99.7	99.0	99.5	99.2	98.5	97.4	97.0	96.4	95.6	95.4	95.0	94.6
遵义	Zunyi	96.6	95.6	95.6	95.5	95.6	96.1	96.7	97.5	98.0	98.3	98.8	99.0
大理	Dali	110.6	109.2	107.5	106.8	105.9	105.4	104.9	105.2	104.5	104.0	103.3	102.5

4-2-6　2020年70个大中城市90㎡及以下二手住宅销售价格指数
Housing Price Indices of 90㎡ and below Second-Hand Residential Buildings in 70 Large and Medium-Sized Cities 2020

(以上年同月价格为100)　　(Same Month of Preceding Year=100)

城　市	City	1月	2月	3月	4月	5月	6月	7月	8月	9月	10月	11月	12月
北　京	Beijing	99.2	98.6	98.3	99.1	100.9	101.8	101.7	102.4	103.8	104.7	105.4	105.3
天　津	Tianjin	97.2	96.7	95.9	94.4	93.3	93.2	94.4	93.9	94.2	95.2	95.8	96.1
石家庄	Shijiazhuang	99.9	99.5	99.3	98.7	98.3	98.2	98.0	97.7	98.2	98.4	98.2	98.0
太　原	Taiyuan	103.8	103.3	104.8	102.0	99.5	98.2	96.5	96.6	95.6	95.5	95.7	96.3
呼和浩特	Hohhot	109.8	108.3	106.7	104.9	102.7	101.7	101.2	101.4	100.6	100.3	99.2	99.5
沈　阳	Shenyang	108.7	108.5	108.6	109.3	110.0	110.6	110.1	108.9	108.6	109.4	108.4	107.8
大　连	Dalian	104.1	103.7	103.0	102.8	102.9	103.2	103.0	103.2	103.7	104.6	104.9	105.7
长　春	Changchun	108.0	108.2	107.3	106.8	106.5	106.3	105.0	104.6	103.5	102.9	101.7	100.3
哈尔滨	Harbin	111.0	110.6	110.7	110.2	109.4	107.7	106.6	104.0	101.8	99.7	98.9	97.0
上　海	Shanghai	101.4	102.3	101.6	101.8	102.0	102.7	102.6	103.5	103.8	104.8	105.2	106.2
南　京	Nanjing	104.9	105.0	104.8	105.3	105.9	105.9	105.0	104.5	102.9	103.1	103.2	103.6
杭　州	Hangzhou	104.3	104.3	104.5	104.6	104.2	104.2	105.4	106.0	106.6	107.4	107.5	107.9
宁　波	Ningbo	110.3	109.6	109.4	109.0	109.0	108.9	109.0	108.2	108.4	108.5	108.2	109.1
合　肥	Hefei	103.6	103.7	102.7	102.0	102.6	102.2	102.3	102.5	102.4	103.1	104.0	104.3
福　州	Fuzhou	104.9	104.7	103.5	103.8	104.1	104.3	103.9	104.3	104.0	102.0	101.3	101.8
厦　门	Xiamen	105.5	105.7	104.2	103.0	103.8	104.0	103.6	104.3	104.3	105.3	105.9	105.5
南　昌	Nanchang	100.9	100.3	99.5	98.1	98.0	98.9	98.4	98.2	98.5	98.9	99.3	99.4
济　南	Jinan	96.9	96.6	96.1	95.9	95.3	95.7	95.7	96.6	97.0	97.0	97.4	97.3
青　岛	Qingdao	95.9	96.0	96.2	96.2	96.9	97.5	97.8	98.2	97.6	97.5	97.6	97.6
郑　州	Zhengzhou	95.2	95.6	95.5	95.1	94.2	95.0	94.8	94.8	95.3	95.7	96.4	96.6
武　汉	Wuhan	100.3	100.3	100.2	99.8	100.9	100.0	100.6	99.9	100.6	101.1	100.3	99.9
长　沙	Changsha	97.7	97.1	97.0	96.6	96.0	97.6	98.5	98.9	99.0	99.0	99.3	100.7
广　州	Guangzhou	98.0	97.8	98.1	98.5	99.3	100.4	102.0	103.6	104.3	105.0	106.0	106.9
深　圳	Shenzhen	110.2	109.7	110.5	111.1	112.7	115.1	116.0	117.5	117.4	117.0	116.1	115.8
南　宁	Nanning	109.6	108.2	107.1	105.5	103.6	103.1	103.3	102.9	102.3	103.0	103.1	103.8
海　口	Haikou	97.5	97.5	97.2	96.0	96.6	96.7	98.1	99.7	100.8	101.0	102.2	102.6
重　庆	Chongqing	101.3	100.4	98.9	97.8	97.5	97.6	97.3	97.9	98.3	98.7	98.7	98.8
成　都	Chengdu	101.6	101.7	102.7	104.8	105.6	106.3	106.1	107.8	109.0	108.9	109.2	108.4
贵　阳	Guiyang	96.7	96.3	96.1	95.0	94.6	95.1	94.1	95.3	95.7	96.2	97.0	97.2
昆　明	Kunming	105.1	104.8	104.5	104.0	103.1	103.0	102.3	101.3	101.6	101.7	101.4	101.7
西　安	Xi'an	101.7	101.9	100.5	99.1	98.8	98.8	99.1	99.4	99.8	100.0	100.0	101.0
兰　州	Lanzhou	106.3	106.2	105.4	106.5	105.9	106.8	106.8	107.4	107.4	106.9	106.3	105.9
西　宁	Xining	111.6	111.0	109.4	108.1	107.0	108.1	108.6	108.3	107.6	108.5	108.3	108.3
银　川	Yinchuan	106.4	106.5	105.8	107.1	107.8	108.9	109.8	109.0	108.3	108.8	108.3	108.1
乌鲁木齐	Urumqi	101.6	100.5	101.6	101.1	101.5	101.6	101.7	102.8	104.2	104.7	106.2	106.7

4-2-6 续表 Continued

(以上年同月价格为100) (Same Month of Preceding Year=100)

城 市	City	1月	2月	3月	4月	5月	6月	7月	8月	9月	10月	11月	12月
唐 山	Tangshan	116.4	116.9	116.4	115.3	114.8	114.6	114.7	113.9	111.5	110.4	109.3	108.3
秦皇岛	Qinhuangdao	107.5	106.0	105.2	103.6	103.3	103.6	104.3	105.1	105.0	104.7	104.3	103.5
包 头	Baotou	106.7	105.8	104.1	103.0	103.5	102.3	101.1	100.8	100.8	101.4	101.1	101.5
丹 东	Dandong	109.3	108.5	107.5	106.8	106.3	106.1	106.2	106.6	106.3	105.9	105.1	104.3
锦 州	Jinzhou	102.1	101.5	101.4	100.2	99.6	100.3	99.5	99.7	98.8	99.4	99.4	99.0
吉 林	Jilin	108.1	107.6	106.4	105.7	105.3	105.3	104.8	103.9	102.2	100.8	99.9	98.6
牡丹江	Mudanjiang	99.1	98.6	98.1	96.4	95.0	93.4	92.1	90.9	91.1	90.8	90.7	89.9
无 锡	Wuxi	109.4	109.7	109.6	110.1	109.0	109.3	109.4	108.8	109.0	108.7	108.4	108.5
扬 州	Yangzhou	105.3	105.0	105.4	104.1	103.4	103.7	103.5	104.2	104.2	104.7	104.4	104.7
徐 州	Xuzhou	105.5	106.2	105.4	106.2	106.8	107.3	108.3	108.4	108.4	108.4	108.4	108.8
温 州	Wenzhou	107.2	106.4	106.2	104.9	104.3	104.6	105.4	105.6	105.2	104.9	104.5	104.6
金 华	Jinhua	102.5	102.3	102.4	102.4	102.3	102.0	102.2	103.2	104.1	104.5	105.2	105.8
蚌 埠	Bengbu	105.1	105.0	104.6	104.5	104.4	104.0	103.2	103.3	103.3	103.9	104.0	104.1
安 庆	Anqing	96.1	95.9	96.4	97.5	98.0	98.5	98.5	99.6	99.6	99.4	98.8	98.9
泉 州	Quanzhou	101.2	101.4	101.0	101.5	102.2	102.7	102.7	103.3	104.5	104.8	105.6	105.5
九 江	Jiujiang	106.4	106.3	105.8	105.6	105.9	105.7	104.9	104.1	104.4	103.3	103.0	102.5
赣 州	Ganzhou	105.3	104.7	104.8	104.4	104.1	104.4	104.4	104.0	104.4	104.2	104.0	103.1
烟 台	Yantai	102.8	101.5	100.5	99.8	99.1	98.2	96.1	96.3	96.8	97.1	97.9	98.8
济 宁	Jining	107.4	106.9	106.8	106.4	105.6	106.0	105.5	105.8	104.8	105.2	104.8	105.8
洛 阳	Luoyang	112.6	112.8	112.5	111.5	110.8	109.8	109.0	107.6	105.3	104.5	104.0	103.4
平顶山	Pingdingshan	106.0	105.5	105.4	105.1	105.3	105.1	105.0	105.4	105.4	105.4	104.5	103.9
宜 昌	Yichang	97.1	97.0	96.2	95.8	95.6	96.6	97.2	97.7	98.6	99.0	99.0	99.5
襄 阳	Xiangyang	104.7	103.9	102.9	102.1	100.7	100.0	99.4	99.5	99.3	98.7	99.0	99.0
岳 阳	Yueyang	99.7	99.8	99.2	99.3	99.7	99.8	99.7	99.7	99.8	99.1	100.0	99.9
常 德	Changde	97.8	97.9	96.9	97.9	97.2	97.3	96.9	97.5	97.2	98.4	99.1	98.9
惠 州	Huizhou	103.3	103.2	102.3	102.1	102.0	102.1	102.0	102.0	103.0	103.5	103.2	103.2
湛 江	Zhanjiang	96.1	95.7	95.0	94.0	94.3	94.6	94.7	95.8	97.0	97.3	97.3	97.9
韶 关	Shaoguan	97.2	96.5	96.9	95.9	96.2	96.5	96.6	96.5	97.9	98.7	99.8	99.6
桂 林	Guilin	105.4	105.8	104.9	104.5	104.5	104.5	104.1	103.3	102.4	102.3	102.5	102.4
北 海	Beihai	101.3	100.8	99.5	98.4	97.6	97.5	96.9	96.3	97.1	96.6	96.4	96.4
三 亚	Sanya	99.7	98.5	96.7	95.4	94.3	94.6	95.5	95.5	96.9	98.6	99.3	100.0
泸 州	Luzhou	100.6	99.7	99.2	99.0	98.5	98.4	98.5	97.7	97.0	97.6	97.4	96.4
南 充	Nanchong	98.9	98.6	98.9	99.7	98.6	97.7	96.8	96.0	95.2	96.0	95.2	94.9
遵 义	Zunyi	96.6	95.8	95.9	96.2	96.8	97.1	97.4	98.2	98.1	98.4	98.9	99.7
大 理	Dali	109.8	108.4	107.1	106.1	105.6	104.9	104.5	104.8	103.9	103.3	102.7	102.3

4-2-7 2020年70个大中城市90㎡~144㎡二手住宅销售价格指数
Housing Price Indices of 90㎡~144㎡ Second-Hand Residential Buildings in 70 Large and Medium-Sized Cities 2020

(以上年同月价格为100) (Same Month of Preceding Year=100)

城 市	City	1月	2月	3月	4月	5月	6月	7月	8月	9月	10月	11月	12月
北 京	Beijing	100.9	100.4	100.0	100.3	102.3	102.8	102.8	104.1	104.3	105.1	106.1	105.9
天 津	Tianjin	101.0	99.5	99.3	98.8	98.1	97.9	97.4	97.3	96.7	96.5	95.5	96.0
石家庄	Shijiazhuang	100.2	99.3	98.8	98.3	97.5	97.1	97.1	96.6	97.1	96.6	96.9	97.0
太 原	Taiyuan	103.0	101.8	103.1	101.9	101.0	99.7	98.3	98.2	96.8	97.0	97.3	97.5
呼和浩特	Hohhot	109.3	108.0	106.2	104.7	102.1	101.6	100.8	100.5	100.3	98.7	99.1	98.5
沈 阳	Shenyang	112.8	111.3	110.0	111.4	111.2	110.0	110.2	109.8	108.5	108.2	107.5	107.0
大 连	Dalian	106.5	105.3	104.8	105.4	104.8	105.1	106.5	106.7	107.1	106.7	106.7	106.4
长 春	Changchun	106.5	106.5	105.9	104.6	104.5	104.6	104.0	103.0	101.6	100.3	99.7	99.1
哈尔滨	Harbin	113.3	112.9	112.2	111.0	109.5	108.2	106.1	104.8	102.6	100.3	97.8	96.7
上 海	Shanghai	102.5	101.9	102.5	103.9	104.2	104.2	104.1	104.6	105.3	105.5	105.9	106.5
南 京	Nanjing	105.3	104.9	104.1	104.4	104.8	105.2	104.9	104.8	104.1	104.1	104.5	104.6
杭 州	Hangzhou	102.5	102.6	102.1	102.2	101.3	102.0	103.4	104.3	105.0	105.3	105.6	106.0
宁 波	Ningbo	108.9	108.3	108.1	108.0	107.8	108.5	108.0	107.6	107.4	107.5	107.7	108.1
合 肥	Hefei	103.0	102.7	103.6	103.7	103.9	103.9	102.6	102.7	103.2	103.7	104.4	104.8
福 州	Fuzhou	103.1	103.1	102.2	102.6	102.8	103.9	103.3	103.9	105.0	104.2	103.2	102.5
厦 门	Xiamen	105.7	105.2	103.5	103.1	104.0	104.4	103.5	102.8	102.9	103.6	104.7	104.9
南 昌	Nanchang	102.2	101.7	100.4	100.5	100.8	100.5	100.3	100.1	99.3	99.4	100.2	99.5
济 南	Jinan	96.8	95.7	95.3	95.9	97.0	96.4	96.9	97.1	96.5	97.3	97.5	97.1
青 岛	Qingdao	92.8	91.7	91.1	91.2	91.1	92.8	93.4	94.6	96.3	96.6	97.6	98.3
郑 州	Zhengzhou	97.4	97.7	97.1	96.2	95.6	95.9	95.9	96.3	95.6	94.9	95.0	96.1
武 汉	Wuhan	95.2	95.3	95.6	96.3	96.2	96.9	97.3	98.1	99.7	100.0	100.8	100.8
长 沙	Changsha	99.5	99.5	99.5	98.5	98.8	98.5	99.4	99.9	100.1	100.9	101.2	101.4
广 州	Guangzhou	100.1	100.5	100.6	100.8	101.2	101.9	102.8	104.5	106.0	106.9	108.0	108.5
深 圳	Shenzhen	106.0	106.7	108.3	109.3	111.7	114.1	114.3	115.4	115.5	115.7	114.6	113.7
南 宁	Nanning	108.5	107.2	106.4	105.1	104.4	104.1	104.3	104.8	104.2	104.2	104.3	103.6
海 口	Haikou	100.5	100.4	100.2	99.3	98.4	98.6	98.9	100.2	101.3	102.0	102.2	102.8
重 庆	Chongqing	100.4	99.7	99.8	98.9	98.9	98.0	98.0	98.8	100.2	99.9	99.9	99.9
成 都	Chengdu	99.8	100.9	101.6	103.9	104.2	104.8	104.6	107.0	107.2	107.4	108.3	107.6
贵 阳	Guiyang	97.3	96.9	96.7	96.5	95.6	95.6	95.0	94.9	95.4	95.7	95.4	95.8
昆 明	Kunming	105.8	105.4	106.0	106.5	105.7	105.5	105.3	103.5	102.9	103.2	102.5	102.6
西 安	Xi'an	98.0	98.1	96.6	96.1	96.1	96.6	97.0	98.4	100.1	101.8	102.8	103.4
兰 州	Lanzhou	110.8	110.6	108.5	108.6	107.1	106.0	105.9	104.3	104.4	103.6	103.4	103.6
西 宁	Xining	113.7	112.6	111.6	110.4	110.2	111.0	110.5	110.3	109.4	108.3	107.2	107.2
银 川	Yinchuan	107.5	107.5	106.9	107.7	108.9	109.8	109.9	109.5	109.8	109.9	109.4	109.1
乌鲁木齐	Urumqi	101.3	100.1	101.2	100.7	100.6	101.1	102.3	103.4	103.9	103.7	103.8	105.0

4—2—7　续表　Continued

(以上年同月价格为100)　　(Same Month of Preceding Year=100)

城　市	City	1月	2月	3月	4月	5月	6月	7月	8月	9月	10月	11月	12月
唐　山	Tangshan	116.8	117.3	117.5	116.8	116.5	116.3	116.6	116.0	113.6	112.0	109.7	108.8
秦皇岛	Qinhuangdao	110.4	109.2	107.2	105.9	106.3	105.3	105.8	104.4	104.0	103.3	102.6	102.3
包　头	Baotou	105.6	105.1	104.4	103.0	103.6	104.7	104.1	103.9	104.1	104.5	104.1	102.7
丹　东	Dandong	108.5	108.2	108.3	107.6	106.9	106.2	106.1	106.0	105.8	106.0	105.7	105.6
锦　州	Jinzhou	103.2	103.4	103.9	103.5	103.5	103.4	102.1	102.7	101.7	100.5	99.7	99.5
吉　林	Jilin	107.8	107.5	106.6	105.7	105.3	104.6	104.1	103.0	101.9	100.1	99.2	98.1
牡丹江	Mudanjiang	100.2	97.9	97.2	95.3	93.6	92.0	91.4	90.3	90.3	90.1	89.9	90.2
无　锡	Wuxi	109.0	108.1	108.5	109.2	109.4	109.6	109.7	109.3	108.8	107.2	107.6	106.9
扬　州	Yangzhou	104.8	104.5	104.5	105.0	105.7	104.0	103.2	103.1	103.9	104.4	104.1	104.7
徐　州	Xuzhou	104.8	105.4	105.5	106.3	106.6	106.9	107.4	107.7	108.3	107.9	108.3	108.7
温　州	Wenzhou	102.2	102.3	101.6	102.2	102.5	103.1	104.8	105.3	104.9	104.8	104.3	105.5
金　华	Jinhua	100.8	100.5	100.5	100.0	99.4	99.6	100.2	100.9	102.0	102.5	103.2	104.0
蚌　埠	Bengbu	103.8	103.8	103.0	103.2	103.6	103.4	102.6	102.4	102.0	102.6	103.1	103.3
安　庆	Anqing	96.2	96.0	96.2	97.5	96.6	96.5	96.1	96.5	97.3	97.5	97.8	97.7
泉　州	Quanzhou	103.1	103.0	101.7	101.6	101.9	102.4	101.9	102.1	102.6	103.6	103.2	103.8
九　江	Jiujiang	107.8	107.8	107.2	106.1	105.9	106.3	105.5	104.8	103.0	101.8	102.2	101.3
赣　州	Ganzhou	105.7	105.5	104.5	104.4	104.7	104.4	104.4	104.9	104.8	104.2	103.2	102.9
烟　台	Yantai	103.3	102.3	100.8	99.4	97.8	97.3	97.4	96.5	96.3	96.9	97.6	98.7
济　宁	Jining	108.8	108.1	107.4	106.5	105.8	105.9	106.1	105.8	106.0	105.3	105.6	104.9
洛　阳	Luoyang	107.6	107.6	108.9	108.2	107.5	106.8	106.0	106.8	105.4	104.9	103.5	103.2
平顶山	Pingdingshan	108.1	107.4	107.2	106.9	106.1	106.0	105.8	106.4	106.2	105.3	104.7	103.1
宜　昌	Yichang	96.0	95.9	95.3	95.4	95.5	96.2	97.2	98.0	98.6	98.9	99.1	98.9
襄　阳	Xiangyang	104.7	103.7	102.8	101.3	101.0	100.3	99.3	99.0	99.1	99.1	99.0	98.9
岳　阳	Yueyang	98.1	97.2	97.5	98.1	97.7	98.2	97.7	98.7	99.6	100.6	101.3	101.5
常　德	Changde	99.2	99.2	98.6	97.9	98.1	98.5	98.4	98.0	98.6	97.5	97.5	98.1
惠　州	Huizhou	103.2	103.3	103.2	102.3	102.5	102.5	102.1	102.0	102.6	103.3	103.3	103.0
湛　江	Zhanjiang	98.1	98.0	97.0	97.3	97.0	96.8	96.6	95.5	96.6	96.6	97.3	97.8
韶　关	Shaoguan	100.7	100.1	99.4	99.2	98.4	98.0	97.1	96.8	97.4	98.0	99.2	98.8
桂　林	Guilin	105.2	105.5	104.6	104.1	103.7	102.9	103.2	102.8	102.6	101.7	102.4	102.2
北　海	Beihai	102.7	102.0	101.3	100.7	99.4	99.1	97.5	97.1	97.0	96.5	96.8	96.5
三　亚	Sanya	98.6	98.0	97.1	96.3	95.8	97.0	97.5	97.5	98.8	98.9	98.9	99.7
泸　州	Luzhou	99.7	98.8	98.2	98.5	98.1	98.9	98.7	98.3	97.8	97.4	97.7	97.1
南　充	Nanchong	100.5	99.3	100.0	98.8	98.2	96.9	97.0	96.5	95.9	94.7	94.8	94.5
遵　义	Zunyi	97.1	95.9	95.8	95.7	95.3	95.8	96.4	97.1	98.2	98.4	98.9	98.8
大　理	Dali	111.1	109.7	107.6	107.5	106.4	106.4	105.7	106.0	105.4	104.5	104.0	102.9

4-2-8 2020年70个大中城市144㎡以上二手住宅销售价格指数
Housing Price Indices of Above 144㎡ Second-Hand Residential Buildings in 70 Large and Medium-Sized Cities 2020

(以上年同月价格为100) (Same Month of Preceding Year=100)

城市	City	1月	2月	3月	4月	5月	6月	7月	8月	9月	10月	11月	12月
北京	Beijing	100.4	100.7	100.6	100.4	102.0	102.4	104.1	106.1	106.5	108.1	109.6	109.5
天津	Tianjin	100.2	99.5	98.5	97.6	96.3	95.3	95.3	95.4	94.9	95.4	95.1	95.5
石家庄	Shijiazhuang	101.7	100.9	99.2	98.7	97.8	97.2	97.5	96.2	97.3	97.3	97.2	97.5
太原	Taiyuan	102.6	101.6	103.0	101.9	101.2	99.9	99.4	99.4	98.4	97.6	97.8	97.4
呼和浩特	Hohhot	108.4	106.5	104.8	103.5	101.1	100.0	100.8	101.0	100.1	100.2	100.3	100.3
沈阳	Shenyang	111.1	110.1	109.7	111.2	110.5	110.0	111.9	112.1	111.0	110.4	110.0	110.0
大连	Dalian	104.9	104.8	104.6	105.6	105.9	106.1	106.7	106.6	105.5	105.7	106.1	107.4
长春	Changchun	106.3	105.9	104.8	104.2	102.4	103.4	103.6	103.1	101.9	101.2	100.8	99.4
哈尔滨	Harbin	112.3	111.4	111.3	111.8	112.3	110.0	108.2	107.1	104.3	102.1	99.1	97.4
上海	Shanghai	99.6	99.7	99.7	100.6	102.1	102.8	103.6	104.7	104.9	105.8	105.7	106.4
南京	Nanjing	107.4	106.7	105.7	105.9	105.6	106.4	106.1	106.1	105.0	104.6	104.5	105.7
杭州	Hangzhou	101.3	101.5	101.7	102.0	102.0	103.6	104.8	105.8	106.2	106.0	105.7	106.3
宁波	Ningbo	105.8	105.7	105.6	106.5	107.6	108.2	107.6	107.2	107.3	107.5	108.0	108.5
合肥	Hefei	102.0	102.5	102.4	103.1	103.1	104.1	103.2	102.6	104.0	104.1	105.9	105.5
福州	Fuzhou	103.5	102.8	102.7	102.6	103.5	102.9	103.4	105.2	105.4	104.6	103.7	103.3
厦门	Xiamen	106.9	106.2	104.9	104.1	103.5	104.7	103.4	103.1	102.8	103.7	103.9	103.6
南昌	Nanchang	101.6	102.2	100.9	99.4	99.8	99.2	100.4	99.0	99.3	98.4	99.8	100.5
济南	Jinan	99.2	97.9	97.5	97.6	97.7	98.9	99.1	98.7	97.7	97.8	97.4	97.4
青岛	Qingdao	95.0	95.3	95.8	96.8	97.1	96.2	96.3	97.0	96.8	97.5	97.9	97.9
郑州	Zhengzhou	98.1	98.3	97.7	97.5	97.0	95.7	95.5	95.7	95.3	96.1	95.9	96.6
武汉	Wuhan	99.3	99.1	98.1	97.1	96.7	97.1	98.8	99.2	99.9	100.4	100.2	99.6
长沙	Changsha	99.0	99.1	99.4	99.0	99.7	100.7	100.6	100.2	100.8	100.9	101.3	101.6
广州	Guangzhou	97.3	97.5	98.5	99.0	99.8	100.3	101.0	103.0	103.9	104.6	105.6	106.9
深圳	Shenzhen	110.1	109.8	109.9	110.3	111.1	113.1	113.5	113.5	112.7	112.5	111.8	111.4
南宁	Nanning	108.6	107.5	106.9	106.0	105.8	105.3	105.1	103.6	103.2	103.9	104.1	103.6
海口	Haikou	96.6	96.7	95.3	94.9	94.0	93.6	94.0	96.5	97.7	97.9	99.0	100.1
重庆	Chongqing	101.1	100.4	99.2	98.5	97.3	97.3	97.9	99.9	101.4	100.4	99.3	99.8
成都	Chengdu	99.3	99.4	99.6	102.7	104.3	104.2	104.3	107.7	108.0	109.1	110.1	108.9
贵阳	Guiyang	97.5	97.5	97.4	96.8	96.1	95.9	96.3	96.3	96.6	96.0	97.2	97.5
昆明	Kunming	106.6	106.0	106.0	108.1	108.6	108.1	107.6	106.1	105.5	105.8	105.8	105.5
西安	Xi'an	103.1	103.4	102.2	101.1	99.7	98.3	98.9	99.7	101.2	102.0	102.0	102.5
兰州	Lanzhou	109.2	108.9	107.6	107.3	106.2	105.9	105.6	104.1	103.1	102.9	102.9	102.7
西宁	Xining	111.7	110.2	108.4	107.3	108.4	108.1	108.0	109.0	107.8	108.0	108.5	109.1
银川	Yinchuan	107.6	106.5	105.5	105.7	107.6	107.4	107.5	107.5	107.5	108.0	107.5	107.8
乌鲁木齐	Urumqi	102.4	100.9	101.3	100.4	100.5	100.2	101.4	102.2	103.7	103.3	104.4	105.7

4-2-8 续表 Continued

(以上年同月价格为100) (Same Month of Preceding Year=100)

城 市	City	1月	2月	3月	4月	5月	6月	7月	8月	9月	10月	11月	12月
唐 山	Tangshan	112.4	113.5	113.9	113.2	113.6	113.4	114.6	113.6	111.1	109.4	108.0	106.9
秦皇岛	Qinhuangdao	105.9	105.8	105.4	104.5	104.2	103.3	103.0	102.5	102.5	101.4	101.9	101.9
包 头	Baotou	106.1	105.5	104.7	102.8	103.5	102.5	101.1	100.3	100.0	100.4	99.0	99.8
丹 东	Dandong	108.0	108.0	108.2	108.1	106.6	105.3	104.2	104.1	104.0	103.6	103.7	103.6
锦 州	Jinzhou	101.6	102.0	103.0	101.1	100.3	101.0	101.0	102.2	101.6	101.4	100.7	100.8
吉 林	Jilin	108.4	107.9	106.8	105.8	105.7	105.0	105.2	104.7	102.7	100.5	100.4	99.1
牡丹江	Mudanjiang	97.8	96.9	96.1	93.8	91.8	91.2	90.5	89.9	89.5	88.8	89.4	89.3
无 锡	Wuxi	110.0	110.5	111.1	112.3	113.1	112.9	111.8	109.9	108.6	107.5	106.1	106.3
扬 州	Yangzhou	104.9	104.5	104.1	104.5	103.8	104.3	105.1	104.0	103.9	105.1	104.3	103.8
徐 州	Xuzhou	102.7	103.4	103.1	103.1	103.8	102.9	102.7	103.0	104.2	104.7	105.7	107.0
温 州	Wenzhou	101.0	100.9	100.7	101.8	102.7	103.6	103.8	104.6	104.8	105.0	104.9	105.4
金 华	Jinhua	100.2	100.3	100.7	100.3	99.4	99.4	98.8	100.1	100.9	101.4	101.9	103.0
蚌 埠	Bengbu	103.0	103.0	102.9	104.1	104.6	104.5	105.0	104.2	103.8	105.3	105.8	105.7
安 庆	Anqing	97.4	97.7	98.1	99.4	99.0	98.8	98.9	99.2	99.2	99.3	99.2	99.1
泉 州	Quanzhou	102.7	102.1	102.4	102.0	103.2	102.9	102.7	102.7	103.6	102.6	102.8	104.1
九 江	Jiujiang	107.0	107.2	106.5	106.3	105.8	105.3	105.7	105.6	104.4	101.9	101.0	100.5
赣 州	Ganzhou	105.0	104.5	103.3	103.2	103.0	104.2	104.1	103.6	103.4	103.6	104.2	102.2
烟 台	Yantai	106.2	105.7	103.9	102.2	100.7	98.7	98.0	96.3	96.2	97.2	97.8	98.3
济 宁	Jining	108.5	107.8	107.1	107.1	107.4	106.4	106.6	106.5	106.4	105.7	105.5	105.2
洛 阳	Luoyang	109.9	110.0	110.0	107.9	107.7	107.6	106.9	106.3	104.2	104.3	103.7	103.0
平顶山	Pingdingshan	105.8	104.8	105.6	104.3	104.3	104.6	104.9	105.5	104.4	104.3	103.5	103.1
宜 昌	Yichang	95.2	95.0	94.4	93.9	93.6	94.3	96.3	98.0	98.5	99.6	100.2	100.3
襄 阳	Xiangyang	104.6	103.4	101.9	101.2	100.3	99.6	98.2	98.4	97.8	96.5	97.1	97.2
岳 阳	Yueyang	97.4	97.5	98.0	98.4	98.4	98.5	97.9	99.2	99.3	99.3	100.5	100.4
常 德	Changde	98.9	99.0	97.1	97.1	96.9	96.4	96.1	97.8	97.4	98.5	98.2	99.0
惠 州	Huizhou	104.2	104.2	103.9	103.7	104.3	104.8	105.2	106.2	106.7	106.5	105.3	105.4
湛 江	Zhanjiang	100.3	99.9	98.6	98.3	97.2	96.9	96.1	96.3	97.0	97.5	98.3	98.2
韶 关	Shaoguan	101.5	101.0	100.8	99.7	99.0	99.5	98.9	99.6	99.1	98.3	99.9	99.4
桂 林	Guilin	103.9	103.3	102.3	102.8	102.8	103.0	103.4	103.1	104.1	102.4	102.5	103.6
北 海	Beihai	100.3	98.3	97.4	96.3	94.6	94.9	95.0	95.1	95.5	95.9	95.9	96.7
三 亚	Sanya	101.1	101.0	99.5	98.8	97.6	98.7	99.3	99.7	99.6	99.6	100.3	100.3
泸 州	Luzhou	98.8	99.6	100.0	100.5	98.8	98.5	98.2	97.8	98.9	98.8	98.2	97.3
南 充	Nanchong	99.3	99.2	99.5	100.0	99.4	99.3	97.8	98.0	96.3	95.9	94.6	93.9
遵 义	Zunyi	94.6	93.7	93.9	93.6	93.8	94.7	95.8	96.8	96.8	97.8	98.4	98.3
大 理	Dali	111.5	110.2	108.0	106.9	105.6	104.5	104.6	104.7	104.2	104.3	103.4	102.2

4-3-1 2020年70个大中城市新建商品住宅销售价格指数
Housing Price Indices of Newly Constructed Commercial Residential Buildings in 70 Large and Medium-Sized Cities 2020

(以上月价格为100) (Last Month=100)

城市	City	1月	2月	3月	4月	5月	6月	7月	8月	9月	10月	11月	12月
北京	Beijing	100.0	100.1	100.0	99.7	100.5	100.4	100.3	100.6	100.3	100.2	99.9	100.3
天津	Tianjin	99.8	99.6	99.9	100.2	100.4	100.6	100.5	100.3	100.2	99.6	100.3	100.0
石家庄	Shijiazhuang	100.0	100.0	100.2	100.6	100.2	100.1	100.3	100.1	100.6	100.2	100.4	99.9
太原	Taiyuan	99.4	100.0	100.1	100.3	100.5	100.6	99.9	99.8	99.6	99.7	99.6	99.8
呼和浩特	Hohhot	100.5	100.0	100.1	100.5	101.0	100.1	100.6	100.5	100.4	100.6	100.4	100.2
沈阳	Shenyang	100.3	100.5	100.4	100.8	101.0	100.9	100.8	101.1	100.0	99.9	99.9	99.6
大连	Dalian	100.1	100.4	100.2	100.5	100.8	100.9	100.5	100.3	100.5	100.3	100.0	100.2
长春	Changchun	100.0	99.9	100.4	100.5	100.4	100.7	100.3	100.6	100.3	99.9	99.7	99.6
哈尔滨	Harbin	100.3	100.0	100.3	101.0	100.0	100.1	100.0	100.2	99.8	100.1	99.7	99.4
上海	Shanghai	100.5	100.0	100.1	100.6	100.8	100.5	100.4	100.6	100.5	100.3	100.0	100.2
南京	Nanjing	100.1	99.9	100.2	101.8	101.2	101.0	100.1	100.0	100.0	100.4	100.1	100.1
杭州	Hangzhou	100.3	99.9	101.3	100.9	100.7	101.2	100.2	100.4	100.0	100.0	99.8	99.7
宁波	Ningbo	100.6	99.8	100.3	100.0	101.4	100.8	100.4	100.7	100.3	100.1	100.0	99.8
合肥	Hefei	100.4	100.0	100.1	99.5	99.9	100.7	100.4	100.3	100.6	100.5	100.6	100.7
福州	Fuzhou	99.5	100.6	100.4	100.5	100.5	100.6	100.4	100.3	100.3	100.1	100.5	100.7
厦门	Xiamen	100.2	100.0	100.0	99.9	100.5	101.0	100.7	100.4	100.6	100.2	100.4	100.6
南昌	Nanchang	100.3	100.0	99.7	100.6	100.3	100.2	100.2	99.7	100.1	99.6	99.6	100.5
济南	Jinan	99.5	99.8	99.6	100.0	100.5	100.3	100.1	99.6	100.0	99.8	99.7	99.9
青岛	Qingdao	100.1	100.0	99.5	100.5	100.3	100.8	100.4	100.8	100.5	99.8	99.9	100.3
郑州	Zhengzhou	100.0	99.7	99.8	100.1	99.8	100.4	100.0	100.6	99.9	99.5	99.7	99.8
武汉	Wuhan	100.4	100.0	100.0	99.8	100.4	101.4	100.7	100.6	100.4	100.4	100.2	100.3
长沙	Changsha	100.6	100.3	100.3	100.5	100.4	101.4	100.5	100.9	100.2	100.0	99.8	100.3
广州	Guangzhou	100.3	99.9	99.5	100.0	100.3	100.6	100.8	100.9	100.6	100.5	100.9	100.7
深圳	Shenzhen	100.5	100.0	100.5	100.0	100.6	100.8	100.6	100.5	100.4	100.2	100.0	99.9
南宁	Nanning	100.4	100.0	100.2	100.4	100.6	101.1	100.7	100.9	100.6	100.2	99.9	100.2
海口	Haikou	99.9	100.0	100.0	100.5	99.7	100.3	100.4	100.8	100.4	100.2	100.3	100.1
重庆	Chongqing	100.0	99.7	100.3	101.0	100.8	100.9	100.5	100.4	100.6	100.2	99.9	100.3
成都	Chengdu	100.3	101.2	100.5	100.7	100.5	100.9	100.9	101.0	100.3	100.1	100.0	99.7
贵阳	Guiyang	99.5	100.5	99.9	99.6	100.3	100.2	100.3	100.7	100.2	100.4	100.5	100.5
昆明	Kunming	100.0	99.8	100.0	101.0	100.6	101.2	100.3	100.9	100.2	100.8	100.2	100.3
西安	Xi'an	100.3	100.0	100.5	100.6	100.5	100.8	100.9	101.1	100.8	100.5	100.2	100.5
兰州	Lanzhou	100.6	100.0	99.8	100.6	100.4	100.5	100.6	100.7	100.6	100.5	100.6	100.3
西宁	Xining	100.8	100.5	101.4	100.7	100.8	101.0	100.0	101.0	100.6	100.6	100.6	100.7
银川	Yinchuan	101.0	100.0	101.1	101.0	102.1	101.9	102.0	101.8	101.0	100.6	100.4	100.5
乌鲁木齐	Urumqi	99.9	99.8	100.0	100.9	100.5	101.0	100.6	100.0	100.2	100.5	100.2	99.5

4−3−1 续表　Continued

(以上月价格为100)　　(Last Month=100)

城　市	City	1月	2月	3月	4月	5月	6月	7月	8月	9月	10月	11月	12月
唐　山	Tangshan	101.2	100.2	100.9	101.8	101.2	101.5	101.4	101.3	100.6	100.0	100.3	100.3
秦皇岛	Qinhuangdao	100.0	99.7	100.4	100.7	100.9	100.8	100.1	100.5	100.4	99.7	100.2	100.0
包　头	Baotou	100.0	99.9	100.1	99.8	100.8	99.9	100.5	100.8	100.5	100.1	99.9	100.2
丹　东	Dandong	100.6	100.5	100.4	100.6	100.3	99.8	101.0	100.8	100.8	100.4	100.7	100.6
锦　州	Jinzhou	101.4	100.1	100.2	100.8	101.0	100.6	101.1	101.4	99.8	100.1	100.4	100.2
吉　林	Jilin	101.0	100.2	100.5	100.7	100.2	100.4	100.3	100.8	100.9	99.8	99.7	99.7
牡丹江	Mudanjiang	100.7	100.3	99.9	99.4	99.8	100.0	99.6	100.8	100.0	99.5	99.7	99.3
无　锡	Wuxi	100.8	100.2	100.5	100.6	101.0	100.9	101.3	101.1	100.3	99.9	99.9	99.7
扬　州	Yangzhou	100.4	100.0	100.4	100.5	100.6	100.7	100.9	100.9	100.4	100.9	100.1	100.8
徐　州	Xuzhou	100.8	100.8	100.6	101.0	100.9	101.1	101.6	100.8	101.4	100.7	99.9	100.0
温　州	Wenzhou	100.3	99.7	99.4	101.0	100.7	101.1	100.7	101.3	100.0	100.3	99.7	100.0
金　华	Jinhua	100.4	100.0	100.0	100.4	100.8	100.9	100.4	101.1	100.2	99.8	100.2	100.5
蚌　埠	Bengbu	100.7	100.0	100.4	100.5	100.5	101.0	100.3	100.6	100.4	100.4	100.2	100.3
安　庆	Anqing	99.6	99.8	99.4	99.6	99.9	99.4	99.7	99.3	100.2	100.5	100.3	100.4
泉　州	Quanzhou	100.3	99.6	100.4	100.3	101.0	100.8	100.5	100.9	100.7	100.3	100.2	100.5
九　江	Jiujiang	101.1	100.4	99.8	100.7	100.5	100.9	100.3	99.9	100.5	100.0	99.8	100.1
赣　州	Ganzhou	100.1	100.3	99.9	100.5	100.3	100.5	100.7	100.5	100.2	100.3	100.4	100.3
烟　台	Yantai	100.5	100.6	100.3	100.3	100.4	100.5	100.5	101.0	100.6	100.4	100.2	100.1
济　宁	Jining	100.2	100.0	100.4	100.6	100.7	100.6	101.1	101.2	100.9	100.6	101.2	100.4
洛　阳	Luoyang	100.1	100.1	99.9	100.3	100.1	100.2	100.8	100.3	100.3	100.0	100.1	100.0
平顶山	Pingdingshan	100.2	100.0	100.1	100.0	100.5	100.7	100.4	100.3	100.4	100.1	100.6	100.1
宜　昌	Yichang	99.5	100.0	99.7	100.3	100.4	100.3	100.7	100.1	100.2	100.6	100.4	100.1
襄　阳	Xiangyang	100.6	100.0	100.0	99.9	100.0	100.5	100.8	100.7	100.5	100.4	100.5	100.2
岳　阳	Yueyang	99.7	99.6	100.0	100.5	100.5	100.6	100.2	100.4	100.3	99.3	99.9	100.0
常　德	Changde	99.8	100.2	99.6	99.8	100.3	99.8	100.3	99.9	99.6	99.4	99.8	100.1
惠　州	Huizhou	100.7	100.0	99.8	100.4	101.0	101.5	101.0	101.9	100.7	100.3	99.8	100.4
湛　江	Zhanjiang	99.5	99.8	99.3	100.0	99.8	100.0	100.3	100.5	100.6	100.5	100.5	99.8
韶　关	Shaoguan	99.8	99.5	99.9	100.0	99.8	100.2	100.0	100.5	99.8	100.4	100.0	99.8
桂　林	Guilin	100.3	99.7	99.8	100.5	100.4	100.3	100.0	99.0	100.7	100.3	99.8	100.2
北　海	Beihai	100.4	100.1	100.0	99.9	99.8	99.4	99.7	99.3	99.6	99.3	99.8	99.5
三　亚	Sanya	101.3	100.0	99.5	100.7	99.6	100.3	100.9	101.0	100.8	100.7	100.4	100.5
泸　州	Luzhou	99.8	99.3	99.8	100.0	100.3	100.5	100.2	100.5	100.2	99.6	99.9	99.8
南　充	Nanchong	99.6	99.4	100.5	101.1	101.3	99.1	99.6	99.5	100.0	99.5	99.6	99.9
遵　义	Zunyi	100.2	99.6	100.2	100.1	99.9	100.2	99.6	100.3	99.8	99.9	100.3	99.9
大　理	Dali	100.8	100.0	100.3	100.0	99.9	99.7	100.4	100.7	100.2	100.0	99.9	99.8

4-3-2 2020年70个大中城市90㎡及以下新建商品住宅销售价格指数
Housing Price Indices of 90㎡ and below Newly Constructed Commercial Residential Buildings in 70 Large and Medium-Sized Cities 2020

(以上月价格为100) (Last Month=100)

城 市	City	1月	2月	3月	4月	5月	6月	7月	8月	9月	10月	11月	12月
北 京	Beijing	100.3	99.1	100.4	100.0	101.1	100.1	100.2	100.6	100.3	100.0	99.8	99.9
天 津	Tianjin	100.0	99.5	99.9	100.1	100.0	100.7	100.7	100.2	100.1	99.3	100.4	99.6
石家庄	Shijiazhuang	100.3	100.0	99.5	100.1	100.3	99.5	100.2	100.6	100.2	100.2	100.7	100.4
太 原	Taiyuan	99.5	100.0	100.4	100.0	100.9	100.7	99.9	100.1	99.7	99.5	99.5	99.9
呼和浩特	Hohhot	100.8	100.0	100.0	100.6	100.4	99.8	100.9	100.9	100.1	100.9	100.0	100.6
沈 阳	Shenyang	100.4	100.2	100.4	100.6	101.0	100.7	101.0	101.0	99.8	99.8	100.0	99.3
大 连	Dalian	100.1	99.9	100.9	100.5	101.0	100.9	100.4	100.4	100.3	100.1	100.1	100.2
长 春	Changchun	100.2	99.3	100.2	100.3	100.7	100.4	100.7	100.6	100.4	100.2	99.7	99.7
哈尔滨	Harbin	100.5	100.0	100.1	101.2	100.0	100.1	100.1	100.0	100.4	99.9	99.2	99.2
上 海	Shanghai	99.7	99.8	100.1	100.5	100.8	100.5	100.4	100.7	100.6	100.1	100.4	100.1
南 京	Nanjing	100.0	100.0	100.1	101.6	100.9	101.3	99.9	100.6	99.7	100.1	100.3	100.2
杭 州	Hangzhou	100.4	99.8	101.1	101.0	100.8	101.2	100.3	100.7	100.2	100.0	99.8	99.8
宁 波	Ningbo	100.6	99.8	100.6	100.2	101.1	101.0	100.2	100.7	100.0	100.3	100.0	100.0
合 肥	Hefei	100.6	100.0	99.9	100.3	100.2	100.0	100.2	100.5	100.0	100.1	100.0	100.5
福 州	Fuzhou	100.0	99.9	100.1	101.1	99.6	99.9	100.2	100.0	100.1	99.9	100.1	101.6
厦 门	Xiamen	100.4	100.0	99.6	99.8	100.9	101.3	100.9	100.4	100.6	100.4	100.0	100.3
南 昌	Nanchang	100.6	100.0	99.6	100.2	100.2	100.5	100.0	100.5	99.6	99.6	99.7	100.0
济 南	Jinan	99.9	99.1	100.3	99.1	100.4	101.1	99.5	99.7	100.5	100.2	99.2	99.7
青 岛	Qingdao	100.2	100.3	99.7	100.4	100.1	100.9	100.0	100.7	100.3	99.9	99.8	100.5
郑 州	Zhengzhou	99.9	100.0	99.8	100.0	99.6	100.5	100.2	100.7	99.6	99.2	99.8	99.6
武 汉	Wuhan	100.4	100.0	100.0	99.8	100.9	101.3	100.3	100.8	100.1	100.7	100.1	100.3
长 沙	Changsha	100.4	100.2	100.6	100.5	100.2	101.0	100.3	101.0	100.2	99.7	99.4	100.8
广 州	Guangzhou	100.5	100.1	99.5	100.1	100.6	101.0	101.3	100.7	100.8	100.8	101.1	100.1
深 圳	Shenzhen	100.3	100.2	100.6	99.9	100.8	100.9	100.6	100.6	100.6	100.1	100.0	99.9
南 宁	Nanning	100.3	100.0	100.2	100.1	100.6	101.2	100.8	100.8	100.6	100.2	99.9	100.1
海 口	Haikou	100.4	100.0	100.2	100.4	99.4	99.7	101.2	100.4	100.0	100.2	100.2	100.1
重 庆	Chongqing	99.9	99.8	100.1	101.1	101.2	100.8	100.7	100.6	100.7	100.1	99.9	100.1
成 都	Chengdu	100.6	101.6	100.8	101.0	100.3	101.4	100.7	101.2	100.3	100.2	100.2	99.7
贵 阳	Guiyang	99.7	99.9	99.8	99.4	100.9	99.8	100.2	100.7	100.1	100.3	100.1	100.9
昆 明	Kunming	100.0	99.9	100.6	101.4	100.1	101.2	100.3	101.0	99.8	101.9	99.9	100.9
西 安	Xi'an	100.2	100.0	100.5	101.1	100.6	101.2	101.3	101.5	101.1	100.9	100.0	100.1
兰 州	Lanzhou	100.3	100.0	100.2	100.6	100.4	100.6	100.9	101.1	100.9	100.6	100.5	100.0
西 宁	Xining	100.4	101.0	100.8	100.8	100.0	101.4	100.1	100.9	100.0	100.8	100.5	101.0
银 川	Yinchuan	101.2	99.6	100.9	101.4	101.1	101.7	101.1	101.5	101.3	100.5	100.3	101.1
乌鲁木齐	Urumqi	99.6	99.5	100.1	100.4	101.2	101.0	100.5	100.0	100.4	100.8	100.0	100.0

4－3－2 续表 Continued

(以上月价格为100) (Last Month=100)

城市	City	1月	2月	3月	4月	5月	6月	7月	8月	9月	10月	11月	12月
唐山	Tangshan	100.7	99.5	100.6	102.2	101.0	101.3	101.8	101.2	100.2	100.0	100.7	99.7
秦皇岛	Qinhuangdao	100.3	99.8	100.9	100.4	100.5	100.3	100.5	100.7	100.3	100.1	99.5	99.9
包头	Baotou	100.9	100.7	100.1	99.1	100.9	99.7	100.8	100.5	100.7	100.6	101.0	99.9
丹东	Dandong	100.1	100.9	100.0	100.6	100.1	99.6	100.9	100.8	100.9	100.7	100.8	100.6
锦州	Jinzhou	101.0	99.6	100.5	100.2	100.6	99.8	100.8	101.9	100.2	99.5	100.6	99.8
吉林	Jilin	100.6	100.4	100.2	100.3	100.2	100.4	100.2	100.6	100.7	99.9	99.8	99.9
牡丹江	Mudanjiang	100.2	100.7	100.0	99.3	100.4	100.4	99.6	100.6	100.4	100.1	99.5	99.3
无锡	Wuxi	100.7	100.4	100.6	101.1	101.0	100.6	101.3	100.9	100.3	99.2	100.1	99.7
扬州	Yangzhou	99.5	100.0	100.8	100.1	100.0	101.1	100.6	101.9	100.8	101.1	100.1	100.9
徐州	Xuzhou	101.0	100.2	101.0	100.7	101.0	100.7	101.4	101.3	102.0	100.3	100.3	100.1
温州	Wenzhou	100.9	100.1	99.7	101.3	100.6	101.4	100.7	101.3	100.3	99.9	100.1	100.0
金华	Jinhua	100.1	99.7	100.2	100.4	100.6	101.0	100.5	101.1	100.1	99.4	100.1	101.1
蚌埠	Bengbu	100.8	100.0	99.9	100.3	100.6	101.3	100.4	100.1	100.4	100.2	100.3	100.2
安庆	Anqing	99.9	100.0	99.5	99.6	100.4	99.8	99.0	99.4	100.4	100.2	99.6	100.3
泉州	Quanzhou	100.3	98.8	100.4	100.1	100.5	100.7	100.6	101.4	100.8	100.6	100.6	101.1
九江	Jiujiang	101.2	100.2	100.4	101.0	100.7	100.3	100.7	99.7	100.1	99.8	100.0	100.0
赣州	Ganzhou	100.7	100.0	99.0	100.3	100.1	100.3	100.8	100.4	100.0	100.4	100.9	100.7
烟台	Yantai	100.7	100.3	100.2	100.5	100.7	100.2	100.4	100.7	100.8	100.1	100.4	100.0
济宁	Jining	100.1	100.0	101.1	100.8	100.8	100.1	100.5	101.5	100.1	100.7	101.2	100.6
洛阳	Luoyang	99.4	100.4	100.0	100.4	100.0	100.0	101.0	100.4	100.0	99.9	99.7	99.8
平顶山	Pingdingshan	101.0	100.0	100.4	99.9	101.0	101.3	100.3	100.6	100.1	99.9	100.9	99.0
宜昌	Yichang	99.1	100.0	99.4	100.4	100.7	99.8	100.1	100.0	100.4	100.9	100.5	100.8
襄阳	Xiangyang	100.8	100.0	100.0	100.0	99.5	100.5	100.8	100.8	100.7	100.3	100.4	100.1
岳阳	Yueyang	99.4	99.9	100.2	100.7	100.6	100.8	99.6	101.2	100.4	98.2	99.8	99.9
常德	Changde	99.8	99.7	99.3	99.7	100.4	99.8	100.5	99.6	99.9	100.0	100.0	100.4
惠州	Huizhou	100.8	100.4	99.8	101.0	101.1	100.8	100.8	102.0	101.2	100.3	99.7	100.3
湛江	Zhanjiang	98.7	99.9	99.6	99.6	99.8	100.0	100.2	100.0	100.9	101.2	100.3	99.9
韶关	Shaoguan	99.4	99.1	99.9	100.0	99.9	99.8	100.6	100.2	99.7	101.1	100.0	100.9
桂林	Guilin	100.4	99.7	99.8	99.6	101.0	99.4	100.1	99.3	100.4	100.4	99.3	100.7
北海	Beihai	100.5	99.7	100.0	100.4	99.7	99.6	99.8	99.1	99.6	99.2	99.8	99.8
三亚	Sanya	101.5	100.0	100.2	101.3	99.2	100.2	100.9	101.6	100.6	100.2	100.3	100.4
泸州	Luzhou	99.6	100.0	99.3	100.2	99.9	100.7	100.4	100.6	100.1	100.0	99.9	99.5
南充	Nanchong	99.3	100.0	100.6	101.5	101.0	99.0	99.5	99.2	100.1	100.1	99.7	99.5
遵义	Zunyi	100.6	99.4	100.1	99.8	99.8	100.3	99.7	100.7	99.8	99.8	99.9	100.0
大理	Dali	100.2	100.0	100.5	100.0	100.0	99.3	100.6	100.3	100.1	100.1	99.5	100.2

4-3-3 2020年70个大中城市90㎡~144㎡新建商品住宅销售价格指数
Housing Price Indices of 90㎡~144㎡ Newly Constructed Commercial Residential Buildings in 70 Large and Medium-Sized Cities 2020

(以上月价格为100) (Last Month=100)

城市	City	1月	2月	3月	4月	5月	6月	7月	8月	9月	10月	11月	12月
北京	Beijing	100.1	100.0	100.1	99.9	100.3	100.3	100.2	100.7	100.1	100.3	99.6	100.1
天津	Tianjin	99.6	99.5	99.7	100.4	100.5	100.4	100.5	100.2	99.9	99.6	100.4	99.7
石家庄	Shijiazhuang	100.1	100.0	100.3	100.9	100.0	100.4	100.3	100.0	100.7	100.2	100.4	99.9
太原	Taiyuan	99.5	100.0	100.0	100.2	100.6	100.5	100.0	99.5	99.5	99.7	99.7	99.7
呼和浩特	Hohhot	100.4	100.0	100.1	100.4	101.2	100.2	100.8	100.2	100.8	100.7	100.1	100.1
沈阳	Shenyang	100.2	100.9	100.2	100.8	101.3	100.7	100.6	101.3	99.9	100.0	99.9	99.4
大连	Dalian	100.3	101.0	99.8	100.4	100.8	100.8	100.5	99.9	100.6	100.3	100.0	100.0
长春	Changchun	99.8	100.7	100.4	100.8	100.1	100.8	100.2	100.7	99.7	99.8	99.7	99.8
哈尔滨	Harbin	100.2	100.0	100.5	100.7	100.3	99.7	99.7	100.3	99.4	100.4	100.0	99.2
上海	Shanghai	100.6	99.6	100.3	100.7	100.7	100.5	100.6	100.6	100.4	100.2	100.0	100.5
南京	Nanjing	99.7	100.0	100.0	101.9	101.2	101.1	100.1	99.8	100.0	100.5	100.2	100.1
杭州	Hangzhou	100.2	99.8	101.4	100.6	100.5	101.5	100.1	100.3	99.9	99.8	99.6	99.7
宁波	Ningbo	100.6	100.2	100.1	100.3	101.3	100.7	100.6	101.0	100.3	100.1	99.8	99.8
合肥	Hefei	100.2	100.0	100.1	99.2	99.8	100.9	100.4	100.3	100.8	100.6	100.8	100.7
福州	Fuzhou	99.1	100.9	100.7	100.5	100.6	100.5	100.5	100.0	100.4	99.9	100.6	100.7
厦门	Xiamen	100.1	100.0	100.3	99.5	100.4	100.8	100.6	100.1	100.8	100.0	100.7	100.6
南昌	Nanchang	100.4	100.0	99.6	100.7	100.5	100.4	100.4	99.5	100.0	99.4	99.5	100.5
济南	Jinan	99.3	100.1	99.5	99.9	100.5	100.3	100.2	99.8	100.1	99.8	99.8	100.0
青岛	Qingdao	100.2	100.0	99.2	100.7	100.3	100.8	100.6	100.6	100.4	99.7	99.9	100.3
郑州	Zhengzhou	100.3	99.5	99.8	100.2	99.9	100.1	99.9	100.5	100.1	99.6	99.4	99.7
武汉	Wuhan	100.5	100.0	100.0	99.9	100.2	101.2	100.7	100.5	100.4	100.3	100.0	100.4
长沙	Changsha	100.7	100.3	100.1	100.3	100.4	101.1	100.4	100.5	100.3	100.0	100.0	100.2
广州	Guangzhou	100.4	100.1	99.4	99.7	100.3	100.6	100.7	101.0	100.8	100.7	100.9	100.8
深圳	Shenzhen	100.7	100.0	100.3	99.9	100.7	100.6	100.3	100.4	100.2	100.1	100.0	99.8
南宁	Nanning	100.4	100.0	100.0	100.6	100.6	100.9	100.8	100.9	100.5	100.0	99.9	100.2
海口	Haikou	99.9	100.0	100.2	100.6	99.7	100.4	100.3	101.0	100.7	100.2	100.4	99.9
重庆	Chongqing	99.7	99.8	100.5	101.0	100.8	101.0	100.4	100.5	100.5	100.3	99.6	100.0
成都	Chengdu	99.8	100.8	100.3	100.0	100.7	100.6	100.8	100.7	100.2	100.3	99.8	99.9
贵阳	Guiyang	99.4	100.6	99.9	99.8	100.0	100.3	100.2	100.6	100.4	100.5	100.7	100.4
昆明	Kunming	100.2	100.0	99.6	100.9	100.9	101.0	100.4	100.8	100.3	100.5	100.1	100.1
西安	Xi'an	100.3	100.0	100.5	100.3	100.6	100.8	100.7	100.9	100.7	100.4	100.2	100.5
兰州	Lanzhou	101.0	100.0	99.3	100.7	100.5	100.3	100.3	100.5	100.4	100.5	100.5	100.5
西宁	Xining	100.8	100.5	101.5	100.9	100.8	101.0	100.1	101.1	100.7	100.5	100.4	100.6
银川	Yinchuan	100.9	99.9	101.2	100.6	102.3	102.0	102.5	101.9	101.0	100.6	100.6	100.4
乌鲁木齐	Urumqi	100.1	99.8	99.8	100.9	100.4	101.1	100.7	100.0	99.8	100.5	100.2	99.3

4-3-3 续表 Continued

(以上月价格为100) (Last Month=100)

城 市	City	1月	2月	3月	4月	5月	6月	7月	8月	9月	10月	11月	12月
唐 山	Tangshan	101.5	100.4	101.2	101.6	101.2	101.6	101.2	101.3	100.7	100.2	100.1	100.6
秦皇岛	Qinhuangdao	100.1	99.7	100.3	100.8	101.0	101.0	100.0	100.4	100.5	99.6	100.5	100.0
包 头	Baotou	99.9	99.3	99.9	100.3	100.9	99.6	100.5	100.8	100.3	100.1	99.6	100.5
丹 东	Dandong	100.8	100.3	100.5	100.6	100.3	100.1	101.0	100.7	100.9	100.1	100.9	100.6
锦 州	Jinzhou	101.6	100.4	100.0	101.1	101.3	101.0	101.3	101.2	99.6	100.3	100.3	100.4
吉 林	Jilin	101.3	100.2	100.7	100.8	100.1	100.5	100.5	100.9	101.0	99.6	99.7	99.5
牡丹江	Mudanjiang	101.1	100.1	99.9	99.3	99.4	99.7	99.5	101.0	99.8	99.1	99.9	99.3
无 锡	Wuxi	101.0	100.1	100.5	100.4	101.0	100.9	101.4	101.1	100.3	100.5	99.8	99.5
扬 州	Yangzhou	100.5	100.0	100.2	100.5	100.7	100.7	100.8	100.7	100.4	100.8	100.0	100.9
徐 州	Xuzhou	100.9	100.8	100.5	101.2	100.9	101.2	101.5	100.7	101.3	100.9	100.0	100.1
温 州	Wenzhou	100.1	99.9	99.4	100.8	100.9	101.1	100.9	101.6	99.8	100.3	99.4	99.9
金 华	Jinhua	100.4	100.2	99.9	100.7	100.9	100.8	100.7	101.1	100.1	100.0	100.0	100.6
蚌 埠	Bengbu	100.6	100.0	100.5	100.6	100.5	100.9	100.3	100.8	100.5	100.4	100.2	100.3
安 庆	Anqing	99.6	99.8	99.3	99.7	99.7	99.3	99.7	99.4	100.3	100.6	100.3	100.4
泉 州	Quanzhou	100.4	99.9	100.5	100.0	101.0	101.0	100.7	100.8	100.5	100.1	100.1	100.4
九 江	Jiujiang	101.1	100.6	99.7	100.8	100.5	101.0	100.2	99.9	100.6	100.1	99.9	100.1
赣 州	Ganzhou	100.0	100.7	100.0	100.6	100.5	100.6	100.5	100.4	100.2	100.3	100.4	100.1
烟 台	Yantai	100.3	100.8	100.3	100.0	100.2	100.8	100.5	101.2	100.4	100.6	100.1	100.2
济 宁	Jining	100.3	99.9	100.4	100.8	100.7	100.9	101.1	100.9	101.0	100.3	101.2	100.4
洛 阳	Luoyang	100.0	100.1	100.0	100.1	100.1	100.2	100.7	100.3	100.2	100.1	100.2	100.0
平顶山	Pingdingshan	99.9	100.0	100.0	100.0	100.4	100.5	100.5	100.2	100.4	100.1	100.5	100.4
宜 昌	Yichang	99.7	100.0	99.9	100.2	100.5	100.4	100.8	100.1	100.2	100.5	100.1	99.8
襄 阳	Xiangyang	100.5	100.0	100.0	99.8	100.0	100.4	100.5	100.6	100.5	100.3	100.5	100.4
岳 阳	Yueyang	100.2	99.4	100.1	100.6	100.4	100.6	100.2	100.1	100.3	99.7	99.8	99.7
常 德	Changde	99.7	100.6	99.6	99.8	100.2	99.9	100.2	100.1	99.3	99.1	99.5	100.0
惠 州	Huizhou	100.5	99.8	99.7	100.2	101.3	102.0	101.3	102.0	100.5	100.1	99.5	100.2
湛 江	Zhanjiang	100.0	99.7	99.2	100.0	99.9	100.2	100.4	100.4	100.2	100.1	100.4	99.9
韶 关	Shaoguan	99.9	99.6	99.8	100.1	99.6	100.4	99.9	100.1	100.2	100.1	100.1	99.9
桂 林	Guilin	100.4	99.3	99.5	100.9	100.4	100.5	99.9	98.8	100.6	100.3	99.8	100.3
北 海	Beihai	100.3	100.9	100.2	99.2	99.8	99.1	99.6	99.4	99.6	99.4	99.8	99.1
三 亚	Sanya	101.3	100.0	99.0	100.3	99.7	99.9	101.4	100.8	101.0	100.8	100.7	100.6
泸 州	Luzhou	99.9	99.0	100.0	100.0	100.6	100.4	100.2	100.5	100.2	99.4	99.8	99.9
南 充	Nanchong	99.7	99.1	100.4	101.0	101.5	99.1	99.7	99.5	100.0	99.2	99.6	100.0
遵 义	Zunyi	100.1	99.6	100.3	100.3	100.0	100.2	99.7	100.2	100.0	99.8	100.4	99.7
大 理	Dali	101.5	100.0	100.3	99.9	99.8	99.8	99.9	100.4	100.6	99.9	100.2	99.9

4-3-4 2020年70个大中城市144㎡以上新建商品住宅销售价格指数
Housing Price Indices Above 144㎡ Newly Constructed Commercial Residential Buildings in 70 Large and Medium-Sized Cities 2020

(以上月价格为100) (Last Month=100)

城市	City	1月	2月	3月	4月	5月	6月	7月	8月	9月	10月	11月	12月
北京	Beijing	99.6	100.9	99.7	99.3	100.3	100.5	100.5	100.5	100.5	100.3	100.1	100.7
天津	Tianjin	99.9	99.9	100.3	99.7	100.5	100.9	100.3	100.4	100.7	99.7	100.0	100.6
石家庄	Shijiazhuang	99.5	100.0	100.5	100.3	100.5	99.8	100.6	100.2	100.8	100.4	100.4	99.5
太原	Taiyuan	99.1	100.0	100.2	100.4	100.2	100.5	99.7	100.0	99.5	99.7	99.4	99.8
呼和浩特	Hohhot	100.6	100.0	100.1	100.7	100.8	100.1	100.3	100.8	100.0	100.1	101.2	100.2
沈阳	Shenyang	100.4	100.6	100.5	100.8	100.5	101.5	100.8	100.7	100.4	99.7	99.5	100.3
大连	Dalian	99.8	100.1	99.9	100.9	100.5	101.0	100.9	100.8	100.5	100.8	100.0	100.5
长春	Changchun	100.1	99.4	100.8	100.5	100.3	100.7	100.1	100.5	100.9	99.6	99.6	99.3
哈尔滨	Harbin	100.3	100.0	100.0	101.2	99.4	100.8	100.3	100.0	99.8	100.0	99.8	99.9
上海	Shanghai	100.7	100.3	99.8	100.5	100.8	100.4	100.2	100.6	100.5	100.4	99.8	99.9
南京	Nanjing	100.8	99.5	100.5	101.6	101.6	100.7	100.1	99.6	100.1	100.4	99.9	100.0
杭州	Hangzhou	100.3	100.2	101.4	100.9	100.8	101.0	100.1	100.2	100.0	100.0	99.9	99.7
宁波	Ningbo	100.7	99.4	100.6	99.4	101.6	100.7	100.3	100.4	100.4	100.2	100.2	99.9
合肥	Hefei	100.6	100.0	100.1	99.4	99.9	101.3	100.8	99.9	100.7	100.8	100.5	100.9
福州	Fuzhou	99.8	100.3	100.1	100.2	100.7	101.0	100.3	100.8	100.3	100.6	100.5	100.4
厦门	Xiamen	100.0	100.0	99.8	100.8	100.3	101.2	100.7	100.7	100.3	100.3	100.4	100.9
南昌	Nanchang	99.5	100.0	100.3	100.3	99.9	99.5	99.5	99.9	101.1	100.2	99.7	100.7
济南	Jinan	100.1	99.1	99.8	100.6	100.7	100.0	100.4	99.1	99.6	99.9	99.6	99.7
青岛	Qingdao	99.8	99.5	99.9	100.0	100.5	100.5	100.9	101.2	100.9	99.8	100.0	99.9
郑州	Zhengzhou	99.4	99.5	100.0	99.9	100.2	100.6	99.7	100.2	100.0	100.2	99.8	100.3
武汉	Wuhan	100.1	100.0	100.0	99.4	100.3	102.4	101.2	100.6	100.6	100.1	101.0	99.6
长沙	Changsha	100.5	100.5	100.5	100.6	100.4	101.9	100.6	101.2	100.1	100.0	99.7	100.0
广州	Guangzhou	100.2	99.5	99.7	100.5	100.1	100.5	100.8	100.8	100.1	100.1	100.8	100.8
深圳	Shenzhen	100.6	99.7	100.5	100.4	100.2	101.0	100.9	100.3	100.2	100.5	99.9	100.1
南宁	Nanning	100.4	100.0	100.6	100.5	100.7	101.2	100.6	100.9	100.7	100.4	100.1	100.4
海口	Haikou	99.6	100.0	99.5	100.2	99.9	100.6	100.0	100.6	100.1	100.3	100.0	100.7
重庆	Chongqing	100.6	99.4	100.1	100.7	100.3	100.8	100.2	99.6	100.4	100.2	100.3	101.3
成都	Chengdu	100.3	101.2	100.6	101.0	100.6	100.6	101.8	100.9	100.4	99.9	99.9	99.5
贵阳	Guiyang	99.8	100.7	99.9	99.2	100.1	100.6	100.5	101.0	99.8	100.3	100.6	100.5
昆明	Kunming	99.8	99.4	100.3	100.8	100.5	101.6	100.2	101.1	100.2	100.5	100.9	100.1
西安	Xi'an	100.4	100.0	100.4	100.5	100.4	100.4	100.9	101.0	100.5	100.4	100.3	100.8
兰州	Lanzhou	100.3	100.0	100.0	100.1	100.4	100.8	100.6	100.5	100.5	100.4	101.0	100.2
西宁	Xining	101.0	100.5	101.3	100.2	101.1	100.8	99.8	100.8	100.7	100.7	101.2	100.6
银川	Yinchuan	101.1	100.2	101.0	101.8	102.1	101.6	101.2	101.6	100.8	100.9	100.1	100.6
乌鲁木齐	Urumqi	99.7	100.0	100.4	101.3	100.2	100.8	100.7	100.0	100.9	100.5	100.3	99.6

4-3-4 续表 Continued

(以上月价格为100) (Last Month=100)

城市	City	1月	2月	3月	4月	5月	6月	7月	8月	9月	10月	11月	12月
唐山	Tangshan	100.7	100.7	100.5	101.9	101.3	101.5	101.2	101.3	100.6	99.3	100.6	100.2
秦皇岛	Qinhuangdao	99.4	99.4	100.4	100.9	100.8	100.9	99.8	100.6	100.4	99.4	99.8	100.3
包头	Baotou	100.0	100.7	100.6	99.0	100.4	101.0	100.3	100.9	100.8	100.0	100.1	99.7
丹东	Dandong	100.5	100.1	100.8	100.4	100.4	99.2	101.2	100.8	100.5	100.9	100.3	100.8
锦州	Jinzhou	101.2	99.6	100.6	100.8	100.4	100.7	100.2	100.9	99.4	100.9	100.5	100.5
吉林	Jilin	100.7	100.1	100.4	100.9	100.2	100.1	100.3	100.7	100.8	99.9	99.4	99.6
牡丹江	Mudanjiang	100.1	100.4	99.7	100.2	100.2	100.0	100.2	100.1	100.2	99.9	98.6	99.5
无锡	Wuxi	100.4	100.1	100.4	100.5	100.8	101.1	101.3	101.3	100.2	99.4	99.9	99.9
扬州	Yangzhou	100.8	100.0	100.5	100.8	100.5	100.2	101.2	100.7	100.5	101.0	100.2	100.3
徐州	Xuzhou	100.2	101.3	100.4	100.9	100.6	101.1	102.0	100.9	101.2	100.2	99.4	99.5
温州	Wenzhou	100.2	99.2	99.3	101.1	100.5	101.0	100.3	100.9	100.1	100.6	100.0	100.0
金华	Jinhua	100.7	100.1	100.0	100.2	100.8	100.9	100.0	101.2	100.6	99.8	100.6	99.7
蚌埠	Bengbu	101.1	100.0	101.1	100.5	100.4	101.0	100.8	100.4	100.0	100.8	100.2	99.8
安庆	Anqing	99.4	99.3	99.6	99.4	100.0	99.4	100.6	98.6	99.7	100.8	100.8	100.1
泉州	Quanzhou	100.2	99.7	100.2	100.8	101.2	100.5	100.3	100.7	100.9	100.5	100.0	100.3
九江	Jiujiang	101.0	100.1	99.9	99.9	100.3	100.9	100.3	99.9	100.6	100.0	99.2	100.3
赣州	Ganzhou	99.8	99.4	100.6	100.4	100.0	100.6	101.6	100.8	100.4	100.2	100.2	100.6
烟台	Yantai	100.2	100.6	100.8	100.9	100.1	100.0	101.1	101.4	100.6	100.6	100.2	100.1
济宁	Jining	100.2	100.3	100.4	100.1	100.5	100.0	101.0	101.7	100.9	101.4	101.3	100.5
洛阳	Luoyang	101.0	99.6	99.4	100.5	100.3	100.2	100.9	100.2	100.6	100.1	100.0	100.1
平顶山	Pingdingshan	100.0	100.0	100.1	100.2	100.2	100.8	100.0	100.4	100.7	100.4	100.4	100.5
宜昌	Yichang	99.3	100.0	99.2	100.5	100.0	100.5	100.8	100.1	100.1	100.8	101.4	100.4
襄阳	Xiangyang	100.7	100.0	100.0	100.3	100.3	101.0	101.8	101.2	100.3	100.8	100.2	99.3
岳阳	Yueyang	98.8	99.7	99.7	100.3	100.7	100.4	100.6	100.6	100.3	99.2	100.3	100.6
常德	Changde	99.9	99.8	100.1	99.9	100.3	99.5	100.3	100.0	99.9	99.1	100.8	100.0
惠州	Huizhou	100.9	100.0	100.1	100.3	100.4	101.2	100.5	101.7	100.6	100.8	100.3	100.8
湛江	Zhanjiang	99.3	99.9	98.9	100.6	99.3	99.4	100.3	101.4	101.3	100.8	101.1	99.5
韶关	Shaoguan	99.7	99.4	99.9	99.7	100.1	99.8	100.1	101.1	99.2	100.7	99.8	99.3
桂林	Guilin	99.7	100.6	100.7	100.2	100.1	100.5	100.1	99.3	101.1	100.4	100.2	99.6
北海	Beihai	100.5	100.6	99.0	99.3	100.4	99.7	99.4	99.7	100.0	100.1	99.0	99.5
三亚	Sanya	101.0	100.0	99.0	100.1	100.1	100.9	100.3	100.4	100.7	101.4	100.2	100.4
泸州	Luzhou	99.3	99.5	100.4	99.5	100.3	101.0	99.4	100.3	100.7	99.7	100.8	99.9
南充	Nanchong	99.1	99.1	100.9	101.1	101.4	99.9	99.8	100.2	99.9	99.9	99.2	99.7
遵义	Zunyi	100.1	99.7	99.7	99.7	99.7	100.1	99.2	100.1	99.0	100.4	100.6	100.9
大理	Dali	100.5	100.0	100.1	100.1	99.9	99.8	100.7	101.1	100.0	100.1	99.8	99.5

4-3-5 2020年70个大中城市二手住宅销售价格指数
Housing Price Indices of Second-Hand Residential Buildings in 70 Large and Medium-Sized Cities 2020

(以上月价格为100) (Last Month=100)

城 市	City	1月	2月	3月	4月	5月	6月	7月	8月	9月	10月	11月	12月
北 京	Beijing	100.4	99.8	100.2	101.1	101.8	100.7	100.0	100.7	100.4	100.4	100.5	100.5
天 津	Tianjin	99.4	99.6	99.5	99.8	99.5	99.7	99.9	99.2	99.8	99.9	99.8	99.9
石家庄	Shijiazhuang	99.5	100.0	100.0	99.7	99.8	99.9	99.7	99.6	100.1	99.6	99.8	99.7
太 原	Taiyuan	99.6	99.5	101.4	99.4	99.1	99.0	99.7	100.4	99.5	99.5	99.8	99.9
呼和浩特	Hohhot	100.0	100.0	99.4	100.0	99.5	100.4	100.3	100.5	100.1	99.8	99.7	99.6
沈 阳	Shenyang	100.5	100.3	100.4	101.7	101.0	100.9	100.5	100.7	100.3	100.8	100.5	100.1
大 连	Dalian	100.0	100.0	100.5	101.0	100.9	100.7	100.6	100.7	100.4	100.3	100.2	100.6
长 春	Changchun	100.4	100.2	100.4	100.3	100.2	100.5	99.6	100.1	99.8	99.5	99.6	99.4
哈尔滨	Harbin	100.9	100.0	100.2	100.4	100.0	99.1	99.3	99.5	99.3	99.6	99.5	99.3
上 海	Shanghai	100.2	100.2	100.3	101.2	100.6	100.4	100.5	100.8	101.0	100.5	100.3	100.6
南 京	Nanjing	100.1	100.0	100.2	100.5	100.4	100.5	100.4	100.5	100.6	100.3	100.4	100.4
杭 州	Hangzhou	100.1	100.0	100.7	101.0	100.8	101.0	101.3	100.7	100.3	100.3	100.1	100.5
宁 波	Ningbo	100.7	99.6	100.5	100.7	101.1	101.2	101.1	100.9	100.8	100.7	100.4	100.6
合 肥	Hefei	100.3	100.0	100.2	100.5	100.4	100.2	100.3	100.5	100.4	100.5	100.7	100.7
福 州	Fuzhou	99.7	99.9	99.8	100.8	101.0	100.2	99.8	99.9	100.4	100.4	99.9	100.8
厦 门	Xiamen	100.4	100.0	100.1	100.5	100.9	100.8	100.5	100.0	99.9	100.4	100.5	100.7
南 昌	Nanchang	100.1	100.0	99.5	99.7	100.4	99.9	99.5	99.8	100.0	99.8	100.4	100.5
济 南	Jinan	99.8	99.6	100.0	99.9	100.0	99.9	100.1	99.5	99.6	99.7	99.6	99.5
青 岛	Qingdao	99.9	99.4	99.6	100.0	99.9	100.2	99.8	100.4	99.7	99.6	99.7	99.8
郑 州	Zhengzhou	99.6	100.0	99.4	99.5	99.4	99.8	99.7	99.9	99.5	99.8	99.7	99.9
武 汉	Wuhan	99.6	100.0	100.0	99.8	99.9	99.8	100.5	100.7	100.3	100.1	99.8	99.7
长 沙	Changsha	99.8	99.9	100.0	99.6	100.0	100.5	100.4	100.2	100.0	100.2	100.2	100.5
广 州	Guangzhou	100.3	99.9	99.8	100.0	100.4	100.8	101.6	101.7	100.7	100.6	100.8	100.7
深 圳	Shenzhen	100.7	100.5	101.6	101.7	101.6	101.9	101.2	101.1	101.1	100.9	100.6	100.5
南 宁	Nanning	100.6	100.0	100.1	100.2	100.1	100.3	100.7	100.2	100.2	100.5	100.3	100.3
海 口	Haikou	100.0	100.0	99.4	99.8	99.6	100.1	100.7	101.0	100.4	100.7	100.4	100.3
重 庆	Chongqing	99.6	99.5	99.3	99.9	100.0	100.3	100.1	100.5	100.4	99.7	100.3	99.9
成 都	Chengdu	99.9	100.9	100.7	102.1	101.3	100.6	100.7	101.2	100.3	100.2	100.4	99.7
贵 阳	Guiyang	99.6	100.0	99.7	99.6	99.8	99.7	99.2	99.8	99.9	99.7	99.8	99.6
昆 明	Kunming	99.8	100.3	100.5	100.6	100.3	100.5	100.0	99.6	100.6	100.5	100.2	100.1
西 安	Xi'an	99.8	100.0	99.7	99.9	100.2	100.5	100.6	100.9	100.7	100.3	99.7	100.2
兰 州	Lanzhou	101.1	100.0	99.7	100.6	100.2	100.4	100.5	100.2	100.4	100.4	100.3	100.4
西 宁	Xining	100.0	100.2	100.5	100.9	101.0	101.4	101.0	100.9	100.3	100.4	100.5	100.5
银 川	Yinchuan	99.7	100.2	100.4	101.2	101.3	101.4	101.2	101.0	100.5	100.8	100.5	100.2
乌鲁木齐	Urumqi	99.9	99.6	100.7	100.8	100.9	100.9	100.5	100.0	100.9	100.6	100.3	100.5

4-3-5 续表 Continued

(以上月价格为100) (Last Month=100)

城 市	City	1月	2月	3月	4月	5月	6月	7月	8月	9月	10月	11月	12月
唐 山	Tangshan	101.0	100.6	101.0	100.8	100.7	100.9	100.8	101.1	100.5	100.1	100.4	100.2
秦皇岛	Qinhuangdao	99.7	99.6	99.9	100.2	100.7	100.4	101.0	100.8	100.3	100.0	100.3	99.7
包 头	Baotou	100.2	100.0	99.7	99.4	101.1	100.7	100.3	100.1	100.3	99.9	100.0	100.1
丹 东	Dandong	100.4	100.3	100.1	100.2	100.3	100.2	100.4	100.7	100.6	100.4	100.5	100.4
锦 州	Jinzhou	99.6	100.0	100.3	99.3	99.6	100.2	100.0	100.6	100.1	99.7	100.1	99.8
吉 林	Jilin	100.4	99.9	100.2	100.0	100.0	99.9	99.5	99.7	99.8	99.7	99.8	99.6
牡丹江	Mudanjiang	99.7	99.8	99.5	98.6	98.5	98.2	98.7	98.4	99.5	99.5	99.5	99.8
无 锡	Wuxi	100.3	99.7	100.5	101.0	100.9	101.6	101.2	101.0	100.9	100.0	100.2	99.9
扬 州	Yangzhou	100.2	100.0	100.3	100.4	100.2	100.2	100.1	100.9	100.7	100.8	100.1	100.9
徐 州	Xuzhou	100.5	100.5	100.4	100.6	100.8	100.9	100.7	100.8	101.3	100.5	100.7	100.4
温 州	Wenzhou	99.9	100.0	99.8	100.9	100.6	100.9	100.8	101.0	100.4	100.0	100.3	100.2
金 华	Jinhua	99.8	99.7	100.3	100.2	100.0	100.7	100.7	101.2	100.5	100.3	100.2	100.8
蚌 埠	Bengbu	100.3	100.0	99.9	100.6	100.5	100.4	100.2	100.7	100.1	100.2	100.5	100.4
安 庆	Anqing	99.8	99.7	100.3	100.5	99.8	99.9	99.6	99.8	99.9	99.8	99.6	99.7
泉 州	Quanzhou	100.2	99.8	99.8	100.0	100.8	100.5	100.3	100.8	100.6	100.4	100.5	100.6
九 江	Jiujiang	100.2	100.2	99.9	100.0	100.6	100.5	100.0	99.8	100.2	99.8	100.5	100.3
赣 州	Ganzhou	100.4	100.1	99.7	100.2	100.4	100.4	100.3	100.4	100.5	100.1	100.4	99.9
烟 台	Yantai	99.5	99.3	99.6	99.7	99.8	99.9	99.6	100.2	100.4	100.3	100.3	100.1
济 宁	Jining	100.4	99.9	100.2	100.3	100.1	100.6	100.6	101.0	100.7	100.4	100.3	100.6
洛 阳	Luoyang	100.6	100.0	100.3	100.1	100.2	100.3	100.8	100.5	100.2	100.1	99.8	100.3
平顶山	Pingdingshan	100.3	100.0	100.3	100.2	100.2	100.4	100.3	100.5	100.5	100.4	100.1	100.1
宜 昌	Yichang	99.6	100.0	99.4	99.8	99.9	100.1	100.7	99.8	100.2	100.0	99.9	99.8
襄 阳	Xiangyang	99.8	100.0	99.8	99.9	100.0	99.9	99.5	100.2	100.0	99.9	99.8	99.9
岳 阳	Yueyang	99.9	99.6	100.0	100.5	100.4	100.3	100.1	100.0	100.2	99.5	100.2	100.0
常 德	Changde	100.1	100.0	99.3	100.0	99.6	99.7	99.9	100.2	99.9	99.8	100.3	99.8
惠 州	Huizhou	100.4	100.0	100.0	99.7	100.3	100.2	100.6	100.9	100.8	100.4	100.0	100.3
湛 江	Zhanjiang	99.8	99.6	99.3	99.5	99.6	99.7	99.9	100.0	100.7	100.1	100.0	99.8
韶 关	Shaoguan	99.5	99.5	100.0	99.6	99.7	100.3	100.2	100.4	99.9	99.9	100.4	99.7
桂 林	Guilin	100.5	100.2	100.0	100.3	100.4	100.2	100.4	100.0	100.3	100.2	100.2	99.8
北 海	Beihai	99.7	99.8	99.9	99.6	99.5	99.7	99.5	99.9	99.7	99.5	99.7	99.9
三 亚	Sanya	100.0	100.0	99.5	99.9	99.2	100.2	100.3	99.5	100.5	100.1	100.2	100.6
泸 州	Luzhou	99.9	99.2	99.5	99.7	99.6	99.9	99.8	99.5	100.2	99.9	99.8	99.9
南 充	Nanchong	99.8	99.1	100.0	99.6	99.5	99.6	99.7	99.4	99.4	99.5	99.1	99.7
遵 义	Zunyi	99.5	99.3	100.0	99.8	99.9	100.3	100.0	100.5	99.9	99.8	100.2	99.8
大 理	Dali	100.7	100.0	100.2	100.1	100.3	100.0	100.4	100.8	100.3	99.9	99.9	99.8

4-3-6 2020年70个大中城市90㎡及以下二手住宅销售价格指数
Housing Price Indices of 90㎡ and below Second-Hand Residential Buildings in 70 Large and Medium-Sized Cities 2020

(以上月价格为100) (Last Month=100)

城 市	City	1月	2月	3月	4月	5月	6月	7月	8月	9月	10月	11月	12月
北 京	Beijing	100.2	99.7	100.4	101.2	101.8	100.5	99.8	100.3	100.6	100.2	100.2	100.4
天 津	Tianjin	99.2	99.7	99.3	99.6	98.9	99.9	100.7	99.3	99.8	100.1	100.1	99.5
石家庄	Shijiazhuang	99.6	100.0	100.1	99.5	100.0	99.9	99.8	100.0	100.0	99.9	99.8	99.5
太 原	Taiyuan	99.5	99.6	101.2	99.1	98.5	99.0	99.4	100.3	99.9	99.2	100.1	100.5
呼和浩特	Hohhot	100.3	100.0	99.1	99.9	99.8	100.1	100.3	100.8	99.8	100.3	99.1	100.0
沈 阳	Shenyang	100.2	100.6	100.6	101.4	101.2	101.0	100.2	100.5	100.4	100.9	100.3	100.2
大 连	Dalian	99.7	100.3	100.5	100.9	100.7	101.1	100.1	100.6	100.1	100.5	100.3	100.6
长 春	Changchun	100.5	100.2	100.4	100.3	100.1	100.3	99.3	100.4	100.2	99.9	99.4	99.3
哈尔滨	Harbin	100.8	100.0	100.4	100.7	99.8	98.8	99.1	98.8	99.2	99.7	99.9	99.8
上 海	Shanghai	99.7	100.4	99.8	100.9	100.6	100.5	100.2	101.1	100.8	100.8	100.2	101.0
南 京	Nanjing	100.2	100.4	100.5	100.6	100.8	100.0	99.9	100.3	100.0	100.3	100.3	100.3
杭 州	Hangzhou	100.3	100.3	101.2	101.2	100.9	100.6	101.2	100.3	100.3	100.6	100.0	100.8
宁 波	Ningbo	100.7	99.5	100.6	100.5	101.0	101.1	101.3	100.8	101.2	100.8	100.3	100.8
合 肥	Hefei	100.3	100.0	100.0	100.4	100.6	99.9	100.8	100.4	100.3	100.4	100.5	100.6
福 州	Fuzhou	99.6	99.8	99.5	101.0	100.9	100.3	99.5	99.6	99.8	100.2	100.2	101.4
厦 门	Xiamen	100.4	100.6	100.3	100.3	101.4	100.3	100.4	100.5	99.7	100.3	100.7	100.6
南 昌	Nanchang	100.3	100.0	99.4	99.4	100.1	100.0	99.1	100.3	100.1	100.2	100.2	100.4
济 南	Jinan	99.5	100.1	100.1	99.6	99.6	100.5	100.1	99.4	99.7	99.5	99.9	99.4
青 岛	Qingdao	100.3	99.3	99.8	99.8	100.2	99.9	99.7	100.2	99.3	99.3	99.9	100.0
郑 州	Zhengzhou	99.3	100.0	99.7	99.5	98.9	100.1	99.8	100.0	99.8	99.6	100.0	99.8
武 汉	Wuhan	100.1	100.0	100.0	99.7	100.8	99.4	100.3	100.0	100.1	99.9	99.7	99.8
长 沙	Changsha	99.9	99.7	99.8	99.7	99.4	101.0	100.2	100.3	99.9	99.9	99.9	101.2
广 州	Guangzhou	99.9	99.4	99.7	100.2	100.6	100.8	102.0	101.8	100.5	100.5	100.7	100.8
深 圳	Shenzhen	100.7	100.2	101.4	101.4	101.9	102.1	101.7	101.6	101.3	100.8	100.8	100.8
南 宁	Nanning	100.6	100.0	100.1	100.2	100.1	100.4	101.0	100.0	100.2	100.6	100.1	100.5
海 口	Haikou	100.0	100.0	99.4	99.8	100.0	99.9	100.9	100.9	100.4	100.4	100.7	100.1
重 庆	Chongqing	99.6	99.4	99.0	99.9	99.7	100.3	100.0	100.4	100.0	100.2	100.5	99.7
成 都	Chengdu	100.1	100.5	101.0	101.9	101.5	100.5	100.8	101.5	100.4	100.2	100.3	99.6
贵 阳	Guiyang	100.5	100.0	99.7	98.8	99.9	100.0	98.7	99.9	99.8	100.0	100.3	99.5
昆 明	Kunming	99.7	100.4	100.2	100.2	100.1	100.2	100.0	99.6	100.8	100.4	100.1	99.9
西 安	Xi'an	99.7	100.0	99.8	99.3	100.1	100.6	100.6	100.5	100.2	100.2	99.7	100.4
兰 州	Lanzhou	100.8	100.0	100.1	101.2	100.0	100.7	100.8	100.6	100.3	100.7	100.4	100.2
西 宁	Xining	100.8	100.4	99.8	100.7	100.5	101.4	101.1	100.2	100.4	101.0	100.9	100.9
银 川	Yinchuan	99.7	100.3	100.4	101.4	101.3	101.4	101.3	100.7	100.2	100.7	100.5	99.9
乌鲁木齐	Urumqi	99.8	99.8	100.7	100.7	100.9	101.0	100.5	100.0	101.3	100.9	100.6	100.3

4－3－6 续表 Continued

(以上月价格为100) (Last Month=100)

城　市	City	1月	2月	3月	4月	5月	6月	7月	8月	9月	10月	11月	12月
唐　山	Tangshan	100.9	100.5	101.0	100.6	100.6	100.7	100.7	101.5	100.4	100.2	100.8	100.1
秦皇岛	Qinhuangdao	100.0	99.1	100.2	100.2	100.5	101.0	100.8	101.4	100.2	100.2	100.5	99.2
包　头	Baotou	100.2	100.0	99.1	99.6	101.3	100.0	100.4	100.1	100.2	100.0	100.1	100.5
丹　东	Dandong	100.4	100.3	99.5	100.1	100.7	100.3	100.4	100.7	100.7	100.4	100.5	100.1
锦　州	Jinzhou	99.4	100.0	100.2	98.9	99.5	100.3	100.0	100.6	100.1	99.6	100.3	99.9
吉　林	Jilin	100.2	99.8	100.3	100.1	100.1	100.1	99.5	99.5	99.8	99.8	99.8	99.4
牡丹江	Mudanjiang	99.7	99.9	99.5	98.7	98.4	98.2	98.5	98.4	99.5	99.7	99.4	99.6
无　锡	Wuxi	100.1	100.5	100.3	100.9	100.8	101.6	101.4	100.8	101.2	100.3	100.0	100.2
扬　州	Yangzhou	100.3	100.0	100.6	100.2	99.7	100.7	100.4	100.8	100.4	100.7	100.1	100.6
徐　州	Xuzhou	100.7	100.4	100.2	100.6	101.1	100.9	101.0	100.5	101.5	100.9	100.5	100.3
温　州	Wenzhou	100.2	100.0	100.3	100.4	100.4	100.9	100.8	100.6	100.5	100.1	99.9	100.5
金　华	Jinhua	99.7	99.6	100.3	100.6	100.2	100.7	101.0	101.0	100.9	100.4	100.1	101.0
蚌　埠	Bengbu	100.4	100.0	100.1	100.4	100.6	100.2	100.1	100.8	100.1	100.4	100.6	100.3
安　庆	Anqing	99.9	99.7	100.5	100.5	99.9	100.1	99.6	99.9	99.8	99.8	99.4	99.9
泉　州	Quanzhou	100.0	100.2	99.5	100.3	101.2	100.3	100.9	100.6	100.7	100.5	100.7	100.5
九　江	Jiujiang	99.9	100.0	100.0	100.2	100.8	100.5	99.9	99.7	100.8	100.0	100.3	100.4
赣　州	Ganzhou	100.1	100.3	100.0	100.0	100.2	100.3	100.7	100.0	100.4	100.6	100.7	99.8
烟　台	Yantai	99.5	99.4	99.7	100.0	99.8	99.9	99.2	100.4	100.5	100.1	100.4	100.0
济　宁	Jining	100.3	100.0	100.6	100.4	100.2	100.7	100.3	100.5	100.9	100.6	100.1	101.0
洛　阳	Luoyang	101.2	100.0	100.3	99.9	100.4	100.1	101.0	100.1	100.2	100.1	100.1	100.0
平顶山	Pingdingshan	100.0	100.0	100.1	100.4	100.5	100.4	100.0	100.8	100.6	100.8	100.2	100.1
宜　昌	Yichang	99.8	100.0	99.3	99.6	99.8	100.1	100.5	100.1	100.4	100.0	99.9	99.9
襄　阳	Xiangyang	99.6	100.0	99.8	99.8	99.5	100.0	99.8	100.5	100.2	100.0	99.7	99.9
岳　阳	Yueyang	100.4	100.0	99.4	100.1	100.6	100.3	100.0	100.1	100.0	98.9	100.2	100.0
常　德	Changde	99.5	100.0	99.0	100.8	99.0	99.7	100.3	100.5	100.2	100.4	100.1	99.5
惠　州	Huizhou	100.3	100.0	99.5	99.9	100.0	100.4	100.2	100.7	101.1	100.7	100.1	100.3
湛　江	Zhanjiang	100.1	99.4	99.1	99.3	99.5	99.8	99.8	100.0	100.8	100.2	99.8	100.0
韶　关	Shaoguan	99.0	98.9	100.3	99.7	100.1	100.0	100.3	100.2	100.8	100.2	100.6	99.3
桂　林	Guilin	100.7	100.3	100.0	100.1	100.1	100.5	100.4	100.0	100.2	100.3	100.1	99.6
北　海	Beihai	99.7	99.8	99.9	99.5	99.5	99.7	99.7	99.8	99.9	99.4	99.6	99.8
三　亚	Sanya	100.1	100.0	99.2	99.9	99.2	99.5	100.4	99.1	100.4	101.0	100.5	100.7
泸　州	Luzhou	99.3	99.2	99.1	99.9	99.5	99.6	100.1	99.8	100.2	100.1	99.9	99.6
南　充	Nanchong	99.9	99.3	99.8	99.8	99.3	99.8	99.2	99.4	99.5	100.0	98.7	99.9
遵　义	Zunyi	99.7	99.5	100.2	100.0	100.0	100.5	99.7	100.6	99.4	99.8	100.2	100.1
大　理	Dali	100.9	100.0	100.4	99.8	100.2	100.0	100.4	100.7	100.0	99.6	99.9	100.3

4-3-7 2020年70个大中城市90㎡~144㎡二手住宅销售价格指数
Housing Price Indices of 90㎡~144㎡ Second-Hand Residential Buildings in 70 Large and Medium-Sized Cities 2020

(以上月价格为100) (Last Month=100)

城市	City	1月	2月	3月	4月	5月	6月	7月	8月	9月	10月	11月	12月
北京	Beijing	100.6	99.6	99.9	101.0	101.6	101.0	99.9	100.7	100.2	100.5	100.6	100.3
天津	Tianjin	99.5	99.3	99.8	100.0	100.2	99.8	99.4	99.0	99.8	99.8	99.4	100.0
石家庄	Shijiazhuang	99.6	100.0	99.9	99.8	99.6	99.8	99.6	99.5	100.0	99.4	99.9	100.0
太原	Taiyuan	99.8	99.1	101.5	99.5	99.6	99.2	100.0	100.5	99.0	100.0	99.8	99.6
呼和浩特	Hohhot	99.8	100.0	99.7	100.1	99.0	100.6	100.3	100.1	100.3	99.2	100.2	99.3
沈阳	Shenyang	100.9	99.7	100.0	102.2	100.5	100.5	100.9	101.0	100.0	100.7	100.8	99.9
大连	Dalian	100.3	99.4	100.5	101.1	101.1	100.2	101.3	100.8	100.9	100.1	100.1	100.4
长春	Changchun	100.3	100.3	100.4	100.2	100.3	100.5	99.8	99.6	99.3	99.0	99.8	99.6
哈尔滨	Harbin	100.7	100.0	100.0	99.9	99.8	99.5	99.3	100.2	99.2	99.6	99.5	99.1
上海	Shanghai	100.4	100.3	100.6	101.5	100.5	100.2	100.6	100.4	101.2	100.2	100.3	100.1
南京	Nanjing	99.9	99.6	99.9	100.5	100.0	100.9	100.7	100.4	101.0	100.7	100.5	100.4
杭州	Hangzhou	100.0	99.9	100.2	101.0	100.3	101.1	101.5	101.0	100.3	100.0	100.2	100.3
宁波	Ningbo	100.8	99.5	100.4	100.7	101.1	101.4	101.1	101.0	100.4	100.7	100.5	100.4
合肥	Hefei	100.2	100.0	100.4	100.6	100.4	100.2	99.8	100.6	100.3	100.5	100.6	100.9
福州	Fuzhou	99.8	100.1	99.8	100.7	100.9	100.3	99.4	99.7	100.6	100.6	99.8	100.6
厦门	Xiamen	100.6	99.8	100.2	100.9	100.7	101.1	100.5	99.5	100.1	100.3	100.6	100.8
南昌	Nanchang	99.7	100.0	99.6	100.2	100.8	99.8	99.9	99.4	99.7	99.6	100.3	100.6
济南	Jinan	99.9	99.3	99.8	100.1	100.6	99.2	100.2	99.7	99.5	99.9	99.4	99.5
青岛	Qingdao	99.7	99.3	99.1	100.0	99.8	101.0	99.9	100.5	100.1	99.7	99.5	99.8
郑州	Zhengzhou	99.7	100.0	99.1	99.4	99.6	99.9	99.8	99.7	99.3	99.7	99.8	99.8
武汉	Wuhan	99.4	100.0	100.0	100.1	99.4	99.8	100.5	101.3	100.3	100.3	99.9	99.8
长沙	Changsha	99.8	99.9	99.9	99.3	100.4	99.8	100.7	100.5	99.7	100.7	100.3	100.4
广州	Guangzhou	100.8	100.6	99.7	99.7	100.0	101.0	101.4	101.5	101.1	100.8	100.9	100.6
深圳	Shenzhen	100.7	100.6	102.2	101.8	101.6	101.9	100.5	101.0	101.2	100.8	100.4	100.2
南宁	Nanning	100.6	100.0	100.2	100.4	99.8	100.1	100.8	100.4	100.2	100.2	100.4	100.3
海口	Haikou	100.1	100.0	99.7	99.9	99.4	100.4	100.6	101.0	100.4	101.0	100.0	100.2
重庆	Chongqing	99.5	99.5	99.8	99.7	100.2	100.0	100.1	100.6	100.7	99.7	100.4	99.8
成都	Chengdu	99.7	101.4	100.5	102.1	100.6	100.8	100.5	101.1	100.1	100.1	100.5	99.9
贵阳	Guiyang	99.3	100.0	99.7	100.0	99.7	99.3	99.3	99.9	100.0	99.8	99.3	99.5
昆明	Kunming	99.8	100.6	100.5	100.3	100.3	100.7	100.1	99.5	100.5	100.3	100.1	99.9
西安	Xi'an	99.7	100.0	99.8	100.3	100.2	100.7	100.4	101.0	100.8	100.8	99.7	100.0
兰州	Lanzhou	101.3	100.0	99.0	100.2	100.6	100.1	100.3	100.0	100.7	100.1	100.4	100.8
西宁	Xining	99.8	100.2	101.0	101.0	101.0	101.5	101.0	101.1	100.3	100.1	100.0	100.2
银川	Yinchuan	99.7	100.4	100.3	101.1	101.2	101.4	101.0	101.2	100.8	100.8	100.5	100.3
乌鲁木齐	Urumqi	100.0	99.4	100.9	100.9	100.9	100.7	100.6	100.0	100.6	100.3	100.0	100.5

4-3-7 续表 Continued

(以上月价格为100) (Last Month=100)

城 市	City	1月	2月	3月	4月	5月	6月	7月	8月	9月	10月	11月	12月
唐 山	Tangshan	101.1	100.8	100.9	101.2	100.7	101.3	100.9	100.8	100.6	100.1	99.9	100.2
秦皇岛	Qinhuangdao	99.4	99.8	99.6	100.2	100.9	100.1	101.3	100.3	100.5	100.0	100.2	100.1
包 头	Baotou	99.9	100.0	100.1	99.4	101.0	101.4	100.5	100.2	100.5	99.9	100.1	99.7
丹 东	Dandong	100.3	100.3	100.9	100.4	99.7	100.0	100.5	100.8	100.4	100.6	100.7	100.9
锦 州	Jinzhou	99.7	100.0	100.4	99.9	99.9	99.9	99.7	100.6	100.1	99.8	99.9	99.7
吉 林	Jilin	100.6	99.9	100.1	99.9	99.8	99.8	99.3	99.8	99.9	99.7	99.6	99.6
牡丹江	Mudanjiang	99.8	99.4	99.5	98.7	98.7	98.0	99.0	98.3	99.7	99.1	99.6	100.2
无 锡	Wuxi	100.2	99.2	100.5	101.2	101.0	101.4	101.3	101.4	100.7	99.6	100.4	99.6
扬 州	Yangzhou	100.1	100.0	100.1	100.5	100.7	99.6	99.8	101.0	100.9	100.8	100.2	101.1
徐 州	Xuzhou	100.6	100.5	100.5	100.9	100.8	101.2	100.6	100.9	101.3	100.1	100.7	100.2
温 州	Wenzhou	99.7	100.0	99.5	101.3	100.6	100.8	101.4	101.4	100.1	100.0	100.3	100.3
金 华	Jinhua	99.7	99.7	100.2	99.8	99.9	100.7	100.9	101.4	100.4	100.3	100.5	100.4
蚌 埠	Bengbu	100.1	100.0	99.7	100.6	100.4	100.4	100.3	100.5	100.2	100.0	100.4	100.5
安 庆	Anqing	99.6	99.6	100.2	100.4	99.6	99.7	99.4	99.7	100.2	99.9	99.9	99.5
泉 州	Quanzhou	100.4	99.7	99.7	100.1	100.6	100.8	100.0	100.6	100.4	100.8	100.1	100.7
九 江	Jiujiang	100.6	100.2	99.9	99.7	100.4	100.5	100.0	99.8	99.7	99.8	100.7	100.1
赣 州	Ganzhou	100.7	100.0	99.7	100.4	100.6	100.1	100.1	100.7	100.8	99.6	100.1	100.1
烟 台	Yantai	99.3	99.1	99.6	99.3	100.0	100.1	100.1	99.9	100.3	100.4	100.3	100.3
济 宁	Jining	100.4	99.9	100.0	100.3	99.9	100.7	100.8	101.5	100.4	100.2	100.4	100.3
洛 阳	Luoyang	100.1	100.0	100.7	100.2	100.2	100.3	100.6	100.8	100.1	99.8	99.8	100.6
平顶山	Pingdingshan	100.4	100.0	100.4	100.3	100.1	100.3	100.3	100.5	100.7	100.1	100.0	100.0
宜 昌	Yichang	99.5	100.0	99.5	99.9	100.0	100.0	100.7	99.6	100.1	99.9	100.0	99.7
襄 阳	Xiangyang	100.0	100.0	99.9	99.8	100.5	99.9	99.4	99.9	99.9	99.9	99.8	99.9
岳 阳	Yueyang	99.5	99.1	100.4	100.7	100.4	100.5	100.1	100.0	100.5	99.8	100.2	100.2
常 德	Changde	100.5	100.0	99.7	99.3	100.0	99.9	99.4	99.7	99.8	99.2	100.5	100.1
惠 州	Huizhou	100.4	100.0	100.1	99.5	100.3	100.0	100.5	100.7	100.7	100.6	100.1	100.2
湛 江	Zhanjiang	99.5	99.7	99.3	99.5	99.7	99.7	100.0	99.9	100.7	100.0	100.0	99.8
韶 关	Shaoguan	99.6	99.7	99.7	99.8	99.3	100.3	100.1	100.0	99.9	100.0	100.3	99.9
桂 林	Guilin	100.4	100.4	99.9	100.0	100.6	99.7	100.4	100.0	100.4	100.2	100.4	99.7
北 海	Beihai	99.6	99.9	100.0	99.8	99.6	99.7	99.1	100.1	99.7	99.5	99.8	99.6
三 亚	Sanya	100.0	100.0	99.4	100.1	99.4	100.9	100.2	99.1	100.8	99.5	99.8	100.5
泸 州	Luzhou	100.2	99.1	99.8	99.5	99.6	100.1	99.6	99.3	100.0	99.9	99.8	100.1
南 充	Nanchong	99.7	99.0	100.3	99.4	99.7	99.4	100.2	99.3	99.3	99.0	99.6	99.6
遵 义	Zunyi	99.5	99.2	99.9	99.8	99.9	100.2	100.1	100.4	100.3	99.8	100.1	99.7
大 理	Dali	100.4	100.0	100.1	100.4	100.5	100.1	100.4	100.8	100.3	100.1	100.1	99.7

4−3−8 2020年70个大中城市144㎡以上二手住宅销售价格指数
Housing Price Indices of Above 144㎡ Second-Hand Residential Buildings in 70 Large and Medium-Sized Cities 2020

(以上月价格为100) (Last Month=100)

城 市	City	1月	2月	3月	4月	5月	6月	7月	8月	9月	10月	11月	12月
北 京	Beijing	100.4	100.2	100.1	100.9	102.0	101.0	100.4	101.7	100.0	100.4	101.1	100.8
天 津	Tianjin	99.8	99.9	99.2	100.0	99.0	99.1	99.1	99.6	99.5	99.8	99.9	100.4
石家庄	Shijiazhuang	99.3	100.0	100.0	100.2	99.9	99.6	99.8	99.0	100.5	99.6	99.7	99.8
太 原	Taiyuan	99.6	100.0	101.7	99.8	99.6	98.8	100.0	100.4	99.3	99.7	99.5	99.0
呼和浩特	Hohhot	99.7	100.0	99.6	99.7	99.3	101.1	100.7	100.5	100.3	99.8	100.3	99.2
沈 阳	Shenyang	101.4	100.1	100.4	102.2	100.4	100.4	101.7	101.7	100.0	100.3	100.9	100.0
大 连	Dalian	100.2	100.6	100.7	101.6	101.2	100.3	101.1	100.4	100.2	100.2	100.0	100.6
长 春	Changchun	100.1	100.1	100.1	100.3	100.0	101.1	100.3	100.1	99.2	99.5	99.8	98.9
哈尔滨	Harbin	101.4	100.0	100.2	100.9	100.8	99.0	99.7	99.1	99.5	99.3	98.8	98.5
上 海	Shanghai	100.7	99.5	100.6	101.1	100.6	100.4	100.8	100.8	101.0	100.2	100.3	100.4
南 京	Nanjing	100.2	100.2	100.2	100.4	100.8	100.8	100.8	101.1	100.5	99.4	100.3	100.9
杭 州	Hangzhou	99.8	99.7	100.4	100.7	101.2	101.5	101.3	101.0	100.2	100.0	99.9	100.4
宁 波	Ningbo	100.6	99.8	100.5	101.0	101.2	100.9	100.9	100.7	101.0	100.5	100.5	100.5
合 肥	Hefei	100.7	100.0	100.2	100.3	100.0	100.8	100.4	100.1	101.1	100.6	101.1	100.0
福 州	Fuzhou	99.5	99.6	100.1	100.6	101.1	100.0	100.5	100.6	100.6	100.4	99.9	100.3
厦 门	Xiamen	99.9	99.6	99.9	100.2	100.7	101.0	100.8	100.1	99.9	100.8	100.1	100.6
南 昌	Nanchang	100.5	100.0	99.7	99.1	100.2	100.0	100.1	99.2	100.6	99.0	101.5	100.4
济 南	Jinan	100.6	99.1	99.9	100.1	100.0	100.2	100.1	99.4	99.3	99.7	99.0	99.7
青 岛	Qingdao	99.6	99.7	100.0	100.4	99.1	99.3	100.1	100.7	99.7	100.2	99.8	99.4
郑 州	Zhengzhou	99.9	100.0	99.3	99.9	99.7	99.1	99.3	100.0	99.2	100.7	99.0	100.5
武 汉	Wuhan	99.3	100.0	100.0	99.3	99.5	100.4	101.1	100.4	100.7	100.0	99.8	99.2
长 沙	Changsha	99.9	100.0	100.2	100.0	100.1	100.9	100.3	99.6	100.4	99.8	100.4	100.0
广 州	Guangzhou	100.2	100.0	100.4	99.9	100.6	100.6	100.8	102.1	100.3	100.0	100.9	100.8
深 圳	Shenzhen	100.5	100.9	101.1	102.0	101.0	101.6	100.9	100.1	100.7	101.1	100.5	100.4
南 宁	Nanning	100.8	100.0	99.8	100.0	100.7	100.3	99.9	100.1	100.5	100.7	100.6	100.1
海 口	Haikou	99.7	100.0	98.5	99.6	98.7	99.7	100.5	101.1	100.1	100.5	100.6	101.2
重 庆	Chongqing	99.9	99.9	98.7	100.4	100.1	100.8	100.4	100.4	100.6	98.4	99.8	100.3
成 都	Chengdu	100.1	101.1	100.4	102.4	102.0	100.4	101.0	100.8	100.1	100.5	100.5	99.4
贵 阳	Guiyang	99.4	100.0	99.8	99.9	100.0	100.1	99.6	99.4	99.5	99.3	100.4	100.0
昆 明	Kunming	100.0	99.8	100.8	101.6	100.4	100.4	99.9	99.8	100.2	100.9	100.6	100.8
西 安	Xi'an	99.8	100.0	99.4	100.4	100.4	100.1	100.9	101.2	101.1	99.6	99.5	100.2
兰 州	Lanzhou	101.2	100.0	100.0	100.2	100.0	100.4	100.5	99.8	100.0	100.1	100.0	100.4
西 宁	Xining	100.0	100.0	99.9	100.8	101.8	101.3	100.8	101.0	100.1	100.8	101.3	101.0
银 川	Yinchuan	99.5	99.1	100.5	100.8	101.6	100.8	101.2	101.3	100.4	101.1	100.6	100.7
乌鲁木齐	Urumqi	100.2	99.2	100.0	101.4	100.6	101.1	100.2	100.0	100.9	100.6	100.3	101.1

4-3-8 续表 Continued

(以上月价格为100) (Last Month=100)

城市	City	1月	2月	3月	4月	5月	6月	7月	8月	9月	10月	11月	12月
唐山	Tangshan	100.7	100.9	101.2	100.5	101.0	100.7	101.1	100.3	100.3	99.6	100.2	100.3
秦皇岛	Qinhuangdao	99.7	99.9	100.0	100.0	100.5	100.0	100.6	100.7	100.0	100.0	100.4	100.0
包头	Baotou	101.1	100.0	100.0	98.9	100.5	100.1	99.4	99.7	100.0	99.6	99.7	100.8
丹东	Dandong	100.2	100.1	100.1	100.5	100.2	100.6	99.9	100.4	100.6	100.2	100.4	100.3
锦州	Jinzhou	100.0	100.0	100.8	99.4	99.0	100.5	101.0	100.8	99.8	100.0	99.6	99.9
吉林	Jilin	100.6	99.7	100.1	99.8	100.0	99.5	99.9	99.9	99.6	99.5	100.5	99.9
牡丹江	Mudanjiang	99.2	99.2	99.0	97.9	98.1	99.0	99.3	98.6	99.3	99.2	100.0	99.9
无锡	Wuxi	101.0	99.5	100.6	100.7	100.9	102.0	100.1	100.6	100.8	100.0	99.8	100.0
扬州	Yangzhou	99.9	100.0	99.7	101.2	99.8	100.5	99.8	100.5	100.9	100.8	99.7	101.1
徐州	Xuzhou	100.1	100.7	100.3	99.7	100.0	100.0	100.6	101.6	101.0	100.8	101.2	101.0
温州	Wenzhou	100.0	100.0	99.7	101.1	100.8	101.0	100.1	101.0	100.8	99.9	100.8	99.8
金华	Jinhua	100.0	99.9	100.3	99.9	99.7	100.6	100.0	101.4	100.0	100.0	100.0	101.1
蚌埠	Bengbu	100.9	100.0	99.9	101.6	100.5	100.8	100.4	100.3	99.9	100.3	100.6	100.4
安庆	Anqing	100.4	100.1	100.3	100.4	99.8	99.8	100.2	99.8	99.7	99.4	99.7	99.6
泉州	Quanzhou	100.2	99.5	100.3	99.4	100.6	100.3	99.9	101.6	100.9	99.8	100.8	100.8
九江	Jiujiang	99.6	100.5	99.5	100.5	100.7	100.4	100.0	100.0	99.8	99.1	100.1	100.3
赣州	Ganzhou	100.2	99.9	99.5	100.1	100.0	101.0	100.5	100.1	100.2	100.7	100.5	99.5
烟台	Yantai	99.8	99.6	99.6	99.5	99.5	99.1	100.3	100.1	100.0	100.6	100.1	100.0
济宁	Jining	100.6	99.6	99.4	100.2	100.5	100.2	101.1	100.6	101.2	100.2	101.0	100.5
洛阳	Luoyang	100.7	100.0	99.7	100.0	100.1	100.5	100.8	100.3	100.5	100.5	99.7	100.1
平顶山	Pingdingshan	100.7	100.0	100.5	99.6	100.2	100.6	100.9	100.2	100.1	100.0	99.9	100.3
宜昌	Yichang	99.6	100.0	99.4	99.5	99.2	100.2	101.7	100.2	100.4	100.5	99.9	99.8
襄阳	Xiangyang	99.6	100.0	99.3	100.0	99.7	99.7	99.1	100.6	99.8	99.5	100.2	99.6
岳阳	Yueyang	99.6	100.0	100.5	100.5	100.1	100.0	100.0	100.0	100.0	99.7	100.4	99.6
常德	Changde	100.5	100.0	98.7	99.8	99.9	99.0	100.2	101.1	99.1	100.3	100.2	100.2
惠州	Huizhou	100.5	100.0	100.3	99.8	100.8	100.6	101.2	101.7	100.4	99.6	99.8	100.7
湛江	Zhanjiang	99.6	99.4	99.7	99.8	99.6	99.8	99.6	100.0	100.3	100.2	100.5	99.7
韶关	Shaoguan	99.7	99.8	100.0	99.3	99.9	100.6	100.3	101.1	99.1	99.5	100.2	99.7
桂林	Guilin	100.0	99.4	100.3	101.6	100.4	100.6	100.1	100.4	100.7	100.0	99.9	100.2
北海	Beihai	100.5	99.4	99.8	99.4	98.4	99.4	99.6	100.0	99.3	100.5	99.6	100.8
三亚	Sanya	99.9	100.0	100.1	99.6	99.1	100.4	100.1	100.6	100.2	99.5	100.4	100.4
泸州	Luzhou	99.1	100.0	99.6	100.2	99.6	99.7	99.5	99.8	101.0	100.0	99.4	99.3
南充	Nanchong	100.2	99.1	99.2	99.6	99.8	100.1	99.3	99.8	99.5	100.0	98.3	99.0
遵义	Zunyi	99.1	99.0	100.2	99.7	99.8	99.9	100.2	100.7	99.9	100.0	100.3	99.5
大理	Dali	100.8	100.0	99.9	100.2	100.3	100.1	100.3	100.9	100.9	100.1	99.5	99.2

附　　录

Appendix

主要统计指标解释

一、工业生产者价格

（一）调查内容

工业生产者出厂价格统计调查涵盖 41 个工业行业大类，207 个工业行业中类，666 个工业行业小类，1638 个基本分类的 20000 多种工业产品的价格；工业生产者购进价格统计调查涵盖 900 多个基本分类的 10000 多种工业产品的价格。

（二）调查方法

工业生产者价格调查采取重点调查与典型调查相结合的调查方法。年主营业务收入 2000 万元以上的企业采用重点调查方法；年主营业务收入 2000 万元以下的企业采用典型调查方法。工业生产者价格调查涉及全国 5 万余家工业企业。

（三）指标解释

工业生产者价格指数　包括工业生产者出厂价格指数（Producer Price Index for Industrial Products，简称 PPI）和工业生产者购进价格指数。

工业生产者出厂价格指数　反映工业企业产品第一次出售时的出厂价格的变化趋势和变动幅度。

工业生产者购进价格指数　反映工业企业作为中间投入产品的购进价格的变化趋势和变动幅度。

二、流通领域重要生产资料市场价格

（一）监测内容

流通领域重要生产资料市场价格监测内容包括 9 大类 50 种产品的价格，涵盖全国 31 个省（区、市）300 多个交易市场的近 2000 家批发商、代理商、经销商等经营企业。

（二）监测方法

价格监测方法包括信息员现场采价，电话、即时通讯工具和电子邮件询价等。

（三）指标解释

流通领域重要生产资料市场价格，是指重要生产资料经营企业的批发和销售价格。与出厂价格不同，生产资料市场价格既包含出厂价格，也包含有经营企业的流通费用、利润和税费等。出厂价格与市场价格互相影响，存在时滞，两者的变动趋势在某一时间段内有可能会出现不完全一致的情况。

三、居民消费价格

（一）调查内容

全国居民消费价格统计调查内容，涵盖全国城乡居民生活消费的食品烟酒、衣着、居住、生活用品及服务、交通和通信、教育文化和娱乐、医疗保健、其他用品和服务八个大类，共 262 个基本分类的商品与服务价格。

（二）调查方法

采用抽样调查方法抽选确定调查网点，通过手持数据采集器，采用定人、定点、定时的方法直接调查，或者由选中的调查对象协助填报。在保证价格准确的前提下，经国家统计局审定，各地可通过相关政府部门发布的通知、公告等文件，以及部分企业、单位公开发布的收费信息资料和被调查单位的电子数据进行辅助采价，也可从互联网采集特定商品和服务价格。数据来源于全国 31 个省（区、市）500 个市县，约 8.8 万余家价格调查点，包括商场（店）、超市、农贸市场、服务网点和互联网电商等。

（三）指标解释

居民消费价格指数　（Consumer Price Index，简称 CPI）旨在反映一定时期内居民所购买并用于日常生活的商品及服务项目的价格水平变动趋势和变动程度。

1.食品烟酒　指居民为摄取身体所需要的营养和满足某种嗜好而购买消费的食品、茶及饮料、烟酒及在外餐饮等。

2.衣着　指与居民穿着有关的支出，包括服装、服装材料、鞋类、其他衣类及配件、衣类加工服务、鞋类配件及加工服务的支出。

3.居住　指与居住有关的支出，包括租赁房房租、住房保养维修及管理、水电燃料和自有住房等。

4.生活用品及服务　指家庭及个人用于各类生活用品及家庭服务的支出。包括家具及室内装饰品、家用器具、家用纺织品、家庭日用杂品、个人护理用品和家庭服务。

5.交通和通信　指用于交通和通信工具及相关的各种服务费、维修费等支出。

6.教育文化和娱乐　指用于教育和文化娱乐方面的支出。

7.医疗保健　指用于医疗和保健的药品、用品和服务的总费用。包括药品及医疗器具、医疗服务等。

8.其他用品和服务　指无法直接计入上述各类支出的其他用品与服务支出。

四、商品零售价格

商品的零售价格是商品在流通过程中最后一个环节的价格，是工业、商业、餐饮业和其他零售企业向城乡居民、机关团体出售生活消费品和办公用品的价格。

五、农业生产资料价格

农业生产资料价格是农业生产资料在流通领域最后一

个环节的价格，是工业、商业及其他单位和个人向农民出售农业生产资料（包括主要生产性服务）的价格。

六、商品住宅销售价格

（一）现行《住宅销售价格统计调查方案》自2011年1月起开始实施。2018年1月起不再编制发布保障性住房销售价格统计指标。

（二）调查范围。住宅销售价格的调查范围为70个大中城市的市辖区，不包括县。

（三）调查方法。70个大中城市的新建商品住宅销售价格、面积、金额等资料直接采用当地房地产管理部门的网签数据。二手住宅销售价格调查为非全面调查，采用重点调查和典型调查相结合的方法，按照房地产经纪机构上报、房地产管理部门提供与调查员实地采价相结合的方式收集基础数据。

（四）价格指数的计算方法详见中国统计信息网《住宅销售价格统计调查方案》。

（五）指标解释

新建商品住宅　指新建的专供居住用的商品住房，本方案主要包括90平方米及以下、90平方米−144平方米、144平方米以上等。不包括新建的国家政策性住房、小产权房屋及住宅楼中作为人防用、不住人的地下室、车库等，也不包括托儿所、病房、疗养院、旅馆等具有专门用途的房屋。

二手住宅　指进入房屋市场进行交易，第二次及以上进行产权登记的住宅，包括二手商品住宅、允许上市交易的已售公房等。本方案主要包括90平方米及以下、90平方米−144平方米、144平方米以上等分类。

90平方米及以下住宅　指住宅中套型建筑面积不大于90平方米的住宅。套型建筑面积由套内使用面积和分摊的共有建筑面积组成，报表时以销售合同中实际测绘的建筑面积为准，若销售合同为套内使用面积则需折算成建筑面积。

90平方米−144平方米住宅　指套型建筑面积大于90平方米，不超过144平方米的住宅。

144平方米以上住宅　指套型建筑面积在144平方米以上的住宅。

新建商品住宅销售价格　指新建商品住宅实际销售（交易）价，包括住宅销售前的装修费用，无论其价格高低都视为房地产销售（交易）价格的组成部分。

二手住宅销售价格　指二手住宅实际交易价格。该指标取自《存量房屋买卖合同》。若合同中含有相关税费，则应将其扣除。